吕世伦法学论丛
· 第五卷

社会、国家与
法的当代中国语境

The Society, State and Law
in a Contemporary
Chinese Context

· 吕世伦　著

黑龙江美术出版社
Heilongjiang Fine Arts Publishing House
http://www.hljmscbs.com

图书在版编目（CIP）数据

社会、国家与法的当代中国语境 / 吕世伦著 . —— 哈尔滨：黑龙江美术出版社， 2018.4

（吕世伦法学论丛；第五卷）

ISBN 978-7-5593-2689-8

Ⅰ . ①社… Ⅱ . ①吕… Ⅲ . ①社会主义法制—研究—中国 Ⅳ . ① D920.0

中国版本图书馆 CIP 数据核字 (2018) 第 074908 号

社会、国家与法的当代中国语境

The Society,State and Law in a Contemporary Chinese Context

著　　者 / 吕世伦

出 品 人 / 金海滨

责任编辑 / 赵立明　王宏超

编辑电话 /（0451）84270530

出版发行 / 黑龙江美术出版社

地　　址 / 哈尔滨市道里区安定街 225 号

邮政编码 / 150016

发行电话 /（0451）84270514

网　　址 / www.hljmscbs.com

经　　销 / 全国新华书店

制　　版 / 黑龙江美术出版社

印　　刷 / 杭州杭新印务有限公司

开　　本 / 710mm×1000mm　1/16

印　　张 / 22.5

版　　次 / 2018 年 4 月第 1 版

印　　次 / 2018 年 5 月第 1 次印刷

书　　号 / ISBN 978-7-5593-2689-8

定　　价 / 146.00 元

本书如发现印装质量问题，请直接与印刷厂联系调换。

探索理论法学之路

（总序）

《吕世伦法学论丛》出版了，此亦垂暮之年的一件快事。值此之际，几十年求法问道的点点滴滴，学术历程中的风风雨雨，不免时常浮现脑海，思之有欣慰也有嘘唏。当年如何与法学结缘而迈入法学的门槛，在浩瀚的法学领域中如何倾情于理论法学，理论法学的教学与研究中所经历的诸般坎坷与艰辛，对自己平生言说作文的敝帚自珍之情，如此等等，都时常萦绕心间。借这套书出版的契机，整理一下思绪，回首自己的学术人生，清贫守道，笔砚消磨，个中冷暖甘苦，或可絮叨一二，喟然叹曰："著书撰文求法意，一蓑烟雨任平生。"

一、"我是中国人"的觉醒

我的法学之梦是在一种极为特殊情况下形成的。本人出生于甲午战争后被日本军国主义侵占的大连地区。少年时期读过不到两年的私塾，先是接受童蒙类的教育，继而背诵《论语》《唐诗三百首》等。稍长便开始翻看一些信手拈来的古典小说如包公、彭公、施公"三案"书，当代文学小说，"四大才子书"等。尽管很多地方似懂非懂，但读书兴趣愈发深厚，颇有贪婪的劲头。彼时追求的是知识，与政治无关。进小学不久，太平洋战争爆发，学校里不准孩子讲中国话，只许讲日语（叫"国语常用"），否则便会遭受处罚；每周除了上几堂日语会话之外，其余时间便是军训，种地，四处捡废铁、骨头和采野菜，支援"大东亚圣战"。社会上传播的声音，一方面是因不堪忍受横征暴敛、苦工奴役、饥寒交迫、恐怖虐杀而引起的怒吼，另一方面是关内尤其是隔海相望的山东不断流进八路军率领群众抗日壮举之类所引起的欢呼。大连地区迅速变成一座即将爆发的反日火山。我们中间，也与日俱增地盛传鬼子兵必败的消息，背地里玩着诅咒日本的各种游戏。对我来说，这是头脑中第一次萌发反抗外敌压迫的观念。

1945 年 8 月 15 日，我的心灵受到从未有过的巨大震撼，因而这一天成为我永生难忘的日子。那天，我亲眼看到的历史性场景是：上午，日本宪兵、警察及汉奸们还在耀武扬威、横行霸道，民众敢怒不敢言地躲避着他们；而正午 12 点，收音机特别是街心的高音喇叭突然播出"裕仁天皇"宣布日本无条件投降的颤抖声音。顷刻间，人们蜂拥而出，塞满街巷，议论着、欢呼着，脸上挂着喜悦、激动的泪花。大连42 年被殖民地化和民众被"亡国奴"化的耻辱,一洗而净。大约半个小时之后,鼎沸的人群中响起一片"报仇的时候到了""抓狗腿子去"的喊叫声,瞬间大家三五成群地分散奔跑而去。我们几个小朋友也兴冲冲地尾随大人们四处颠簸,眼瞅着一些又一些"狗腿子""巡捕"从各个角落被揪出来示众和推打;一些更胆大的人则手持棍棒,冲进此前唯恐躲避不及的"大衙门"(警察署)和"小衙门"(派出所)拍桌子、缴枪,而这些往日肆无忌惮的豺狼们,则个个瑟瑟发抖,交出武器,蹲在屋角,乞求给一条活命。

　　"八一五"这天上、下午之间的巨大反差和陡然引爆的空前的中华民族大觉醒,对我有着决定性的影响,就是使我确切知道了自己是一个中国人。追想起来,几世代大连人的命运,是那样难以表达的不幸。从我懂事的时候起,总听到老人们念叨:"这世道,大清国不回来就没个好!"这是由于他们所经历的是大连被沙皇俄国和日本占领,不知道有个"中华民国",也不知道有个大人物孙中山,而一直没有忘记自己生下来就是"大清国"的子民。

　　行文至此,我不禁忆起1944年冬天遇上的一件事:一天下午,金州城东街一个墙角处,有位衣衫褴褛、踏着露出大脚趾的鞋子的醉汉坐在地上晒太阳。不一会儿,迎面走来个腰挂短刀的日本警察,用大皮靴狠狠地踢他,问"你是什么人?"汉子被惊醒,连忙回答:"我是中国人。"那警察更凶恶地继续踢他,说:"我要踢的就是中国人!"汉子赶快改口说:"我是满洲国人(指伪满人)。"警察也说不对。汉子显得不知如何应答,便冒出一句:"我是日本人。"警察轻蔑地反问:"你够格吗?!"还告诫:"记住,你是洲人。"(当时日本把大连地区叫做其所属的"关东洲"。)"洲人",这个怪诞的称呼,包含多少令人心酸苦楚的蕴意。其时,我脑际里随即浮现一种强烈的感受:做一个中国人,做一个有尊严的中国人是多么艰难,又多么值得珍惜啊!

二、马克思主义的启迪

　　日本投降之后,大连地区一天之间变成无人管理的"无政府"状态。此时,出现了大多数人以前未曾说过、处于秘密状态的共产党与国民党两股力量的争夺战。街墙上贴满红红绿绿的条幅,红色的歌颂共产党、毛主席、八路军,绿色的歌颂国民党、"蒋总裁"、"中央军"。有识者解释,这叫"标语"。1945年8月22日,在居民的欢迎下,苏联红军进驻大连,社会秩序有了个支撑点。但苏军却并不怎么管事,其欠佳的纪律又造成新的秩序问题。当时,更醒目的现象是,猛烈的意识形态争夺战展开了。一方面,莫斯科国家外文出版局中文版的马列书籍大量输入,而且大都是漂亮的道林纸的精装本,堆满街道,几乎不要用钱购买。其中,我印象最深的有《马克思恩格斯选集》《列宁文选》(上、下集)、斯大林的《列宁主义问题》、《联共(布)党史简明教程》及《1936年苏联宪法》(又称"斯大林宪法")等,还有不少马克思主义经典著作的单行本。继而是刚刚闭幕的中共"七大"文献,如毛泽东的《论联合政府》、刘少奇的《论党》、朱德的《论解放区战场》。另一方面,国民党则以"正统"自居,兜售蒋介石的《中国之命运》和一个日本人写的《伟大的蒋介石》等几本书。当时,我面对这些令人眼花缭乱的各类书籍,感到非常好奇,尽力收集,而且勤奋阅读,细心琢磨。不用说,许多东西看不懂,但慢慢也大概知道什么叫马克思主义、列宁主义、社会主义与共产主义;而毛泽东的著作通俗易懂,讲的又是中国的事,读之更觉亲切。当然,作为一种先进的博大精深的意识形态体系,不会那么容易就能把握,遑论尚处在幼稚时期的人。但我确信它是真理,内心里希望追随它。由于这个缘故,便自觉地按照中共党组织的号召行事。当时主要围绕三个主题进行宣传活动:第一,拥护党组织领导的"人民政府";第二,中苏友谊,向苏联"老大哥"学习;第三,解放战争的胜利。我还曾参加过金洲皮革厂"职工会"的成立工作,在城墙上刷大标语,在北城郊"山神庙"的外墙壁上办黑板报。1947年进入中学之后,担任校学生会学习部部长与校通讯组组长,组织各年级喜欢写作与思想进步的同学,以消息报导、文艺小品或散文等形式,给大连地区各报刊撰稿,宣传党的政策。自己先后在《旅大人民日报》《民主青年》杂志及苏军司令部机关刊物《实话报》(即《真理报》的另一种中文译名)和《友谊》杂志等发表数十篇文章。

这一时期,由于读马列书籍引发了对理论的兴趣,我逐渐尝试写点小型评论,如对"生产力要素"的讨论、评维辛斯基联大演讲"原子弹已不再是美国专有的",等等。使我无法忘记的是,从那时起,我已开始申请加入仍没公开的中共党组织,但因为出身家庭非工人、贫下中农而未遂愿,只能于1948年春加入"东北青年联合会"。就读高中期间,作为校党支部培养的"积极分子",我担任"党的宣传员",每周六下午到低年级各班讲解政治时事。我继续利用课余时间为报刊撰稿,获得过优秀作品奖。临近毕业,按照组织分配,经过简单的培训,我成为大连中学的一个教师。我讲授的是政治课,主要内容包括介绍毛主席和列宁、斯大林著作里的一些政治观点以及中国人民政治协商会议《共同纲领》。在《共同纲领》的备课与授课中,我认真比照那本一直保留着的《1936年苏联宪法》,这是平生第一次关注到法律问题,并对它产生了兴趣。后来还翻阅过新中国成立初期为数很少的几个立法文件。从此,我对政治理论方面的爱好逐渐同法学理论融汇起来,自此终身行走于这条专业道路。

三、正式迈入法学之门

1953—1957年,我在中国人民大学法律系读本科。因为学法律是当初报考的第一志愿,所以学起来很带劲。客观上,这四年恰逢国家处于完成国民经济恢复,转向全面进入社会主义经济建设的新阶段,因而猛烈的政治运动较少,大学生们能安稳地学习专业。通过一批青年老师的热心教学,学生系统掌握到苏联专家传授的苏维埃法学理论;有的老师还尽量做到联系当时中国法律的实际。除了课堂教学以外,还有较长时间到法院、检察院、律师所实习,来应用所学的东西。此间,令学生们获益匪浅的马列主义基础(《联共(布)党史》)、中共党史、哲学、政治经济学这"四大理论"课,对确立与强化未来一代法学家和法律实务家的马克思主义世界观与方法论起到重要作用。确实,离开这种世界观与方法论,很难称之为社会主义国家的法学。我热衷于理论法学的学习与研究,与此有重要联系。

本科毕业后留校任教,我选择了法理专业。十分遗憾的是,恰好从1957年起,政治运动浪潮一个又一个地滚滚而来。反右派,高举"三面红旗"(总路线、大跃进、人民公社),反右倾机会主义,"四清",社教,直至十年之久的"无产阶级文化大革命"。显而易见,这么一来,留给教师们教学与科研和学生们课业学习的时间,几乎化为乌有了。即令断断续续上一些课,皆是重复政策性的内容而且每门课彼此相差不多,即"党的领导"与"群众路线";对立面便是批判"右派"观点。这种情况同1958年中央北戴河会议有很大关系。当时,中央一位领导人说:"什么是法? 党的政策就是法,党的会议就是法,《人民日报》社论就是法。法律不能解决实际问题,不能治党、治军,但党的政策就能解决问题。"另一位领导人补充说:"我们就是要人治,不是什么法治。"接着,各层级的领导干部便迅速传达和贯彻首长讲话的精神。我们教师正是以这种"人治"思想为指导,国家的宪法和为数不多的几部立法也被淡化了。

1958年开展了"大跃进"运动,法学研究也跟着"大跃进"。法理方面,撰写《论人民民主专政和人民民主法制是社会主义国家的锐利武器》(出版前,作为兼职党总支学术秘书,我建议改为《论人民民主专政和人民民主法制》);刑法方面,撰写《中华人民共和国刑法是无产阶级专政的重要工具》;刑事诉讼法方面,撰写《中华人民共和国司法是人民民主专政的锐利武器》。其中都突出"专政",而社会主义法制如何保障和发扬社会主义民主则没有得到应有的研究与阐发。至于民法和民事诉讼法,因对私有制与私有权利的恐惧,没有出版教科书,也很长时间不开课。司法中的"重刑轻民",在学校中亦有明显的反映。事实证明,用政策替代法律、以"无法无天"的群众政治运动当作治国基本方略、讲专政不讲或少讲民主、重权力轻权利、重刑事法轻民事法,把法律程序说成是"刁难群众"等,皆同人治思想密不可分。

此外,当年还曾出现过的一种情况是,反右派之后,为配合批判资产阶级观点,还搞了一段时间的"教学大检查"。即发动每个学生仔细翻看课堂笔记,查找"错误"观点,然后写大字报贴在学生宿舍楼侧的墙壁上公示。例如,一些大字报认为"人情""爱情"这类字眼是"不健康"的,把自由、平等、人权、人性等词说成是资产阶级或右倾的,甚至个别大字报上说"人民"的提法也"缺乏阶级性"。在这种出口即错、动辄受咎的情况下,教师便难于登讲台;要讲,只能念中央文件和首长讲话。至于撰写文章,更令人不安:多一事莫若少一事,与其挨批判不如落个清闲自在。在国际间法学信息交流方面,新中国成立之后,来自国外的图书资料已基本上见不到,但毕竟尚有苏联的东西可谈。比如,我们能订阅到《苏维埃司法》等杂志。1959年中苏交恶,读俄文资料的机会也失去了。之后,除需要批判右派言论、右倾机会主义、资产阶级法律思想之外,当然还需要批判苏联修正主义，法学的政治螺丝拧得更紧了。简言之，随着政治运动不断升级，尤其是十年"文革"的暴风骤雨，"知识无用"论、"资产阶级知识分子统治学校"论，以及"四人帮"倡导学生反对教师、"交白卷"等，不一而足。

我之所以回忆这些，不光是表明此二十余年间自己成长的客观环境与条件，更重要的是要总结在这样的环境与条件下自己的法学思维受到哪些影响。从积极方面说，它确实不断地强化我对党的领导、社会主义道路的信念。从消极方面说，主要是"极左"思想的影响。这些在我的讲课和撰写的文章中，都不乏明显的表现。

毛主席从来强调学习马列，在"运动"中尤其如此。学马列很投合我的喜好。在长期坚持翻读马克思主义经典著作的基础上，又加上系统的"四大理论"和国家与法权理论等课程的培养，我在法律系讲坛所授第一课便是"马列法学著作选读"，对象包括本科生和研究生班。这些法学著作有：毛泽东《新民主主义论》《论人民民主专政》，马克思、恩格斯《共产党宣言》《法兰西内战》，列宁《国家与革命》等。可以说，我备课认真，讲课严谨。如，为了讲《国家与革命》，除广泛查阅国内资料之外，还看过苏联和日本出版的相关书刊，一般都做笔记或摘要。日本共青团（左派）机关报《青年战士》登载的长篇论文《〈国家与革命〉研究》，我甚至全部译出。凑巧的是，"文革"中人民大学解散，我被分配到北京医学院宣传组，仍然负责学院和各附属医院领导干部（也包括"工宣队""军宣队"负责人）学习马列著作的讲授工作。虽然这个讲授说不清有几多效果，但我本人是负责任的，积累下一大堆资料和手稿。

在法律科学研究方面，我深知一个理论法学教师欠缺扎实的学术功底是难以胜任的。这就需要以多读书、勤思考为依托，并训练撰写论文。1958年，我作为法律系科研秘书，不仅要定期向最高人民法院和司法部报告系内学术动态，还在《法学研究》杂志上发表相关的通讯报道。在1959—1961年三年经济困难期间，党组织要求师生尽量多休息，"保证身体热量"，因而"运动"也暂时中止。

新中国成立后，党中央一直强调批判资产阶级法律观。因此，平时我经常考虑，要批判就必须弄清其对象究竟是个什么情形，否则就会陷于尴尬的境地。鉴于此种想法，我便集中力量阅读或复读西方法学名著以及法律思想史类的图书，觉得心得不少，制作了许多卡片，对西方法律思想史滋生了浓厚的兴趣。1963年4月，我在《人民日报》理论版发表《为帝国主义服务的自然法学》，继而在该报内部刊物发表《美国实在主义法学批判》。可以想见，在当时对发表文章存在恐惧心理的法学界，载于中央机关报上的这篇文章不免产生一些震动。自不待言，在那种"极左"大潮下，作者亦备受影响，从两篇文章的题目上就可看得出来。翌年，我又在《人民日报》国际版上发表了一篇关于美国儿童状况的政治短评。"文革"前夕给《光明日报》撰写《读列宁〈国家与革命〉》论文，打过两次清样，报社方面也收到人民大学党委宣传部"同意发表"的回复。但是，"文革"凶潮突然袭来，报社编辑部也被"造反"，那篇论文亦不知所踪。此前，我还曾与孙国华教授合作，在《前线》杂志上发表《国家与革命》讲座文章。1958年，《苏维埃司法》杂志刊载《美国人谈美国司法制度》论文,我读完后便顺手翻译出来,并在1959年春《政法译丛》上发表。同年,从苏联归来的朋友送给我一本《苏维埃刑法中的判刑(函授教程)》小册子,以为颇有新意,便翻译出来交人民大学出版社打印。在日文资料方面,除前面提到的研究列宁《国家与革命》的论文外,还翻译过《现代法学批判》一书;该书重点是对西方和日本新兴起的"计量法学"的社会法学思潮的系统评论,国内尚没有介绍过。

四、后半生的理论法学探索

终于熬过漫长的十年"文革",国人无不欢欣。1978年,十一届三中全会提出"改革开放"新政策,使社会主义中国社会、经济、文化和科学焕发勃勃生机,亦为法治建设和法学繁荣创造空前有利的条件。邓小平深刻总结新中国成立以来成功的经验与失误的教训,提出始终以经济建设为中心,实行民主的制度化、法律化,大力建设社会主义法制,提出"有法可依,有法必依,执法必严,违法必究"十六字方针;提出近期需要培养一大批法官、检察官、律师。这就为中国社会主义法学的发展开拓了坦途。我的法学生涯由此而发生巨大的转折与提升。党中央倡导解放思想与实事求是的精神,使我倍加注重独立思考,走学术创新之路,理论思维与方法亦有颇大改变。与此相应,教学与科研的热情与进取心更加高昂。

我开出的课程,先后有:本科的西方法律思想史和全校法学概论,硕士生的法理学、现代西方法哲学、黑格尔法哲学、马列法学原著选读,连续多年为法学院和全校博士生进行法学专题讲座。此外,应邀为中国政法大学前五届研究生和西北政法大学(当时称"西北政法学院")开讲"现代西方法理学"课程;为浙江大学分出来的杭州大学和安徽大学本科讲授西方法律思想史;为国内数十所高校及日本一桥大学、关东学院大学、山梨学院大学、立命馆大学等做过法学专题演讲。在吉隆坡,同马来西亚下议院副议长和前财长进行中国法学问题的交流。

近四十年来,在报刊发表法学论文300余篇。与授课情况相一致,科学研究的主题集中于三个方向,即:理论法学①、西方法律思想史与现代西方法哲学、马克思主义法律思想史。

(一)发表的主要论文

(1)理论法学的论文。第一,法的一般理论,其中除纯粹法理学②之外,还有法哲学、法社会学、法经济学、法政治学、法伦理学、法文化学、法人类学、法美学等边缘性诸

---

① 理论法学包括法的一般理论和法史学两大部分。但是,法史学内容广泛,涉及古今中外,故应把它从理论法学中分别开来,独成体系。

② 纯粹法理学指专门研究法律概念与规范的学科,也有西方学者称之为"法教义学"。

学科。在法学的这些学科领域中,发表的论文多寡不一,有的学科极少涉及。第二,在研写论文的过程中,每每重视紧密联系中国特色社会主义理论与国家建设,尤其法治建设的论文。其内容包括普法评论,党的政策与法,社会主义民主与法治,人治与法治(大辩论),法治与德治,人权问题,当代中国社会性质(社会主义社会还是契约社会),社会主义市场经济的法律精神,依法治国基本方略,根本法·市民法·公民法·社会法,以人为本的法体系,从法视角研究市民社会的思维进路,和谐社会与法,法治思维与法治方式,社会主义政治的制度化、规范化、程序化,法学的基本范畴(权利与权力、权利与义务、职权与职责),社会主义司法制度,廉政建设,国家主义与自由主义法律观评析,公平与正义,中国先贤治国理政的智慧等。

(2)有关西方法律思想史与西方法学家的论文。第一,对西方法学思潮研究的论文,涉及自然法学、人文主义法学、分析实证主义法学、社会学法学、历史法学、存在主义法学、行为主义法学、经济分析法学、功利法学、德国古典法哲学、新康德主义法学、新黑格尔主义法学、符号学法学、美国现实主义法学、斯堪的纳维亚现实主义法学、后现代法学、女权主义法学、种族批判法学等。第二,对西方著名法学家的研究论文,包括托马斯·阿奎那、孟德斯鸠、卢梭、斯密、休谟、康德、黑格尔、费希特、彼得拉任斯基、杜尔克姆、赫克、马里旦、德沃金、拉德布鲁赫、布莱克等。第三,对西方政治法律制度的评论,包括政党政治、三权分立、选举制度、司法制度及现代西方主要政治思潮。

(3)马克思主义法律思想史和马克思主义经典著作的研究论文。第一,马克思、恩格斯法律思想研究,其中包括:马克思、恩格斯法律思想史教学大纲,马克思、恩格斯法律思想的历史轨迹,马克思主义与卢梭,马克思主义法哲学论纲,《黑格尔法哲学批判》中的法律思想,《德意志意识形态》中的法律思想,《共产党宣言》中的法律思想,《资本论》及其创作中的法律思想,《路易·波拿巴的雾月十八日》中的法律思想,《反杜林论》中的法律思想,《家庭、私有制与国家的起源》中的法律思想,恩格斯晚年历史唯物主义通信中的法律思想。第二,列宁法律思想研究,其中包括:列宁法律思想史的历史分期,列宁社会主义法制建设理论与实践,《国家与革命》中的法律思想,列宁民主法治思想。第三,毛泽东、邓小平法律思想研究,其中包括:毛泽东民主、法制思想研究,毛泽东湖南农民运动时期的法律思想,邓小平中国特色社会主义法律理论解读,邓小平民主法制思想解读,邓小平民主法治思想的形成与发展。

(二)出版的法学著作

自人大复校以来,出版法学专著40余部,其中不含主编的"西方法学流派与思潮研究"丛书(23册)、"西方著名法哲学家"丛书(已出20册)。

(1)理论法学著作。包括:《法理的积淀与变迁》、《法理念探索》、《理论法学经纬》、《社会、国家与法的当代中国语境》、《当代法的精神》、《法学读本》、《以人为本与社会主义法治》(司法部法学理论重点项目)、《法的真善美——法美学初探》(国家社科基金项目)、《法哲学论》(教育部人文基金项目)等。

（2）马克思主义法律思想史著作。包括:《马克思恩格斯法律思想史》(初版与二版,国家第一批博士点项目)、《列宁法律思想史》(国家社科基金项目)、《毛泽东邓小平法律思想史》、《马列法学原著选读教程》等。

（3）西方法律思想史著作。包括:《西方政治法律思想史》(教程)、《西方政治法律思想史增订版》(上、下)、《西方法律思潮源流论》(初版与二版)、《西方法律思想史论》、《黑格尔法律思想研究》、《现代西方法学流派》(上、下)、《当代西方理论法学研究》等。

（三）论著的意义与创新

尽管我在学术上执拗地努力,并出版了若干本著作和发表了一批论文,但表达的多属平庸之言。然而近几年来,经常有人尤其学生,非让我谈"学术成就"。每逢这种情况,我总是闻而生畏,设法回避,但有时又不允许我闭口不说。在这里,就把我考虑过的和别人概括的看法略示如下,就算是对自身的一点安慰吧。

（1）马克思主义法律思想史"三部曲",是国内率先出版的著作①。该书的策划、研写和出版的过程,长达30余年之久。作者们埋头于马克思主义经典作家们浩瀚的书海中,竭尽全力进行探索才得以成书;每出一本著作皆需耗时数年。其中《马克思恩格斯法律思想史》(一版)在市场上销售告罄之后,又忙于出修订版(二版),也很快售完。直至近几年,仍陆续有人向出版社或主编索取该书。可以看出,它是备受欢迎的。当然,"三部曲"的主要意义并非在于其出版早的时间性,而在于能够帮助读者特别是从事法学研究的读者系统地了解马克思主义经典作家们有关法学的基本观点与其发展的历史脉络,并以之作为思考法律现象和问题的指导思想。平素间,亦可作为阅读或查阅马克思主义法学经典著作的得力的工具书。

（2）我在研究西方法律思想史的历程中,一个新的起点便是与谷春德教授一起编写的《西方政治法律思想史(上、下)》的教程。这是高等学校恢复招生之后面世的国内第一部西方政治法律思想史教程,因而产生了广泛的影响力。此后,我主持编写了关于西方法律思想源流、现代西方法学流派、现代西方理论法学和两套"丛书",以及与此相应的一批论文。这些著作与论文,有些属于论述性的,有些属于评介性的。对于读者来说,或者用于教材,或者作为理论观点的参考,或当成资料,都有一定的意义。

在这些著作中,需要专门说一下《黑格尔法律思想研究》,它开创了国内研究黑格尔法哲学之先河。我国黑格尔研究泰斗贺麟先生在《光明日报》上发表的书评里写道,该书"熔哲学与法学于一炉,可以说填补了黑格尔研究的一个空白"。

（3）《法的真善美——法美学初探》,是我用三年时间同博士生邓少岭探讨国内外均涉足颇少的问题,遑论法美学学科。此间,我们发表多篇相关的学术论文,并在这个

---

① 喜见2014年11月公丕祥、龚廷泰二位教授主编的《马克思主义法律思想通史》四卷本已出版,该书比我们的"三部曲"更为详尽与深刻。

基础上凝结成一部专著。它获得学界的赞许，还获得司法部的奖励。

（4）《法哲学论》。参与写作者有文正邦教授及张钢成、李瑞强、吕景胜、曹茂君等博士，亦系国内头一部系统阐发法哲学的作品。全书分为本体论、法价值论和法学方法论三部分，有青年学者对此研究分类持不同意见，这是令我高兴的好事。从总体上说，该书自成一体，有独立见解，而且引用率较高。

（5）论著中的主要创新观点。

第一，关于民主、法治问题。在法治与人治的大辩论中，我与合作者发表《论"人治"与"法治"》一文，力主法治，并有说服力地解释了"人治论"和"人治法治综合论"的偏颇。《人民日报》以"不给人治留有地盘"为题，转载了论文中的基本观点。在民主问题的讨论中，我率先提出政体意义上的民主和国体意义上的民主的区别，指出前者属于形式民主或程序民主，后者属于实质民主或实体民主，该观点得到普遍的认同。

第二，从法的视角阐发社会主义社会与市民社会的关系。我在《市场经济条件下的社会是怎样的社会》《"从身份到契约"的法学思考》《市民法·公民法·社会法》《"以人为本"的法体系》①等论文中指出：在现今的我国社会，社会主义属性是本体性的，而市民社会是从属性的；社会主义社会是"有契约的社会"，而非等同于西方19世纪的"市民社会"或"契约社会"。

第三，批判国家主义与自由主义的法律观。我认为，马克思主义法律观是通过批判这两种法律观，或者说通过这两条战线的斗争而形成的。沿着这样的思考，对西方的政党政治、三权分立、选举制度进行批判性研究的同时，也对国家主义进行系统的探索，揭示了国家主义法律观的几个基本特征，即"重国家、轻社会，重权力、轻权利，重人治、轻法治，重集权、轻分权，重集体、轻个体，重实体、轻程序"。无疑，这种理论探索对我国民主与法治建设是有重要意义的。

第四，人权观点。从20世纪90年代初我国正式宣布"人权保障"伊始，便流行"主权是人权的前提和基础"的命题，而且把它当作不容争辩的真理。我在仔细考察马克思、恩格斯和列宁的人权思想之后，辩证地分析该命题。在《人权研究的新进展》论文中，我指出：从国家主权对国内人权的管辖、反对西方国家人权话语霸权和保护国家主权的独立性而言，这个命题是可取的。不过，从权力（主权）与权利（人权）二者基本关系方面来说，这个命题则是不正确的、不可取的。因为，在民主国家尤其社会主义国家奉行"人民主权"论，权力（主权）来自权利主体的人民并且是以服务人民权利为目的的，即通常所说的"人民当家作主"。所以，权利应当是权力的前提和基础。文中所讲的结论和基本论据均出自马克思主义经典作家的指教，是经过历史实践验证过的真理。这种论述尽管引起一阵"风波"，但最终还是被广泛地默认，以至于很少有人再提

---

① 后三篇论文系与任岳鹏博士合写。

起那个命题了。后来,我又发表《权利与权力关系研究》①一文,进一步强化前述观点,具有很强的说服力与启发性。

于今,我已是80岁的老迈之人。回顾过往时日,自知碌碌无功,但却没有枉费宝贵的光阴。时至今日,倍感欣慰者有二:一是,目睹一茬又一茬学士、硕士、博士学成离开,并各有所长、各有作为,在各个岗位上为中华民族伟大复兴的梦想而奉献力量。二是,眼下幸运地逢到一个机会,将自己一生在理论法学方面的重要论著(其中许多得益于合作者的启发与帮助)予以系统整理和付梓。这是对个人学术经历的一个回顾,也希望可以得到更多的批评和指教。

在此选集的策划出版过程中,史彤彪、吕景胜、冯玉军、李瑞强、任岳鹏等多位教授与博士以及北京仁人德赛律师事务所负责人李法宝律师,对拙作的出版事宜先后予以大力的支持和帮助。拙作的出版资助款来自一直关心我的学生和学友以及南京师范大学法学院、南京审计学院法学院。我的2000级学生王佩芬为拙作出版的各项繁杂工作,陆续付出一年有余的心力和辛苦。这里,对于前列的相关人士与单位,一并表示深深的感谢,并铭记于怀。

吕世伦

2018年5月

---

① 与宋光明博士合写。

第五卷出版说明

本书对社会主义中国的社会、国家与法之基本问题进行了较为完整而深入的创意性研究。本书第一章为社会、国家与法的一般原理，侧重讨论社会主义社会与市民社会之区别和联系。第二章阐发法的核心概念是权利（人权）；其中系统讨论法学的三大基本对应范畴即权利与权力、权利与义务、职权与职责。第三章是对社会、国家与法的价值分析，包括法的真善美、德治与法治、合理性与合法性、程序正义等诸问题。第四章为以人为本的和谐社会与法，深入剖析以人为本的内涵、以人为本是法治的价值基础、以人为本的法律体系、构建中国特色社会主义的法律机制等内容。第五章为中国特色社会主义法治成长的理论解读。

本书原由清华大学出版社出版于 2013 年 1 月。

编　者
2018 年 5 月

目 录 CONTENTS

绪 论 理论法学的基础课题

社会、国家与法及其相互关系,对法学和法教义法理学而言,是最基础性的问题。相对地说,三者各有自身特定的蕴涵,因而彼此区别着。但是,它们之间又有紧密联系,不能孤立地存在。这一点不论对实证考察或理论研究皆具有绝对的意义。

社会(西方习惯地称之"市民社会")属于人的生活和物质资料的生产与再生产及人口生产与再生产即"种的繁衍"的共同体,它有不仰赖国家与法的独立性。从最低级的原始社会到最高级的共产主义社会,莫不是如此。在批判黑格尔国家主义观点时,马克思已明确地指出,不是国家与法决定市民社会,相反是市民社会决定国家与法。国家是由社会决定并来自社会、服务社会或者压迫社会的政治共同体。在民主制之下,法源于社会意志,进而直接通过国家意志表现出来。其存在方式不是共同体,而是人们行为的规则体,由法精神、原则、规范、政策、习惯所构成。

社会、国家与法之间互动的总趋势是,随着社会形态的变化,作为意识形态的国家与法亦或早或迟地发生与之相适应的变化。中国从半封建半殖民地社会转化为社会主义社会,再从计划经济体制转化为市场经济体制以来,国家和法及其观念也跟着大踏步地向前推进。这就是中国特色社会主义制度和理论的形成。但是,因为国内形势的复杂性、尤其改革开放30余年变化的剧烈,国内法学界对一系列相关问题尚来不及思考甚至没有察觉到,即使有些论述也是初步的,说服力不算太强。相形之下,鄙人的智能和笔触更显得才疏学浅,不堪与闻。在这部书里,仅想就笔者认为的若干带有基本性质的关注点,向学界同仁讨教。

多年以来,笔者最为重视的问题,排在第一位的便是:社会主义社会同本来意义上的所谓"市民社会"是个什么关系。依照传统的看法,资本主义社会是用生产资料私有制和资本奴役劳动来定义,而这又需通过自由市场经济的途径予以表现和实现。相反,社会主义社会则以公有制和按劳分配来定义,借助严格的国家计划经济来表现和实现;前苏联和中国都是如此。但是,这种计划经济体制导致的结果却是生产力发展的迟滞,造成社会的普遍贫困。有鉴此般铁的事实,邓小平在马克思主义发展史上破天荒地断然否定对市场经济的传统偏见。他认为,贫穷不是社会主义。相反,社会主义就是要解放生产力、发展生产力,通过先富带后富,实现社会的普遍富裕。果然,短暂的几十年,中国经济插上腾飞的翅膀,带着社会滚滚向前。在这种情况下,中国法学界自20世纪80年代末90年代初,有越来越多的人引入"市民社会"理论,倾向于认为我国社会主义社会应当建成为一个"市民社会"或者一个"社会主义市民社会"。不过,根据笔者长期的反复思考,深觉社会主义市场经济条件下的社会是或者应当是"市民社会"的提法颇值得商榷,更明白地说是欠妥的。其主要的失误就在于,这些学者几乎完全忽略了以 19 世纪为顶峰的自由资本主义社会即典型的市民社会,它与社会主义社会属于互相对立的、本质不同的社会形态。本来意义上的市民社会,黑格尔描绘为"私利的战场,人与人斗争的舞台",马克思对此亦表赞同。显然,把当代中国引向这种形态的社会是一种巨大的历史倒退,时代和人民大众都不会允许。把市民社会看成我国社会主义社会发展的模板和前景的学者,常常是以非现实的、理想化的思维方式看待市民社会为前提的。毛泽东早在半个多世纪以前就已断定此路不通。从前是这样,现在仍是这样。除此而外,目前还有一种"社会主义市民社会"的提法。此论较之前者是有所区别、有所前进的,但他们最大的缺点,同样是对本来意义上的市民社会缺乏批判性。无论如何,用"社会主义市民社会"替代"社会主义和谐社会",不免过于简单化了。确实,市民社会(狭义的)是发达的市场经济的必然产物,不以人们的愿望为转移。社会主义市场经济条件下的社会,也不能避开市民社会现象。在这个意义上,"社会主义市民社会"有其实际根据。但是,不能忘记,市民社会在社会主义社会中属于局部现象,就是说仅存在于市场交易领域。而在主导性的全民所有制这个更宽阔的范围内,则是社会主义性质的社会;市民社会只属于附庸地位的局部。它导向的前景是社会主义,而非资本主义。更何况市场经济本身不是自足的,其发展途程中必然产生贫富两极分化。简言之,我们既不应否认或抹杀社会主义社会存在一定范围的市民社会,也不能把它加以理想化,看得那么完美,以至于把它和社会主义和谐社会画等号。

社会主义国家,从应然上说是个比资本主义国家更高历史类型的国家。用列宁的话表达,它是"一开始就走上消亡的道路而最终不能不消亡的国家",因而同资本主义国家存在着本质的差别。尽管资本主义国家与社会主义国家的宪法皆规定"人民主权",但政治体制上却大相径庭。一般情况是,资本主义奉行三权分立、代议机构两院制和民主共和制。这是最有利于保持或维护资产阶级文化意识形态的领导权,而模糊广大群众视野、维护资本利益的。到今日为止,西方国家正是无时无刻地凭借这种意识形态标准,企图同化整个世界。哪个民族国家拒绝他们那一套,就被认定违背民主(专制)、没有自由(侵犯人权)。社会主义的中国则坚持人民主权的统一性,奉行人民代表大会制和共产党领导下的多党合作政治协商制。实践证明,这是符合当前中国具体国情的、富有生命力的国家制度。但不能否认,它在完善人民当家作主、全心全意服务人民、保障与发展人权、优化民生机制诸方面,仍有瑕疵,尚须逐步加以改进。社会主义政权机构必须是一个服务政府、廉洁政府、责任政府、法治政府、高效政府,而不能单纯归结为管理政府。在国家问题的研究过程中,遵循马克思主义创始人以来的社会主义—共产主义经典作家的基本理念,极其重要。这里面包含着两条界限的清晰划分:一是马克思主义与国家主义的界限;二是马克思主义与西方自由主义的界限。国家主义,是指以国家权力为核心,以权力至上为价值基础的意识形态或观念体系。其内在精神在于:重国家,轻社会;重权力,轻权利;重人治,轻法治;重整(集)体,轻个体;重实体,轻程序。最为关键的是,在社会与国家关系上所坚持的不是社会本位而是国家本位。与此相反,自由主义是以个人自由为核心,以私的权利至上为价值基础的意识形态或观念体系。它所倡导的自由、民主和法治无不体现着个人主义精神。这种既排斥社会干预又拒斥国家干预的、个人间"平等权利"竞争的后果,不可避免地导致社会权利拥有上的分化和集中,使拥有大资本的少数人成为社会与国家的支配力量。虽然20世纪以来西方国家纷纷踏上"福利国家"与"多元民主"之路,其中涌现若干社会主义(民主社会主义)色彩,但根本的社会格局即私有制主导地位及贫富对立的格局,却没有根本性的变化。当然,强调社会主义同国家主义和自由主义的对立并不等于对它们进行全盘否定。反之,其中含有的一切合理成分,必须予以借鉴和汲取。

社会主义是表达作为整体的社会权利与国家权力关系及其与市民或公民个人关系的规范体系。在这个体系中,最实质的东西无非就是人权。人权所涉及的基本的对应范畴,有权利与权力、权利与义务和国家机关及其公职人员的职权与职责。既然社会与国家由全体人民为主宰,那就意味着不是权力创造权利,而是权利创造权力;不是权利为权力服务,而是权力为权利包括社会权利服务。然而,如何实现人民当家作主呢? 唯一可行之路便是将他们的意志提升为法律,并依照法定程序组成国家机构和遴选出公职人员来运作权力而不得逾越法律的界限——这就是法治。法律保障个人间的平等权利与平等义务,确立国家机关及其工作人员的以职责为主的职权和职责制度,严防权力的腐败、滥用和低效。社会主义法不仅有其形式层面,更有价值层面。马克思指出,普遍人性即人的"类本质"是美好的。因此,立法的能动性并不在于创造法,而是从已存在于人的类本质中不断挖掘和发现法。这也就是要按照美的规律建造法,使法之真与法之善结合一起,体现出法之美。一个法治国家,不言而喻地要具备程序上的合法性,同时一定要具备实质上的合理性。合乎客观规律表示法的必然性,反映价值目的表示法的应然性,注重现实需要表示法的实然性。一种理性状态的法必须具备这三方面的属性。依法治国是以体现社会绝大多数人的意志的规范办事,即程序正义的形式原则。如果抛开该原则,那只能导致统治者自行其是的人治或者无政府状态。我国法治的基本目标在于构建社会主义和谐社会。为此,首先使法充溢着以人为本或人文主义的精神。以人为本必须坚持:在个体与整体的关系中,以个体为本,而不可离开个体谈整体;在人的自由与其他价值关系中,以自由为本,因为唯有自由才是人的核心价值,生存与发展都应以自由为归宿;在权利与权力、权利与义务的关系中,以权利为本,即以权利为前提与目的。假若把这些关系颠倒过来,便会复归"极左"年代的老路。就实质而言,以人为本无非是人权问题。以此为视角,可以重构法的体系,其构成要素包括:第一,根本法,是实现人权的总纲;第二,市民法,调整人在社会生活尤其市场经济活动中的权利—义务关系;第三,公民法,调整人在国家或政治领域中的权利—义务关系,包括公民与权力的关系;第四,社会法,解决把政治与法律的形式平等升华为社会、经济、文化和环境等方面的事实平等。这种平等所恪守的原则,不是法律而是法律背后的公平正义。在当前中国,最急迫的就是在民生问题上要侧重扼制与解决人与人之间的分化尤其贫富的两极分化,切实又有效地保障社会弱势群体的利益。构建社会主义和谐社会的法律机制,有伦理方面的机制(公平正义)、政治方面的机制(民主与监督)、主体性方面的机制(人格与自由)和"天人合一"方面的机制(环境友好)。中国特色的社会主义法治是与国家的改革开放一道产生、发展和完善起来的。这个崭新制度的主要内涵包括:它的指导思想是邓小平理论;它的核心内容是"依法治国"的基本治国方略;它的价值基础是以人为本;它的目标是构建社会主义和谐社会。

当下,中华民族正处于历史性的崛起的新时期,我们法学工作者应该为之作出自己的贡献。

第一章 社会、国家与法的一般原理

第一节 社会、国家、法及其互动关系：从法哲学视角思考国家向社会的回归

社会与国家的关系是政治学界和法学界长期以来极为关注的问题，近几年来甚至成为我国理论界的一个热点。影响较大的，有20世纪80年代末的新权威主义和20世纪90年代初的市民社会理论。前者主张以强有力的具有现代化导向的政治权威作为社会整合和保证秩序的工具，自上而下推动现代化①。后者则认为在中国应以建构中国的市民社会为基础，建立国家与市民社会之间的良性互动②。无疑，这两种观点均有其独到之处。但是，我们觉得它们存在着共同的不足：第一，没有明确马克思主义关于社会与国家关系的基本原理是什么。第二，没有涉及在社会与国家的关系中法应当担任一个怎样的角色问题。

鉴于这种情况，笔者为自己确定的主题是：根据马克思主义关于社会与国家关系的基本原理，探讨我国的法如何促进国家不断地回归社会，向着大同世界的伟大目标迈进。这是社会主义法必须承担的根本历史使命。

一、社会与国家关系的历史演进

虽然具体形式有所不同，总体上，社会与国家之间合一与分离的往返运动，是一个有规律可循的历史现象。

（一）国家从社会中产生又凌驾于社会之上

人类最早的社会组织是氏族制度。氏族实行习俗的统治。对于氏族成员来说，他们"尚未脱掉同其他人的自然血缘联系的脐带"③，从而也不能脱掉自然发生的氏族共同体的脐带。恩格斯描述这种单纯质朴的氏族制度时说："……没有大兵、宪兵和警

---

① 参见刘军、李林编：《新权威主义》，270页，北京，北京经济学院出版社，1989。
② 参见邓正来：《市民社会理论的研究》，1—25页，北京，中国政法大学出版社，2002。
③ 《马克思恩格斯全集》第23卷，96页，北京，人民出版社，1972。

察,没有贵族、国王、总督、地方官和法官,……历来的习俗就把一切调整好了。"①随着社会的阶级分裂及其矛盾的激化,原先赋予少数人执行维护氏族组织利益的社会职能,就逐渐独立化并上升为对社会的统治。他进而指出:"国家是社会在一定发展阶段上的产物;国家是承认:这个社会陷入了不可解决的自我矛盾,分裂为不可调和的对立面而又无力摆脱这些对立面。而为了使这些对立面,这些经济利益互相冲突的阶级,不致在无谓的斗争中把自己和社会消灭,就需要有一种表面上凌驾于社会之上的力量,这种力量应当缓和冲突,把冲突保持在'秩序'的范围以内;这种从社会中产生但又自居于社会之上并且日益同社会相异化的力量,就是国家。"②"国家的存在是为了利用国家权力维护社会中统治阶级的特殊权力,但它却以普遍形式出现,表现出'虚幻的共同体的形式'。即,国家异化为一种虚幻的普通利益和与社会成员相脱离的特殊的公共权力。"③掌握国家的统治阶级特别是官吏攫取社会成员的利益为己有同时又披上合法外衣,导致国家对社会的吞噬。

(二)前资本主义制度下社会与国家的关系

1.古代奴隶制社会与国家的关系。

在古代奴隶制社会,社会与国家是统一的。不过,这种统一有两种截然不同的情况。

第一种情况是"像亚洲的专制制度那样,政治国家只是一个人的独断专行,换句话说,政治国家同物质国家一样,都是奴隶"④。

第二种情况是古代希腊城邦国家。这种城邦国家的特点是自治、自给与主权在民。城邦的面积和人口都较少,一般都实行直接民主制,全体自由人通过公民大会或陪审法庭机构,直接对城邦的重大事务进行讨论和决策,甚至通过轮番为治和实行津贴制来确保极高的政治参与,进而使希腊人的城邦观念更多是一种政治—伦理观念,其城邦生活是一种公民政治—伦理生活⑤。因此,亚里士多德说:"人类自然是趋向于城邦生活的动物。"⑥此时,市民社会与政治国家之间有高度的同一性,二者之间没有明确的界限,政治国家就是市民社会。反之,市民社会的每一个领域,都带有浓厚的政治性质,一切私人活动与事务都打上鲜明的政治烙印。正是从这一意义上说,其市民社会与国家是复合的,公民把"对自己私事的关心同参与公共生活结合起来"⑦。不过,实质地看,这种复合或结合以城邦主义为基础,是国家对社会的吞食,个人的自由和社会

---

① 《马克思恩格斯选集》第4卷,95页,北京,人民出版社,1995。
② 《马克思恩格斯选集》第4卷,170页,北京,人民出版社,1995。
③ 参见《马克思恩格斯全集》第3卷,37页,北京,人民出版社,1960。
④ 《马克思恩格斯全集》第1卷,285页,北京,人民出版社,1956。
⑤ 参见马长山:《国家、市民社会与法治》,17页,北京,商务印书馆,2002。
⑥ [古希腊]亚里士多德:《政治学》,吴寿彭译,7页,北京,商务印书馆,1965。
⑦ [美]萨拜因:《政治学说史》(上),盛葵阳等译,34页,北京,商务印书馆,1986。

的独立性被抹杀了。所以,马克思也说"希腊人的市民社会是政治社会的奴隶"。与古东方国家不同的是,这种"奴隶"不是专制主义者从外部强加的,而是自由民自己把自己变成整体的"奴隶"。这可能就是在古希腊语中找不到相当于今日"社会"一词的词语原因。

2. 西欧封建制社会与国家的关系。

西欧封建社会是在日耳曼人入侵与西罗马帝国崩溃的基础上建立起来的。这种入侵打散了罗马帝国原有的行政体系,也带来了西方社会的分裂,此外还有基督教神圣力量的极力扩张。在西方的中世纪,普遍盛行着封建采邑原则,形成领主所有权系统。封君—封臣、领主—附庸的封建契约权利义务纽带,终于在8世纪逐步稳定下来。在这里,"领主的权力由三种要素组成:第一,土地的持有(领主权);第二,人(奴隶)的占有;第三,政治权利的擅专(通过强夺或封赐)。"①与此同时,除国王外,每个领主又都是别的领主的封臣;除骑士外,每个封臣又都是别的封臣的领主②。于是,就形成了一个遍及社会的政治附庸网。国家沦为由大大小小封建领主构成的贵族阶级的特权工具。正是封建的等级特权制度,表明了"中世纪是人类史上的动物时期,是人类动物学"③。社会与国家的对立或国家统治社会已达到顶峰。

(三)资本主义制度下社会与国家的关系

从11世纪开始,在西方兴起了城市市民社会,到17—18世纪资产阶级革命时期,真正的市民社会渐趋成熟。马克思说:"政治制度本身只有在私人领域达到独立存在的地方才能发展。在商业和地产还不自由、还没有达到独立存在的地方,也就不会有政治制度。"④随着商业、财产、劳动方式及同业公会等市民社会构成要素日益获得独立存在和发展,市民社会开始同政治国家相分离。同这种分离相适应,政治国家也得到了发展。这就是说,现在高度发达的国家和高度发达的社会之间形成了清晰的两个领域:民主制的国家,是纯粹为社会服务的外部条件。但在官吏阶层私利的支配下,国家又不可避免地要侵犯社会,造成这样的境况:"'警察'、'法庭'和'行政机关'不是市民社会本身赖以捍卫自己固有的普遍利益的代表,而是国家用以管理自己、反对市民社会的全权代表。"⑤市民社会本身则是纯粹的私人(财产)范围,不允许国家的干涉。所以,社会与国家之间的二元化,是它们相互关系的最突出的特点。这种二元化较之社会不独立的国家——社会一元化或国家对社会的森严统治无疑是一大进步,预示着社会独立力量的日益强大。不过,现代国家在政治上和法上又宣布为人民"普遍理性"的代表者和社会"普遍利益"的代表者,从而又出现社会与国家之间的"再统一"。但是,

① [德]韦伯:《世界经济通史》,姚曾译,56页,上海,上海译文出版社,1981。
② 参见马长山:《国家、市民社会与法治》,189页,商务印书馆,2002。
③ 《马克思恩格斯全集》第1卷,346页,北京,人民出版社,1956。
④ 《马克思恩格斯全集》第1卷,283—284页,北京,人民出版社,1956。
⑤ 《马克思恩格斯全集》第1卷,306页,北京,人民出版社,1956。

重要的问题在于,这种统一仅仅是形式的而不是实质性的,所以它必然是一种"虚假的再统一",或者是一种"不能统一的东西"的统一"①。

在另一方面,我们也必须注意到,近代以来的西方已经呈现国家回归社会的历史趋向。例如,法国的托克维尔在19世纪30年代考察美国时曾指出:"所有的权力都归社会所有,几乎没有一个人敢于产生到处去寻找权力的想法,更不用说敢于提出这种想法了。人民以推选立法人员的办法参与立法工作,以挑选行政人员的办法参与执法工作。可以说是人民自己治理自己,而留给政府的那部分权力也微乎其微,并且薄弱得很,何况政府还要受人民的监督,服从建立政府的人民的权威。人民之对美国政界的统治,犹如上帝之统治宇宙。人民是一切事物的原因和结果,凡事皆出自人民,并用于人民。"②的确,托氏的描述充满浓厚的理想主义色彩。但从中不难发现,它同马克思不久后对巴黎公社经验的论述之间有着颇多的一致性。但从终极意义上说,国家真正回归社会,又是资本主义制度框架本身所不能容纳的。

(四)社会与国家的复归统一

如果说在资本主义社会里,社会与国家的形式的虚假的统一掩盖了它们之间的真实的分离,那么社会主义的任务恰恰就在于要把这种关系引向真正的实质性的统一。在马克思看来,市民社会是"包括各个个人在生产力发展的一定阶段上的一种物质交往。……始终标志着直接从生产和交往中发展起来的社会组织"③。市民社会是政治国家的现实基础,是国家的真正构成部分和原动力,是全部历史的真正的发源地和舞台。不是国家和法决定市民社会,而是市民社会决定国家和法。国家不过是社会的超自然的"怪胎"④,是社会机体上的"寄生的赘瘤"。随着社会生产力的高度发展和人类文明的全面进步,国家必将重新融入社会之中而自行走向消亡。

从资本主义社会到社会主义社会中间必然要经历一个政治上的过渡时期,这个时期的国家就是无产阶级专政。它是"半国家"或"消亡之中的国家"⑤。即不应再是凌驾于社会之上、脱离社会的机关,而应是国家对社会的异化转为同化,国家把吞噬的社会力量重新归还社会,国家开始逐渐融于社会。恩格斯在评价巴黎公社政权时指出:"胜利了的无产阶级也将同公社一样,不得不立即尽量除去这个祸害的最坏方面,直到在新的自由的社会条件下成长起来的一代能够把这全部国家废物完全抛掉为止。"⑥而此时国家也被"放到它应该去的地方,即放到古物陈列馆去,同纺车和青铜斧陈列在一

① 《马克思恩格斯全集》第1卷,361页,北京,人民出版社,1956。
② [法]托克维尔:《论美国的民主》(上),董果良译,64页,北京,商务印书馆,1988。
③ 《马克思恩格斯全集》第3卷,41页,北京,人民出版社,1960。
④ 《马克思恩格斯全集》第3卷,41、28页,北京,人民出版社,1960。
⑤ 《列宁选集》第3卷,185页,北京,人民出版社,1995。
⑥ 《马克思恩格斯全集》第22卷,228—229页,北京,人民出版社,1965。

起"①。那就是人类彻底解放、普遍的自由与平等和完全的民主(民主消亡)的理想的时代。

法和国家是一对孪生姐妹,他们同时产生并将同时消亡。社会和国家关系的每一次变化都导致法的变化,而法在型塑社会与国家的关系中又起着巨大的作用。国家融于社会是人类社会发展的最终理想。但是,在当前,特别是在中国这样一个具有长期专制主义传统的国家,社会从国家收回权力,使国家融于社会,将是一个极其漫长的过程。在这一过程的每一阶段(尤其是近代民主制形成以来),无论是社会权力的张扬,还是国家权力的抑制,法都会起到举足轻重的作用。

二、法在促进国家回归社会过程中的作用

与西方社会与国家关系的曲折发展不同,在中国,国家于社会中产生之时起,便反过来侵吞了社会,通过国家对社会的吞噬而实现了"同一"。这种局面的形成,有多方面的原因,首先可归因于宗法制的存在与延续不绝。中国文明是早熟的产物,这种早熟带来的直接后果,就是宗法制度在中国早期国家中得到了完整的保留和延续,父系氏族内部家长的绝对权力直接演变为君主的绝对权力。所以,中国早期国家产生伊始,就走上了君主专制的道路。在君主专制制度中,皇权至高无上,以皇帝为代表的国家具有至高的权力,社会本身没有独立地位可言。除去宗法制度外,自然经济的生产方式是形成这一状态的经济因素。马克思在分析亚细亚形态的社会时曾经指出,这些社会之所以在政治上表现为"东方专制制度"的根本原因在于土地公有制在作祟。这种公有制决定了它们的政治形式只能是以王权为中心的专制主义。此外,传统思想中的一些因素也强化了国家侵吞社会这一状态的形成。在这种"普天之下,莫非王土;率土之滨,莫非王臣"的局面之下,"政治国家只是一个人的独断专行,换句话说,政治国家同物质国家一样,都是奴隶"②。托克维尔说:"行政集权只能使它治下的人民萎靡不振。"③不错,在一定的条件下,行政集权可能有利于办"大事情","但却无补于一个民族的持久繁荣"④。这正是中国长期"停滞"的一个原因,也成为中国走向现代化的巨大障碍。

中华人民共和国建立以后,国家并没有走上如马克思、恩格斯预言的那样的消亡过程,相反,却走上了强化国家政权和强化国家对社会的控制的道路。马克思设想的国家融入社会的过程却变成了社会国家化的过程。形成这一局面的原因是多方面的,包括受前苏联的影响、战争经验的影响以及面临的形势和要解决的任务等,这种经过

① 《马克思恩格斯选集》第4卷,174页,北京,人民出版社,1995。
② 《马克思恩格斯全集》第1卷,285页,北京,人民出版社,1956。
③ [法]托克维尔:《论美国的民主》(上),董果良译,97页,北京,商务印书馆,1988。
④ [法]托克维尔:《论美国的民主》(上),董果良译,97页,北京,商务印书馆,1988。

强化的国家对社会的控制曾经起过巨大的社会整合和社会动员作用，但也对中国走向现代化造成不利的影响。十一届三中全会以后中国开始实行改革开放，特别是中共十四大确立发展社会主义市场经济以来，国家—社会一体化及其弊端受到了巨大冲击，国家在慢慢退出不该插手的领域，一定程度上还权于社会，社会不断地从国家取得了自身权利。这预示着社会逐渐同国家相对区分，出现两者相辅相成的二元并存格局的趋势，为国家回归社会创造条件。

30 多年的改革是一个全方位的国家放权的过程，涉及政治、经济等诸多领域。改革的成果都以法律形式固定下来并用以指导下一步改革，国家生活实现了从主要依靠政策到主要依靠法的转变。党的十五大又确定了"依法治国，建设社会主义法治国家"的基本治国方略，法在国家生活中的作用将日显重要，在国家向社会回归的过程中也将发挥重要的作用。

（一）法保障经济体制改革的顺利进行，使国家逐步退出微观经济领域，并实现经济利益多元化，形成社会对国家权力的制约

马克思主义创始人在《德意志意识形态》和《共产党宣言》中开始把计划经济作为社会主义社会的一个主要特征。"无产阶级将取得国家财产，并且首先把生产资料变为国家财产。""一旦社会占有了生产资料，商品生产就将被消除，而产品对生产者的统治也将随之消除。社会生产内部的无政府状态将为有计划的自觉的组织所代替。"[1]正是基于这种认识和前苏联的影响，新中国成立以后，我国实行了高度集中的计划经济体制。在这种经济体制下，国家直接掌握着几乎所有的经济资源，社会的生产、交换、消费活动都被国家以行政命令的方式严格控制着，乃至国家所有制与全民所有制、社会所有制都变成了同义语。与这种经济体制相对应的是高度集中的权力中心和权力结构，国家意志和权力决定一切，社会依附于国家。十一届三中全会决定在中国进行经济体制改革，这就必然要求改变传统的社会与国家之间的关系。经济体制改革经历了一个渐进的过程，这是一个国家权力逐渐向社会回归的过程。而在这一过程的每个阶段，法都起了重要的推动作用。

第一阶段，从 1979 年到 1984 年。以农村联产承包责任制为突破口，中国迈开了经济体制改革的步伐。在此期间颁布的法律法规主要有：《中外合资经营企业法》（1979）、《关于推动经济联合的暂行规定》（1980）、《国营工业企业暂行条例》（1983）、《关于扩大国营工业企业经营管理自主权的若干规定》（1979）等。改革的进行，使丧失多年的基本的个人利益开始复苏，同时，个体经济的发展，三资企业的出现，使社会的特殊利益形式出现多样化，被国家吞食的社会开始复苏。

第二阶段，从 1984 年到 1992 年。这一阶段颁布的法律法规主要有：《中共中央关于经济体制改革的决定》（1984）、《民法通则》（1986）、《外资企业法》（1988）、《中外合

---

① 《马克思恩格斯选集》第 3 卷，633 页，北京，人民出版社，1997。

作经营企业法》(1988)，等等。通过这一阶段的改革，国有企业独立的法人地位开始得到法律的首肯。与此同时，私营企业的应有地位也为宪法修正案所肯定；乡镇企业、三资企业得到很大发展；个体经济进一步活跃。在特殊利益主体地位得到肯定的同时，它们进行市场经济活动的权利不断得到法律的保护。

第三阶段，从 1992 年到现在。我们正式提出建立社会主义市场经济体制，计划经济管理模式被抛弃。这一阶段，为保障改革的顺利进行颁布了大量的法律法规，其中主要的有：《公司法》(1993)、《合伙企业法》(1997)、《独资企业法》(1999)、《合同法》(1999)，等等。这些法律进一步肯定了特殊利益存在的各种形式，按社会主义市场经济的要求授予其独立的财产权、人格权、契约权以及其他各种权利。社会与国家的二元结构已慢慢形成。

市场经济体制的建立过程，就是国家逐渐从微观经济领域退出的过程。它所产生的后果首先是社会资源占有的分散化、多元化。随着宪法对个体经济、私营经济主体地位的确立，国有企业随着现代化进程的深入，在国民经济中的比重逐渐下降，其他经济成分的比重出现了较大幅度的攀升。这意味着社会已经开始直接掌握了经济资源，拥有了相应的权利。随着多种经济成分的发展，国家的社会控制手段也渐趋多元化，改变了过去仅仅依靠计划指导与行政命令的状况；政社分开逐步发展，要求政府与社会的关系由政府管理社会为主转向政府服务社会为主，也即意味着从"全能政府"向"小政府、大社会"的转变。与此相应，企业也开始从计划经济体制下的国家"生产车间"重新回到社会，不再受国家的任意驱使，其行为遵循通常的市场法则，追求自身的利益，实现企业自治①。市场经济体制建立的另外一个后果是经济利益的扩展并呈多元化，而国家权力日益缩减。以联产承包责任制为中心的农村经营体制改革，造就了大量独立自主的农村家庭经济与家庭企业；以政企分开，建立现代企业制度为中心的国有企业改革，培育了新型的"自主经营、自负盈亏、自我发展、自我约束"的市场竞争主体；多种非国有经济的充分发展，造成"市场权力"的增长，而市场经济条件下对个人择业和迁徙自由、结社自由、财产权利及公共舆论的权利保障，则促进了"社会权力"的增长，大大改变了权力的国家垄断性②。需要说明的是，国家逐步退出微观经济领域，并不是削弱，相反倒是有利于对社会经济的宏观调控。对于现代经济而言，这一点也是很重要的。

（二）法划定权力的界限，制止国家权力的滥用

从国家与社会脱离时起，国家权力与它所由以产生的社会，就处于一个二律背反的悖论中。一方面，社会生活有其自身的缺陷，社会秩序的生成与维护内在地要求国家运用其政治权力对社会生活进行必要的管理和控制。另一方面，权力又具有自我扩

---

① 参见江平：《社会与国家》，载《南京大学法律评论》1996 年春季号，15 页。

② 参见马长山：《国家、市民社会与法治》，219 页，商务印书馆，2002。

张性,如不对其约束,任其任意膨胀,又存在侵害公民权利的危险,成为霍布斯笔下的利维坦。被人们千百次引用的孟德斯鸠和阿克顿的名言:"一切有权力的人都容易滥用权力,这是万古不易的一条经验。有权力的人们使用权力一直到遇有界限的地方才休止"①,"权力导致腐败,绝对的权力绝对地导致腐败",最恰当不过地表明了对权力加以控制的必要。如何控制国家这一吞噬社会的怪兽,古往今来,人们设计了多种方案,其中最主要者为以亚里士多德为发端,波利比加以深化,再经洛克,最后由孟德斯鸠完成的以权力制约权力的思想。这种思想发展到美国,便成为美国立法、行政、司法三权彼此分开,相互制衡理论的依据;西方其他各国资产阶级革命胜利以后,虽具体形式各异,但都把分权与制衡作为他们宪法的基本原则确定下来。在当代,有许多学者进一步地提出以权利制约权力。如我国的郭道晖先生提出应从广泛分配权利、集体行使权利、优化权利结构、强化权利救济、提高权利意识、掌握制衡的度六个方面加强权利对权力的制约②。

根据中国的现实国情,笔者认为,在中国以法制约权力应是权力控制的基本手段,也是实现权力控制的最佳措施。因为法是作为主权者的全体人民意志的集中体现,也因为无论是以权力制约权力还是以权利制约权力都必须以规则的形式表现出来,并且它们对权力的制约最终也要靠法来确认和保障。以法制约权力,也即是指制定严密的法律法规,规定权力的范围,严格权力的运行程序,并且依靠法实现对社会权利的保障,达到对国家权力的控制。法在实现权力控制中的主要作用表现在:

首先,法为权力的行使设定明确的范围和界限。如前所述,传统的国家是社会中既具有寄生性,又表现出掠夺性的怪胎,为了自身利益,它会掠夺整个社会的成果。权力具有扩张性,并且会腐蚀它的运用者。所以权力的行使必须有一定的界限,超出这一界限,便是滥用权力。中国古代对权力限制的主要措施是建立以御史监察与谏官谏议相结合的法律监督机制,但由于缺乏对最高权力的拥有者——皇帝的权力的制约,多么精巧的监督机制也难逃沦为附庸的命运。新中国成立以后,毛泽东虽然也曾意识到权力过分集中的问题,如他曾指出斯大林的错误在英美西方国家就不可能出现,但他没有从制度上解决权力过分集中的问题,以致最终发生"文化大革命"那样的悲剧。西方国家找到的制约权力的措施是三权分立,由于指导思想和国情的不同,中国不可能实行三权分立制度,但通过权力的分工而严格制约权力则是绝对必需的。这就要求法明确规定权力的界限。不同的国家权力由不同的国家机关分别行使,这种分权既包括同级国家机关的分权也包括不同级国家机关即中央和地方国家机关的分权。其结果,正如博登海默所言:"在法律统治的地方,权力的自由行使受到了规则的阻碍,这些规则使掌权者受到一定的行为方式的约束。"③

---

① [法]孟德斯鸠:《论法的精神》(上),张雁深译,154页,北京,商务印书馆,1961。

② 参见郭道晖:《法的时代精神》,299页,长沙,湖南出版社,1997。

③ [美]E.博登海默:《法理学——法哲学及其方法》,邓正来等译,342页,北京,华夏出版社,1987。

　　其次,法为权力的运行设定科学合理的程序,排除权力运行过程中的任性。法律程序化是现代法治的典型特征之一,也是法律形式主义运动的必然产物。程序公正是法制现代化的重要价值目标,也是现代法律重要的工具性特质。法律程序的功能意义在于:一方面它能给当事人一种公平待遇感,促进当事人纠纷的解决,并增加双方之间的信任;没有普遍的人和人之间的信任,国家制度将无以复存。另一方面,它给政治权力的运作提供了相对固定的步骤和方法,从而有效地制约权力运行过程中的主观随意性,为防止权力滥用创设了一种公正的法律机制,为监控权力提供了有力的法律保障①。

　　最后,法保障公民的政治权利并排除国家权力对公民权利的任意干涉,以监督国家权力。在我国,国家主权属于全体人民,人民或直接或间接(即通过选出代表)行使国家权力。法在保障人民的政治参与权利的实施方面发挥着巨大作用。在基层政权,法保障人民借助直接选举决定国家权力的运用者,以选举权、监督权和罢免权的行使,直接保证基层国家机关的权力不被滥用,直接质询、罢免、撤换不称职或腐败的国家机关工作人员。在中央和较高层次的地方国家机关,法保证人民通过自己的代表行使权力。不仅如此,公民的合法权益如果受到国家机关的不法侵害,还可以按照《行政诉讼法》《国家赔偿法》的规定获得救济。法通过对公民的积极权利与消极权利的保障,既可以使国家权力逐渐缩小,并服从和服务于人民的整体利益,又使人民逐渐获得普遍的平等自由权利,推动国家回归社会的历史进程。

　　(三)法防止国家公职人员由社会公仆变成社会主人,加强对权力行使的监督,保证公务行为的廉洁性

　　按照马克思主义的观点,国家从社会中产生并凌驾于社会之上,是社会的异化。国家和氏族组织的最大区别,就是特殊的公共权力的设立。"官吏既然掌握着公共权力和征税权,他们就作为社会机关而凌驾于社会之上。……文明国家的一个最微不足道的警察,都拥有比氏族社会的全部机构加在一起还要大的'权威'……后者是站在社会之中,而前者却不得不企图成为一种处于社会之外和社会之上的东西。"②随着阶级斗争的激化和生产力发展带来的社会的复杂化,官僚机构和军事机构不断膨胀,国家日益变成社会躯体的寄生赘瘤和吸吮社会膏脂的蟒蛇③。从资本主义到共产主义的过渡阶段即社会主义国家,已不是本来的、传统意义上的国家,而仅仅是"半国家"或"消亡之中的国家"④。那就是"组织职能立即开始消亡,而且不能不最后消亡的国家"⑤。国家把它吞噬了的社会力量重新归还社会。国家的使命在于全心全意为社会服务,也

---

　　① 参见刘旺洪:《社会与国家:权力控制的法理学思考》,载《法律科学》,1998(6)(总第91期),29页。
　　② 《马克思恩格斯选集》第4卷,172页,北京,人民出版社,1995。
　　③ 《马克思恩格斯全集》第2卷,185页,北京,人民出版社,1957。
　　④ 《马克思恩格斯全集》第2卷,185页,北京,人民出版社,1957。
　　⑤ 《列宁选集》第3卷,130页,北京,人民出版社,1995。

就是为组织在政权中的全体人民服务。国家工作人员也从国家的主人变为社会的公仆。

马克思主义设想的这种国家或政府与人民关系的理想状态,在现实生活中往往发生变异。其主要原因是权力具有的自我扩张的特性。如不对权力的行使加以控制,就存在权力运用者重新由社会的公仆变为社会的主人的危险。就我国目前而言,官吏已成为一支过分庞大的队伍,人数已达到几千万人,成为社会的巨大负担;并且因为缺乏足够的对权力行使的约束机制,权力的商品化趋势愈演愈烈,其直接后果就是腐败的泛滥与屡禁不绝。根据纪检监察部门提供的一份调查,全国查处的有关职务犯罪的案件的数量大得非常惊人。在近年被查处的案件中,涉案人员级别之高,涉案数额之大,触目惊心。据胡鞍钢研究,90 年代后半期主要由腐败所造成的经济损失和社会福利损失平均每年在 9875 亿元~12570 亿元之间,占全国 GDP 总量的 13.2%~16.8%①。对这一严峻问题"如果我们掉以轻心,任其泛滥,就会葬送我们的党,葬送我们的人民政权,葬送我们的社会主义现代化大业"②。新中国成立以后的几十年间受传统思维和革命战争时期经验的影响,管理干部和人事安排主要是靠党的政策,并广泛发动群众来清洗污浊。但是,由于政策具有不稳定性,群众运动自身存在无法克服的弊端,已不能成为防止国家公职人员腐化堕落的主要手段,这就要靠具有普遍约束力的法制。正如邓小平所言,我们要靠法制,搞法制靠得住些。法在促进国家工作人员职务行为的廉洁性,防止其由社会公仆变为社会主人方面,正在并将继续发挥更大的作用。

首先,法为权力划分明确范围和界限,使权力在规定的范围内行使,制止权力的滥用。前面已对此作过较详细的论述,此不赘述。

其次,法确保人民通过他们的代表行使国家权力。国家权力来自于人民的授权,权力的行使者通过人民的委托行使权力。能否实行普遍的选举制,对于人民能否实现当家作主的权利,意义尤为重要。马克思在评价巴黎公社实行的措施时指出:"公社采取了两个正确的办法。第一,它把行政、司法和国民教育方面的一切职位交给普选选出的人担任,而且规定选举者可以随时撤换被选举者。第二,它对所有公职人员,不论职位高低,都只付给跟其他工人同样的工资。"③"……用等级授职制去代替普选制是根本违背公社的精神的。"④我国宪法规定公民有普遍的平等的选举权,并且规定公民对国家工作人员的监督权、罢免权、质询权、弹劾权,宪法以及其他部门法还规定了行使这些权力的相应保障。这样就使人民能够真正按照自己的意愿选择权力的行使者,使权力的行使者真正代表人民和为人民服务。

第三,法保障政治体制改革的进行,精简政府机构与人员。20 世纪 80 年代以来,

---

① 参见孙晓莉:《中国现代化进程的社会与国家》,130 页,北京,中国社会科学出版社,2001。

② 江泽民:《在中央纪委第二次全体会议上的讲话》,载《人民日报》,1993 年 9 月 15 日。

③ 《马克思恩格斯全集》第 22 卷,228 页,北京,人民出版社,1965。

④ 《马克思恩格斯全集》第 17 卷,360 页,北京,人民出版社,1963。

我国进行了多次政治体制方面的改革,但机构臃肿重叠、职责不清、官吏队伍庞大等问题并未得到根本解决。这种局面同"官本位"观念有莫大的关系。官本位就是权力本位,往往与特权紧密联系在一起。当官不仅仅是一种职业上的选择,更多的是一种身份和符号,是一种取得法外特权的资格和机会。因此,进行政治体制改革,首先必须树立法具有极大权威的观念,法不是御民之典,而是控权之具,要根本转变"权大于法"的观念。此外,我们可以借鉴其他国家的经验,实行有限的、有条件的高薪养廉,但必须切断权力与金钱的交易,遏制权力商品化的趋势,杜绝法外特权,保证权力运行的合法性。还有,根据宪法厘定各部门的职权和职责,并做到依法行使;政府无权管的就放给社会,该撤的机构要撤,该裁的人员要裁,真正做到政府机构的精简和高效,实现"小政府"的目标。

第四,依法惩治腐败,防止国家工作人员腐化堕落。腐败是权力滥用的集中表现。依法惩治腐败,需从以下几方面着手:①完善廉政立法,使反腐有法可依。在此方面,世界各国颁布了诸如《反腐败法》《阳光下的政府法》《公务人员职责法》《公务人员道德法》等,对我们都有借鉴意义。我国反腐败立法的规范性和技术性都未能达到应有水平,而且政策性文件居多。针对这种情况,需要在立法上制定成熟健全的法律法规,并使反腐的一些具体制度法律化、规范化,如公务员财产申报、不明财产追查、公共权力行使的公开等,实现制度的预先控制。②严格执法,监控从严。汉密尔顿曾经指出,野心必须用野心对抗,国家应加大对国家公职人员贪污、贿赂、挪用公款等腐败行为的惩治力度。

第五,法保障对国家工作人员的严格的社会监督。为了防止权力的受托者违背委托者的意愿行使权力,就要将权力的行使置于社会力量的极严密的监督之下,同时这也是普通公民参与民主政治的重要方式。美国学者科恩认为:"民主是一种社会管理体制,在该体制中社会成员大体上能直接或间接地参与或可以参与影响全体成员的决策。"[1]毛泽东曾经指出,只有让人民来监督政府,政府才不会松懈。中共十六大报告也强调人民群众拥有国家决策的参与权。在现代社会,公民可以通过各种合法方式表达自己的政治意见和观点,形成广泛的社会意见,即"公众舆论"。这种舆论可以对国家权力的行使进行评判,对权力的滥用进行批评、抗议、谴责、控诉。法是社会舆论的保护者,社会监督也必须法律化、制度化。如邓小平所言:"要有群众监督制度,……要制定各种条例,最重要的是要有专门的机构进行铁面无私的监督检查。"[2]只有法对社会监督的实体和程序准则都作出明确的规定,社会监督才能顺利进行。

① [美]科恩:《论民主》,聂崇信等译,10 页,北京,商务印书馆,1988。
② 《邓小平文选》第 2 卷,332 页,北京,人民出版社,1994。

（四）依照法来规范党政关系，依法制约党员特别是党员领导干部滥用权力的行为，实现依法治国与党的领导的有机统一

在我国，"依法治国，就是广大人民群众在党的领导下，依照宪法和法律规定，通过各种途径和形式管理国家事务，管理经济文化事业，管理社会事务，保证国家各项工作都依法进行，逐步实现社会主义民主的制度化、法律化，使这种制度和法律不因领导人的改变而改变，不因领导人看法和注意力的改变而改变。"[①]这是摒弃人治，发扬民主和加强法治的根本点，也是50多年主要的经验教训。在我国，加强党的领导与依法治国是辩证的统一。关键在于党必须在宪法和法律范围内活动。我们应不断保持党的先进性，坚持党的领导并改善党的领导，以推进依法治国的进程。在此只侧重讨论与限制权力滥用密切相关的两个问题，即依法规范党政关系；依法制止党员特别是党员领导干部滥用权力。

1. 依法规范党政关系，确保党在宪法和法律范围内活动。

在新中国成立后相当长的一段时间内，我们主要依靠党的政策实现对国家的治理。由于对党的领导存在错误的认识，也由于对党缺乏民主制约机制，以致出现了所谓党的"一元化领导"，而这种党的"一元化领导"导致党和国家"一切权力集中于党委，党委的权力又往往集中于几个书记，特别是集中于第一书记，什么事情都要第一书记挂帅、拍板。党的一元化领导，往往因此而变成了个人领导"[②]。由于长期党政不分，以党代政，这就使党的权力过分集中于个人，党内个人专断和个人崇拜现象滋长起来，也就使党和国家难以防备和制止"文化大革命"那样严重破坏民主和法制的事情发生，给国家带来巨大的灾难。十一届三中全会总结了历史的经验教训，提出了发展社会主义民主，加强社会主义法制的方针，党政分开成为其后政治体制改革的主要内容。1982年《宪法》提出了党政关系的法制化，该法第五条规定："一切国家机关和武装力量、各政党和各社会团体、各企业事业组织必须遵守宪法和法律。""党必须在宪法和法律范围内活动"的原则成为党政关系法制化的根本原则，也是全社会制约、监督党组织及其领导人滥用权力、破坏法制的根本原则。但由于这一宪法原则没有具体的法律措施加以落实和保证，因此党政关系的界限应如何区分，对党的领导人违反宪法和法律应如何追究法律责任，仍然处于无法可依的状态。因此，有的学者建议制定《党政关系法》，以从制度上明确党政职能的具体划分[③]。法是明确、普遍的规范，它必须清楚地划清党政关系的职责界限。我们必须坚持党的领导，但这种领导主要是通过方针政策、思想政治工作等渠道实现的。党的意志要通过法律程序转变为国家意志，制定成为法。我们必须清除一些地方由党委包办一切的倾向，把该由政府负责的事情交给政府

---

① 江泽民：《高举邓小平理论伟大旗帜，把建设有中国特色社会主义全面推向二十一世纪》，载《江泽民文选》第2卷，29页，北京，人民出版社，2006。
② 《邓小平文选》第2卷，329页，北京，人民出版社，1994。
③ 参见张浩：《论完善我国的权力制约》，载《政法论坛》，1990(5)，6页。

去办,党委不能干预太多,"党干预太多,不利于在全体人民中树立法制观念"①。党对国家的领导绝非像当年国民党那样的"以党治国",更不是"党专政"。党的领导权不能高于人民主权,党是国家和人民的领导力量,但它并不凌驾于国家与人民之上②。党不能超越国家和法律直接向公民和社会组织发号施令。正如江泽民同志指出的:"我们绝不能以党代政,也不能以党代法……我们一定要遵循法治的方针。"③

2. 依法防止党员干部滥用权力。

因为中国共产党处于执政地位,所以掌握国家权力的人绝大多数是党员干部。对于治理党员干部的滥用权力与腐败行为来说,思想教育和政治教育、高薪养廉、加强党风政纪、强化行政处分等都会起到一定的作用。但加强立法、健全法制,依法预防权力滥用和惩处腐败,更为重要。这是因为:第一,法比纪律明确、具体、规范,便于人们自律、自治。第二,对很多腐败分子来说,纪律的最高处分也不过是开除党籍或开除公职,甚至有的地方以开除党籍来代替刑事处分。这种处分的代价显然不足以产生遏制腐败的威慑力量。第三,许多行为的是与非、罪与非罪的界限模糊不清,执法机关难于插手干预。只有消除这种法律的空缺或漏洞,才能提高打击违法和犯罪的力度。可以说,不实行法治,不建立健全有效的法律监督和制约机制,就难以从根本上制止个别党员干部的腐败现象的滋长蔓延④。

(五)法保障实行广泛的社会自治,扩大社会权力,以形成"小政府、大社会"的关系格局

1. 法促进地方分权的实现,构建合理的中央—地方关系。

在国家结构形式上,马克思原则上主张实行建立在民主集中制基础上的、民族统一的单一制国家,但这种单一制,也必须与真正的地方自治即各地人民自己管理自己事务相结合。在评价巴黎公社式的国家政体时,马克思指出:"只要公社制度在巴黎和各个次要的中心确立起来,旧的中央集权政府就得也在外省让位给生产者的自治机关。"⑤"公社的存在自然而然会带来地方自治,但这种地方自治已经不是用来对抗现在已被废弃的国家政权的东西了。"⑥列宁也曾多次指出"中央的无产阶级专政必须同高度的地方自治相结合。"还指出:"民主集中制不但丝毫不排斥自治,反而以必须实行自治为前提。"⑦

由于文明特殊的起源方式及家国一体的社会治理方式,整个中国形成了一个具有

①　《邓小平文选》第3卷,163页,北京,人民出版社,1993。
②　参见郭道晖:《法的时代精神》,321页,长沙,湖南出版社,1997。
③　《江泽民答记者问》,载《人民日报》,1989年9月27日。
④　参见张文显:《依法治国与坚持和改善党的领导》,载张文显、李步云主编:《法理学论丛》第3卷,163页,北京,法律出版社,2002。
⑤　《马克思恩格斯全集》第17卷,359页,北京,人民出版社,1963。
⑥　《马克思恩格斯全集》第17卷,361页,北京,人民出版社,1963。
⑦　《列宁全集》第34卷,139页,北京,人民出版社,1995。

浓重大一统传统的帝国。中国虽有清末的"地方自治",民国年间的"联省自治运动"以及由知识分子掀起的"乡村建设"运动,但也都先后以失败告终。这在一定意义上表明了中国社会国家权力的强大和社会权力的明显阙如,同时也是国家吞并社会的一个重要后果。新中国成立以后实行高度集中的政治和经济体制,国家的政治和社会资源集中于中央,地方享有很少的自主权力。这种中央和地方之间的关系抑制了地方积极性的发挥,并且极易导致政治上的集权主义和专制主义,使社会总体的自我调节功能弱化。十一届三中全会以后,中央看到了这种体制的弊端,并多次进行改革。改革的总体思路是放权让利,即放权给地方,让地方享有更多的利益。但由于中央和地方职权划分的不明,这种"放权让利"的行政式改革没有多少实效,反而带来"一放就乱、一乱就收、一收就死"的怪圈式恶性循环。这说明,中央和地方关系的改革特别是地方获得必要的分权和一定程度的自治权的问题,尚缺乏明确的法律调整机制作为保障。由法明确界定二者的权力,既要保持国家的整体,也要照顾到地方;在保持强有力的中央权力的同时,给地方高度的自治权力,真正实现由各地人民管理自己的事务,构建一种合理的中央和地方关系格局。

2. 法保障民族区域自治的贯彻落实,实现少数民族人民当家作主,管理本民族内部事务。

我国是统一的多民族国家,全国各族人民共同创造了灿烂的中华文明。我国共有55个少数民族,居住状况呈现出大杂居、小聚居的特点。由于各地自然条件千差万别,经济发展状况参差不齐,民族习惯与民族传统各不相同。因此,实行民族区域自治,实现各少数民族管理本民族内部事务,是符合我国统一的多民族国家国情的政治制度,也是各民族人民实现当家作主权利的政治形式。

我国《宪法》第六条规定:"各少数民族聚居的地方实行区域自治,设立自治机关,行使自治权。各民族自治地方都是中华人民共和国不可分离的部分。"这是我国实行民族区域自治的根本法依据。1984年第六届全国人民代表大会第二次会议通过了《中华人民共和国民族区域自治法》,2001年第九届全国人大常委会第二十次会议通过了新修改的《中华人民共和国民族区域自治法》。宪法和民族区域自治法赋予民族自治地方广泛的自治权力,包括:自治条例、单行条例的制定权;管理地方财政的自主权;管理地方经济的自主权;管理本民族教育、科学、文化、体育事业的自主权;等等。为确保宪法和民族区域自治法所规定的民族自治权的实现,国务院、国务院各部委制定了大量的行政法规、规章,各自治地方也制定了大量的自治条例和单行条例,为民族区域自治的实现提供了制度和法律上的保障。当前,西部大开发的决策,也为少数民族自治创造了各种条件。

3. 法保障基层群众自治,实现基层群众自治权利对国家权力的制约。

在中国的历史上,依赖家国一体的社会治理方式,而实现社会与国家的"同一"。虽有不同时期和不同程度的"地方自治"与"乡绅自治",但终究是专制主义中央集权的官治的辅助与补充。新中国成立后实行高度集中的政治、经济体制,尤其是政社合一的人民公社化运动以及"文化大革命",导致国家主义极度膨胀,再加上处处、事事由组织包办,基层民主自治权利受到严重抑制乃至剥夺。

改革开放以后,我国走上了民主与法制的轨道,基层群众自治权利也逐渐受到重视。1982 年《宪法》规定:"城市和农村按居民居住地设立的居民委员会或者村民委员会是基层群众性自治组织。"由此开始了中国依法保障基层群众自治的进程。1987 年六届人大常委会第二十三次会议制定《村民委员会组织法》(试行),1989 年七届人大常委会第十一次会议制定《居民委员会组织法》,1998 年九届人大常委会第五次会议修订制定《村民委员会组织法》,在广大农村推行村民自治和城市社区的自治。基层群众的自治对抑制国家权力向社会过分渗透发挥了重要作用。它在一定程度上厘清了社会与国家的界限,形成基层群众自治权利对国家权力的分割和制约,改变国家对社会传统的权力压制型治理模式,推动了中国的民主法治进程。不过,基层群众自治在我国尚属新生事物。受几千年文化积淀和几十年传统思维的影响,基层群众自治组织特别是农村村委会不同程度地存在行政化倾向,人们往往将这一自我管理机构认同为一级行政机关,而在自治管理的过程中依然存在行政行为的各种干预。这种因行政的介入而形成的"科层化",使基层特别是农村根本不能做到真正意义上的自治。这种局面若不扭转,村民或居民将对自治失去兴趣,对公共事务失去兴趣。当前,摆脱这种困境的办法只能是完善立法,强化措施,理顺基层群众自治组织与国家权力机关的应有关系,有效地发挥其自治功能,保证村(居)民委员会真正成为实行民主选举、民主决策、民主管理、民主监督的自我管理、自我教育、自我服务以及不断地自我完善的基层群众性非政治性组织。这就是江泽民所指出的:"扩大基层民主,保证人民群众直接行使民主权利,依法管理自己的事情,创造自己的幸福生活。"①

4.法保障社会团体自治,一定程度上实现国家与各种社会群体的分权。

社会群体的自治和分权是西方的一个重要的传统,不论在世俗领域或者宗教领域都是明显的事实。二战以后,这种情况有了更大的发展。它在意识形态上的表现,就是广为传播和深得人心的所谓"多元民主"论的崛起。但是,在传统的中国,公民没有建立社会共同体的自由,即使像行会和学会,也必须有国家同意和控制,使之不能作出任何违背官方意志的行为。新中国成立以后,由于实行高度集中的管理体制,国家取代了社会,国家等级性的联系弥漫到社会的每一个角落,各种社会组织和群体都作为国家的附属物而存在。社会自主性的缺失又反过来加强了国家权力的任性。

社会主义国家从建立第一天起,就应当是一种权力逐步回归社会的国家,为此恩格斯曾建议"把'国家'一词全部改成'共同体'〔Gemeinwesen〕。"②在向无国家过渡的

---

① 江泽民:《高举邓小平理论伟大旗帜,把建设有中国特色社会主义事业全面推向二十一世纪》,载《求是》,1997(18),15 页。

② 《马克思恩格斯选集》第 3 卷,324 页,北京,人民出版社,1995。

过程中,社会团体是社会和国家之间起中介作用的自组织力量,是制约国家、分享权力,实现国家权力回归为社会权力的重要形式和途径。在大力推进依法治国的今天,我们必须依法推进多种社会群体自治的实现。首先,必须确保社会团体的独立地位,避免行政化和严厉的行政控制的倾向。我国社会组织的设立过去主要从国家的社会控制的角度考虑,社会组织只能是政府机构的延伸,具有浓厚的"官办"色彩,在自治管理的过程中也存在行政行为,因此并不具备社会自治的意义。所以必须弱化以至消除社会组织的"官办"色彩。社会组织加强自治意识,依法控制国家权力的渗透,使社会团体成为实现其宗旨的自律或自管的组织。其次,完善有关立法,扩大和巩固社会组织的自由活动空间。实现《国民经济和社会发展九五计划和2010年远景目标纲要》所要求的"把不应由政府行使的职能逐渐转让给企业、市场和社会中介组织"。但这仅指从事市场活动的经济组织而言,它还应包括社会的政治、文化、公益等群体的联合体。最后,依法规范社会团体的自治行为,既要制止它们的违法和越界行为,更要制止任何组织和个人违法侵犯这种自治权的行使。

概而言之,社会主义国家就是"社会把国家政权重新收回……人民群众把国家政权重新收回"[1],使国家真正成为"人民的自我规定",并"表现出它的本来面目,即人的自由产物"[2]。国家从凌驾于社会之上而重新融入社会,也就是国家的消亡,人类的彻底解放。只有到那时,才能把社会变成"每个人的自由是一切人自由发展的条件"的"自由联合体",即大同世界。这当然是遥远的目标,但社会主义社会必须与它衔接起来,而不应遗忘和脱离这个大方向。

三、附论

(一)实现法促进国家回归社会,需要正确理解国家和法的关系

法在中国一直被视为御民之具。管子曾讲:"夫生法者,君也;守法者,臣也;法于法者,民也。"[3]韩非写道,法、术、势,"此不可一无,皆帝王之具也"[4]。这种对法的认识,延续几千年,成为中国主要的政治理念。中华人民共和国成立后,受前苏联的影响,我们全盘接受了维辛斯基关于法的定义,阶级性成了法的唯一属性。在法与国家权力的关系上,把法当作单纯的专政手段即"刀把子",贬低了法的价值,甚至否定法的相对独立地位,为国家主义的盛行推波助澜。在依法治国的今天,我们必须正确理解国家和法的关系。从二者的起源上来说,国家和法的产生是同一过程的两个方面,国家的出现意味着法的产生,在此过程中无先后之分。争论国家和法产生的孰先孰后是

---

① 《马克思恩格斯选集》第3卷,95页,北京,人民出版社,1995。
② 《马克思恩格斯全集》第1卷,281页,北京,人民出版社,1956。
③ 《管子·任法》。
④ 《韩非子·定法》。

没有意义的。从二者的职能来看,作为上层建筑,二者存在着既联系又并立的关系,也不发生谁服从谁的问题。法是国家意志的体现,法的实施依靠国家的强制力。前者指立法权意义上的国家,即市民社会派出的代表团的权力;后者指行政权包括司法权意义上的国家,即控制市民社会的纯粹政府权力。但这两种意义上的国家又有共同的职能,即都以服务社会为宗旨。随着国家权力向社会的回归,国家将它从社会获取的权力归还社会,最终融于社会之中。随着国家的消亡,法也同时消亡,被新的大同世界的共同社会规范所代替。

(二)实现法促进国家回归社会,坚持社会主义,反对国家主义

实现法促进国家回归社会,需要在社会与国家的关系上坚持社会本位,抛弃国家本位。作为一个后发现代化国家,我们采取的是国家推进型的法治模式,国家权力在这一进程中将起着重大的推动作用,但这也是用法律手段进行的。在社会主义建设过程中,我们必须坚持社会主义,反对国家主义。马克思、恩格斯曾多次激烈地反对国家主义。1875年在同拉萨尔主义的斗争中,马克思批判了德国人传统的"国家迷信",指出:"自由就在于把国家由一个站在社会之上的机关变成完全服从这个社会的机关。"①恩格斯晚年也指出:"国家最多也不过是无产阶级在争取阶级统治的斗争胜利以后所继承下来的一个祸害。"②尤其值得注意的是,列宁在评论恩格斯反对"国家迷信"问题时强调,这是马克思主义国家学说的"最高成就"③。在当前,我们应从社会主义市场经济和民主政治的实际出发,逐步培育社会的独立性,尽量扩大社会自治范围,相应缩小国家权力对社会的控制和干预,防止国家权力的滥用和腐败的滋生,实现"小政府、大社会"的格局,并最终实现国家向社会的回归。社会主义是国家主义的天然对立物,在社会与国家的关系方面,其基本价值取向是社会本位,这就是我们的社会制度称为"社会主义"而非"国家主义"的基本依据④。

(三)实现法促进国家回归社会,需要自觉地用马克思主义国家社会关系的原理武装执政的共产党

国家回归社会是马克思主义最基本的原理。坚持共产党的领导与坚持国家最终回归社会的方向是一致的。但苏联的70年和我国的50多年的实践证明,共产党能够坚持这一方向也并非易事。共产党的执政地位特别是掌握高度集中权力的地位,使它很容易忘掉或忽略更不要说坚持这一原理。在社会主义国家中,我们看到两种倾向,一种是把国家回归社会这一长期而艰巨的任务看作是唾手可得的东西,其突出代表是赫鲁晓夫当政以来苏共"全民国家"的理论及其实践。"全民国家"的概念由赫鲁晓夫

---

① 《马克思恩格斯全集》第19卷,30页,北京,人民出版社,1963。
② 《马克思恩格斯全集》第22卷,228页,北京,人民出版社,1965。
③ 《列宁全集》第3卷,235页,北京,人民出版社,1995。
④ 参见吕世伦:《法理念探索》,18页,北京,法律出版社,2002。

正式提出,并写入了苏共二十二大通过的纲领。在这一理论指导下,苏联走上了强权主义国家的道路。这一理论明显地违背马克思主义基本原理,使苏联和东欧的国家政权最终走向了社会和民众的对立面,给我们留下了沉痛的教训。另外一种倾向是不了解或不重视马克思主义关于国家回归社会这一基本原理,因而不能自觉地实现这一任务。于是就不断地强化国家对社会的控制。又由于缺乏严格的权力制约机制,不免给国家机关和公务人员的专横和腐败提供可乘之机。由此可知,马克思主义关于国家和社会关系原理对执政党的极端重要性。

马克思指出:社会主义国家"是这样的国家,在这种国家里人民本身就是这种普遍事务;在这里,我们谈的是这样的意志,这种意志只有在具有自我意识的人民意志中,才能作为类意志而获得现实的定在"①。这种意志赖以存在的基本形式,就是作为"市民社会在国家的全权代表"的机构所拥有的立法权制定出来的法。既然立法权是国家整体性的权力,那么立法权产生的法也必然是全体人民意志(社会意志)的体现、表达和运用。因此,法必须而且能够成为支配国家特别是政府(行政)权力的唯一力量。确实,代表机构的意志并不能完全等同于全体人民的意志甚至有时会抵触全体人民的意志,而且法常常是政治国家与市民社会之间的一种"协调"或"契约"。但是,除了法之外,在解决国家回归社会这个问题上,没有任何其他的替代物。更何况必要时还可以用超越代表机构的全民公决来决定。但全民公决的结果也是法,而且是更高效力的法。

国家回归社会的主题,看来似乎是抽象和渺茫的,但却是极其现实的。在社会主义阶段,它有力地推动着经济的社会化,推动着国家权力的民主化及公职人员的公仆化和廉洁化,推动着社会精神面貌的道德化和文明化,使我们各方面的事业朝气蓬勃地持续发展。

第二节 评社会、国家、法的国家主义观念

一、国家主义的衰微与中国法制现代化

对国家权力和个人权利进行确认和配置的不同学说,形成了法律史上国家主义和自由主义的持久对垒。肇始于19世纪晚期的中国法制现代化的运动,首次以立宪和限制君权的方式激发了个人权利和国家权力的公然对抗,而晚清修律中的"礼法之争"及其最终结果又是以权利为本位的自由主义屈服于以皇权为本位的国家主义。

以国家权力为核心、以"权力至上"为价值基础的国家主义,凭借厚实的中国传统法文化的基础,并汲取了计划经济时代中央高度集权的内在精神,潜存于我国的制度

---

① 《马克思恩格斯全集》第1卷,325页,北京,人民出版社,1956。

性法文化和观念性法文化之中,进而影响到立法、行政和司法等诸多领域。反观 20 世纪中国法制现代化的嬗变过程,我们不难看出,国家主义的日渐衰微正是法制现代化走向成熟的标尺和界碑。

(一)国家主义的概念及其表现

为了用语的规范和免生歧义,我们必须将国家主义严格限定在特定的范围之内。这里所讲的国家主义是指以国家权力为核心、以"权力至上"为价值基础的一种普遍存在于社会意识形态领域内的观念体系。其主要内涵为:第一,强调国家权力支配一切。在国家主义看来,个体的权利必须绝对地服从国家的权力,国家权力的完整和至上是衡量一切法律制度唯一的价值标准。第二,偏重于社会整合手段的实质正义。国家主义的价值基础决定了它只能将关注法律的视觉投放于法的实质合理性之上,而忽略一切可能妨害权力行使的"正当程序"即程序合理性。第三,提倡以命令性规范包括义务性和禁止性法律规范为主来构筑法律体系的内在结构。在以"权力至上"为价值评判标准的观念体系中,授权性法律规范常常因禁止性和义务性法律规范的显现而难以找到其适当的位置。

国家主义作为一种意识形态范围内的观念体系,不仅潜存于我国的法学和政治学等学术界,而且散见于我国立法、行政和司法等各个领域。其内在精神集中表现在如下六个方面:

1. 重国家,轻社会。

国家主义将国家凌驾于社会之上,忽略社会自身的调节功能,意图用国家暴力支持的国家权力来解决一切社会冲突与利益矛盾。在中国的法律传统中,法律的伦理化和伦理的法律化使个体的权利限制在极小的范围之内,社会自身的导向功能受到国家权力的抑制。社会主义革命在中国的胜利,充分体现了暴力和权力的独特价值,并用自身生动的革命实践纠正了自近代以来一切变法和改良的观念。同时,社会主义建设时期高度的中央集权的计划体制,再次强化了权力至上的国家主义观念。有所不同的是,随着在 14 世纪开始为欧洲人广泛采用的"市民社会"这一概念的出现,国家权力的至上性在欧洲文化中受到了重创。

2. 重权力,轻权利。

权力是指指挥和支配他人的力量,马克斯·韦伯将其定义为"在社会交往中一个行动者把自己的意志强加在其他行为者之上的可能性"[①]。权利一词源于古罗马法,它是指特定的主体为实现某种利益,依法直接拥有的或依法与他人设定的为一定行为或不为一定行为的可能性。权利所强调的是具有独立地位的主体间的平等关系,它要求国家必须站在公正的立场来确认和保护个体的利益。

---

① 转引自[英]戴维·米勒主编:《布莱克维尔政治学百科全书》,595 页,北京,中国政法大学出版社,1992。

国家权力和个体权利的合理配置是现代社会法治的基础。20 世纪西方著名的经济学家和政治哲学家哈耶克在谈及法治时论述道:"法治的意思就是指政府在一切行动中都受到事前规定并宣布的规则的约束——这种规则使得一个人有可能十分肯定地预见到当局在某一情况中会怎样使用它的强制权力,和根据对此的了解计划他自己的个人事务。"①而以权力至上为价值基础的国家主义割裂了权力与权利的对立统一关系,片面强调国家权力对个体权利的统帅和支配,在一定程度上必然会侵害个体的权利。

3. 重人治,轻法治。

人治与法治是在不同的政治传统和文化背景中形成的两种截然有别的治国方式。应该承认,人治作为一种治国方式而获得法律上的公然确认,这只是法制现代化开始以前的现象。但是,人治作为一种沉积在法律文化传统中的观念体系,仍然影响和制约着中国法制现代化的变革过程。国家主义由于倾向于中国法律传统中的随意性和任意性,因而与中国法律传统中的人治思想存在着天然的亲和力。与近代宪政基础上的法治不同,人治在操作过程中强调规范的粗放和灵活,给权力的行使留下足够的空间。后来,国家主义在中国法制现代化的过程中因其无力改变和摆脱宪政这一既定的事实和时代的潮流,因此只能在法制的动态环节和过程中发挥其作用。

4. 重集权,轻分权。

权力由于受一定的利益驱动常常成为社会资源配置的重要力量。18 世纪法国的孟德斯鸠在断言"一切有权力的人都容易滥用权力"后,提出其著名的"以权力约束权力"的分权理论。两个世纪以来,权力的高度集中所滋生的政治腐败已成为一切发展中国家不争的事实,同时也再次印证了孟德斯鸠分权理论的合理性。

新中国成立以来采取的以计划配置社会资源的高度集权的计划经济模式,强化了国家主义的权力意识,进而使集权与分权(包括国家职能部门的分权和中央与地方的分权)成为我国经济与政治体制改革进程中一对纠缠持久的核心矛盾。在国家主义看来,高度集中能够体现快捷、方便的特点,而分权则必然要求相互制约,这就给权力的行使带来诸多不便。近年来我国行政诉讼法和国家赔偿制度在司法实践中频频受阻的现象正是国家主义权力观从中作祟的产物。

5. 重集体,轻个体。

国家主义在集体与个体的关系上素以强调集体利益的名义来使剥夺个体权利的行为合法化,从而歪曲了集体与个体关系的内在精神。例如,国家因社会公益的需要而征用土地时,法律确定了对被拆迁人一定的补偿标准,这是自近代以来世界各国立法的一个基本原则。但在现实的司法实践中,一些房地产开发商出于明显的商业目的而利用国家征用土地的权力给拆迁人以显失公平的补偿,正是利用集体和社会公益事

① [英]哈耶克:《通往奴役之路》,王明毅等译,73 页,北京,中国社会科学出版社,1997。

业的名义来"合法地"侵犯个体权利的一个表现。再如前些年农村的果园承包纠纷,大部分都是由发包方即村委会在果园开始挂果时率先撕毁合同,他们总是以原合同侵害了集体利益为名,要求在合同有效期内强迫承包人变更合同,严重地侵害了承包人合法、正当的民事权利。总之,以集体的名义滥用国家权力来侵蚀和剥夺公民个人的合法权利,是我国当前法治建设过程中必须严加防范的违法之举。

6.重实体,轻程序。

实体法与程序法孰轻孰重的争论是法制现代化进程中一个不容回避的论题。中国自晚清修律开始,在历经礼教派与法理派围绕"个人本位"与"家族本位"的论争之后,程序法才第一次从诸法合体中独立出来。在漫长的封建法制的发展历程中,由于诉讼主体的诉讼权利得不到法律的完全确认,因此,以诉讼主体之间权利义务关系为主要内容的程序法就得不到充分发展。新中国成立以来,盛行在意识形态领域内的国家主义把法的功能仅仅限定在"阶级专政工具"的范围之内,程序法的一切内容都被看作是资产阶级法权的繁文缛节,程序法中的分工制约原则被视为捆绑和束缚无产阶级专政手脚的绳索而遭到唾弃,最终导致了大量的冤假错案。

(二)国家主义的历史和理论脉络

国家主义在中国所走过的是一条从未间断的、一元化的发展道路。这种国家主义的集中表现是"王(皇)权至上"。在几千年封建的政治和法律文化发展的过程中,这种观念几乎没有受到挑战。即使在"百家争鸣"的春秋战国时代,也不曾有任何一个学派对此提出过疑义。特别是儒家孔孟荀倡导的"人存政举,人亡政息"的学说和法家申商韩倡导的"法自君出"的理论最为典型,影响尤大。在整个封建社会,君主拥有绝对的"生杀予夺"的权力。从西汉董仲舒起,君主专制的伦理主义和神学主义色彩日趋浓厚,皇权神圣不可侵犯的地位愈加牢固,以至于历代农民起义的领袖们也无力加以挣脱。皇权专制无可置疑是整个封建社会一切秩序存在的基础和前提。

与此相反,在西方,国家权力是沿着同其外在的对立力量之间形成的二元化的道路上行进的。这种制约力量主要来自三个方面:①自然法观念的制约。自然法对国家的制约表现在:个人权利的自然性与国家的人为性、理性与国家的非理性、应然性与国家法律的实然性、自然法的恒久性和实证法的不稳定性的对立。简言之,就是自然法高于人定法的地位。②基督教的制约。在中世纪,教会凌驾于世俗国家权力之上,国家权力受到极大的制约。③代议制的制约。中世纪晚期,在新兴的民族国家中,世俗的王权逐渐排斥与控制了天主教势力,特别是宗教改革之后,这种趋势更为加速。在此过程中,为了保证世俗权力对宗教权力、中央权力对地方权力的胜利,国王不得不依靠正在成长起来的市民阶级强大的政治影响力和其巨大的经济力量。这种妥协的结果之一就是等级代议制度的产生。市民阶级正是通过这种等级代议制对国家权力实施制约,到了17—18世纪,议会成为资产阶级革命的大本营。正因为如此,西方的国家主义走过了一条与东方迥然不同的道路,也不可能形成像东方这样大的气候。

近代西方国家主义即资产阶级国家主义,是以15—16世纪意大利的马基雅弗利和法国的布丹开始的。布丹在《国家六论》一书中,强调"主权是不受法律限制的、对公民和臣民进行统治的最高权力"。有"近代自然法之父"之称的荷兰的格劳秀斯,在承认政府产生于社会契约的前提之下,主张人们将权力让渡给君主之后就应永远服从他,君主拥有最高的权力,人们既不能反对他,也不能惩罚他。16—17世纪英国著名的政治法律思想家托马斯·霍布斯将主权者的权力说成是至高的、不受任何权力限制的权力。霍布斯反对分权的主张,他认为主权是不可分割、不可转让的,从而使主权在君的政治理论系统化。霍布斯是资产阶级君主专制和权力至上的忠实的捍卫者和辩护士。应该看到,以主权在君和权力至上为内在精神的国家主义在中世纪向近代资产阶级法制转变的过程中起了积极的促进作用。

要对西方国家主义理论渊源的形成历史作一个一般性的考察,我们无法忽略德国著名哲学家和思想家黑格尔的国家理论。黑格尔认为,国家是行进在地上的神。国家的存在本身就是目的,个人是为国家而存在的。他指出孟德斯鸠分权理论的最大缺憾正是没有体现君主在国家权力体系中的中心地位,因此他特别强调王权的地位和作用,将王权视为国家权力体系的核心。

从19世纪末期德国哲学家尼采提出"权力意志论"开始,一直到二战前夕德、意、日的法西斯国家主义的盛行,国家主义在世界范围内再次扩展了自己在社会意识形态领域内的地盘。与尼采处于同一时代的德国历史学家和政治学家特赖奇克(H. VonTreischke,1834—1896)是现代强权论国家主义的主要代表人物。特赖奇克系统地阐述了由马斯雅弗利提出的"国家即是权力"的思想,他认为一切社会团体和个人都必须绝对服从国家,为了国家去牺牲个人是每个公民的天职,而不论国家的需求正当与否;一个国家如果不能有效地控制社会团体的活动,容忍社会团体分享它的权力,就不是真正意义上的国家①。特赖奇克的"国家就是权力"的国家主义思想是19世纪末德国垄断资产阶级利益和愿望的集中反映,这一思想在得到新黑格尔主义的呼应之后,成为后来法西斯主义的重要思想来源之一。

国家主义在西方社会的每一次发展,都经历了来自意识形态领域内不同思想和不同学派主要是自由主义的强力抨击。霍布斯、格劳秀斯为代表的古典国家主义,是资产阶级尚不成熟、力量较弱的表现。一旦资产阶级强大起来之后,它就必然受到挑战,这就是古典自由主义的崛起。其代表人物是以洛克为发端的,包括孟德斯鸠、潘恩、杰弗逊以及卢梭。卢梭批判地吸取了古典国家主义和洛克自由主义的合理成分,构筑了以"公意"说为基础的"人民主权"学说,把高度民主与高度集权有机地统一起来。从表现上看,卢梭是一个国家主义者,实质上他是个最大的自由主义者。到了19世纪自由资本主义全盛的时代,以倡导"守夜人国家"为主要内容的边沁式功利主义学派,由于

---

① 参见邹永贤等:《现代西方国家学说》,67—87页,福州,福建人民出版社,1993。

它更适应客观经济发展的要求,而占据法律思想的主导地位。20世纪英国著名的哲学家、政治理论家罗素在批判卢梭和黑格尔的国家理论之后,提出了其自由主义的国家学说。他认为政治权威和个人的关系是一切政治学的核心,个人的自由是一切政治学的出发点和归宿。国家理论的首要任务是依据适当的比率来划分国家权力与个人自由的范围。值得特别关注的是,当自由资本主义进入垄断阶段之后,西方国家普遍加大了其对社会经济生活的全方位干预,但保护个人权利和自由的观念仍然是当代西方社会法治的价值基础。

国家主义在中西不同的政治传统和文化背景中形成了截然不同的内在精神。国家主义在西方的发展总是呈现出阶段性和受制约性,并最终使自由主义成为西方政治法律文化的主流。

（三）国家主义与当代中国的法治实践

实现依法治国和建立法治社会是中国走向繁荣和富强的必由之路。法治这一在20世纪晚期获得国人普遍共识的政治学和法学词汇,其特殊的遭遇和变故的历程不仅蕴涵着中华民族过去的教训,同时也饱含着对全民族未来政治理想的憧憬。现代法治的内在精神其实质是对国家权力的公然限制,具体通过如下三个方面表现出来:①一切权力的行使必须要有明确的法律依据。②一切权力的行使都要有一定的限制。③一切权力的行使都要遵循一定的程序。中国法制现代化的历程正是对上述论断的最好诠释。

起始于19世纪晚期的中国法制现代化的运动,总是与国家主义的日渐衰微同步演进的。社会主义制度在中国的建立使中国法制现代化的性质有了根本的改变,并且使法治的真正实现成为可能。但是,首先要看到,在我国社会主义革命的进程中,无形地滋长了新的以权力至上为核心的国家主义观念。革命的中心任务和最高形式是武装夺取政权,这是普遍的规律。因此,注意力集中到权力问题是对的,但没有同时把法律提到应有的地位,相反地贬抑了法律的价值和重要意义,以至于司法机关也被当成单纯的权力工具即"刀把子"。第二,片面强调法的阶级性而否认法的继承性的观点,违反了法律文化自身的发展规律,并为国家主义的盛行和蔓延作了铺垫。马克思和恩格斯一再强调,继承性是法律相对独立性的表现。我们在废除国民党政权的伪宪法和伪法统以及解放初期的"司法改革"运动中,只突出了否定而没有考虑继承的问题,这就留下不利于法治建设的后遗症。正如列宁所说,人们会以全盘否定旧法律的做法来漠视革命的新法律。第三,将法的功能仅仅归结为阶级斗争工具的理论,降低了法律的权威。实际上,法律的阶级性与法律具有高于政治权威的至高性这一概念是互相联系的。但我国人民长期以来并没有形成用法律约束国家权力的观念。西方的法律则不同,虽然直到美国革命时才贡献了"宪政"一词,但自12世纪起,所有西方国家,甚至在君主专制制度下,在某些重要的方面,法律高于政治这种思想一直被广泛讲述和经常得到承认①。第四,高度集权的计划经济体制为国家主义的生存创造了极好的物质条件。法治思想在近代的出现是与自由资本主义的成长和壮大同步进行的,以市场配置社会资源的经济运行方式滋生和培育了市民的权利意识,正是这种权利观念要求以法律来约束和限制国家的权力。而以计划配置社会资源的经济运行方式则要求强大的国家权力为后盾,因此与国家主义一拍即合。社会主义革命在中国的这种具体实践,使国家主义作为一种强有力的社会意识形态广泛渗透于中国法制现代化的各个领域。

1. 国家主义对我国制度性法律文化的影响。

制度性法律文化,是指直接凭借国家权力而产生和存在的一种法律文化样式。国家主义对我国制度性法律文化的影响主要表现在如下几个方面:

(1)强调诉讼过程中的国家本位原则,忽略和轻视诉讼参与人的诉讼权利。中国古代司法权与行政权合二为一的传统与近代以来大陆法系中教会法纠问式诉讼传统的融合,为我国诉讼过程中的国家本位原则提供了良好的文化土壤。新中国成立以来对法律本质的褊狭理解进一步强化了国家权力在诉讼活动中的地位。长时间,在我国现行的刑事诉讼的司法实践中,辩护人行使辩护权的种种限制以及控辩双方在庭审中的权力差异正是国家主义在司法实践中的集中表现②。

(2)将国家权力的公正性视为预先设定的毋庸置疑的原则,并将之贯穿于实体法和程序法之中。如我国原经济合同法中关于法定违约金的规定实际上侵害了合同双方当事人意思自治的原则。我国的《工矿产品购销合同条例》《借款合同条例》《加工承揽合同条例》等都规定了具体的违约金的计算标准,当事人如违反这些规定,在合同中另行约定违约金的,均确认其为无效。这些规定体现了计划经济时代国家权力至上的原则和精神,其实质是公权力对私权利的限制和剥夺。

(3)在国人对法治之重要性获得普遍认同的前提之下,国家主义常常通过频繁的立法来扩充其权力管辖的范围。应该看到,通过大范围的立法活动来推进中国法制现代化已成为国内多数学者的共识,但这诸多立法成果在司法和守法等动态法制环节中的实现程度,却常常又背离了立法者的初衷③。

(4)频繁的立法活动所促成的法律自身的粗疏性,必然会引起司法环节中权力操作体系的失衡,从而为司法机关侵蚀立法权留下了空隙。如诉讼时效是我国民事法律当中一项极其重要的制度,《中华人民共和国民法通则》第135条明确规定:"向人民法院请求保护民事权利的诉讼时效期间为两年,法律另有规定的除外。"而最高人民法院在解释优先购买权的诉讼时效时却将其缩短为6个月。此外,民事诉讼中的管辖制度

---

① [美]伯尔曼著:《法律与革命》,贺卫方等译,356页,北京,中国大百科全书出版社,1993。

② 参见周国钧:《控辩平衡与保障律师的诉讼权利》,载《法学研究》,1998(1),56—58页。

③ 参见苏力:《市场经济对立法的启示》,载《法治及其本土资源》,108页,北京,中国政法大学出版社,1996。

是我国司法机关受理案件的重要依据,也是防止和避免地方保护主义的一个重要法律措施,它理应成为案件判决的前提和条件。然而最高人民法院在司法解释中明确规定:"法院对案件作出的判决发生法律效力的,如果当事人对驳回管辖权异议的裁定和判决一并申诉的,法院经过复查,发现管辖虽有错误,但判决正确的,应当不再变动;如经复查,认为管辖和判决均确有错误,应按审判监督程序处理。"①上述规定不仅反映了我国司法实践中重实体、轻程序的思想,而且也是司法机关通过司法解释来改变现有法律的极为典型的例证。正是这一司法解释助长了当前司法实践中的地方保护主义,通过争管辖而得到好处,为司法权的滥用提供了法律依据。

（5）国家主义在政治和经济活动中最经常的表现是行政权的无序性和随意性。国家对社会实施管理主要是通过抽象和具体的行政行为来进行,因此,行政行为自身的规范性和程序性是现代社会对政府的最一般的要求。我国由于受计划经济体制下垂直的家长式管理模式的影响,缺乏程序的约束机制,使政府执法机构的设置和撤销均带有极大的随意性,有时为完成上级临时指派的任务,即可以成立"纠风办""整顿办""纠察队"等名目繁多的机构,从而出现"大盖帽满天飞"的社会现象。当这些临时机构侵害了相对人的权利而引发起行政诉讼时,又出现政府机构内部互相推诿、无人应诉的被动局面。因此,依法行政是摒弃国家主义和实现依法治国的关键与核心所在。

（6）国家主义的权力本位原则是对市场经济法律体系中建立平等和自由原则的极大阻碍。平等和自由是市场经济法律体系的灵魂所在,也是现代社会一切法律赖以存在的价值基础。国家主义崇尚国家权力对公民个人权利的直接干预,这就使市场经济法律体系的成长过程总是伴随着与国家主义的不懈斗争。我们并不否认国家对市场经济进行必要干预的合理性,但国家权力与公民个人权利之间应该划分一个合理的界限。

2. 国家主义对我国理念性和大众观念性法律文化的影响。

理念性法律文化是指在一定的哲学世界观指导下形成的、在特定的国家占主导地位的有关法和法律现象的系统的学说。在一切社会中,占统治地位的法学理论总是充当着制度性法律文化变迁的向导。我国的法学理论是以马克思主义为指导,以前苏联社会主义国家与法的理论为基础,适当借鉴了大陆法系和国民党《六法全书》中的技术性成分后综合形成的。应当承认,新中国成立以来的法学理论在政治上受"无产阶级专政下继续革命"理论的直接影响,在经济上又以高度集权的计划经济为基础,因此它无法摆脱国家主义的干扰和渗透,具体表现为:

（1）对人权理论的影响。从人权概念的产生和发展过程来看,它总是将个人与国家放在一个相互对立的范畴中来阐释人权自身的内涵,并始终将国家权力看作是保护和实现人权的一种手段。我国的法学理论从新中国成立以来一直对人权理论持简单

---

① 马原主编:《民事诉讼程序司法解释实用问答》,6页,北京,人民法院出版社,1997。

排斥的态度。近年来,适应国内外政治与社会发展的需要,人权理论的研究出现了前所未有的繁荣局面。与此同时,人权理论的研究中又夹杂着许多国家主义的思想,其代表性的观点有"主权高于人权""国家主权是人权的基础和前提"等。应当承认,不同的国家性质对人权的实现程度具有极为重要的影响,但我们不能据此得出"国家主权高于人权"的结论。这种观点的直接错误,在于把全人类的人权普遍性同国家(主权)对人权的管辖混为一谈。同时还由于人权和国家都是经济关系的派生物。"从长远历史过程来看,国家本身并不是目的,它是历史发展过程中必然要消灭的东西,也是人权充分发展的障碍,是人的充分发展的障碍。因此,无论国家政权对人权多么重要,都不能把人权看成是从国家权力派生出来的、完全从属于国家的。"①

(2)对法的性质和功能问题的影响。新中国成立以来,在大规模急风暴雨式的阶级斗争中,法被看作是阶级斗争的一种工具,阶级性成了法的唯一属性。正是这种将法律视为纯粹的实现国家权力手段的国家主义思想的错误指引,在"文革"中导致法和实施法律的司法机关一起被抛弃。十一届三中全会以后,我国法学界在法的性质和功能问题上逐渐完成了从由过去单纯阶级斗争工具到社会综合调整器这一重大转变,但以权力至上为价值导向的国家主义的影响依然存在。

(3)对法的体系及其内在结构问题的影响。由于国家主义总是以国家权力为本位,这就使整个法学体系和法的体系出现了公法高于私法、实体优于程序的褊狭结构。受上述理论法学的影响,司法实践中普遍存在的"民事给刑事让路"的做法,使公民及其他社会团体的正当民事权利得不到应有的保护。近年来,公安机关频繁插手经济纠纷正是滥用国家权力侵害公民个人权利的例证。

大众观念性法律文化或群众性的法律意识,指人们凭借自身一定的经验和知识,在日常的生活体验中形成的有关法和法律现象的感觉、印象、评价和态度。其突出的特点是它的直观性、非理论性和主体的广泛性。国家主义在我国政治和经济活动中最经常、最普遍的表现给我国大众观念性法律文化留下了极为深刻的烙印。其表现为:其一,公法优于私法的传统强化了人们"法即刑"的观念,而对刑本身的畏惧和心悸又迫使人们不得不远离诉讼去追求诉讼外的和解。所以,"中国人民一般是在不用法的情况下生活的。他们对于法律制定些什么规定,不感兴趣,也不愿站在法官的面前去。他们处理与别人的关系以是否合乎情理为准则。他们不要求什么权利,要的只是和睦相处与和谐"。② 当然,这几年情况有所变化。其二,国家主义作为一种广泛存在于意识形态领域内的观念体系,它在判断公与私、官与民、权与法等各种范畴时,总是以权力为轴心。这对培养适应中国法制现代化需要的国民素质无疑是一种无形的阻力。在当代中国的司法实践中,假借集体和国家利益的名义侵害公民个人权利的现象极为

---

① 孙国华主编:《人权:走向自由的标尺》,113—114页,济南,山东人民出版社,1993。

② [法]勒内·达维德:《当代主要法律体系》,漆竹生译,487页,上海,上海译文出版社,1984。

普遍,并进而成为政治和司法腐败的一个重要的根源。因此,系统地清理国家主义对大众法律观念的影响,是实现中国法制现代化的必要精神条件。

(四)国家主义的衰微与中国法治的未来

正确认识和处理国家与社会的关系问题是当代中国社会转型期间的一个重大理论问题,也是建立现代法治社会的一个重要基础。早在19世纪中叶,马克思在批判黑格尔唯心主义法哲学中所掺杂的国家主义思想时,率先提出从"现实的人"的活动领域中即市民社会中去寻找国家与法存在的基础。他指出:"国家的职能和活动是和个人有联系的""国家只有通过个人,才能发生作用"①。马克思正是从辩证唯物主义的基本原则出发,批判了黑格尔把国家作为大字符号抬高国家、贬低个人的观点,大胆地提出个人才是真正现实的主体,也正是这种"现实的人"才成为国家存在的基础。在1875年与拉萨尔主义的斗争中又一次对德国人传统的"国家迷信"展开了批判,并说明"自由就是在于把国家由一个站在社会之上的机关变成完全服从这个社会的机关"②。直至恩格斯逝世前,他还指出:"在德国,对国家的迷信,已经从哲学方面转到资产阶级甚至很多工人的一般意识中去了。"但是,"国家再好也不过是无产阶级在争取阶级统治的斗争胜利以后所继承下来的一个祸害。"③显而易见,在这里马克思主义创始人所坚持的是社会主义,用以对抗国家主义。他们的这种观点是十分明确和一贯的。

我们反对国家主义,但我们丝毫不反对国家权力存在的历史合理性。正如奥地利经济学派的主要代表人物路德维希·冯·米瑟斯在为自由主义申辩时说过:"自由主义与那些否认国家机器、法律制度和政府机构的观点有着天壤之别。那种将自由主义与无政府主义思想联系在一起的看法是一个极大的误解。自由主义认为,国家作为人民的联合体,其存在是绝对必要的,因为国家担负着保护私有财产,保卫和平这些极为重要的任务。"④

作为一种思想体系,我们既反对资产阶级的国家主义,也反对资产阶级的自由主义。但同时又要承认两者均包含有某些合理成分。米瑟斯对自由主义的解释中,就含有重视国家权力的合理成分,值得借鉴。当前,波及全球的亚洲金融危机和俄罗斯金融风暴以及这几年的危机,再次提醒我们要加强政府对金融的宏观调控,此外,市场自身也不能够解决贫富悬殊等一系列由市场竞争带来的社会问题。可以说,强化政府在个别领域的宏观调控能力,是建立市场经济体系的必要保证。

既然国家权力是必要的,而且在当代西方发达的资本主义国家正在增强政府和总统权力的历史背景下,我们为什么还要摒弃国家主义呢? 当前,要正确地理解反对国

---

① 《马克思恩格斯全集》第1卷,270页,北京,人民出版社,1956。

② 《马克思恩格斯全集》第19卷,30页,北京,人民出版社,1963。

③ 《马克思恩格斯全集》第22卷,228—229页,北京,人民出版社,1965。

④ [奥]路德维希·冯·米瑟斯:《自由与繁荣的国度》,韩光明等译,79页,北京,中国社会科学出版社,1995。

家主义的必要性,就不能脱离中国法制现代化的经济土壤、文化传统和政治背景。公允地说,中国没有产生过真正现代意义上的以市场交换和契约自由来配置社会资源的经济运行方式,因此以交换自由为基础的平等和权利意识就得不到充分的发展,这就为维系国家主义提供了条件。正是这种过于强大的国家主义,成为我国社会主义市场经济、社会主义民主政治和社会主义精神文明发展的主要障碍;相形之下,法治意识和个人权利观念过于微弱。与此不同,西方资本主义国家在经历几百年自由资本主义发展的历史之后,以个人为本位的权利观念已成为一种厚重的文化积淀散存于社会的各个领域,与此同时,以自由和平等为核心的权利体系的过度膨胀又反过来要求国家权力的适度干预。总之,国家与社会发展的内在法则昭示我们,当国家权力逐渐融合于社会之中,并足以维系社会自身健康地发展时,这种国家权力的存在不仅是必要的,而且是合理的。

二、中国法律文化传统与国家主义

在"依法治国"的时代背景之下,对中国法律文化传统的研究具有极为重要的意义。因为理解中国法律文化传统是对现实的法制建设进行规划和作出评价的一个基本前提。

所谓国家主义,指的是以国家权力为核心,以"权力至上"为价值基础的一种普遍存在于社会意识形态领域内的观念体系[①]。

在中国法律文化肇始之初,便融入了了国家主义的基因。此后漫长的历史岁月中,国家主义又不断发展、成熟,融入中国社会的政治法律体制和意识形态之中。近代以来,在中国社会与外部文明冲突与吸收的过程中,国家主义经历了再一次嬗变,获得新的存在方式,国家主义成为中国法律文化传统中最经久不衰、影响最为深远的传统之一。

(一)中国独特的地理环境与国家主义的内在关系

考察中国历史的进程,可以看到作为国家主义政治法律表现的中央集权制度很早就形成,并且成为中国历史发展的主流。中国国家主义的萌发与中华文明所处的独特地理环境有着直接的关系。笔者不是简单的"地理环境论"的赞同者。但是我们注意到,即使在今天生产力高度发达的情况下,人类的经济行为依然对自然环境有着高度的依赖,不同国度的经济结构和产业布局体现出与地理环境相对应的巨大差别。而在人类文明初期,在人类生产力极为落后的情况下,地理环境对人类经济行为从而对政治法律文化的影响,更是不可低估的,甚至可以认为是决定性的。

中华文明展开于黄土高原上的黄河流域。绵细而肥沃的黄土,使得在文明之初仅

---

① 吕世伦、贺小荣:《国家主义的衰微与中国法制现代化》,载《法律科学》,1999(3)(总第95期),6页。

仅使用原始农具就可以进行精耕细作。这样,中华文明发源之初,就有了鲜明的农业文明的色彩。商朝和周朝的立国,都是以农业为基础的。(夏朝情况无出土文物可考。但从文字记载来看,也是农业型的文明。)

黄河的中游由北至南将黄土地区分为两半,并接受几条支流的汇入。其结果是黄河的流水中夹带大量的泥沙。所以黄河经常有淤塞河床,引起堤防溃决泛滥,造成大量生命与财产损失的可能。河水的流量在洪水期间和枯水期间幅度的变化又大,更使潜在的危机经常恶化。黄河的壅塞与泛滥,客观上需要有高度中央集权的政权,能够有效地调动全国的资源,指挥人众兴修水利,使社会发展获得必要的安全。而当周王的权威不能达成这种任务时,必然将出现新的中枢权力。

《春秋》中有一段记载,提及公元前651年,周王力不能及,齐侯于是召集有关诸侯互相盟誓,不得修筑有碍邻国的水利工程,不在天灾时阻碍谷米的流通。但盟誓归盟誓,会后各国依然是自行其是。《孟子》一书中提到治水有11次之多,可见其重要性。其中一段更直接指责当时人以洪水冲刷邻国的道路。从中不难看出洪水与黄河流域即黄土地带牵连一贯的关系。所以,孟子说天下"定于一",也就是只有统一,才有安定①。

我们再来看气候的影响。中国内陆是典型的温带季风气候,全年绝大部分降水集中于夏季的3个月之内,而且这种降水缺乏规律性,各年之间变化极大,因而霪雨为灾和赤地千里经常是交替出现。古人的史书内提到六岁必有灾荒,十二年必有大饥馑②。在1911年前的两千一百一十年内,有官方记载的水灾有1621次,旱灾有1392次。亦即无间断的平均每年有灾荒1.392次③。

翁文波先生所著的《天干地支经历与预测》一书中全文转录了中国古代预测天气变化和农业收成为主要内容的《娄景历》。《娄景历》以歌诀的形式指出,随着时间的变化,在一甲子之内,涝、旱、蝗、雹等自然灾害交替出现;与之相随,农业收成发生丰歉相间的周期性变化④。

在《春秋》里,经常有军队越界夺取收成的记载(如公元前720年郑国"取温之麦")。饥荒时拒绝粮食接济,也经常成为战争的导火线。不难想象,当时各大国比那些较小的国家占有明显的优势。它们所控制的资源能够在赈灾时发生更大的功效。所以吞并战争得到广泛支持⑤。

此外,还有一个因素在推动着中国统一的进程,促成中央集权的发展。我们知道,

---

① 黄仁宇:《中国大历史》,22—23页,北京,生活·读书·新知三联书店,1997。

② 《史记·货殖列传》,载《史记》,923页,长沙,岳麓书社,1988。

③ 黄仁宇:《中国大历史》,21页,北京,生活·读书·新知三联书店,1997。

④ 翁文波、张清编著:《天干地支纪历与预测》,北京,石油出版社,1993。转引自吕世伦:《法理的积淀与变迁》,765页,北京,法律出版社,2001。

⑤ 黄仁宇:《中国大历史》,25页,北京,生活·读书·新知三联书店,1997。

季风所携带的水分在沿途变为降水,经过中原地区进入西北之后已成强弩之末,降水骤减。由此造成游牧文明与农业文明的分野。游牧民族与中原农业地区人民的冲突,则成为贯穿中国历史的一条主线。在气候不利,牧草稀疏,牧畜大量死亡的年份,游牧民族不由自主地要南下侵掠。而且极易得手。因为,农业生产收获是一年一度的,而产品的消费是逐步进行的。农民手中通常有半年左右的存粮。公元前3世纪的战国时代,这种威胁已相当严重,这时已有将北方几个小国家所筑的原始形态的土壁(最初的长城)接起来构成一座整体的城塞的必要。这项工程最终在秦始皇执政时期以暴力为手段征发民夫完成。可见,这种国防上的需要,也成为促成中央集权的一个重要因素①。

正是鉴于上述原因,中国两千年来的历史,才能够以统一和集权为主题写成。但我们也不难发现,中国在辽阔疆域内迅速实现统一,实在是特定条件下一种政治上的早熟。在当时的经济水平和技术条件下,如何管理在地域上如此辽阔的国家,的确是一个需要令君主及其幕僚们耗尽脑汁的问题。

在技术非常落后、制度创设不能完全展开的条件下,要在农业社会的基础上行使一个大国繁重的国家职能,建立一个以权威为主导和义务为本位的社会就成为当然的选择。义务自下而上,拱卫着高居于社会结构金字塔尖的皇权。国家的一切决断权力自上而下,"法自君出""恩出自上""普天之下,莫非王土;率土之滨,莫非王臣"。为了解决落后的生产力与早熟的庞大统一国家的职能行使之间的矛盾,建立强大的中央行政权威来主导整个社会,令臣民放弃自己的权利而对国家负无限义务,并以义务体系而不是权利义务统一的制度来构建整个社会框架,就成为必然的选择。

秦朝是中国历史上第一个统一的国家形态。其建立之速和灭亡之速,在中国历史上是被人们反复提到的话题。秦人为管理一个统一国家所做的尝试性努力,在今天仍然有研究的必要。历史所记载的"书同文、车同轨",发行统一的货币,统一度量衡等,实际上是为管理一个大国做必要的技术手段上的准备。秦人所做的努力远不止于此。我们知道,秦国能在诸国之中脱颖而出,最终并吞六国,其根本原因是同自孝公以来根据法家学说进行的改革分不开的。在战国时代,七国都意识到了改革的必要并进行了程度不同的尝试,但秦作为后起的国家,在利益格局调整和制度创设方面走得最远。法家学说一直是秦的国家哲学。统一之后的秦朝,仍旧以法家学说为指导,为管理一个统一国家进行了制度设计上的尝试。秦始皇封禅立石时自称:"治道运行,诸产得宜,皆有法式"②,而指斥者则说"秦法繁于秋荼,而网密于凝脂"③。1975年在湖北出土的睡虎地秦墓竹简,也印证了这样的结论。我们注意到,秦时全国的人口在2000万左右,

---

① 黄仁宇:《中国大历史》,25—26页,北京,生活·读书·新知三联书店,1997。

② 《史记·秦始皇本纪》。

③ 《盐铁论·刑德》。

而被征发修长城、筑驰道、建阿房宫和骊山陵墓、戍守五岭的人力就超过了200万①。由此不难看出,在秦实现国家统一之后,适应管理统一国家的需要,国家职能疾速扩张。而这种扩张的规模,在短期内却超过当时经济发展所能承受的限度。所以,秦法之苛酷,征敛之繁重,在历史上是闻名的。由是遂生民变。秦王朝建立十余年后便在农民起义中土崩瓦解。汉初的统治者鉴于秦的教训,在国家职能上采取了收敛的方针。无论是黄老之学的兴盛,还是汉初因休养生息而出现的"文景之治",都与这种收敛有着直接的联系。汉朝的政治法律制度,本质上仍然是"汉承秦制",在维护中央集权上也是一脉相承的。

自西周至秦汉是中国政治法律制度的形成时期,这一时期统治者在制度创设方面的尝试和治国的经验,在此后几千年的时间里为中国历代的统治者所因袭。虽然有统一与分裂的周期性震荡和改朝换代的兴废更替,但是国家主义的传统长盛不衰,并且在制度上日趋成熟和完善,至隋唐为其顶峰,并迁延至明清。

（二）国家主义与中国意识形态的嬗变

中国真正意义上的统一虽然是在秦朝完成的,但为统一所做的准备可以上溯至传说的神话时代。中国的第一个国家形态出现在夏朝。而夏的开国君主启的父亲,即传说中的禹,是一位率民众治理水患的英雄。可见,中华文化肇始之初,就已经埋下了公共需要促使国家早熟和民众服从权威的基因。

至商,统治者开始把祖先崇拜与上天崇拜结合起来,将自己的祖先与自然的神灵、万物的统治者——上帝合而为一,发展出最初的神权政治学说,为强化皇权和国家权威奠定了最初的理论基础。

西周是中国政治法律文化特点初见雏形的时期,其突出成就有二:一是宗法制度的建立,二是礼治传统的开创。宗法制度是一种以血缘关系为纽带的家族组织和国家制度相结合,以保证血缘贵族世袭统治的政治形式。宗法制度所创立的家国一体的社会结构,强化了国家权威,把人基于先天血缘关系产生的权利义务关系扩大化为人对于国家的全面义务关系,强化了每个人的身份角色和义务内容。而礼治的出现和完善,更要求每个社会成员根据社会为自己规定好的身份来扮演自己的社会角色,尽自己的社会义务。

春秋战国是中国历史上大动荡大调整的时期。列国纷争的同时,出现了思想的百家争鸣,各学派无不想获得各国当权统治者的认可和支持,著述游说之风大盛。在战乱不止的情况下,受到青睐的首先是以邹衍为代表的阴阳家和以苏秦、张仪为代表的纵横家。不过阴阳家在当时主要是以五德终始学说为统一制造神秘主义的根据,而纵横家更像一种在当时列国争雄的环境中维护多极格局还是单极格局的"国际"战略。当时影响最大的实际是儒、墨、道、法四家。这四家学说由于各自主张的不同,经历了

---

① 《文献通考·兵考》。

不同的命运。

法家的代表人物是管仲、商鞅、李悝、慎到、申不害、韩非等人。法家学说由于主张绝对的君权和法、术、势相结合治国的理念，受到在统一战争中力图崛起的秦朝的关注，最终成为秦的国家法哲学。如果我们跨越国家和时代去比较，就会发现法家学说同近代以来西方实证主义分析法学派的观点有诸多"神似"之处。如法家认为，"法者，编著之图籍，设之于官府，而布之于百姓者也。"①这与分析法学派对法律抛开价值判断，从现象角度进行研究的观点十分接近。法家"性恶论"的人性假设和"趋利避害"的法律实现模式假设与分析法学派"功利主义"的学说也颇有相通之处。法家学说在中国漫长的封建社会里一直是统治者所奉行的治国圭臬。只不过法家学说对人性的解剖和对君权的张扬过于露骨，以致随着统治者政治艺术的成熟，法家学说不再被公开地提倡，而是隐藏到后台，形成中国历史当中"阳儒阴法"或"外儒内法"的传统。

儒家学说的代表人物是孔子和孟子，主张"克己复礼""贵贱有序""为政以德"。儒家学说中"克己"和"贵贱有序"的思想，实际上已经包含了为中央集权服务和为义务本位社会进行理论论证的学术基因。但孔、孟在他们生活的当代，儒家学说并未受到统治者很高的推崇。司马迁讲"仲尼厄而作春秋"②，一个"厄"字，形象地概括出孔子及其学说在当时的命运。孟子也是游说诸侯而未得见用。究其原因，主要有两个。第一，儒家学说是治天下的学问而不是争天下的学问。在当时战乱频仍、兼并不止的条件下，诸侯关心的首先是如何强大起来，还顾不上谈论仁义礼智。因此，儒家学说受到冷落就在所难免。第二，孔孟的儒家学说中不仅有为中央集权服务的成分，也有限制和对抗皇权的成分。最初的儒家学说不仅主张在下者对在上者负有义务，在上者同样对在下者也有一定义务。在家庭内部要求"父慈子孝，兄友弟恭"，国家和社会生活中要求臣民对君主忠实地履行自己的义务，而君主亦需爱护自己的臣民，勤于政事。孔子主张"为政以德"，并极力美化中国传说中上古时代的部落联盟首领，实际上是对统治者的道德水准提出了很高的要求。孟子则更进一步，提出了"民为贵，社稷次之，君为轻"③的"民本"思想。因此，儒家学说在其开始阶段，尚不能够很好地为中央集权服务。直至汉代，统一的中央集权国家初步建立起来，建立与之相适应的意识形态也逐步成为形势的需要。在这个时候，董仲舒对儒家学说进行了较大的改造，使之更适合于建立中央集权国家的需要。董仲舒提出"天子受命于天，天下受命于天子"④，并用天尊地卑、阳尊阴卑的观点，论证君臣、父子、夫妇的主从关系。提出"王道之三纲可求之于天"⑤使三纲神圣化、神秘化。既然三纲可求之于天，因此，违背三纲必将受到天的谴

① 《韩非子·难三》。
② 司马迁：《报任少卿书》，载《古文观止》，211页，北京，中华书局，1987。
③ 《孟子·尽心下》。
④ 董仲舒：《春秋繁露·为人者天》。
⑤ 董仲舒：《春秋繁露·基义》。

责。从此,以维护君权为核心的三纲便成了礼的最本质的概括和国家礼法必须遵循的原则。在董仲舒"罢黜百家,独尊儒术"①的主张得到汉武帝的采纳之后,儒家学说正式取得了在意识形态领域的统治地位。在以后漫长的封建社会里,随着儒家地位的不断提升,这种为中央集权服务的特征越来越明显。至明朝,皇权的专制发展到顶峰,而意识形态领域的这种义务本位和国家主义也发展到了顶峰。明太祖朱元璋因为孟子的"民本"思想而下令将孟子的牌位撤出孔庙,取消"配享"的地位,并声称如果此人(孟子)在当代,非办他不可②。

　　道家学说的代表人物是老子和庄子,其学术思想集中体现在老子的《道德经》中。老子强调自然规律"道"的作用,崇尚清静无为。很多人由此认为道家学说是主张消极的。我们对此持不同意见。老子崇尚清静无为,并非是出于消极的立场,而是因为老子认为"道"本身是非常难以认识和把握的,因而他反对人们根据自己的主观意愿去改造这个世界,而是要顺应规律的作用。所以老子说,"为者败之,执着失之。是以圣人无为,故无败"③。近世西方的一些汉学家在研究了老子的思想之后,认为老子的学说与以亚当·斯密为代表的古典自由主义的经济学思想颇有相似之处。老子反对统治者无休止征敛和干预。他说:"天下多忌讳而民弥贫。"④在汉初特定的条件下,老子的学说成为统治者实行休养生息政策的理论依据。在以后的历史发展中,道家思想起到了两个作用。第一,道家学说成为儒家积极入世思想的一个重要补充。第二,每到王朝更迭和动乱纷起的时候,道家的人物都特别活跃。

　　墨家学说的代表人物是墨翟,代表着下层平民劳动者的利益。墨子提出"兼爱""非攻"的思想,主张"兼相爱,交相利"⑤,反对"攻伐无罪之国"⑥。墨子提出"尚贤"的政治主张,即"不党父兄,不偏富贵,不嬖颜色;贤者举而上之,富而贵之,以为官长;不肖者抑而废之,贫而贱之,以为徒役"⑦。墨子还提出"尚同"的思想,坚持以"刑政"等"壹同天下之义",改变混乱的政治状况。针对当时流行的宿命论、讲排场、重礼仪、厚丧葬等学说,墨家提出"非命""节用""非乐""节葬"等理论。在春秋动荡的形势里,墨家学说在中下层百姓中有强大的号召力,影响巨大。当时儒墨并称"显学"。墨家学派同时以组织严密而著称,也有些历史学家称其为后世黑社会的雏形。但是墨家学派的思想由于包含了一定的平等观念和限制君主的思想,所以不适合为中央集权服务。秦汉以后,墨学渐微,终成绝响。也有学者曾经感叹说,如果墨学能够发展起来,中国历

① 《汉书·董仲舒传》。
② 转引自吴晗:《朱元璋传》,188页,北京,人民出版社,2004。
③ 《老子》第六十四章。
④ 《老子》第五十七章。
⑤ 《墨子·兼爱中》。
⑥ 《墨子·非攻下》。
⑦ 《墨子·尚贤中》。

史可能是另外一个样子。但是一种学说能否繁荣,归根到底还在于能否适应形势的要求。是中央集权的需要,决定了各家学说的兴衰。

所以,经过较长时期的互动与整合,中国的国家主义终于找到了为其服务的意识形态。这就是以儒家为主,儒、道、法三家并立。儒主德治,法主刑杀;儒主阳刚,道主阴柔。三家相互为用,共同为中央集权和义务本位的社会结构服务,只是各自立论有所不同而已。司马谈在《论六家要旨》中指出:"阴阳、儒、墨、名、法、道德,此务为治者也,直所从言之异路,有省不省耳。"①

(三)国家主义与中国对大陆法系的继受

在纯粹的中华法系于近代被迫与外部世界融合之际,中国在颇大程度上继受了大陆法系。对于其中的原因,学术界曾经简单地归结为清朝政府聘请了大陆法系国家的法学家来中国帮助立法所致。这样的解释是肤浅的,完全陷入了以偶然因素解释历史进程的观念。难道我们可以这样假设:如果当年清政府聘请的英美法系国家的专家,那么中国就将继受英美法了?这样的假设显然不能成立。历史的运动背后应有必然性在起作用。我们认为,要从文化背景上来研究中华法系与大陆法系的融合。中国与大陆法系国家的确有许多相近或相同的文化背景。从政治上来说,两者都曾有过中央集权制和君主专制的历史。这是中华法系与大陆法系融合的最重要的原因。法律是统治阶级意志的体现,它与政治体制的关系最为密切。法律当然是经济关系的记录,但法律与经济之间毕竟还有一个中介,这就是政治体制。研究中华法系与大陆法系的关系,不能不着眼于两者的政治体制和政治观念。

美国的约翰·亨利·梅利曼教授在《大陆法系》一书中指出,英美法系和大陆法系的一个重要区别是,前者盛行的是极端个人主义观念,而后者盛行的则是国家主义观念②。中国近代之所以选择大陆法系,是因为两者有着相近的国家主义观念。

大陆法系国家主义观念是近代资本主义政治、经济发展的产物。中世纪末期欧洲各国市场经济的发展,在政治上迫切需要建立统一的中央集权制国家。因为不统一就无法形成统一的市场。对欧洲来说,国家的统一意味着消灭领地分封制,加强中央的权力,对外则保持国家的独立,实行民族自决。为了实现由封建制向统一民族国家的转变,需要求助于一种思想。"国家主义观念的出现,正好迎合了这种需要。"③不能说英美法系国家没有一点国家主义,但"欧洲大陆远比英国更为强烈、更为自觉地强调国家实证主义。原因不外乎两点:首先在于英国革命的软弱性、缓慢性和开化性。在英国,许多封建主义的形式得到保留,但这些形式实质上已经发生变化;旧日教会的外貌仍然残存,但宗教对立法的内容和形式的影响已经消失得无影无踪。另一个更重要的

① 司马谈:《论六家要旨》,载《史记》,941 页,长沙,岳麓书社,1988。(司马谈是司马迁的父亲,《论六家要旨》一文保存在《史记·太史公自序》里。)
② [美]约翰·亨利·梅利曼:《大陆法系》,顾培东、陆正平译,19 页,北京,知识出版社,1984。
③ [美]约翰·亨利·梅利曼:《大陆法系》,顾培东、陆正平译,21 页,北京,知识出版社,1984。

原因是,英国受土生土长的普通法的影响极大。英国普通法是沿着一条完全不同于大陆共同法的道路发展起来的,没有受到国家主义、民族主义、实证主义和主权论的排斥。"[1]

根据梅利曼的论述,国家主权是国家主义法律表现的根本内容。它包括两大要素:第一,没有国家的许可,国家之外的任何力量都不能制定超越国家之上的或在国家内部生效的任何法律。"集权制国家发展的普遍趋势是,国家作为拥有绝对的对内对外权力的主体,是法律产生的唯一来源。"[2]第二,"只有国家才能享有立法权,国家内部任何个人或团体都不能创制法律。"[3]总之,立法权必须为国家垄断,其他任何机关都不得染指。

需要指出的是,欧洲大陆是在中世纪末期逐步结束封建领主割据,建立中央集权制,从而产生国家主义观念的。而中国早在秦朝,即封建社会初期就消除了诸侯割据的局面,建立统一的中央集权制国家,随后产生了与之相适应的"大一统"观念。中国古代的"大一统"观念的内容主要有如下两点:第一,"大一统"理论把皇帝和臣民的关系、中央和地方的关系视为树干和树枝、本和末的关系,因此处理这些关系的原则是"强干弱枝、大本小末"。在中央和地方关系上,不断强化中央权力,弱化地方势力。在家族与国家关系上,凡是家族利益与国家利益相冲突时,总是前者要让步于后者。在个人利益与国家利益发生冲突时,个人的利益更是要无条件的让步。第二,皇帝垄断国家立法权。中国古代在中央一级有分工明确而且比较稳定的行政机关和司法机关,但却没有一个常设的立法机关。皇帝代表国家牢牢垄断着立法权[4]。

不难看出,中国古代"大一统"观念与大陆法系的国家主义观念在强调中央集权和国家对立法权的垄断方面有相似性,因此我们不妨称"大一统"观念为中国的国家主义。由于这个缘故,清末法制改革时,改革派明确地以国家主义作为改革的指导思想。当时如梁启超[5]、孙中山[6]等思想家,政治家也都有强烈的国家主义观念。

除了传统延续的影响以外,当时特定的时代环境也促使了国家主义观念的加强。首先是近代中国面临着严重的民族危机。人们都希望富国强兵,抵御外侮。其次是近代军阀混战,国家四分五裂,人民苦不堪言。因此人们都希望尽快结束这一局面,建立真正的统一国家。第三,中国是在西方列强打开国门和被迫进行(外发型)的现代化的国家,要使中国尽快富强,必须由国家采取自上而下的一系列改革,进行资本积累,走

---

① [美]约翰·亨利·梅利曼:《大陆法系》,顾培东、陆正平译,23—24 页,北京,知识出版社,1984。
② [美]约翰·亨利·梅利曼:《大陆法系》,顾培东、陆正平译,22 页,北京,知识出版社,1984。
③ [美]约翰·亨利·梅利曼:《大陆法系》,顾培东、陆正平译,24—25 页,北京,知识出版社,1984。
④ 郝铁川:《中华法系研究》,197—199 页,上海,复旦大学出版社,1997。
⑤ 梁启超:《国家思想变迁异同论》,《饮冰室合集》。
⑥ 曾琦:《悼孙中山先生并勖海内外革命同志》,见辽宁大学哲学系中国哲学史研究室编《中国近代哲学史资料汇编续集》第八册。

国家资本主义的道路,推动现代工业体系的建立和经济的发展①。第四,在当时条件下,国家主义观念容易与中国传统的"忠孝节义、舍身报国"的观念相共鸣,受到大部分人的拥护。

另外,再从技术的角度看,中华法系与大陆法系也颇多相似和可沟通之处。主要表现在三个方面。首先是法典编纂观念。法典的有无不是区别大陆法系和英美法系的标志。真正的标志是所谓"法典编纂观念",即:国家立法一元化;制定新的法典是新社会和新政府确立的标志;防止司法机关问津立法。这个特征不仅大陆法系国家有,在我们中华法系中也有类似的情况。其次是相近的思维方式,即要求由立法机关掌握立法,而司法机关掌握司法,法官酷似一种专门的工匠,除了很特殊的案件外,他出席法庭仅仅是为解决各种争讼事实,从现存的法律规定中寻觅显而易见的法律后果。他的作用也仅仅在于找到这个相应的法律条款,把条款与事实联系起来。整个审判过程被框于学究式的形式逻辑的三段论式之中。不过与西方大陆国家不同的是,中国传统社会的审判有较多的弹性。再次是相近的审判方式。大陆法系国家审理案件采用职能主义而非当事人主义的纠问式程序,法官起主导作用。法官通过主动讯问当事人,查清事实,作出判决。中华法系的审判方式中,法官同样居于中心地位,主导整个审判程序。而在定罪量刑方面,则以法官的直觉经验为出发点②。

综上可以看出,大陆法系和中华法系不仅在理念层次上有国家主义的共同价值取向,而且在技术层面也有许多共同点。因此中华法系对大陆法系的继受,就成为一种必然的选择。

(四)国家主义对新中国的影响

如果放在一个很长的历史运动过程中去考察,则新中国的成立是中国历史上国家性质最剧烈最根本性的一次变革。但是在这个过程中,未曾完全中断的传统正是国家主义。我们认为,国家主义倾向在新中国政治法律领域的延续主要原因有以下几个方面。

第一是中国经济和思想文化的基本条件没有发生变化。这主要是指在生产力尚未获得高度发达、从事手工方式劳动的小农仍占人口大多数。诚如马克思所说,小农的自发要求并不是民主、自治和法制,而是支配这一切的政治权力,是对权威的高度迷信③。这些都决定了中央集权的国家政治结构还必须延续下去。

第二是前苏联的影响。新中国走上社会主义道路,而前苏联是社会主义的典范。中国在政治体制构建方面搬了不少前苏联的东西④,而前苏联社会主义模式的突出特

---

① 郝铁川:《中华法系研究》,200—201页,上海,复旦大学出版社,1997。
② 郝铁川:《中华法系研究》,201—210页,上海,复旦大学出版社,1997。
③ 马克思:《路易·波拿巴的雾月十八日》,载《马克思恩格斯全集》第8卷,217—218页,北京,人民出版社,1961。
④ 《邓小平文选》第3卷,178页,北京,人民出版社,1993。

点正是高度的中央集权。这个问题主要地不能归结为国家领导人政策的失误，而主要是因为当时帝国主义包围的严峻情况，再加上没有现成的经验可资借鉴。

第三是战争经验的影响。新中国成立以后，大批干部都是从根据地的战争环境一下子接管城市和各要害部门，因此习惯于用管理军事的思维展开国家管理活动。军事体制的突出特征就是高度集中统一，下级以高度服从上级为本职。

第四是中国经济发展所要解决的任务和当时的条件所需。任何一个国家经济的现代化都需要有一定量的资本积累。新中国成立后的历史条件决定了中国的资本原始积累问题只能通过对内积累的方式解决。这就是在全民持续30多年低水平生活的基础上，国家实际上依靠集中全国人民（特别是农民）的一部分消费资料来完成积累，造就整个国家的工业体系。

从国家主义的角度出发，可以帮助我们理解新中国成立以来的一些重大问题。

第一，计划经济体制的问题。这主要是依靠自上而下的行政权力体系进行的。对计划经济本身应该进行实事求是的分析。它既不应像改革开放前那样被神化，也不应像1992年以后一样被一些人猛泼脏水，横遭诟病。我们应当放到具体的历史环境中客观地认识计划经济。另外，还必须注意，现代的市场经济特别是社会主义市场经济又是不能完全摆脱国家计划干预的。市场经济并不是自足的体系，它有本身的局限性和负面作用，特别是极易引起社会的两极分化以及社会秩序的混乱。可见，绝对排斥国家的经济计划是不可取的。

第二，民主太少，缺乏法治。国家主义历来是同民主和法治相对立的。诚如邓小平所指出的："在过去一个相当长的时间内，民主集中制没有真正实行，离开民主讲集中，民主太少。"①"离开民主讲集中"恰恰是国家主义的典型表现。这样的"集中"主要是"党政不分"，把党的一元化领导当作党统揽一切。而党的领导权又操于个别领导人手中，忽视集体领导和人民群众的民主权利。民主是法治的前提，民主太少，当然也就谈不到什么法治了。于是便造成一种反常的现象，即"法律很不完备，很多法律还没有制定出来。往往把领导人说的话当作'法'，不赞成领导人说的就叫做'违法'，领导人的话改变了，'法'也就跟着改变。"②1957年"反右派运动"之后，不要法治要人治的倾向日趋严重。例如，1958年8月召开的北戴河中央政治局的扩大会议上，毛泽东主席明确地说"不能靠法律治多数人，要靠养成习惯""我们基本上不靠那些，主要靠决议，开会，一年四次，不靠民法刑法来维持秩序"。刘少奇副主席也插话说："到底是法治还是人治？法实施靠人，法律只能做办事的参考。"③

与人治主义指导思想相一致的，还有司法不独立、重义务本位轻权利本位、权大于法、以政策代替法、国家机关的活动不讲程序、经常侵犯公民权利等诸多问题。

① 《邓小平文选》第2卷，144页，北京，人民出版社，1994。
② 《邓小平文选》第2卷，146页，北京，人民出版社，1994。
③ 转引自俞荣根：《艰难的开拓》，345—346页，桂林，广西师范大学出版社，1997。

第三,"左"的思想错误。新中国成立以来中国在社会主义道路上所经历的曲折,绝大多数与"左"的错误有关。以致邓小平在1992年南方谈话中有针对性地指出,"要警惕'右',但主要是防止'左'"①。有不少人把"左"归结为工作中的冒进主义,这是值得商榷的。因为只要对中华人民共和国国史稍有了解就会知道,"左"并不总是冒进的,"左"有时是相当保守的。从国家主义的角度来理解"左"的错误,似乎更能揭示"左"的本质,由于整个国家政治结构中国家主义倾向占主导地位,"左"的错误容易受到鼓励乃至纵容。在20多年中只反"右"而不反"左",所以"宁左勿右"的观念和做法愈演愈烈,以致导向"文革"那样严重的错误。

当然,在我们指出国家主义对中国影响的问题时,仅仅看到其消极性是不全面的。实际上,它也有积极性的一面。主要表现在:其一,得益于国家主义的整合使用,以中华人民共和国的成立为标志,结束了一百余年半封建半殖民地社会的纷乱和动荡状态,实现国家的统一,为中华民族的振兴和崛起提供了一个相对安定的环境。其二,中国在既无法进行资金的对外原始积累,亦无法进行对内的自发的原始积累的情况下,依靠国家主义的经济政策,强有力地调动社会的人力和物力资源,使新中国成立后在较短的时间内积累起可观的社会资本,建立起初步的工业化体系,并使科学技术有长足的进展。其三,国家主义有效地促成新中国强大的国防力量和激发中华民族保卫国家的士气,从而使物质条件极差的中国军队能够赢得像"抗美援朝"战争那样辉煌的胜利,维护了国家的主权和领土完整,提高了新中国的国际地位。但是需要注意的是,国家主义这种积极性是同几十年人民革命战争的传统相联结的,因而它很难长期地保持下去。

应该清醒地懂得,我们国家奉行的是社会主义,而社会主义的萌芽标志,恰恰就是把几千年来传统的国家主义作为自己的直接对立物。社会主义的基本主张是使国家重新回归社会,即回归于作为社会主体的全体人民群众的手中。社会主义的本质决定了,它的国家(无产阶级专政)唯一能够采取的政治制度是高度发达的民主制,其特点是人民群众当家作主,自己管理自己的事务。人民群众管理国家和维护自身利益,又只能通过法治来实现。今天,我们评价和批判国家主义的重要意义,正在于使国家走上完全地服从和服务社会的道路,以便为社会主义民主和社会主义法治开拓广阔的发展前途。

三、司法权力运行中的国家主义影响

(一)正当程序

以市场配置社会资源的经济运行方式,激发了当代中国制度性法律文化和观念性法律文化的双重变迁,其中以解决社会冲突为己任的司法权力的运行方式,已成为这

① 《邓小平文选》第3卷,375页,北京,人民出版社,1993。

场变迁过程的核心和关键。社会冲突各方对一国法律制度内在精神的理解及感悟,总要受制于司法裁判的最终导引,而司法权力运行的过程本身又载负着成员对一国法律制度的渴望和期盼。因此,研究和分析当代中国司法权力运行的价值取向,既能为当前正在进行的司法改革提供必要的理论依据,又能为大众参与司法活动培植全新的程序法理念。

中国传统法律文化的重要表现之一,就是司法权力的运行体系建立在国家主义的基础之上。新中国成立初期,受中央高度集权的计划经济体制和"急风暴雨"式的群众性的阶级斗争的影响,我国司法权力运行的内在结构和价值取向难以摆脱"权力至上"为核心的国家主义的困扰。所以,系统地剖析和清理司法权力运行过程中的国家主义倾向,是完成当前司法改革任务的必要条件之一。

司法的功能(judicial function)在《布莱克维尔政治学百科全书》中被界定为:"在诉讼当事人双方的争执中听取和评判案情并作出最后裁定的能力"①。司法权力的上述功能,隐含着司法权存在的两大必要条件:其一,利益冲突。利益冲突是当事人双方产生纠纷和争执的主要事由。而一定的社会秩序,既是法律的基本价值之一,又是社会生活的必要条件。因此,秩序与冲突的对立统一便成为社会进步的直接动力。"冲突本身并不会彻底根除。冲突实际上会产生许多能使人类生活更具实际意义的东西。没有冲突,社会就会呆滞,就会灭亡。关键在于社会必须对冲突进行适当的调节,使冲突不以将会毁掉整个社会的暴力方式而进行。"②其二,合法暴力。合法暴力的存在,是司法权生成的又一必要条件。原始社会的"同态复仇",因缺乏某一特定地区内的合法暴力,使冲突双方的胜败不具有终局性。罗马法早期的历史已经表明,合法暴力和"公共权力"的产生是司法权萌生的必要条件③。但是,利益冲突和合法暴力仅仅构成司法权存在的初始条件,它离近代"三权分立"意义上的司法权所蕴涵的内在精神,尚相距甚远。

司法权力行使过程中,国家权力与公民个体权利的碰撞和斗争,促使并最终导致了程序正义观念的产生,与此同时,司法权也首次获得了其近代意义。应该承认,即使

①　[英]戴维·米勒等编:《布莱克维尔政治学百科全书》,377页,北京,中国政法大学出版社,1992。

②　[英]彼得·斯坦等:《西方社会的法律价值》,38页,北京,中国人民公安大学出版社,1989。

③　彼得·斯坦等在论述法律与秩序时谈到:"人们所知的罗马法中最早的程序法形式也表明,它本身是作为以和平方式解决极为危险的纠纷的手段而产生的。关于决定诉讼双方谁对争议物拥有所有权的最早的诉讼形式,系源于一种很有特色的、在对立双方之间进行并受到地方长官干涉的殴斗。双方将争议标的提交给地方长官,每一方都毫不含糊地声称它属于自己,并将自己的权杖指向标的物,表明决心以武力方式实现自己的要求。地方长官对双方所说的第一句话便是'你二人,皆离之!'再经过一些手续,双方间的争议在一个公民的参与下,得到解决。这个公民须由争议双方协议选出,由他来检验各种证据并作出最后决定。这样,地方长官的干涉起了一种象征性的作用,表明使用社会权力来防止暴力冲突的产生。从此,法律程序引人注目地取代了暴力冲突"。[英]彼得·斯坦等:《西方社会的法律价值》,40页,北京,中国人民公安大学出版社,1989。

最古老的司法制度也内含着作出司法决定的最基本的程序或手续。但是,诸如"被告应该享有在诉讼程序中的公正待遇(fair trial)的思想,只能遵守正规的诉讼程序(the rules of natural justice)进行判决的思想"①,却是英国法在诉讼法律文化方面极为重要的贡献。后来,美国继承了英国的这种程序正义思想,并将"未经正当法律程序,不得剥夺任何人的生命、自由和财产"写入美国宪法。美国权威的《布莱克法律辞典》对程序性正当程序(procedural due process)的含义作出更为具体的解释:"任何权益受到判决结果影响的当事人有权获得法庭审判的机会,并且应被告知控诉的性质和理由……合理的告知、获得法庭审判的机会以及提出主张和辩护等都体现在'程序性正当程序'之中。"②当代日本学者谷口安平先生将正当程序观念在英美的发展归因于如下三个原因:陪审裁判以及作为其前提的当事者主义诉讼结构;先例拘束原则衡平法的发展③。应该说谷口安平先生的这种归因有其技术上的合理性,但将程序正义原则仅仅归结为英美司法制度本身使然,又不免缩小和限制了程序正义原则的内在合理性与普适性。

程序正义思想的精髓,是当事人诉讼权利对司法权力的公然和合法的遏制。它也是近代以来司法民主化的核心内容。可以说,自近代资产阶级革命以来,体现在诉讼法律文化中的公开审判、辩论原则、司法独立等制度均可以纳入广义的程序正义思想之内。

现代司法权力的运行以诉讼参与人诉讼权利的实现为价值取向。美国斯坦福大学法学院教授劳伦斯·M.弗里德曼(Lawrence M. Friedman)在谈及法治、现代化和司法制度时说:"尽管法律是密而不疏、无所不在的,尽管有厚厚的一层法规,但现代法律仍把社会看作是由或多或少的自治的个人组成的,这些个人在法律面前是平等的。在许多传统社会,法律的单位是家庭、部落或氏族。身份(status)决定了许多重要的法律关系,个人主义的核心观念是每一个人都有权选择自己的生活方式,即在多种方式中作出自由选择。任何人都有权利,如果不是义务的话,发展独特的个性,亦即发展不同于任何其他自我的自我。这一个性权利的思想奠定了许多宪法条款的基础,成为最高法院许多判决和一般法律许多方面的基石。"④正是这种现代法律的个人主义(individualism),构成了现代司法权力运行的价值基础。

现代司法权力运行的过程,可以简略划分为三个阶段:

1. 受案阶段。

当一定的利益冲突产生之后,冲突的一方在得不到其他更为有效的救济方式之后

---

① [法]勒内·达维德:《当代主要法律体系》,337页,上海,上海译文出版社,1984。

② 参见《布莱克法律辞典》"due process"条,转引自陈瑞华:《程序正义论纲》,载《诉讼法论丛》第1卷,27页,北京,法律出版社,1998。

③ 参见[日]谷口安平:《程序的正义与诉讼》,4页,北京,中国政法大学出版社,1996。

④ [美]劳伦斯·M.弗里德曼:《法治、现代化和司法制度》,载宋冰编:《程序、正义与现代化》,141页,北京,中国政法大学出版社,1998。

即通过行使请求权向司法机关寻求救济。在此请求权即诉权与司法权的对立统一关系,是现代司法权力运行过程中一个十分重要的理论问题。它具体包含以下三层关系:①诉权所针对的是事实上的侵权人还是司法机关。19 世纪中叶以萨维尼(Savigny)为代表的一批德国学者将诉权看成是实体法上请求权的一个组成部分,一旦个人权利受到侵犯,实体法上的权利立刻转化为对侵权人的诉权①。这一理论将国家司法机关所直接承受的司法救济的义务推托给被告人,有悖现代社会司法民主化的精神。②诉权能否必然启动司法救济程序。依据诉讼法的一般原理,拥有诉权的人是与案件争讼事实有直接利害关系的人。然而在司法民主化之前,诉权与司法救济之间并没有必然的因果联系。我国在 20 世纪 80 年代初期所普遍存在的"立案难"即是极好的例证。③司法救济权力的范围能否超越诉讼的范围。自近代以来,"司法消极性原则"(dispositionsmaxime)被西方法律所普遍采用,其基本含义是司法机关仅仅在提起诉讼的原告所要求的范围内行动。在此原则下,法院的审理范围被原告提出的主张所限制,判决不能超出原告所主张的范围,也不能有与原告要求不相对应的内容②。法国的"讼争一成不变原则"同样要求法官的判决不得超过当事人的请求,亦不能不包括所有的请求。他不能改变诉讼当事人请求的标的和请求的原因③。这些原则和主张在不同程度上反映了自由资本主义时期司法民主化的积极成果。

2. 审理阶段。

案件的审理是司法权力运行的中心环节,同时也是程序正当性原则集中显现的阶段。现代司法权力在案件审理阶段一般遵循如下原则:①公开性原则。公开性原则主要是指审判过程必须公开(法律有特别规定者除外);一切诉讼证据必须公开;审判的结果必须公开。②辩论原则。辩论原则指诉讼双方就案件事实、证据和适用法律所提出的主张和对这些主张所进行的反驳。③处分权原则。处分权原则是现代司法权力赋予诉讼参与人提出、变更、放弃诉讼请求的一项专有权能。它体现了近代以来司法民主化的内在精神,同时又以其不主动介入市民生活特征而与国家行政权相区别。

3. 裁判阶段

司法裁判是司法机关听取诉讼双方的陈述和论辩之后对争议和纠纷所作的评判。现代社会的司法裁判应该具有如下特征:①独立性。独立性被视为现代社会保证司法公正的前提条件,法官独立审判只服从法律的原则已被多数国家所普遍接受。②终局性。司法裁判在历经法定程序后所作的裁判是最终的。这既能保持一国法律自身的严肃性,又能保持社会上各种财产关系和人身关系的稳定性。美国联邦上诉法院的首席法官爱德华兹,在谈及判决的终局性时说:"一个有效的司法制度的另一个重要因素是其判决的终局性,这正是中国司法制度目前缺乏的。首先也是最重要的一点

---

① 参见沈达明编:《比较民事诉讼法初论》,213 页,北京,中信出版社,1991。
② [日]谷口安平:《程序的正义与诉讼》,25 页,北京,中国政法大学出版社,1996。
③ 参见沈达明编:《比较民事诉讼法初论》,145 页,北京,中信出版社,1991。

是,司法制度的最重要宗旨之一是解决矛盾。如果一个'解决方案'可以没有时间限制并可以不同理由反复上诉和修改,那就阻碍矛盾的解决。如果败诉方相信他们可以在另一个地方或另一级法院再次提起诉讼,他们就永远不会尊重法院判决,并顽固地拒绝执行对其不利的判决。无休止的诉讼反映了、同时更刺激了对法院决定的不尊重,从而严重削弱了法院体系的效率。"①因此,对判决生效后的程序的提起应该予以严格的限制。③公正性。任何一个具体的司法裁判均应公开宣判,它一方面能够使司法权力所倡导的法的内在精神得以倡扬,同时又能使司法裁判这一最终结果返还于社会,以换取社会对这一司法判决的正当性的伦理评价。

通过上述考察不难看出,以保护和实现当事人诉讼权利为价值取向的现代文化,已贯穿和渗透于现代司法权力运行的基本过程之中。

(二) 国家主义影响的诸表现

当代中国司法权力运行的内在结构,形成于20世纪70年代末和80年代初的改革开放时期,但其所体现的内在精神和价值取向却可以追溯到计划经济时期。顺应建立以市场配置社会资源的经济体制的客观需求,我国在90年代相继对民事诉讼法和刑事诉讼法进行必要的修改,在较大程度上增加和扩充了司法民主化的内容,使其在一些基本的原则和制度上较之过去有长足的进步。

但是,法律制度的变迁无法摆脱文化变迁所具有的一般特征。①在中国几千年的政治传统中,司法与行政不分是其极为重要的特征。州县一级的司法机关与行政机关合二为一,州县司法长官同时又是行政长官。省级虽设有专门的司法机关,但判决的最终形成仍需省行政长官批准②。②中国在晚清变法修律之前没有独立的程序法传统。③新中国成立后近30年内,没有建立起我们自己的独立的程序法体系。此外,新中国成立初期特有的政治背景和我们所选择的经济运行方式,都在较大程度上限制了司法权力自身的健康发展。

客观地说,当代中国司法权力运行的法律环境已初步形成。从司法主体的资格、司法权力运行的方式以及对司法机关和司法人员违法的制裁等诸多方面,已经形成了相互照应的法律群。但这些以条文和规范形式表现出来的法律,仅仅构成了静态法制的内容。如果把理论研究的视角转向动态法制中司法人员的法律认知和法律评价,并通过无数的个体在其司法行动中所折射出来的法律态度,来宏观把握当代中国司法权力运行的价值取向,我们认为,当代中国司法权力运行过程中存在着较为强烈的国家主义倾向。其主要表现为如下几点。

1. 在司法权力运行的价值观上,重保护轻调整。

受国家宏观政治职能与经济职能角色互换的影响,调整性规范已成为当代中国法

① 引自宋冰编:《程序、正义与现代化》,3页,北京,中国政法大学出版社,1998。
② 参见张晋藩:《中国法律的传统与近代转型》,427页,北京,法律出版社,1997。

律体系的主干,与此相应的是民事与经济纠纷的成倍增加。面对全社会经济与民事关系的结构性变化,我国司法机关对自身的角色与职能尚未从观念上发生及时的转变。应该承认,中国传统法文化中"法即刑"的观念和新中国成立初期将司法机关喻为"刀把子"的过程,给司法机关留下了较深的文化烙印。因此,司法人员与参诉人员更容易将司法权力运行的过程看作是"替人做主"的过程,而非中立裁判的过程。其中,最为典型和普遍的是"原告有理"论。原告在民事诉讼中一般是其权利受到侵害而请求司法救济的自然人或法人。依照传统的观念原告理应成为司法救济的对象,特别是在过去民事法律关系单一化的中国社会。而现代社会由技术进步和体制转换所激发的社会关系的结构性调整,已经使我们无法在司法审判以前评判原告与被告的孰是孰非。正如美国华盛顿特区联邦上诉法院首席法官哈利·爱德华兹在《程序、正义与现代化》一书的前言中所说:"在我的讲座讨论中,中国法官几乎总是考虑原告的利益、需要和权利,而且几乎都假定被起诉的人肯定做了什么错事,这一点令我震惊。他们所关心的是如何调查和证实被告的错误行为,如何针对拒绝履行的被告来强制执行判决。在任何一个发达的司法制度中,以牺牲被告利益为代价考虑原告的利益显然是不公正的、误导的。"①

2. 在法律规范的选择和依托上,重实体轻程序。

在高度政治化和以权力为本位的社会里,程序的科学性和技术性必然遭到排斥②。首先,程序在较大的程度上限制和制约了权力的随机性,这就使程序存在的必要性在新中国成立初期遭到怀疑。1979 年通过的《刑事诉讼法》和 1982 年通过的《民事诉讼法》,以立法实践的形式肯定了程序法存在的必要性。其次,程序工具主义的学理渲染,更加强化了司法权力运行过程中重实体轻程序的价值取向。把程序法定位成仅仅是实现实体法的工具,离开实体法上的权利义务关系程序法就变得毫无意义。正是在这种学理的影响下,司法权力运行过程中,为了实现实体正义就可以刑讯逼供、秘密审讯和随意剥夺诉讼参与人的诉讼权利等。再次,我国的立法和司法解释中轻视程序的指导思想,进一步强化了司法权力运行过程中重实体轻程序的价值取向。我国《民事诉讼法》第 179 条第 4 项,规定当事人申请再审的条件之一是:"人民法院违反法定程序,可能影响案件正确判决、裁定的。"这就是说只要案件实体判决正确,即使违反了法定程序也不再追究。同样,最高人民法院在关于有管辖权异议案件的当事人申诉时规定:"法院对案件作出的判决发生法律效力后,如果当事人对驳回管辖权异议的裁定和

①　宋冰编:《程序、正义与现代化》,3 页,北京,中国政法大学出版社,1998。
②　"1967 年'一月风暴'以后,全国各级人民法院的组织机构已基本上瘫痪,审判工作已基本上停顿。同年 12 月,人民法院成为公安机关军管会下属的'审判组'。从此,公安机关军管会行使国家的审判权。"同样,"那种完全无视法律程序的'群专群审群判',更是造成全国司法建设大倒退的重要标志。""司法工作的严重破坏,是构成十年内乱'无法无天'的重要原因。"参见俞敏声主编:《中国法制化的历史进程》,220—221页,合肥,安徽人民出版社,1997。

判决一并申诉的,法院经过复查,发现管辖虽有错误,但判决是正确的,应当不再变动;如经复查,认为管辖和判决均有错误,应按审判监督程序处理。"①正是这种立法精神和司法导向,给司法实践的各个环节带来十分严重的危害。长时间,各地司法机关争管辖、重复冻结等无视法定程序的现象愈演愈烈,这与自上而下重实体轻程序的价值取向有着内在的必然联系。

3. 在案件的审理过程中,重权力轻权利。

公民权利和国家权力的合理划分,是现代民主社会的积极成果之一。司法权力作为国家权力的一个有机部分,理应成为公民实现自身权利的保证。然而,受"权力至上"的国家主义的影响,我国当前司法权力运行过程中重权力轻权利的价值取向极为明显。表现为:其一,刑事诉讼过程中公诉权与辩护权的差序性。同一个证人在给公诉人与辩护人做了两份内容不同的证言后,审判机关选择公诉人所采取的证言被认为是"天经地义"。其二,司法审判实践中提倡"民事给刑事让路"的背后所隐藏的实际是权利给权力让道。在具体的司法实践中,侦察和审判机关在办理刑事案件的过程中,以"划扣"征收赃款和赃物为名,无视合法、正当的民事法律关系,致使公民的财产权和人身权屡遭侵害。其三,在具体的审判权力运行的过程中,举证责任应该遵循"谁主张谁举证"的原则来分担。但是,在"以事实为根据,以法律为准绳"的大原则下,法官将本应由原告举证的责任强行摊派给被告,实质上是司法权力对被告诉讼权利的公然侵犯。其四,在诉讼时效制度上司法权力对民事权利的蔑视。我国《民法通则》明确规定:"向人民法院请求保护民事权利的诉讼时效为两年。"但个别司法权力机关受传统文化中"欠债还钱乃天经地义"观念的影响,仍动用司法权力对超过诉讼时效的债权债务关系予以保护。

4. 在运用司法权力确定权利义务关系(涉及利益保护)的过程中,重集体轻个体

集体与个体的关系是伦理学上长时期争论不休的一个较为古老的话题。我们不否认集体主义作为一种伦理要求有其存在的合理性和正当性,但我们同时必须承认个体的利益和安全永远是集体主义存在的价值基础。集体利益应该是每个集体成员的个人利益得以实现的源泉与保证。

当代中国司法权力运行的过程中,因过分强调集体至上,从而使个体的合法权利受到不必要的侵害。例如,国家因社会公益的需要而征用土地时,法律确定了对被拆迁人一定的补偿标准,这是自近代以来世界各国立法的一个基本原则。但在现实的司法实践中,一些房地产开发商出于明显的商业目的而利用国家征用土地的权力给被拆迁人以显失公平的补偿,这正是利用集体和社会公益事业的名义来"合法地"侵犯个体权利的典型表现。再如,当前农村的果园承包纠纷,大部分都是由发包方即村委会在果园开始挂果时率先撕毁合同,他们总是以原合同侵害了集体利益为名,要求在合同

———————

① 马原主编:《民事诉讼程序司法解释实用问答》,6页,北京,人民法院出版社,1997。

有效期内强迫承包人变更合同,严重地侵害了承包人合法、正当的民事权利(因为合同具有法律效力,承包人依据原先双方所订立的合同,并无变更合同的义务)。此外,司法机关在证据的选择上不是根据证据的证明力来选择证据,而是看证据的来源是单位、组织还是个人,只要是盖有公章的证据总是要高于个人的证言。总之,以集体的名义滥用国家权力来侵蚀和剥夺公民个人的合法权利,是我国当前司法权力运行过程中必须严加防范的违法之举。

5. 在司法裁判的形成过程中,重集权轻分权。

法官独立审判的制度,是近代司法民主化的一大积极成果。我国新的刑事诉讼法和民事诉讼法都规定了人民法院依照法律独立行使审判权,而对于法官在每一个具体的司法裁判形成过程中的作用,两部诉讼法只规定了合议庭内少数服从多数的原则。此外,刑事诉讼法中对重大、复杂和疑难案件规定应报审判委员会讨论决定,对审委会的决定,合议庭必须执行。总之,法院独立审判而非法官独立审判的现有制度,极易导致司法裁判过程中的集权和专断。每一名法官在制作司法判决书时,都很难说清该判决书中到底体现了多少审判长、庭长和院长的意见。至于合议庭和审委会内部的民主集中制原则就更为个人专断提供了土壤。应该承认,当前司法审判过程中"审"与"判"的分离已成为司法改革的核心问题。我国青岛市中级人民法院率先实行主审法官制,开创我国法官独立审案的先河,已引起社会各界的广泛关注,也为全国大范围的司法改革提供了素材。可以预见,我国现行审判权力运行体系中重集权轻分权的价值取向,必将随着审判制度的改革而发生结构性变化。

(三)司法改革的价值取向

当代中国司法权力的运行,应该将实现公民的诉讼权利作为其价值基础的核心。反观20世纪中国司法体制所经过的历程,我们有理由确信,只有在法律价值观念或更为宽泛的法文化的领域彻底清除以"权力至上"为核心的国家主义,方能为眼下正在进行的司法改革创造愈加宽松活跃的文化环境。

美国纽约东区联邦地区法院资深法官万斯庭(Jack Weinstein)在为中国的学者和官员所作的一次演讲中谈到:"每一个国家应该自己决定是否为其法治的建立提供一个基础,这个基础由以下一些要素构成:完备的、富有逻辑和内在联系的实体和程序规则的体系。这一体系以客观和理性的方式运作,运作这一体系的法律职业人士具有自主性,不受政治的直接影响。"[①]在此,万斯庭先生将现代社会法治建立的基础概括为三个方面:其一,法律规范体系的完备性;其二,法律规范体系运行的理性化;其三,司法主体的独立性和自主性。以上述立论为参照系,以当代中国正在进行的司法体制改革为对象,我们试图对这一改革所内含的价值取向作一简略的理论上的探讨。

---

① [美]万斯庭:《美国法官的工作》,载宋冰编:《程序、正义与现代化》,276页,北京,中国政法大学出版社,1998。

1. 司法权力的运行中应当确立公开性原则。

公开性是自近代以来司法制度民主化的一个重要标志。它是针对中世纪封建专制下的秘密审判而提出的。司法权力运行中的公开性原则,一般包括如下内容:①审判过程的公开。即对任何案件的审判,除法定事由外,均应保证旁听、新闻媒体采访等自由。过去关于新闻采访的问题基本上采取申请许可制度,而且对未作出判决的案件原则上不许报道。在此,我们应该对司法的独立性和新闻采访的自由性,给予同样的关注。"法官要不受公众舆论的影响,这也属于法官的本身的独立性。在德国,新闻界、电视、广播对公众舆论有很大影响。新闻自由对于民主制度来讲至关重要,但也绝对不能忽视在某些情况下(为了一种好的或坏的目的)存在对公众舆论的巨大影响,以及发生真正的'运动'以支持或者反对某一特定的事件或个人。法官不应受此影响。他不能因为公共舆论的要求而过于严厉地惩处某一被告,在这件事情上无论是谁发起这场运动都无关紧要,哪怕是政府也好。另一方面,法官并非生活在一个自我封闭与外部世界隔离的空间。他如何协调这两者之间的关系,那是他自己的事。以上我所讲到的有关法官独立性的问题基本上适用于所有国家的法官,而无论这些国家的法官职位是如何确定的,以及这种职位是如何安排的。"①事实证明,一个公正客观的判决,通过大众媒体的传播更容易被社会所认同。近年来,以北京市各级法院为代表的公开审判实践,已赢得社会的广泛赞同。②审判证据的公开。一切对判决的最终形成有一定影响并将在判决时采用的证据,都必须经过法庭上原告和被告的相互质证和认证,未经双方质证和认证的证据一律不能作为定案的依据。③审判人员的公开。审判人员的公开与回避制度等有着较为密切的关系。在我国现行的审判实践中,"审"与"判"的分离集中体现在审判委员会这一制度之中,审委会是通过案件承办人的汇报来决定司法判决的内容,而审委会成员没有参加庭审却要行使判决的权力,违背了审判必须公开的原则。因此应当改革现行的审委会制度,真正实现审判公开的原则。

2. 司法权力的运行应当体现公平精神,尤其是程序正义的精神。

将程序正义的自身价值通过立法的方式予以确认,这对一个没有程序法传统的国家具有极其深远的意义。程序的正义在诉讼制度中的基本含义,日本学者谷口安平作了如下概括:"与程序的结果有利害关系或者可能因该结果而蒙受不利影响的人,都有权参加该程序并得到提出有利于自己的主张和证据以及反驳对方提出之主张和证据的机会。"②当前,正在进行的司法改革应该将程序正义的思想视为指导司法权力运行理性化的重要思想武器。这是因为:①强化程序正义原则,是当前清除腐败的重要举措。首先,我们应该在立法上确认正当程序自身的价值,剔除或修正现有立法文件和司法解释中轻视程序的内容;其次,强化司法权力运行过程中程序正当的必要性,把程

① [德]傅德(Ebemard Foth):《德国的司法职业与司法独立》,载宋冰编:《程序、正义与现代化》,26页,北京,中国政法大学出版社,1998。
② [日]谷口安平:《程序的正义与诉讼》,12页,北京,中国政法大学出版社,1996。

序的正当看作是司法裁判是否有效的必要条件。事实上,现行司法权力运行过程中的争管辖、重复冻结、扣押人质等违法现象正是蔑视程序自身价值的必然结果。②程序正义原则的实现是法治社会的标志之一。选择和实现一种法定、公平的程序是司法权力理性化的重要基础。只有生活在一种人人都能事先明了解决纠纷程序的社会里,人们才有可能有真正的安全。③强调程序正义原则是遏制极度膨胀的国家权力的重要方式。国家权力对公民权利的侵犯常常要通过一定的方式进行,而强化程序正当性的原则,对控制和减少司法权力运行过程中侵犯人身权和财产权事件的发生具有积极的意义。

3. 司法权力的运行应当坚持廉洁原则。

法律是文明的产物。但更重要的是,法律文明往往需要通过"清明廉洁"的司法获得集中的表现。这也是中国传统法文化中恒久不变的价值取向。"包青天""海青天"的形象,至今尚为民众所喜闻乐见。其缘由无非是这些"清官"们"清正廉洁",在审理案件过程中"光明正大"。"清正"主要指公平,而"廉洁"则主要指法官自身的道德品性。其中"廉洁"是法官公正断案的实质性前提。

在国家主义观念的支配下,司法运行过程的不透明性,对诉讼程序的漠视,依人依言不依法等弊端,极易导致如下后果:一方面,给实际控制司法权力运行过程的当权者以滥用职权的机会;另一方面,又使法官缺乏责任性和自律性。于是,便为司法腐败提供了滋生繁殖的温床。显而易见,一旦存在司法腐败,诸如司法的公开、公平之类的应然属性,都难免流于空谈。因此,司法改革的重要目标之一,是如何克服国家主义和人治主义思想的干扰,实现司法机关和司法人员的廉洁自律。当前,司法机关内部所实行的"错案追究制"等举措,对司法人员的廉洁自律提供了一定的制度保障。

4. 司法权力的运行应当贯彻效益原则。

效益极大化是市场经济主体奉行的基本原则。"与市场一样,法律(尤其是普通法)也用等同于机会成本的代价来引导人们促成效率最大化。"①将效益原则引入当代中国司法权力运行的过程中,可以进一步提高人民法院的审判效率。诉讼周期过长不仅直接影响当事人的诉讼效益,也是对国家制度性资源的一种浪费。缩短诉讼周期,提高审判效率,应该成为司法权力运行的一大重要原则。

新中国成立以来半个多世纪的实践经验告诉我们:①司法权力运行中贯彻法治原则,就能做到公开、公平、廉洁,这样的权力运行过程就是有效率的;反之,实行人治就不免偏离法治的精神,导致枉法和腐败,其权力运行过程就是无效率的。②司法过程中能够体现市场经济运行规律要求的当事人的正当的权利意志,就是有效益的;反之,如果强调违背市场经济运行规律的权力意志,则是无效益的。简言之,市场经济体制下的司法权力运行过程,只有消除了人治与权力支配下的国家主义倾向,才能够发挥

---

① [美]理查德·A. 波斯纳:《法律的经济分析》,677页,北京,中国大百科全书出版社,1997。

其应有的效益。

5. 司法权力的运行应当遵循法官独立裁判的原则。

当前,在完成由"法院独立审判"到"法官独立审判"的过程中,如何尽快提高法官的业务素质,是困扰当前司法改革进程的一个重要问题。依照传统的审判方式,法官常常是"先定后审"、"审"与"判"分离,而在倡导法官独立审判的原则下,就要强化庭审功能,实现"审"与"判"的合一。因此,法官对证据的判断能力和对法规的熟悉程度,是实现法官独立裁判的关键。这对法官队伍现有的法律业务素质,提出了更高的要求。

第三节 评社会、国家、法的自由主义观念

纵观 17 世纪以来 300 多年中西方关于社会、国家和法的自由主义观念的演进,大体上可以将其划分为三个阶段。

一、17 至 18 世纪的古典自由主义思想

17 至 18 世纪启蒙思想家关于社会、国家和法的自由主义观念,集中体现为古典自然法学思想。古典自然法学一开始就区别于中世纪的神学主义自然法,把矛头指向天主教的精神统治和封建专制统治,成为了波澜壮阔的欧洲和北美的资产阶级革命的理论先导。启蒙思想家按其不同的思想倾向,可以分为两派:一派是以洛克、孟德斯鸠、卢梭、潘恩为代表的自由主义,主张自由、平等、人民主权、权力分立和法治等,在启蒙思想家中占据主流地位。还有一派则倾向于国家主义,主张君主主权论,反对分权论,这一派以格劳秀斯、霍布斯为代表,在启蒙思想家中不占主流。

古典自然法思想的基本主张主要包括:

(一)自然状态论

自然状态论是古典自然法思想的重要支撑。启蒙思想家们从人类的原始社会即自然状态下不存在法律(人定法)这一客观事实出发,力图证明在没有法律的社会中,由自然法在支配人们的行动,社会得以维持。至于自然状态究竟是怎样一种状态,启蒙思想家的回答各异,大体上可以分为霍布斯型("普遍的战争状态"论)、洛克型(亦好亦坏论)和卢梭型("黄金时代"论)。

霍布斯认为,由于人的本性是自私的,每个人都力图把自己的自由实现到最大限度,而且大家都平等地具有这种能力,所以就自然导致"人与人是狼的关系",即普遍的战争状态。每个人都有竞争、猜疑和荣誉的心理,它驱使每个人为自己的利益、安全和地位而侵略他人。既然人类居住在这种没有共同权力的自然状态中,就不能不经常发生敌对的战争。在那里,根本谈不上土地的开辟,航运的发展和应用,文学艺术的繁荣

等。人的生命短促,生活贫穷,相互关系凶残,无公道可言。

洛克认为,自然状态本来是完好的,但越来越增长着危险;或者说在普遍的和平状态中,战争状态的个别性因素会扩大起来。洛克说:"人类原来所处的自然状态,那是一种完备无缺的自由状态,他们在自然法的范围内,按照他们认为合适的办法,决定他们的行动和处理他们的财产和人身,而无须得到任何人的许可或听命于任何人的意志。"①但是,自然状态存在三大缺陷:①缺少一种事先确定的、众所周知的法律,即缺少判断与解决纠纷的准则。②缺少一个有权依照既定法律来裁判争执的公认的公正裁判者即法官。③缺少公共权力来支持正确的判决,使之获得应有的执行。自然状态的这三大缺陷,使人们对财产的享有便不会十分安全和稳妥,因而那里就不是长期的共同生活的理想之所。卢梭则认为,自然状态是人类的"黄金时代"。后来,"由于人类能力的发展和人类智慧的进步,不平等才获得了它的力量并成长起来;由于私有制和法律的建立,不平等终于变得根深蒂固因而成为合法的了。"②

(二)国家契约论

自然状态最终都要因其自身缺点的发展和扩大而走到尽头,由新的人类共同体(或叫社会状态、政治状态、公民状态即国家)所代替。在自然状态的末期,人类面对种种不幸和危险的局面,经自然理性的启发,便不约而同地一起寻找新的出路,那就是通过订立契约来建立国家。相应于上述三种典型的自然状态论,便有三种典型的国家契约论。

1. 大资产阶级专制主义政体的契约论。

按照霍布斯的观点,自然状态下的人们摆脱普遍战争状态下的唯一办法就是相互订立契约建立公共权力。霍布斯强调,订立契约的当事人是后来构成国家的全体成员,而主权者仅仅是由契约授予的权力的接受者。因此,这种授权一旦完成,主权者就成为永恒的社会统治者;除主权者以外,任何人都无权提出取消授权和解除契约。背约问题只对臣民存在,对主权者是不存在的。其次,臣民订约时让渡给主权者的差不多是自己的全部自然权利,而为自己保留的仅仅是管理自己身体的权利,如享受空气、水、往来运动等最低生存的权利。这样一来,契约所构成的必然是专制主义的绝对权力,主权者操有对臣民的生杀予夺的全权。在霍布斯看来,主权者是人们借助契约把所有的权力和力量都交给一个人或由一些人组成的议会而形成的。此乃把全体的意志变成一个意志、一种人格。这个人格便是国家——"伟大的'利维坦'"(《圣经》中强大无比的怪兽)。主权者的权力是至高无上的。霍布斯说:"自由是主权者的自由而不是平民的自由。"③"主权的代表人,不论在什么口实之下所做的事情,没有一件对臣民

① [英]洛克:《政府论》(下篇),13页,北京,商务印书馆,1981。
② [法]卢梭:《论人类不平等的起源和基础》,149页,北京,法律出版社,1958。
③ [英]霍布斯:《利维坦》,165页,北京,商务印书馆,1985。

来说可以正式称为无信义或侵害的。"①

2.中产阶级君主立宪政体的契约论。

洛克认为,人们为了避免自然状态中的缺陷,特别是日益增长着的战争状态的危险,以保护自己的财产以及社会的安全、幸福和繁荣,便相互协议,自愿放弃一部分自然权利,把它交由专门的人,按照社会一致同意或授权的代表一致同意的规定来行使。"这就是立法和行政权力的原始权利和这两者之所以产生的缘由,政府和社会本身的起源也在于此。"这就表明,国家是基于臣民的同意而建立,以个人的认可为基础。臣民订立国家契约时,所放弃的权利主要是个人充当自然法的法官的权利,至于每个人的自然权利,从来没有放弃而且也不能放弃。政府的任务恰恰就是要捍卫人们的自然权利,使之不遭破坏。倘若政府违反契约,侵犯臣民自然权利,那么臣民就有更换它的权利。从政治上看,洛克的契约论是替英国1688年"光荣革命"所确立的君主立宪制度进行论证的。

3.小资产阶级激进的民主共和政体的契约论。

卢梭把他的社会(或国家)契约论与人类不平等的起源及发展的学说联系在一起。他认为,随着私有制的出现,产生了富人和穷人的划分,这是人类不平等发展的第一个阶段。在这个阶段,人与人之间发生争夺和残杀,威胁到每个人的生存。于是人们便要求订立社会契约,通过它把每个人组织在一起,形成"公意"及其物质附属物。卢梭说:"要寻求一种组合的形式,使它能够以全部的共同力量来防御和保护每个参加者的人身和财产;而通过这一组合,每一个与全体相联的人实际上只是服从自己,并且仍然像以往一样的自由。这就是社会契约提供解决问题的根本方法。"②这种契约是个人与全体(社会)订立的。卢梭把这种契约的内容归结为,每个参加者都无例外地将自己的一切权利转交给全体。这样做的好处在于,从全体那里,每个人都可以随时取回自己转交出去的同等的、等量的权利,获得其失去的全部等价物,而且还可以得到比自己保存自己权利更大、更安全的保存力量。这种借助契约而成立的共同体,便是国家(社会)。尽管人们创立国家的初衷是良好的,但是,国家一建立便与人们最初的愿望相悖。因为,统治者与被统治者的出现,会在原有的社会地位不平等的基础上又造成政治地位的不平等,而统治者总是用法律来维护其特权和利益。所以,国家是人类不平等发展的第二阶段的主要标志。到了暴君和暴政的出现,人类不平等也就达于第三阶段。"这里是不平等的极限,是封闭的一个圆圈的终点","直到新的变革使政府完全瓦解,或者使它再接近于合法的制度为止"③。卢梭把国家建立在"公意"的基础上,这无疑是一种集权制,但是它却是高度民主条件下的集权。所以,卢梭的学说兼有霍布斯与洛克两种国家契约论的成分,但同时又有别于二者。

---

① [英]霍布斯:《利维坦》,165页,北京,商务印书馆,1985。
② [法]卢梭:《社会契约论》,19页,北京,商务印书馆,1962。
③ [法]卢梭:《论人类不平等的起源和基础》,158页,北京,法律出版社,1958。

（三）天赋人权论

天赋人权又称自然权利，指每个人与生俱来的共同的基本权利。霍布斯较早地倡导天赋人权论。他认为，在自然状态下，每个人的自然权利是无限的。这种权利"就是每一个人按照自己所意愿的方式运用自己的力量来保护自己的天性——也就是保全自己的生命——的自由。因此，这种自由就是用他自己的判断和理性认为最合适的手段去做任何事情的自由"①。天赋人权论的最重要的倡导者是卢梭。他认为，自由、平等、追求幸福是每个人生而俱有的天赋权利，人类所建立的一切政治制度和法律制度都是为了保障这种权利，如果它们与天赋权利背道而驰，人们就可以废除它们，甚至可以通过暴力手段推翻它们。

（四）分权论

洛克在启蒙思想家中第一个提出分权学说，认为：一个国家有立法权、行政权和对外权三种权力。立法权为制定和公布法律的权力；行政权为执行法律的权力，包括司法权；对外权包括战争与和平、联合与联盟以及与国外的人士和组织打交道的权力，包括宣战、媾和、签约等。这三种权力应当由特定的机关分别掌握，否则就会产生流弊。特别是立法与执法这两种权力如果交由一个机关执掌，它既立法又执法，便会发生只顾自己利益、攫取权力的现象。按照洛克的观点，立法权是最高权力，由民选的议会行使；行政权由国王来行使，但要根据议会的决定；对外权也由国王行使，它同行政权是分不开的。由此可知，洛克三权论中所包含的分权论，仅仅是两权（立法权和行政权）分立论。

在洛克学说的基础上，孟德斯鸠提出了"三权分立"的学说。其特点在于，它把分权与公民的自由问题紧密地联系在一起。孟德斯鸠主张，国家的三种权力即立法权、行政权与司法权，应互相独立，由不同的国家机关来行使，而不应由同一个机关或同一个人来行使。他说："当立法权和行政权集中在一个人或同一个机关之手，自由便不复存在了；因为人们将要害怕这个国王或议会制定暴虐的法律，并暴虐地执行这些法律。""如果司法权不同立法权和行政权分立，自由也就不存在了。如果司法权同立法权合二为一，则将对公民的生命和自由施行专断的权力，因为法官就是立法者。如果司法权同行政权合二为一，法官便握有压迫者的力量。""如果同一个人或是由重要人物、贵族或平民组成的同一个机关行使这三种权力，即制定法律权、执行公共决议权和裁判私人犯罪或争讼权，则一切便都完了。"②根据这些思想，孟德斯鸠为资产阶级政治制度设计了一套系统的方案，对后世的资本主义国家影响巨大。

（五）人民主权论

国家主权究竟属于君主或由少数人组成的机关，还是属于人民，这是启蒙思想家

---

① ［英］霍布斯：《利维坦》，94 页，北京，商务印书馆，1985。
② ［法］孟德斯鸠：《论法的精神》，156 页，北京，商务印书馆，1961。

中国家主义派和自由主义派之间的重要的分野。人民主权论发端于洛克,而成就最高者是卢梭。卢梭认为,人民主权就是公意的具体体现。他系统地论述了人民主权的特点,包括:①至高无上性;②不可转让性;③不可分割性;④不能代表性;⑤不能具有个别的指向性;⑥永久无误性。

（六）法治论

与封建专制主义的人治不同,除霍布斯等个别人外,大多数启蒙思想家都倡导法治即所谓"法的统治",反对人治。洛克的法制思想主要包括:①国家必须以正式的法律来统治。②要执行已公布的法律。③法律面前人人平等。④法治不排斥个别场合的执法灵活性。卢梭以其"法治国"的思想驰名。他认为,凡是实行法治的国家,无论其政体形式如何,都可以叫做共和国。同时,他还深刻论述了自由与法律的关系。他认为,个人意志符合公意的时候才有自由,而法律是公意的运用,所以,服从法律才有自由。他说:"根本就不存在没有法律的自由,也不存在任何人是高于法律之上的。一个自由的人民,服从但不受奴役;有首领但没有主人;服从法律但仅仅是服从法律。"①当一个人有违背法律的行为时,就要强迫他去遵守法律,这也就是强迫他的自由。

17 至 18 世纪启蒙思想家反对封建专制主义的古典自由主义思想是一笔十分宝贵的思想遗产,在历史上发挥了巨大的革命性作用。在启蒙思想家中,霍布斯、洛克的思想主要反映当时市民社会中上层的要求,而卢梭、潘恩、罗伯斯庇尔的思想主要反映市民社会中下层的要求,两者都有值得我们今天吸收借鉴的地方。这些伟大的人物,尤其是卢梭者流,他们本心是善良的,甚至想要解放全人类。但是,这种理性浪漫主义缺乏现实的根据,没有获得处于不能温饱的社会大多数人物质利益的支撑。自然状态论是虚构的,契约论、人民主权论只是充当唤起群众反抗旧制度的幻影,人权、自由、平等和法治恰恰成为市场竞争的客观需要,为资本主义的崛起作了铺垫;而分权（三权分立）则巧妙地变为不同资本集团对社会支配权上的平衡与制约的架构设计。所以,恩格斯说,卢梭的理论缔造的只能是资产阶级民主共和国,而对当初为之欢呼的广大人民则是一幅"讽刺画"。

二、19 世纪的功利主义的自由主义思想

19 世纪占主导地位的自由主义思想,是以边沁、密尔和奥斯丁为代表的功利主义自由观。

功利主义自由观形成的时代背景是:19 世纪资本主义经济高度发展,市民社会处于繁荣时期,要求国家与法律放任资本的自由,维护现实的市场经济秩序。

边沁的《道德和立法原理引论》(1789 年)是全面阐述功利主义法学的第一部代表

---

① ［法］卢梭:《社会契约论》,51 页,北京,商务印书馆,1982。

作。边沁认为，"避苦求乐"是人生的基本规律。以此为依据，他提出了"最大多数人的最大幸福"原则，作为衡量法律和制度优劣的判断标准：人对任何一种行为表示赞成不赞成，均以它是增加还是减少自己的幸福而定。国家的法律和制度好坏的标准只有一个，那就是看是否能够增进"最大多数人的最大幸福"。边沁根本否认国家契约论。他认为，国家的产生是在社会出现治者与被治者的划分的条件下，人们感到"服从统治比不服从更有益处"的心理造成的。功利是国家发生与存在的最终根据，功利原则是国家活动的唯一原则。边沁颂扬民主政体，反对专制政体，认为民主政体最利于实现私利和公利的结合，为最大多数人谋最大的乐。

边沁功利主义自由观的最重要的继承人是杰姆斯·密尔和约翰·密尔父子及奥斯丁。其中，约翰·密尔贡献尤大，同边沁和乃父的个人功利主义相比，约翰·密尔更强调所谓社会功利主义。他说："个人幸福、他人幸福和社会幸福常常是可以统一起来的。国家、法律、道德及各种社会组织，都应促进这种统一。统一的根据在于，人类有为别人幸福而牺牲自己的最大福利的能力。"①但是，密尔解释说，在一个组织得完善的社会里，通过牺牲个人来增进别人幸福的办法，并不是一个好办法。其次，密尔还对苦和乐做了质和量上的区分。他更强调"精神之乐"，号召人们不要沉溺于低级的"物质之乐"，而要努力做苏格拉底式的精神方面"不满足"的人。

密尔说：自由是"社会所能合法施于个人的权力的性质和限度"②。自由的基本原则有两个：其一，一个人在不损及他人利益的条件下，有完全的自由，不必向社会负责；别人对这个人及其行为不得加以干涉，顶多是予以忠告和规劝，或避而不理。其二，只有当个人行为损及别人利益时，他才受社会或法律的惩罚。密尔宣称，真实的自由就是"按照我们自己的道路去追求我们自己的好处的自由"③。在诸多的自由中，密尔最推崇思想和言论自由。

随着时代的发展，17至18世纪具有十分强烈的浪漫主义色彩的自由主义思想，逐步转变为19世纪非常现实化的自由主义。一方面，这种转变适应了时代的要求，完全服务于市场关系，关注如何使资本主义社会财富迅速增加，关注效益问题。另一方面，由于这种功利主义的自由主义只关心增加生产总量，而不关心产品最终如何分配，结果导致两极分化，富者愈富，贫者愈贫。边沁等人强调，只要社会财富总量增加，最终每个人都会获得幸福。实际情况是"最大多数人的最大幸福"论所建造的是富人的天堂、穷人的陷阱。

---

① ［英］约翰·密尔：《功利主义》，19—20页，北京，商务印书馆，1957。
② ［英］约翰·密尔：《论自由》，13页，北京，商务印书馆，1959。
③ ［英］约翰·密尔：《论自由》，13页，北京，商务印书馆，1959。

三、20世纪以来的自由主义思想

19世纪以后，自由资本主义逐渐发展成为垄断资本主义，资本主义社会的各种矛盾激化，工人运动、黑人民权运动、反战运动等频发，要求自由资本主义改变，要求社会从注重政治上、法律上的平等（形式平等），转变为逐渐实现经济、社会、文化上的平等（实质平等）。适应这种形势，有关社会、国家和法的自由主义思想也发生了改变，表现为从以边沁、密尔和奥斯丁等为代表的放任主义的自由观转变为加强国家干预的自由观。

20世纪以后，形式平等转化为实质平等在宪法上最早的表现是在社会民主党影响下制定的德国魏玛宪法。但是，这部引领时代潮流的宪法生不逢时，在第二次世界大战逐步酝酿、一触即发的时期没有来得及实施，在纳粹统治下，魏玛宪法追求实质平等的萌芽被扼杀了。二战后，随着民主社会主义力量的扩展，西方国家纷纷积极推行福利国家、多元民主等政策，进行了诸多改革，取得了很大成就。在美国，为克服1929—1932年的经济危机而实施的"罗斯福新政"，走的是与福利国家、多元民主殊途同归的道路。它们都重视实现普遍福利，缩小贫富差距，含有社会主义的因素，但是这并不意味着它们变成了社会主义。在国际层面，联合国《世界人权宣言》及《经济、社会和文化权利公约》《公民权利和政治权利国际公约》，也反映了更加注重实质平等的客观现实的要求。

在思想理论领域，反映20世纪以来社会发展变化的自由主义思想主要分为两派：一派是以富勒、罗尔斯、德沃金为代表的强调国家干预的新自由主义，一派是以哈耶克、诺齐克、波斯纳为代表的保守主义的新自由主义。

（一）以富勒、罗尔斯和德沃金为代表的强调国家干预的新自由主义

与古典自由主义宣扬的"个人本位"不同，以富勒、罗尔斯、德沃金为代表的强调国家干预的新自由主义逐渐趋向"社会本位"，但又保留了个人主义的基础。其中，富勒主张道德的自然法论，罗尔斯主张正义的自然法论，德沃金主张权利的自然法论。

在"恶法亦法"还是"恶法非法"的著名论争中，针对以哈特为代表的新分析法学派的观点，富勒突出强调法律的道德性，他认为，法律即使单纯作为秩序来说，也包含了它自身所固有的道德性。为此，他区分了法律的外在道德和内在道德。法律的外在道德即"实体自然法"，指法的实质目的或理想，如人类交往和合作应当遵循的基本原则、抽象的正义等。法律的内在道德即"程序自然法"不能解决法律是否正义的问题，而法律的外在道德是与正义原则一致的，法律不能独立于其实质目的——正义原则而存在。

在颇负盛名的《正义论》一书中，罗尔斯宣布，正义是社会制度的首要价值。他认为，正义有两个主要原则："①每一个人对于一种平等的基本自由之完全适当体制都拥

有相同的不可剥夺的权利,而这种体制与适用于所有人的同样自由体制是兼容的。②社会和经济的不平等应该满足两个条件:第一,他们所从属的公职和职位应该在公平的机会平等条件下对所有人开放;第二,它们应该有利于社会之最不利成员的最大利益(差别原则)。"①第一原则,即平等的自由原则。它强调政治自由,即:选举与被选举担任公职的权利,言论和集会自由,良心自由和思想自由,个人自由和保障个人财产的权利,依法不受逮捕和剥夺财产的自由。第二原则所包含的第一部分是机会平等原则。通过社会的各种机会的开放,让人们平等地竞争,以使有同等自然禀赋和意愿者,有同等的机会。第二部分是差别原则。社会差别是容许的,也是必然的。但是,当财富和收入的差别过大时,就需要使之有利于最不利者的利益,这就是"最大最小原则"。就是说,社会利益的分配,应当向贫弱者倾斜,这也是社会秩序和正义精神所允许或要求的。在这两个具体原则中,机会平等原则优先于差别原则,差别原则具有弥补的性质。

德沃金极力主张用"平等"来代替"自由"的主导地位。他的理由是:①自由是手段,平等是目的。德沃金说,单纯的自由,为自由而自由是没有意义的。较之自由,平等是更根本的价值追求,"具有更多的意义"。唯有平等才能达到捍卫个人权利的最终目的,才能为化解现实生活中存在的矛盾冲突提供理论方案。所以,"平等是自由主义的原动力,捍卫自由主义就是捍卫平等。"②②自由是受限制的,而平等则没有此种限制。人与人之间的平等是具有独立意义的、同等的自由,而不能把某些人的自由看得特别重要,甚至为此而侵犯他人的自由。所以,自由是有界限的。与他的平等学说相联系,德沃金还提出,每个人都享有受到政府"平等关怀和尊重的权利"。德沃金的平等论,以平等的自由取代绝对的自由,与19世纪以边沁为主要代表的功利主义的自由主义思想和20世纪以波斯纳为主要代表的法经济学针锋相对,更多地表现出对社会经济地位较低者的关怀,具有强调国家干预的浓厚色彩。为保证政府切实做到平等地关怀和尊重权利,德沃金提出了一种富于独创性的"整体性法律"(law as integrity)的理论范式。他认为,所谓的整体性法律,包括历时性(纵向)和共时性(横向)两个方面。前者指坚持国家按照一套前后一致的原则办事。后者指在不违背维护权利这个目的性原则之下,使社会各个群体能够达成理性的妥协,以便一体地理解和遵循共同规划的约束。立法的整体性和司法的整体性,均是整体性法律的组成部分。他认为,现代法律制度的渊源,除了规则以外,还包括原则、政策及其他准则。德沃金的"整体性法律"理论范式,相当成功地把价值、规范和事实三大因素协调在一起。在第二次世界大战后自然法学、分析实证主义法学和社会法学三大主要法学流派相互趋同的过程中,整体性法律理论所取得的成就,远胜于其他各种具有"综合性"法学倾向的诸派别。与

① [美]罗尔斯:《作为公平的正义——正义新论》,姚大志译,70页,北京,生活·读书·新知三联书店,2002。

② [美]德沃金:《认真对待权利》,271页,哈佛大学出版社,1978。

民主社会主义政治思潮相比较,国家干预的自由主义法学对西方国家的社会正义的成长亦有积极作用。但是它所走的,仍然是一条改良主义道路。

（二）以哈耶克、诺齐克、波斯纳为代表的保守主义的新自由主义

哈耶克认为,历史上存在两种自由传统,其中"消极自由的传统"主要源于英国,"积极自由的传统"主要源于法国。他认为,积极自由不是真正的自由,因为它总是试图从统治或治理中寻求自由,总是认为自由只有通过追求和获得某一绝对的集体目标才能实现,因此它倾向于"强制规则",强调对理性设计规则的遵循,贬低未经理性审视的事物。在哈耶克看来,只有消极自由才是真正的自由,它是指"在此状态中,一些人对另一些人所施以的强制,在社会中被减少至最小可能之限度"①或者"独立于他人的专断意志"②。哈耶克坚决反对社会主义、集权主义、福利国家,反对计划经济。

诺齐克的理论包括三个相互联系的部分,即权利论、正义论和最弱意义的国家论。其中,个人权利本位论是他的理论的出发点和前提;正义是维护和实现个人权利的基本要求;最弱意义的国家则是维护个人权利的外在保障。诺齐克认为,个人权利是绝对不可侵犯的,也是不可能被正当理由压倒的。因为只有每个人自己才有权支配自己的生活、自己的自由和自己的身体,它们只属于每个人自己,而不属于其他的人。因此,在尊重他人权利的前提下,一个人可以做他喜欢做的任何事情。诺齐克反对无政府主义,认为国家的存在是必要的,但是他主张最弱意义的国家。国家为保护权利而存在,这是它唯一正义的理由。假如它从事任何比这更多的事情,它就侵犯了权利。他认为,只有这种最弱意义的国家,才能最大限度地保障个人自由。基于这一理由,他反对强制性的分配正义,主张持有正义,强调程序正义。

以波斯纳为主要代表的"芝加哥学派",继承19世纪以边沁为主要代表的功利主义的自由主义思想,创立了法学与经济学交叉研究的新范式。波斯纳认为,效率原则是研究和解决法律问题的核心。他说:"正义的第二种含义——也许是最普通的含义——是效率。"③法经济学研究获得的一个最重要的发现就是:法本身——它的规范、程序和制度——极大地注重于促进经济效益。从效率这一总的原则出发,法经济学流派提出了交易成本这一核心范畴和斯密定理、规范的霍布斯定理、科斯定理和波斯纳定理等基本原理,并用以分析法律问题。在法经济学家看来,法律也是一种公共物品,受市场供求关系的影响,也应当重视法律的成本效益问题。

总体来看,上述这两种新自由主义思想中,强调国家干预的新自由主义更加符合世界大势发展的需要;保守主义的新自由主义虽然总体上不适应社会发展的形势,但也有可取之处,如"芝加哥学派"提出的效率和成本问题,就具有普遍意义。但是,保守

---

① ［奥地利］哈耶克:《自由秩序原理》(上),1—2页,北京,生活·读书·新知三联书店,1997。
② ［奥地利］哈耶克:《自由秩序原理》(上),3页,北京,生活·读书·新知三联书店,1997。
③ ［美］波斯纳:《法律的经济分析》,蒋兆康译,31页,北京,中国大百科全书出版社,1997。

主义的新自由主义总体的理论观念是脱离现实的,是向 19 世纪的回归,试图搬运以边沁为主要代表的功利主义的自由主义,主张国家对资本的完全放任。这种思潮产生的客观原因在于,尽管西方国家采取福利国家和多元民主等新的政策,但是社会矛盾在有所缓和之后又呈现增加的趋势。为解决这些矛盾,20 世纪 80 年代,美国出现的"里根主义",英国出现的"撒切尔主义",都是这种保守主义思潮的反映。保守主义的新自由主义最终无法解决资本主义社会发展中的矛盾,特别是在经济领域,它日益陷入"剪不断,理还乱"的困局,2008 年以来的新的世界性的经济危机,就是由于这种保守主义的新自由主义造成的。

第四节　社会主义社会与市民社会

一、市民社会理论及其研究进路

理论只有抓住根本才是彻底的。市民社会作为市场经济的必然产物,其与社会主义社会的关系就是当前中国最根本的问题之一。中国学者对中国市民社会的研究存在不容忽视的误区,症结就在于对此问题认识模糊。如何把握市民社会与社会主义社会的关系,不仅是重大理论问题,也是关乎我国和谐社会建设的重大现实问题。本书试图就此发表管窥之见。

(一)西方市民社会理论形态的演变

市民社会是西方社会政治哲学的一个核心概念,同时,也是法学的基础理论问题。许多著名思想家,从古希腊的亚里士多德到当代的哈贝马斯,都阐释过既有内在联系又有重要区别的市民社会理论。历史地观察,市民社会理论在西方经历了三个发展阶段,相应地,市民社会的实体指向也发生了三次转变。

1.政治意义上的市民社会。

政治意义上的市民社会,指相对于原始社会的自然状态或野蛮状态的文明社会、政治社会或公民社会。在那里,市民社会融于城邦或国家之中,二者成为无法区别的整体。其典型形态便是古代希腊城邦;城邦是自由人(不包括奴隶)全部生活的主宰,政治生活是最高追求。如同亚里士多德所说:人"天然是城邦动物""政治动物",只有神仙和野兽不属于城邦。在同样奉行人身依附关系的中世纪,仍然是政治权力压倒一切。为此,它的最大思想家托马斯·阿奎那也宣扬亚里士多德的城邦正义。这种城邦(国家)主义的市民社会理论,又称为古代市民社会理论。

亚里士多德在《政治学》中首先提出"市民社会"一词,指的就是政治共同体或城邦国家。后经西塞罗的发展,市民社会不仅指单一国家,而且也指业已发达到出现城市的文明政治共同体的生活状况。这种市民社会理论经中世纪之后①,在17—18世纪得到广泛使用。在古典自然法学家看来,自然状态和市民社会是人类发展前后相继的两个阶段;"市民社会"是人们为了保护自己的生命、财产不受损害,通过契约方式将自己的部分或全部自然权利交给国家或政府后所形成的社会状态。此时的"市民社会"实质上是与自然状态相对应的近代国家,因而也被称作政治社会、公民社会或国家。格劳秀斯、斯宾诺莎、霍布斯、洛克、孟德斯鸠、卢梭等思想家,大体上都是在这一意义上理解和使用"市民社会"概念的;但也包括他们追求新兴资产阶级经济上获得独立甚至主宰地位的理想。

2. 经济意义上的市民社会。

经济意义上的市民社会,是指与政治国家(公民社会)相对的需要体系或"经济国家"。这种意义上的市民社会理论也称为近代市民社会理论。它产生于自由竞争资本主义时期,主要体现在黑格尔、马克思等人的思想中。

如果说从古希腊、古罗马到中世纪再到近代启蒙思想家,市民社会就是指政治国家或政治社会的话,那么,黑格尔的市民社会理论则彻底终结了这种传统观念。黑格尔第一次把市民社会与政治国家明确区分开来,开启了市民社会理论的近代转向。

正如学者分析的那样,在市民社会问题上,黑格尔对其两大理论渊源即洛克传统和孟德斯鸠传统的继承与超越,只有在其理论关注的中心从政治向经济的转换中才是可以理解的②。在黑格尔看来,市民社会处在家庭(自然社会)和政治国家(政治社会)之间差别的阶段,它是各个成员作为独立的单个人的联合。"这种联合是通过成员的需要,通过保障人身和财产的法律制度,以及通过维护他们特殊利益与公共利益的外部秩序而建立起来的。"③市民社会由三个环节构成:"第一,通过个人的劳动以及通过其他一切人的劳动与需要的满足,使需要得到中介,个人得到满足——即需要的体系。第二,包含在上列体系中的自由这一普遍物现实性——即通过司法对所有权的保护。第三,通过警察和同业公会,来预防遗留在上列两体系中的偶然性,并把特殊利益作为共同利益予以关怀。"④马克思指出,黑格尔是从18世纪英、法两国思想家那里继承了"市民社会"概念,但这一概念在黑格尔那里则被赋予"物质的生活关系的总和"的

---

① 一些中世纪思想家也使用市民社会一词,但其内涵并没有超出亚里士多德以及西塞罗赋予此词的含义,即主要是指政治社会或城邦国家。中世纪也是权力支配一切的市民社会与政治国家高度统一的时期。因此,阿奎那紧紧追随亚里士多德的城邦正义,是有根据的。近代市民社会的最初形态,是中世纪后期由"第三等级"构成的城市社会。

② 陈湘珍、张亮:《黑格尔市民社会理论及其现代意义》,载《南京社会科学》,2004(2)。

③ 黑格尔:《法哲学原理》,范扬、张企泰译,174页,北京,商务印书馆,1961。

④ 黑格尔:《法哲学原理》,范扬、张企泰译,205页,北京,商务印书馆,1961。

内涵①。

　　需要说明的是,黑格尔所规定的市民社会,并不是存在于一切历史时期的任何社会,其实际指向是当时以市场经济为基础的资本主义社会②。也只有在市场经济社会,人与人之间才能以黑格尔所描述的方式联系起来③,这恰恰是对近代市民社会概念的精确理解。

　　马克思批判地继承黑格尔市民社会思想,建立唯物主义市民社会理论。和黑格尔一样,马克思也是在物质交往关系意义上使用市民社会这个概念,不同之处在于他将司法制度和警察组织从市民社会范畴中剔除了出去。在马克思看来,"市民社会包括各个人在生产力发展的一定阶段上的一切物质交往。它包括该阶段上的整个商业生活和工业生活""在过去一切历史阶段上受生产力制约同时又制约生产力的交往形式,就是市民社会"④。当代研究市民社会问题的著名加拿大学者查尔斯·泰勒(Charles Taylor)甚至认为,"马克思援用了黑格尔的概念,并把它几乎完全地化约为经济领域;而且,从某种角度讲,正是由于马克思这种化约观点的影响,'市民社会'才一直被人们从纯粹经济的层面加以界定。"⑤

　　在市民社会和政治国家关系上,马克思认为它们是社会经济基础与上层建筑关系,从而把黑格尔弄颠倒了的关系再颠倒过来,由此发现了人类历史的真正基础和普遍规律。他指出,"市民社会这一名称始终标志着直接从生产和交换中发展起来的社会组织,这种社会组织在一切时代都构成国家的基础以及任何其他的观念的上层建筑的基础。""市民社会是全部历史的真正发源地和舞台"⑥。

　　另外,与黑格尔的观点一样,马克思认为,"真正的市民社会只是随同资产阶级发

---

　　① 马克思说:"法的关系正像国家的形式一样,既不能从它们本身来理解,也不能从所谓人类精神的一般发展来理解,相反,它们根源于物质的生活关系,这种物质的生活关系的总和,黑格尔按照18世纪英国人和法国人的先例,称之为'市民社会'。"参见《马克思恩格斯选集》第2卷,32页,北京,人民出版社,1995。

　　② 由于资产阶级革命胜利,市场经济迅速发展并作为一种资源配置方式被广泛运用。这就在客观上要求国家行为与经济活动分开,在市场经济的基础上逐渐形成一定的社会组织和社会制度,建立市民社会。

　　③ 在黑格尔看来,"在市民社会中,每个人都以自身为目的,其他一切在他看来都是虚无。但是,如果他不同别人发生关系,他就不能达到他的全部目的,因此,其他人便成为特殊的人达到目的的手段。但是特殊目的通过同他人的关系就取得了普遍的形式,并且在满足他人福利的同时,满足自己。"参见[德]黑格尔:《法哲学原理》,范扬、张企泰译,197页,北京,商务印书馆,1961。

　　④ 《马克思恩格斯选集》第1卷,130、87—88页,北京,人民出版社,1995。

　　⑤ 邓正来,J.C.亚历山大:《国家与市民社会:一种社会理论的研究路径》,19页,北京,中央编译出版社,1999。

　　⑥ 《马克思恩格斯选集》第1卷,130—131、88页,北京,人民出版社,1995。

展起来的"①。

3. 文化意义上的市民社会。

文化意义上的市民社会,指相对独立的社会文化领域。这种意义上的市民社会理论也称为现代—当代市民社会理论,它产生于垄断资本主义时期,共经历了两次高潮。第一次高潮发生于 20 世纪 30 年代,主要体现为以西方马克思主义创始人之一、意大利的安东尼奥·葛兰西(Antonio Gramsci)为代表的一批左翼思想家对市民社会的探讨。第二次高潮发生于 20 世纪 80 年代末至今,主要体现为德国的尤根·哈贝马斯(Jürgen Habermas)、美国的琼·柯亨(Jean L. Cohen)和安德鲁·阿拉托(Andrew Arato)的市民社会思想;参与此次讨论的不仅有新左派学者,还有新自由主义和新保守主义理论家。

与早期资本主义相比,晚期(垄断)资本主义发生了一系列重要变化。这种变化在经济领域中主要表现为国家大规模地干预、控制经济领域,使原本属于私人的经济活动失去纯粹的私人性质而成为"公共事务"。其结果是,国家和社会界分模糊,甚至融为一体,由此出现了"国家的社会化"和"社会的国家化"(相应的是公法私法化和私法公法化),福利国家②纷纷形成。这些转变,表现在市民社会问题上,就是西方学者(主要是西方马克思主义者)开始把经典马克思主义从经济基础视角理解市民社会,转换到从文化与上层建筑的视角理解市民社会。

葛兰西是从上层建筑、文化领域规约市民社会的第一人。在后马克思时代,随着西方社会结构的变迁,市民社会话语曾一度从人们视野里消失。第二次世界大战以后,伴随葛兰西著作问世,其对"市民社会"的创新性研究引起了学界关注,以致掀起了一股延续至今的市民社会理论研究热潮。葛兰西认为,与传统资本主义社会相比,当代资本主义国家的社会结构已经发生了很大变化,市民社会已经不再是政治国家的对立面,而成为了"整体国家"(integral state)的有机组成部分,即"国家 = 政治社会 + 市民社会,换言之,国家是受强制盔甲保护的领导权。"③政治社会和市民社会以不同的权

---

① 《马克思恩格斯选集》第 1 卷,130 页,北京,人民出版社,1995。由此可见,市民社会在马克思那里有广义和狭义之分。广义上的市民社会就是指从物质关系方面加以强调的、一般的社会。社会主义社会即社会主义经济关系(交往关系)是广义上的市民社会的诸形态之一。狭义的市民社会,即马克思所说的"真正的市民社会",它是从中世纪末期的贸易城市兴起、经过资产阶级革命确定下来而到 19 世纪获得典型化的自由资本主义社会。也有些学者从另外一个角度探讨马克思的市民社会概念,他们认为,在马克思那里,市民社会既是一个分析性概念,又是一个历史性概念。作为一种分析范畴,市民社会概念等同于社会物质基础或者经济基础;这种市民社会贯穿于人类社会的全过程,是"整个社会历史的基础"。作为一种历史范畴,市民社会指的是人类社会出现阶级利益的特定发展时期,其内涵在资本主义条件下得到了最充分的展现,资本主义社会是市民社会的典型形态。参见李钢:《市民社会理论及其现代意义》,载《北京行政学院学报》,2007(2)。

② "福利国家"一般是以美国为代表的英美法系国家的用语,以德国为代表的大陆法系国家则使用"社会国"这个称谓,而承袭西方福利国家思想的我国台湾地区则称之为"民生福利国家"或"民生国"。社会民主主义者在推广"福利国家"方面贡献甚大。

③ Quintin Hoare, Geoffrey Nowell Smith, *The Prison Notebooks of Antonio Gramsci*, London: Lawrence & Wishart, 1971, p. 56.

力形式行使国家的统治职能,前者实施的是直接的强制性权力,后者实施的则是基于民众同意之上的"文化领导权"①。市民社会以文化的形式和意识形态的力量统合着人们的观念和行为,构成了统治阶级强大的在野帮手。他说:"目前我们可以确定上层建筑的两个主要层面:一个可被称作'市民社会',即通常称作'私人的'各种社会组织的集合体;另一个则是'政治社会'或'国家'。这两个层面,一个对应统治集团通过社会行使的'领导权'职能,另一个则相应于通过国家和合法的政府所行使的'直接统治'或'命令'职能,这些职能都是有组织且相互关联的。"②

葛兰西强调市民社会独立于经济领域和政治领域的文化领域之特征,蕴涵着"国家—市民社会—市场"三分法思想;后来的市民社会论者如哈贝马斯、柯亨和阿拉托正是在此基础上提出了超越"国家—市场"二分法的三分法或多分法的社会结构分析框架③。

从总体上看,哈贝马斯对市民社会问题的讨论,大致可分为两个阶段。第一阶段着重从历史角度分析市民社会特别是公共领域的发展演变过程及其后果④。在哈贝马斯看来,市民社会是随着资本主义市场经济的发展而形成的、独立于政治国家的私人自主领域。它本身又由两部分构成:一是以资本主义私人占有制为基础的市场体系,包括劳动市场、资本市场和商品市场及其控制机制;二是由私人组成的、独立于政治国家的公共领域,它是一个社会文化体系,包括教会、文化团体和学会、独立的传媒、运动和娱乐协会、职业团体、政治党派、工会和其他组织等⑤。这大抵属于原生态的市民社会。第二阶段则主要从"交往行为"和"生活世界"角度规约市民社会,从而强调对"理想的生活世界"的建构⑥。这个阶段,哈贝马斯通过普遍语用学和交往范式的引入,将"公共领域"概念发展成"生活世界"概念,从而不但在新的意义上界定市民社会,而且以此展开对晚期资本主义的更猛烈的批判。具体而言,哈贝马斯将第一阶段中包括的私人经济领域从市民社会中剔除出去,使市民社会成为既独立于政治体系又独立于经济体系的纯粹的社会文化体系,即生活世界的组织与机制。它是一个理性的领域、由话语交往建构的空间。这样,在哈贝马斯那里,整个社会结构就被划分为以权力为媒

① 也有人译为"文化霸权"。

② Quintin Hoare, Geoffrey Nowell Smith, *The Prison Notebooks of Antonio Gramsci*, London: Lawrence & Wishart,1971,p.12.

③ 杨仁忠:《葛兰西市民社会观念的文化转向及其理论意义》,载《理论探讨》,2010(1)。

④ 这一思想集中体现在《公共领域的结构转型》(1962年)、《作为"意识形态"的技术与科学》(1967年)、《合法化危机》(1973年)等哈贝马斯的早期著作中。

⑤ 实际上,第一部分基本上与黑格尔和马克思的市民社会概念所指涉的范围相重合,第二部分则是沿着葛兰西所开创的市民社会研究方向加以讨论的。哈贝马斯认为,第一部分的内容构成第二部分的基础,第二部分内容构成市民社会的主体。

⑥ 这一思想集中体现在《交往行为理论》(1981年)、《在事实与规范之间》(1992年)等哈贝马斯的后期著作中。

介的政治领域、以货币为媒介的经济领域和以语言为媒介的文化交往领域。

哈贝马斯的观点在西方产生了巨大的影响,两位美国学者柯亨和阿拉托则干脆将市民社会界定为介于经济与国家之间的一个社会领域,从而将经济领域排除出了市民社会的地盘。

简言之,市民社会理论在西方经历了一个指向政治领域、经济领域和文化领域的演变过程①。市民社会从开始的从属于政治国家并作为对自然状态的否定;发展到与政治国家相分离,并与其相对立;最后再到从经济领域中脱离出来(把经济领域从市民社会中剔除出去)从而成为一个既独立于政治领域又独立于经济领域的文化交往领域。可以说,西方市民社会理论形态的演变,反映的正是西方文明的发展历程。

(二)中国市民社会理论研究的误区

自20世纪80年代后期90年代初,有越来越多的中国学人开始关注"市民社会"理论。市民社会理论研究在中国兴起的主要动因,是由于市场经济的发展、政治体制改革以及全球化进程加快②。中国学者的市民社会理论研究,既包括对西方市民社会理论的梳理和分析③,也包括对中国市民社会的分析和探讨。中国学者对中国市民社会的研究和探讨,一定程度上反映了中国改革开放以来国家与社会关系的深刻变化,以及相关论者对这些变化的认识和思考。不过,此一主题的研究,也存在这样一种现象:当分析西方市民社会理论时,几乎都能明确指出西方学者关于市民社会局限性的论述和观点;然而,一旦谈到中国市民社会建构,则大多是从积极意义上看待市民社会,竭力论证市民社会对中国法治建设和社会发展的功能④,甚至认为中国社会应该建构成市民社会和契约社会。这表明,学者们对市民社会的概念及其局限性还存在模糊认识。

中国实行了市场经济,因此,当下要复兴的市民社会理念,"并不是那个使用了数个世纪的、与'政治社会'具有相同含义的古老概念,而是体现在黑格尔哲学之中的一个比较性概念。此一意义上的市民社会与国家相对,并部分独立于国家。它包括了那

① 这只是从本质意义上进行的划分,实际上,每个时期的市民社会理论不是绝对纯粹的。如在有的学者看来,亚里士多德的市民社会概念同样包含经济成分,只不过它处于次要位置;中世纪的理论家和近代早期契约论思想家的某些思想和观念包含着新的市民社会理念的萌芽;马克思在从经济意义上规定"市民社会"的基本内涵并确定市民社会本质特征的同时,并没有将市民社会简单化约为"物质交往关系",这就埋下了后来西方马克思主义者重新理解"市民社会"的种子。参见李佃来:《古典市民社会理念的历史流变及其影响》,载《武汉大学学报(人文科学版)》,2007(5);杨仁忠:《葛兰西市民社会观念的文化转向及其理论意义》,载《理论探讨》,2010(1)。
② 刘振江:《中国市民社会理论研究综述》,载《当代世界与社会主义》,2007(4)。
③ 特别是对黑格尔、马克思以及西方马克思主义市民社会理论的研究。
④ 中国学者大都认为,市民社会有利于社会主义民主政治的发展;市民社会的发展有利于政府职能的行使;市民社会促进经济市场化等。参见刘振江:《中国市民社会理论研究综述》,载《当代世界与社会主义》,2007(4)。

些不能与国家相混淆或者不能为国家所淹没的社会生活领域"①。也就是说,我们是在黑格尔、马克思所说的经济意义上使用市民社会概念的②。然而,我们的社会并不是要建成黑格尔、马克思所处时代的市民社会③,因为,黑格尔和马克思等人都已鲜明地指出了这种市民社会的缺陷与不足。

在黑格尔看来,市民社会是由独立的个人组成的联合体,它是对家庭这样的血缘共同体的否定,这种否定使得市民社会具有一种普遍性;但是,这种普遍性还只是一个抽象的普遍性,它必将导致自然必然性与任性。市民社会在彰显自身自主性的同时,也盛行着追求自身利益的"利己"行为。"市民社会是个人私利的战场,是一切人反对一切人的战场,同样,市民社会也是私人利益跟特殊公共事务冲突的舞台。"④市民社会要求的平等不是财富分配的平等,而是私有财产不可侵犯的原则平等,因而,富人和"贱人"的两极分化是必然的。市民社会是丧失伦理精神的特殊利益争斗的名利场,其自行运作的结果必然导致道德沦丧、贫富两极分化、阶级阶层对立和社会动荡。在黑格尔看来,这种以"自然必然性与任性"来联结的社会需要外部强制力量的整合,市民社会异化状态的克服和拯救只有依赖一个具体的普遍性原则的体现者——国家。如果市民社会不在国家这个自在自为的理念中求得归宿,那么它就不能完整地实现自身⑤。

马克思是在批判"市民社会"⑥的基础上构想人类未来社会的。马克思所处的时代是市民社会迅猛发展时期,同时也是市场经济的诸多问题完全暴露时期。马克思深刻揭露由社会物质生活关系而来的物化社会关系之异己性。马克思认为,资产阶级革命(马克思原称作"政治革命")"消灭了市民社会的政治性质",使市民社会与政治国家相分离。但这种政治解放有很大的局限性,它一方面废除了"特权"⑦,把人变成了市民社会的成员,变成了独立的个人,而另一方面又将人"放在特权的地位上"。这种新的特权就是"资产阶级法权",其实质是资本权,体现为资本主义经济关系中按等价交换原则进行交换的形式上平等而事实上不平等的权利。资本时代打破了以"人的依赖

---

① 邓正来、J. C. 亚历山大:《国家与市民社会:一种社会理论的研究路径》,3 页,北京,中央编译出版社,1999。

② 因此,市民社会不能等同于公民社会或政治社会。

③ 也就是马克思所说的"真正的市民社会"。下面的论述即针对这种市民社会展开。

④ 黑格尔:《法哲学原理》,范扬、张企泰译,309 页,北京,商务印书馆,1961。

⑤ 值得一提的是,在黑格尔市民社会理论复兴过程中扮演了非常重要角色的加拿大的查尔斯·泰勒(Charles Taylor),针对新自由主义对国家权力的强烈挤压,进行了严厉的批评。他指出,随着自由市场经济的巨大发展,市民社会在获得空前的自主性和巨大发展空间的同时,也比以往更多地暴露出了自身的不自足性。犯罪、吸毒、种族、性别、社会不公正等社会问题的长期存在和尖锐表现,表明市民社会并不能解决因为自由市场经济的发展而产生的所有问题,它需要另外的力量比如说国家来加以制约。参见陈湘珍、张亮:《黑格尔的市民社会理论及其现代意义》,载《南京社会科学》,2004 (2)。

⑥ 这里指狭义的市民社会,即马克思所说的"真正的市民社会"。

⑦ 即封建特权,笔者注。

关系"为基础的封闭性和地域性,但与此同时,却是"物的语言"在社会生活中流行。人际交往以物为媒介并借助物得以发生,物的占有量成为度量人的标准。"资本"社会张扬"人的独立性"、消解"人的依赖关系"的同时,也把人引向"物的依赖性"的生存状态,"交换价值"成为市民社会生活的向导。马克思指出:"毫不相干的个人之间的互相的和全面的依赖,构成他们的社会联系。这种社会联系表现在交换价值上,因为对于每个个人来说,只有通过交换价值,他自己的活动或产品才成为他的活动或产品;他必须生产一般产品——交换价值,或本身孤立化的,个体化的交换价值,即货币。另一方面,每个个人行使支配别人的活动或支配社会财富的权力,就在于他是交换价值的或货币的所有者。他在衣袋里装着自己的社会权力和自己同社会的联系。"①"在这个社会中,人作为私人进行活动,把他人看作工具,把自己也降为工具,并成为异己力量的玩物。"②

　　"真正的市民社会"的缺陷和不足不仅可以从黑格尔、马克思等人的论述中得到说明,而且西方社会的实际发展历程也充分证明了这一点。如本章第一部分所述,不同的市民社会理论形态,对应的是不同的社会实际状况。20世纪以来,资本主义国家纷纷进行了自我修正,国家与社会关系发生了深刻变化,典型表现就是福利国家的纷纷形成③,现代国家的社会功能趋向突出和强化。19世纪的那种市民社会在西方已经一去不复回了。

　　另外,我们的社会主义社会不应也不可能建成19世纪梅因所说的那种"契约社会"④。梅因"从身份到契约"的论断,指的是前资本主义社会中的人身依附关系,即奴隶对奴隶主、农奴对封建主的人身依附关系,转变到19世纪(英国是18世纪和19世纪)自由资本主义社会中的人身自由关系。因此,这一公式适用的历史背景是特定的;既不能向上延伸到原始社会⑤,也不能向下延伸到垄断资本主义社会,更不能延伸到社会主义社会。西方学者深刻指出,"事实上,甚至当梅因写下这段话的时候,他所认识的进程业已走向反面;在人道主义和其他因素的推动下,世界已经开始移转对契约自由神圣这一个人主义观念的信仰。"⑥

　　因此,我们社会的未来走向,绝不是要倒退到19世纪那种"真正的市民社会"或契

---

① 《马克思恩格斯全集》第30卷,106页,北京,人民出版社,1995。
② 《马克思恩格斯全集》第3卷,173页,北京,人民出版社,2002。
③ 我们也看到,西方国家的福利制度也存在一个不断改革的过程。
④ 梅因指出,"所有进步社会的运动,到此处为止,是一个从'身份到契约'的运动。"参见[英]梅因:《古代法》,沈景一译,97页,北京,商务印书馆,1984。
⑤ 原始社会存在的是人对血缘群体的依附关系,这在本质上区别于奴隶社会和封建社会中的个人人身隶属关系。
⑥ J. M. 凯利:《西方法律思想史》,王笑红译,汪庆华校,313页,北京,法律出版社,2002。

约社会①的老路上去。要走出中国市民社会研究的误区,关键是要处理好市民社会与社会主义社会的关系。

（三）市民社会与社会主义社会

社会主义社会是作为市民社会的否定而产生、存在和发展的。"社会主义"这种新兴的意识形态,起源于19世纪批判资本主义和市场经济思潮,表现为对自由主义市场经济和个人主义之反思。以19世纪为顶峰的自由资本主义社会即典型的市民社会同社会主义社会属于两种互相对立的、本质不同的社会形态。

资本主义之所以能够在较短历史时间内得到迅速扩展播散,一些人甚至将它当作"理想王国",其深层根据和关键之处就在于它极大地提高了社会生产力,创造了巨量社会物质财富,为解决人类有史以来就存在的"匮乏"问题提供了希望。然而,资本主义最受诟病也最引起集中抨击的,则是它造成的严重社会不平等和社会不公正。社会主义的产生正是对这种状态的否定。社会主义革命革的就是市民社会的命。正如学者指出的那样,社会主义价值一直是由两种价值取向合成的:一个是平等(特别是经济平等),另一个是不以西方现存的社会为学习榜样。1919年"五四运动"以后中国社会主义思潮的勃兴,实际上正是平等和反对西方现存社会制度这两种价值的再次汇合②。依照传统的看法,资本主义社会是用生产资料私有制和资本奴役劳动来定义,而这又需通过自由市场经济的途径予以表现和实现。相反,社会主义社会则以公有制和按劳分配来定义,借助严格的国家计划经济资以表现和实现;前苏联和中国都是如此。但是,这种计划经济体制导致的结果却是生产力发展的迟滞和社会的普遍贫困。

有鉴此般铁的事实,邓小平在马克思主义发展史上破天荒地断然否定对市场经济的传统偏见。他认为,贫穷不是社会主义。相反,社会主义就是要解放生产力、发展生产力,通过先富带后富,实现社会的普遍富裕。中国选择市场经济,根本目的就是要解放生产力、发展生产力,让一部分人先富起来③。这就避免了片面地、简单地否定资本主义社会,实现了社会主义社会的创造性发展。

市民社会(狭义的)是发达的市场经济的必然产物,不以人们的愿望为转移。我国实行了市场经济,自然也不能避开市民社会现象。社会主义社会对市民社会的否定不排斥对市民社会合理成分的继受,社会主义社会也可以而且必然在相当长的历史时期

---

① 在西方法学家的理论中,"契约社会"的含义大体指两种情况,一是纯粹经济意义上的,此时它与19世纪的那种市民社会同义;二是古典自然法学派倡导的国家契约论和现代多元民主主义所描述的社会。在第二种情况下,契约关系不仅适用于经济关系,也适用于政治关系和思想关系。这里仅指第一种含义。关于当前中国如何处理社会契约论与马克思主义的关系,可参见叶传星:《和谐社会构建中的法理念转变》,载《法制与社会发展》,2006(1)。

② 金观涛、刘青峰:《观念史研究——中国现代重要政治术语的形成》,218页,北京,法律出版社,2009。

③ 自由竞争的结果必然是使社会中的一部分人先富起来,因为这是一种承认人们实质不平等基础上的形式平等。

内存在市民社会领域。如同马克思和列宁所说,在社会财富未有达到"涌流"及相应的人们的思想未达到高度水平之前,社会中肯定要存在着人与人之间形式平等、事实不平等的"资产阶级式的权利"。特别是在市场经济体制下,此种"资产阶级式的权利"会表现得非常明显。事实证明,市场经济的实施和市民社会领域的存在①,极大地推动了生产力的发展和人的全面发展②;我国经济发展取得的成就举世瞩目,无须多言。

然而,正如我们在前面论述的那样,市民社会的局限性和不自足性在此过程中也日益显现。当前,金钱至上、诚信危机(道德沉沦)、恶性竞争、环境污染、贫富悬殊、两极分化③已经成为不争的事实。严重的社会不公正使很多人产生了中国向何处去的迷惑,"和谐社会"建设愈发急迫和必要。现实的发展到了必须认真回答市民社会与社会主义社会的关系的时候了。

我们认为,市民社会(市场经济体系)和社会主义社会在我国是手段与目的、局部与整体、附属与主导的关系。实行市场经济和形成市民社会格局是为了追求效率和效益,让一部分人先富起来,但这仅仅是手段;其最终目的是为了共同富裕——这是社会主义社会的本质要求。社会主义社会以公有制经济为其"支柱",个人所有制及其他经济成分仅处于辅助性的地位。因此,市民社会在我国属于局部现象,就是说仅存在于市场交易领域,而在主导性的全民所有制这个更宽阔的范围内,则是社会主义性质的社会。市场经济所建构的市民社会领域是全民所有制主导下的社会主义社会的一个部分。它是在社会主义经济制度的引导下,朝着有利于建设社会主义而非资本主义的大方向运行。它导向的前景应是社会主义,而非资本主义(19世纪典型的市民社会)。

我们必须认识到,社会主义社会不等同于存在严重过失的社会主义社会。就是说,我们不应把对社会主义的理解同过去的社会主义实践等同起来④,从而对社会主义抱持一种鄙夷态度。社会主义的本来含义,是在国家与社会关系中实行绝对的"社会

---

① 必须指出的是:就当下中国来说,即使是在市场经济条件下,还远不能说是一个市民社会。参与市场交易的相当于"市民"的居民,仅占人口的少数;中国大多数人口是农业区居民,很大程度上生存于"农民社会"(如有的学者所谈)。因此,中国市民社会格局的形成,尚有颇长一段路要走。

② 正如众多学者所说,市民社会有利于民主、法治观念和制度的确立与成长,然而民主和法治的发展最终仍然是为了人的发展。

③ 有学者指出,导致收入分配差距拉大的原因,既有我们对市场的迷信,也有政府权力不适当地参与、操控和统御市场,没有形成真正的市场。参见李钢:《市民社会理论及其现代意义》,载《北京行政学院学报》,2007(2)。

④ 有学者指出,中国追求和建设社会主义的过程成了"反社会的社会运动",近代中国的"社会主义"和公共空间互相排斥。在西方,社会(society)不仅用于指涉及人类一般组织,还用于表达各种专业协会和个人按某种目的自行组织起来的种种系统。而在新文化运动后,在成熟的中国现代白话文中,"社会"却只用于指涉及人类生活在其中的一般组织,已不再具有"人按照某种目的结成联盟"的意思。在1949年至1980年的中国大陆白话文中,当"社会"用于指涉家庭和国家之外领域时,往往明显具有贬义。例如"黑社会""社会闲散人员""社会青年"等特定俗语,其贬义是很明显的。参见金观涛、刘青峰:《观念史研究——中国现代重要政治术语的形成》,223—225页,北京,法律出版社,2009。

本位"，以逐步实现人与人之间的实质公正和平等。在西方，社会主义运动是社会运动的重要组成部分。19 世纪后半期以来不断澎湃发展而成为国际潮流的福利国家或社会国家理念，既是对近代西方资本主义国家所倡导的立足个人主义的自由主义思想的自发的改良性的局部否定，又不失为是对社会主义思潮的回应。至于有学者认为，民生福利国模式甚至更具社会主义特色①，这一点则颇值得商榷。如果说西方的民主社会主义也是一种社会主义，带有社会主义因素的话②，那么我们更应自觉践行社会主义即科学社会主义——具体说是中国特色的社会主义，努力克服市民社会形式平等带来的实质不平等，处理好效率与公平的关系，而不是不自觉地倒退到"真正的市民社会"。

　　总之，在市民社会与社会主义关系上，我们既不应否认或抹杀社会主义社会存在一定范围的市民社会，也不能把它加以理想化，看得那么完美，以至于把它和社会主义和谐社会画等号③。高度集权的国家社会主义是我们所反对的，自由放任的资本主义老路同样也是我们反对的。我们既要追求效率，又不能忘记"共同富裕"这个社会主义大方向。

二、我国"市民社会"的几个问题探析

　　长期以来，社会、国家与法及其相互关系，特别是将它们置于我国现实背景下予以解读，一直是笔者在理论法学的教学和研究中持续关注与思考的基本问题。现下不揣冒昧地敬呈学者和读者的这段文字，便是在积年累月中撰写的零散资料的基础上，重新思索、检视和梳理而形成的。应当坦言，近几年里，笔者越来越感到自己才疏学浅，颇难完成预想的任务。可是又转念：何不借助抛砖引玉，请教专家和诸位读者来提升自己的见识呢。这样一来，笔者稍许觉得有点"心安"，但"理得"却仍然谈不上。

　　（一）问题的研究方法

　　1. 基本的二分法。

　　自文明时代以来，社会、国家和法就是强大的实存。按照严谨的科学哲学，从性质上说，社会属于先在或自在层次，国家和法属于衍生层次。这种区分对于研究相关问题而言，是最具普适性的大理论。环顾古今中外，各种学派、诸多学术代表人物，在各领域里见仁见智，表达对此问题的精深创见，不断地推动研究的进展。但是，有意识或无意识之中，总不免会受到两个层次区分方法的制约。当然事情尚有另一个方面，即

---

　　①　龙晟：《社会国的宪法意义》，载《环球法律评论》，2010(3)。该文同时指出，社会国思想保留了社会主义的目标，同时有效地消解了社会主义运动，而这两种思潮并行存在与发展且交互影响。

　　②　这些国家的根本社会格局即私有制占主导地位以及贫富对立并没有实质性的变化。

　　③　目前有一种"社会主义市民社会"的提法。此论较之主张建立"市民社会"来说是有所区别，有所前进的；但其最大缺点，同样是对本来意义上的市民社会缺乏批判性。无论如何，用"社会主义市民社会"替代"社会主义和谐社会"，不免过于简化了。

两个层次区分甚至说社会、国家和法"三位一体",均不意味着抹杀它们各自的相对独立性。相反,如同人人容易看到的那样,它们都是客观存在的、时刻影响日常生活的现实东西。因此,在理论上,既需要关注与探讨其相互间的紧密关联的整体性,又需要关注与探讨其相互间的独立的自体性。

2. 历时性和共时性相结合的方法。

任何社会科学的学问,都是历史性的科学。就是说,这些学问都会伴随社会及与之相应的国家和法的变迁和演变,而不断地充实和提高。

再转到共时性角度上看,在历史发展的每一断代时期,不同地域和不同民族共同体的社会形态、国家制度和法律体系,由于各种主客观因素的综合影响,必然呈现彼此相异的特色。面对此种情况,我们对社会、国家和法不仅要历史地更要具体地研究,强调现实意义。当代即改革开放后的中国,在经济蓬勃发展洪流的推动之下,社会、国家和法的发展面貌皆已发生空前的巨大变化,呈现鲜明的新特色。这种环境大势和国家大格局,急迫地呼吁理论法学家及有关学界的贤智人士应当下苦工夫弄清:什么是中国特色社会主义的社会、国家与法?同改革开放前比较,它们的实质和外部表现发生哪些变化?其中,哪些属于积极的成功经验,哪些属于不可取的教训?进而择取其善者弘扬之,择其不善者弃置之?在文化方面,怎样实事求是地以包容精神来运用马克思主义经典作家的理论,借鉴中国传承的法学成果和法律实践,借鉴西方的法学成果和法律实践?一言以蔽之,需要不断地深入探索当代中国的社会、国家与法"向何处去"的宏观问题。

(二)"市民社会"的概念

任何时候,人都不可能绝对地离群索居。相反,他们总会聚结为各种共同体或曰群体,借以生存和生活。其中,最重要的为家庭和社会,特别是社会。家庭是社会的细胞,也是社会的缩影或"小社会"。它是通过婚姻与生殖形成的生活单位。家庭和社会的关系是个别与一般、特殊性与普遍性的关系。它们作为自然生成的群体,在基本属性上颇多一致。但是,社会总是处于优先地位。至于其余的共同体,最终皆是排在家庭和社会之后的附随的产物。对于整个社会说来,社会是唯一的首要概念。

什么是社会?社会是人类物质生活和"种的繁衍"的基地,生产和再生产的领域。正是在此种意义上,马克思肯认黑格尔所谓社会属"物质国家"或"需要体系"的论断。在这里,人们通过劳动满足个人需要的同时,也满足他人的需要。因此,社会是不假外力而自足的生活共同体。至于说到人的政治生活的共同体(国家)和规范生活的形式(风俗、习惯、道德与法律),莫不是因应物质生活的需要而出现的,即被决定的。

与社会攸关的另个概念,就包括我们讨论的"市民社会"概念。自改革开放,尤其实行市场经济以来,在社会科学界更突出的是理论法学界,市民社会这个用语日渐流行,迄今未已。但细心比照一下便可知道。不同论者对其所运用的"市民社会"一词之含义迥然相异。更值得注目的还在于,一些论者并未弄清楚市民社会与社会主义社会二者是何种关系;更不乏将二者相混淆甚至视为等同物,或者认为市民社会就是社会主义社会的发展目标。有鉴于此,澄清"市民社会"就显得十分重要。

首先,市民社会的概念有广义和狭义之分别。广义的市民社会概念指,把市民社会作为"社会"的同义语,即文明社会中前后相继的各种形态的社会。例如,公元前后之交的罗马政治领袖、杰出法学家西塞罗是直接使用"市民社会"这个术语的人之一。他所讲的市民社会就是一般的意义上的社会。理由很简单,该时期的罗马仍奉行奴隶制。虽然那里的简单的商品经济获得一定程度的发展,甚至维护商品交换关系的私法也有相应的成长,但真正的市民阶级远未成熟。当时,距 19 世纪独立形态的市民社会,尚有 1500 年之遥。不难明白,把奴隶社会说成市民社会,这里的"市民社会"只能当作"社会"这个更广阔的范畴来理解,而不可能有别的理解。又如,马克思提出过一个经典命题即市民社会决定国家和法,这里的"市民社会",亦是指各种形态的社会并不局限狭义的原生态的市民社会。

至于狭义的市民社会或特定形态的市民社会,则区别于其余形态的社会。它始于14 世纪以后君主专制时代的城市。生活在那里的手工业者、商人、流浪进城的农奴,他们借助贡赋等赎买,从封建主处获得相对的自治权和独立权。经过几百年的历程,一个不同于封建阶级与农奴阶级(层)的市民阶级(层)逐渐成熟。在政治上,他们被唤作"第三等级"。但即使到了此时,市民社会仍属于大封建社会的一个个零碎的角落,而非完整的、独立的社会形态。市民等级或第三等级随着时间的推移,分化为资本家阶级和雇佣劳动者阶级。经过资产阶级大革命胜利之后,市民社会迅猛发展;19 世纪是其鼎盛时期,即人们熟知的自由资本主义社会。当年启蒙思想家们憧憬或论证的市民社会,正是这种社会形态。黑格尔《法哲学原理》所讲的以及马克思予以评论的市民社会,也是指这种市民社会。

(三)社会主义社会同市民社会的区别

从根本性质上看,社会主义社会是作为资本制社会的否定物出现的。仅此一点足可说明,它不能成为资本主义关系载体的狭义市民社会。既非市民社会同质的继续,亦非以市民社会为目标。

19 世纪末、20 世纪初以来,由于生产力的长足发展,社会文明的进步,尤其大多数群众强烈的不满,欧美国家纷纷迈向"福利国家"和多元民主的道路,自由资本主义转向社会资本主义。国家和法律在逐步社会化;反过来它们又对社会经济实行有力的干涉。这就表明,典型的或最发达市民社会,距今已过时一百年有奇。既然对现今的西方国家而言已属陈旧的制度,何以可能成为新制度的社会主义社会发展的远景呢? 果真如此,岂不意味着决心开历史倒车吗? 按照科学的社会发展观,能够提供比资本主义更高劳动生产率的社会主义社会反而应当成为资本主义社会的目标,社会主义社会的目标则是大同世界的共产主义社会。虽然这是一条漫长的途程,但符合社会发展的历史规律,因而是可期待的。

毋庸置疑,在经济与文化水平上,作为资本主义社会发展前景的社会主义,既非前苏东国家那样的状态,亦非现今中国的状态。邓小平坦言,就经济水平而言,迄今为止,中国还不能算作社会主义社会。归根到底,社会主义社会的经济与文化的发展程度应当超越资本主义社会。唯有具备强大而雄厚的物质基础,才能达致"共同富裕",才能谈到社会主义制度的优越性。30多年改革开放取得的重大成就,增强了人们对社会主义远景的信心。总之,既然我国已踏上社会主义之路,就应该坚定不移地奋斗下去。反之,倒回"市民社会"不仅历史不允许,那也将给大众的现实利益尤其长远利益造成无可挽回的损害。

(四)"市民社会"在社会主义社会中的地位

社会的进程,总是存在不间断的否定性。不过,否定不等于全盘推翻而是扬弃,即弘扬其合理的现实性成分,抛弃其不合理的、失去现实性的成分。作为新型社会形态的社会主义社会对市民社会的否定亦不例外。正像马克思指出的那样,社会主义社会中必然长时期内保留"资产阶级式的权利"。我国改革开放的实践证明,生产力起点落后的社会主义社会更需要大幅度强化市场经济来维持这种"资产阶级式的权利"。而市场经济恰恰是滋生市民社会肥沃土壤;市场经济越壮大,契约关系越紧密,市民社会越趋向规模化。不敢正视这一点,就是非现实的自欺欺人之举。的确,相对于理想状态的社会主义社会而言,搞市场经济或给市民社会留有较为宽阔的地盘,是同传统的马克思主义相悖的"恶",但这是必要的"恶",为的是以此换取高速发展的生产力、奠定名副其实的社会主义社会经济基础的大"善"。那种由极"左"观念作祟、纠缠于姓"资"姓"社"而阻碍改革开放大计的无谓争论,对社会发展是有害的。笔者认为,这正是理解邓小平理论一个基本点,也是邓小平对科学社会主义的卓越的新贡献。

稍许细点说,市民社会在当代中国存在的主要意义是:其一,市场经济依托自由竞争,这有利于调动个人的主观能动性,积极主动地从事生产和经营,并力图以创新的科学技术手段获取尽可能多的收益。这客观上就是在实现解放生产力和发展生产力。随之而来,劳动分工越加精细,使人们可以在诸多的行当中就业,从而满足自己福利需求的机会越多。其二,市民社会是开放型的"陌生人"的社会。它强有力地冲破封闭、保守和进步缓慢的"熟人"社会的羁绊,达致文化的革故鼎新。它给以往那种朴素又单纯的理想型的生活观念,注入现实又丰盈的生命力。在道德中,也增添适应时代趋势的新要素。多样化的文化载体,更将人们带入色彩斑斓的审美境界。其三,经济和文化的繁荣,重塑着人的主体性。这主要表现:一是权利意识,使人能够自由地主张自己的权利;一是规范意识,包括道德意识尤其法律意识,使人自觉地遵循规范来作为或不作为,使其行为具有道德的正当性和法律上的妥当性。

同样不容置疑,社会主义社会中的市民社会也有它的局限性。以其大者言之,第一,这种市民社会是社会主义社会的一个组成部分,并且是衍生的部分。质言之,社会主义社会与市民社会是整体与局部的关系。社会主义社会以国家所有经济和集体所有经济构成的社会主义公有制为基础,在整体的社会中占据主导地位,代表我国社会的性质和发展方向。我国的市民社会同原来西方的纯粹的市民社会有相同之处,也有重大差别之处。就是说,它仍然以私有制为基础,但处于附属地位。我国社会主义市场经济体制下的这种私有制,颇似前苏联新经济政策时期产生的、可以由苏维埃政权调控的经济,列宁管它叫做"国家资本主义经济"。它是社会主义经济的必要的辅助和补充,总体上有利于社会主义社会的繁荣和发展。第二,这种市民社会同19世纪原生态的市民社会一样,具有与生俱来的不自足性。社会主义社会是沿着共同富裕的康庄大道迈进的;反之,市民社会愈发展、必然愈导致贫富两极分化,强化占人口大多数贫穷的弱势群体同少数富者强势群体之间的对立,给社会和谐造成威胁。为此就需要国家政权借助政策、法律以及货币、税收诸手段加以干预;同时,还需要不断地从多方面扩大和深化社会保障机制,合理地调整社会产品的初次分配和再分配,体现公平正义精神。

归根结底,笔者强调无非就在于:果真是结合当代中国实际来研究市民社会理论的话,最关键、最前提性的问题是一定要弄清楚社会主义社会与市民社会的关系。把市民社会当作社会主义的发展前景,是严重的误导;撇开社会主义,只侈谈所谓"社会主义市民社会"并倾情地予以纯粹化、完美化和理想化,则是不着边际、不知其所由和所之的议论。

三、梅因"从身份到契约"公式引发的法学思考

(一)问题的提出

1992年,党的十四大正式提出在我国建立社会主义市场经济体制的战略任务以后,我国法学界见仁见智,针对社会主义计划经济向社会主义市场经济转型中一系列新的法学问题,展开热烈的讨论。

在此过程中,英国著名的历史法学家梅因(Sir Henry Maine,1822—1888)一百多年前提出的"进步社会的运动,迄今为止,是一个从身份到契约的运动"①的公式,重新唤起不少学者们的兴趣,并在各自的论著里加以援用和发挥。与这一公式相关的观点,举其要者如:有的学者认为,我国的计划经济(产品经济)到市场经济(商品经济)的转型,就是从身份关系到契约关系的运动。有的学者认为,我国社会主义市场经济的价值目标,就是要建立一个以"个人所有权和契约制为两大支柱"的"市民社会"。有的学者认为,社会主义社会不仅经济上,而且政治上和文化思想上,都应当是一个"契约社会"。还有种种说法,尽管词语表达不尽相同,但意思甚为接近。我们认为,诸如此类

① [英]梅因:《古代法》,97页,北京,商务印书馆,1984。

的观点是颇值得商榷的。

(二)"从身份到契约"与我国社会主义市场经济的转型

我国社会主义经济从计划(产品)经济体制向市场(商品)经济体制的转型,改变了原先那种单一的行政隶属关系,而赋予社会经济主体在经济活动上以合法的自主权和自由权,使他们相互间的交易关系通过契约来实现。从形式上看,这一过程正好符合梅因的"从身份到契约"的公式。不过,从本质上看,两者都是完全不可同日而语的。

梅因"从身份到契约"的论断,指的是前资本主义社会中的人身依附关系,即奴隶对奴隶主、农奴对封建主的人身依附关系,转变到19世纪(英国是18和19世纪)自由资本主义社会中的人身自由关系。因此,这一公式适用的历史背景是十分特定的;既不能向上延伸到原始社会①,也不能向下延伸到垄断资本主义社会,更不能延伸到社会主义社会。不是别人,正是梅因《古代法》一书的编者,英国法学家 C. 亚伦(Allen),早在1931年就清楚地指出,梅因的"这些文句在它写成的当时是适当的、可以接受的——那个时候,19世纪个人主义的全部力量正在逐渐增加其动力"。"我们可以完全肯定,这个由19世纪放任主义安放在'契约自由'这神圣语句的神龛内的个人绝对自决,到了今日已经有了很多的改变;现在,个人在社会中的地位,远比著作《古代法》的时候更广泛地受到特别团体,尤其是职业团体的支配,而他的进入这些团体并非都出于他自己的自由选择。"②亚伦是从团体主义的多元民主论的观点出发的,因而不可能真正揭示19世纪以后西方社会关系发生的实质性变化,但这不妨害其结论的正确性的一面。

恩格斯指出,社会发生的任何一项重大的变革,"这只有通过公开侵犯财产所有权才能做到"③。不同社会类型的变革如此,同一类型社会发生重大制度的变革或改革(如梭伦改革)也莫不如此。随着垄断主义经济制度的形成,19世纪社会中的财产权也受到了"侵犯"。其中,包括资本主义私有制基础的静态财产权即个人所有权的自由,也包括动态财产权即契约权的自由。特别是第二次世界大战以后,私人垄断资本主义更激剧地向国家垄断资本主义转化。与此相联系,在生产和流通领域,资本主义国家大量地实行资本的"国有化"(此种情况在60、70年代后有所变化)和经济的"计划化",借此来使资产阶级国家,或者直接经营部分企业,或者在财政、税收、货币信用等领域采取调节措施,对国民经济进行宏观调控。对于这种有意识地吸收社会主义计划经济的某种成功经验,来消除纯粹市场经济所带来的自发性和滞后性的弊端的资本主义经济新模式,一些西方经济学家把它称之为"混合经济"制度。他们认为,在"混合经济"的条件下,资产阶级国家对经济的干预具有"稳定和加强的作用",资产阶级国家已

---

① 原始社会存在的是人对血缘群体的依附关系。这在本质上区别于奴隶社会和封建社会中的个人人身隶属关系。

② [英]梅因:《古代法》,17、18页,北京,商务印书馆,1984。

③ 《马克思恩格斯选集》第4卷,111页,北京,人民出版社,1972。

经由"警察国家"转变为"积极的经济力量"。当代西方著名经济学家 P. 萨缪尔逊（Samuelson）更明确地概括说，现代资本主义国家的经济作用，一是国家对国民收入进行再分配，二是政府对经济活动干预和控制。政府和私人经济同时发挥作用而构成的"混合经济"，已成为现代资本主义国家发展的一种必然趋势。由此可知，作为 19 世纪自由资本主义市场经济"两大支柱"的个人所有权和契约权，已经受到了巨大的"侵犯"。这是客观的历史必然性使然。

再让我们进一步地探讨"从身份到契约"这一公式，能否适用于对我国从计划（产品）经济向市场（商品）经济转型的描述。在从前的计划经济体制下，作为经济关系主体的个体经济、集体经济、特别是国营经济，无不受到国家的严格控制，缺乏独立、自由和平等的属性。它们同国家的关系，主要表现为行政上的领导与被领导、指挥与服从的关系。这种关系酷似"身份"的隶属关系。反之，社会主义市场经济则承认经济主体间的独立、自由和平等的地位。尤其是它们的相互交易，必须通过契约渠道来实现。这样一来，好像就可以顺理成章地把计划经济向市场经济的转型，代入"从身份到契约"的公式了。然而，必须知道，形式上相像的两种东西，本质可以是完全对立的。就本质而言，我国经济体制的转型同本来意义上的"从身份到契约"，是风马牛不相及的。其一，梅因所讲的"身份"关系是指前资本主义社会形态下，少数剥削者对广大劳动人民实行超经济的奴役和剥削。这同社会主义计划经济下，经济性或管理性的隶属，没有可比性。其二，如果说现代西方社会的"混合经济"早已大大突破单纯"契约经济"的框架，那么，社会主义市场经济必然离它更远。因为，社会主义市场经济建立在生产资料公有制的基础上，从而比之于现代西方"混合经济"，有更高程度的国家宏观控制。在社会主义经济领域中，契约关系的范围更狭窄些，所受到的限制（比如受到社会主义的社会公正的制约）更多些。既然这样，用"从身份到契约"的模式表述我国经济体制的转型，是应该严格地讲究分寸的。

（三）社会主义社会是不是"市民社会"或"契约社会"

黑格尔和马克思常常把"市民社会"称之为"经济国家"，就是由于它是物质生活资料的生产和消费的领域或"需要的体系"。与市民社会相对应的范畴，是"公民社会"或"政治国家"。市民社会与政治国家（公民社会）是社会的经济基础和上层建筑的关系。"市民社会包括各个个人在生产力发展的一定阶段上的一切物质交往。""这一名称始终标志着直接从生产和交换中发展起来的社会组织，这种社会组织在一切时代都构成国家的基础以及任何其他的观念的上层建筑的基础。"①因此，绝不是国家制约和决定市民社会，而是市民社会制约和决定国家。在广义上，市民社会就是指从物质关系方面加以强调的、一般的社会。社会主义社会即社会主义经济关系（交往关系），是广义上的市民社会的诸形态之一，即向共产主义社会过渡的形态。

---

① 《马克思恩格斯全集》第 3 卷,41 页,北京,人民出版社,1960。

与广义上的市民社会截然不同,从狭义上或者发生论意义上讲,"'市民社会'这一用语是在18世纪产生的,当时财产关系已经摆脱了古代的和中世纪的共同体。真正的资产阶级社会只是随同资产阶级发展起来的。"①在这里,市民社会仅指资本主义经济关系即资本主义社会。它是从中世纪的贸易城市兴起的,经过资产阶级革命确定下来,其典型形态是19世纪欧美发达国家为代表的自由资本主义制度。这种社会也就是梅因所概括的,由身份社会转化而来的"契约社会"。

市民社会作为契约社会,从17—18世纪资产阶级启蒙思想家(特别是洛克、孟德斯鸠、卢梭、杰弗逊)直到当代资产阶级政治学家和法学家,不间断地加以阐发和论证,从而构成了一套系统的理论模式。概括地说,市民社会的主要特征在于:其一,在经济上,奉行"私有财产神圣不可侵犯"的原则,把静态的私有财产自由权(有时也叫个人财产所有权)和动态的相互竞争中的财产权即契约自由权,当作不容动摇的两根支柱。西方学者们常常把这种排斥国家和政府的干预完全让"看不见的手"支配的资本主义,称之为"纯粹的资本主义"。其二,在政治上,把通过资产阶级的两党制或多党制和普选产生的资产阶级代议制国家,说成是人们相互签订国家(政治)契约的过程和结果,是"民意"的体现。其三,在思想上,奉行言论、出版、集会、结社、信仰的自由。概而言之,所谓市民社会就是资产阶级的"契约社会",就是"所有权、自由和平等的三位一体"②。

社会主义社会同19世纪的西方市民社会或契约社会,有着本质的区别。首先,社会主义社会根本不是狭义(严格意义)上的市民社会。其次,社会主义社会(尤其是在市场经济体制下)可以说是个有契约的社会,但绝不能简单地把它归结为"契约社会"。这是由于:①在经济上,社会主义社会以公有制经济为其"支柱",个人所有制及其他经济成分仅处于必要的辅助性的地位。这是社会主义市场经济根本区别于资本主义市场经济之所在,因而也产生了两种不同性质的契约。在资本主义市场中的"契约自由",它掩饰着资本从雇佣劳动者身上榨取剩余价值这一基本事实。岂但如此,在那里,只要是有价值的东西,都可以被买卖,哪怕是人的尊严。在社会主义市场经济领域里,契约仍然属于经济主体间进行经济交易所不可或缺的重要方式。但是,如同前述,契约关系的主体、客体和内容(权利和义务)又严格地限定于社会主义法律的范围之内。特别是作为国有资产重要组成部分的土地、矿山、森林、河流、水域等自然资源,都不能像私有财产那样可以随意转移所有权。涉及国民经济命脉的企业,在所有权与经营权分离的前提下,在借助契约形式进行经营的过程中,经营者负有责任来不断地增值和扩大国家所有权,决不允许削弱它。②在政治上,社会主义国家改变了传统国家那种少数剥削者奴役作为社会主体的广大人民群众的本质。从应然上这种国家一开

---

① 《马克思恩格斯全集》第3卷,41页,北京,人民出版社,1960。
② 《马克思恩格斯全集》第46卷(下),477页,北京,人民出版社,1979。

始就不是"原来意义上的国家",而是很大程度上已经返归于社会,并服务于社会,且最后要完全融化在社会之中的"半国家"①。这种国家的一切权力属于人民,国家官吏是人民的公仆。它是凭借共产党领导下的人民权力和人民"统一意志"取得和维持的。因此,社会主义国家不是也完全不需要用什么"契约国家"或"契约政治"之类的理论,来掩盖自己的本质。17—18世纪西方的国家契约论宣布,刚刚建立或行将建立的资产阶级国家或主权,是人人共同订立契约的产物。无疑,这种理论对于反对中世纪神学主义和专制主义的统治起到过积极的革命作用。但它始终不承认资产阶级国家是资产阶级利益和意志的集中体现。值得注意的是,在当代西方,还流行一种"政治市场"论。其实,这种理论正是古典的国家(政治)契约论的新发展。它从多元民主主义出发,论证西方传统的"三权分立""多党政治"的合理性,即论证资本统治的"普遍民主性"。社会主义国家不能用这样的理论来说明,更不能用它作为指导。社会主义国家实行以民主集中制为原则的人民代表大会制度和共产党领导下的多党合作与政治协商制度,目标是实现高度发达的社会主义民主。显然,国家(政治)契约论和政治市场论同社会主义国家的共产党领导和民主制是不相协调的。③在思想文化上,社会主义国家的理论基础和指导思想是马克思主义。这是我们坚持正在发展和完善的社会主义市场经济和社会主义民主的国家政权的基本保证。如果认许马克思主义和非马克思主义之间建立相互转让的"契约",认许把马克思主义拿到市场去拍卖,那么,我们这个社会主义便不可能支持下去了。的确,我们不能离开人类文化发展的共同大道独自前进。我们对于西方政治法律思想和制度中的某些合理成分,必须加以借鉴、继承和移植。

(四) 简短的结语

为了使我们的观点更为明晰,有必要将以上论述所表达的意思,加以扼要的概括。

第一,梅因"从身份到契约"的公式,对于垄断资本主义社会已失去其适用性,更无须说对于新型的社会主义社会了。说到我国从计划(产品)经济到市场(商品)经济的转型,仅仅在纯粹形式上同梅因的公式相似,而在本质上则是不同的。

第二,"市民社会"的概念有广义和狭义的区分。广义的"市民社会"是作为"经济国家"的社会,社会主义社会是其形态之一。而狭义的"市民社会",专指以19世纪欧美为典型的自由资本主义社会。就是说,在全部人类社会历史的发展过程中,唯有在那种特定的时期和地域中,才是以个人财产所有权(私有权)和契约权为"两大支柱"的。如果把这样的社会看成是社会主义社会发展的方向,那就违背了历史规律。

第三,在西方法学家的理论中"契约社会"的含义,大体上指两种情况:①从纯粹经济意义上说,它同狭义的"市民社会"相重合。因为19世纪自由资本主义经济,恰恰是

---

① 《列宁全集》第31卷,16页,北京,人民出版社,1985。

通过契约渠道运行的。②是古典自然法学派倡导的国家契约论和现代多元民主主义所描述的社会。它认为,契约关系不仅适用于经济关系,也适用于政治关系和思想关系。很明显,这两种含义中的任何一种,都同社会主义社会不相容,遑论把社会主义也引向"契约社会"的问题了。

第二章　社会、国家、法的实质内容：权利与权力、权利与义务、职权与职责

第一节　权利与权力的关系

权利与权力是法学的基础和核心范畴，这一点在法学领域已大体取得共识。但是，恰恰就是这个对应范畴又成为最难弄清楚的问题：对这两个概念的理解众说纷纭，尤其对两者相互关系的看法上仍有显在或潜在的对立。通过长期对马克思主义国家与法的观点的学习和近些年结合实际的反复思考，笔者深深感到，真正阐明权利与权力关系实属一件关涉当前我国社会主义民主和法治发展前景的大事。

权利（right）是指特定主体（主要是个体）为实现一定的利益，依法直接拥有或依法为他人设定的做一定行为或不做一定行为的可能性。它强调独立主体之间平等互利，要求权力必须秉持公正的立场予以确认与保护，而不得随意干涉和损害。与权利不同，权力（power）的基本寓意是表达出命令人与受命人之间的关系，即特定人向其管辖下的他人或不特定多数人乃至管辖下的全体人实行的自上而下的强迫力量。它可能是合法的，甚至是合理的，但也可能是非法的、不合理的。探讨权利与权力时，都存在自身概念与其他几个相近概念之间的联系问题。在权利方面，它与人权（human right）是同义语，同法（right）、自由、平等及市民和社会不可分割。其中，权利是综合性的概念，法是权利的规范化；自由与平等是权利的前提条件；市民是权利的主体；社会是权利集结的场所。在权力方面，它同政权、主权及公民和国家是不可分割的。权力是综合性的概念，政权是权力的性质，即它的政治性；主权是权力的地位，就是指它对内的最高地位和对外的独立地位；国家是权力的结构或制度，是权力的垄断者；公民（国民）则是国家的下属或其管辖的对象，即国家的成员。笔者拟从权利与权力关系的客观历史考察和理论辨析两个角度展开讨论。

一、权利与权力的发生

权利与权力作为两种制度性意识形态现象，并非自古已然。并且，它们也不是一开始就同步形成的。

（一）权利的发生

遵照事物自身的实际运行逻辑，首先应当着重于对权利的形成加以考察。氏族社会的很长时期内，人们依赖血缘群体生活，群体的共同努力尚不足以维持和保护每条生命。因而，人与人之间为保存整体形态而相互接济，彼此没有差别和个性，也没有人会想到"你的"与"我的"之区别。权利和相应的义务也是无从谈起的。恩格斯说："在氏族制度内部，权利和义务没有任何差别；参与公共事务，实行血族复仇或为此接受赎罪，究竟是权利还是义务这种问题……正如吃饭、睡觉、打猎究竟是权利还是义务的问题一样荒谬。"①到了野蛮时代的中期，伴随生产力的提高、社会劳动分工的发展，出现剩余产品及剩余产品的交换。简单产品交换经济关系的萌发，是权利及权利观念产生的决定性因素。这同权力毫不相干。马克思经过几十年的艰苦研究得出结论："尽管个人A需要个人B的商品，但他并不是用暴力去占有这个商品，反过来也一样，相反地他们互相承认对方是所有者，是把自己的意志渗透到商品中去的人。因此，在这里第一次出现了人的法律因素以及其中包含的自由因素。谁都不用暴力占有他人的财产。每个人都是自愿地出让财产。"②这段话的关键词是"人的法律因素"。如同论者所特别强调的那样，"人的法律因素"首先在于"自由的因素"。产品交换的双方主体必须都是具有自由意志的人，只有这样的人方能彼此作出自愿的意思表示，交换才可以完成。自由是人格的根本属性，是人与动物相区别的深层次的标志。从本源上说，自由是人所固有的，没有自由对人而言是最悲惨的。因此，19世纪的伟大思想家们，从康德、黑格尔到马克思、恩格斯，无不把法看作自由的定在，而且又都认为恰恰在人的自由意义上权利与法获得统一，使用黑格尔的公式便是：人格→自由→意志→权利→财产。自古以来，欧洲的各主要民族就将法与权利均用同一个词汇 right 来表达，这的确有其道理。其次，"人的法律因素"的第二个要素是平等。它是自由所派生出来的——唯有自由人同自由人之间才存在着平等。反过来说，平等表达着自由或人格意志，所以离开相互的平等，自由一定会流于空谈。最后，"人的法律因素"的第三个要素就是权利及其对应的义务。确切地说，该要素并不是与自由、平等并列的独立要素，而属前两者的综合物，即它同时包含着自由与平等两者共同追求的物质利益目的。以上所述，不过是对氏族社会的简单产品交换过程中包含"人的法律因素"的理论阐释。但更重要的问题在于，为什么从第一次产品交换起便自然而然地包含着"人的法律因素"呢？答案是，交换自身的机制驱动的结果。正如私法学的常识告知的那样，产品交换只有具备自由、平等、权利和几个基本前提条件，才能顺利地进行下去。其一，交换必须存在独立的主体。他（A）和他（B）都占有一定的产品，并且可以按照本人意志来自由地决定是否出让属于自己的产品以及附加哪些条件来出让产品。其二，交换的双方主体必须

① 《马克思恩格斯选集》第4卷，159页，北京，人民出版社，1995。
② 《马克思恩格斯全集》第46卷（上），195—196页，北京，人民出版社，1979。

有主体间性——它体现平等性(私法称为等价有偿)。但此种平等同晚近的较大规模市场经济中的商品交换尚有区别:刚刚出现的初级产品交换的主体仅仅是为满足自己临时的迫切的生活需求,而非追逐利润。因此,平等并无必要过分强调等价,主要是主体(不论是 A 或者 B)有公正的感觉而已。其三,交换基于一定的利益目的。"人们奋斗所争取的一切,都同他们的利益有关。"①缺乏利益的动机,权利便不成其为一种价值,因而它就不会产生,即使产生了也不会存在下去。同样道理,权利所含有的自由和平等,亦会由此而变为多余的东西。

产品交换的致命障碍及权利的死敌是暴力。当年恩格斯系统地批判杜林的"暴力产生私有制"的理论时,曾尖锐地指出:"私有财产在历史上的出现,绝不是掠夺和暴力的结果。相反地,在一切文明民族的古代自然形成的公社中,私有财产已经存在了""暴力虽然可以改变占有状况,但它不能创造私有财产本身。"②那么,作为私有财产先驱的产品交换,亦必然如此。在氏族社会时代,暴力主要表现为部落之间的战争。通过暴力来夺取其他部落或氏族的财产以及人身,将战败的部落、氏族成员加以杀戮或使之变成自己的奴隶。可见,暴力否定交换主体的人格及其拥有的自由、平等与权利,完全破坏交换机制,破坏其中包含的"人的法律因素",实际是置交换于死地。哪里运用暴力,哪里就不会有正常的产品交换,而且还会把已存在的交换关系毁掉。如果说权利孕育于交换中,那么权力则蕴涵于暴力之中。原始的产品交换排斥暴力,也不需要权力。至于说借权力来维持产品交换的情境,那是文明社会人的一大新发明。一定要说明的是,最早的产品交换中便包含"人的法律因素",它自身还远不是法律,仅仅是交换关系理想化的表现。只有当产品交换频繁地进行并成为常态的时候,人们才感到有把它加以规范的必要性。这种调整产品交换的规范,先是表现为外在的风俗和习惯,进而表现为人们的内在道德。此时大家都会认为,否定产品交换当事人的自由、平等和权利的交换,属于违背风俗习惯甚至违背道德的行为。扼要地说,那时的权利是习惯权利与道德权利,如此而已。

氏族社会的成员彼此没有实质的区别,所以也不会去区分谁是有权力的人,谁是无权力的人。维持氏族组织的内部关系,是每个人理所当然的职责。他们推举出的氏族首领,通常都是德高望重、富有经验的人。他负责维持氏族内部的生产与生活秩序,其身份仍为群体中的普通一员。非要说他有什么特殊性的话,那么只能是他比别人更辛苦、更操劳。另外,为应对战争的需要,人们会临时选出一位军事首领,那是冲锋在前、骁勇善战的人,将冒着更大的负伤和牺牲的危险。氏族社会中没有统治者与被统治者、管理者与被管理者;氏族首领、军事首领与其他成员一样,他们都是群体自治者,均不知道权力为何物,从而掌权人与非掌权人的划分就没有任何现实的根据。那里存

---

① 《马克思恩格斯全集》第 1 卷,82 页,北京,人民出版社,1956。
② 《马克思恩格斯选集》第 3 卷,505 页,北京,人民出版社,1995。

在的是顶多可以称作"权威"的东西。它是在传统中形成的、人们自觉自愿赋予的一种有影响的精神性形象。恩格斯比喻说："文明国家的一个最微不足道的警察,都拥有比氏族社会的全部机构加在一起还要大的'权威'……后者是站在社会之中,而前者却不得不企图成为一种处于社会之外和社会之上的东西。"①但把氏族社会说成是混乱不堪的,那纯粹是臆想。事实上,氏族内部是一种"有秩序而无政府的社会","一切问题,都由当事人自己解决,在大多数情况下,历来的习俗就把一切调整好了。"②习俗可以说是"最高权威"了。

（二）权力的发生

权力是特定时代的现象,而权威则历来存在并且到处存在。权力的萌发,是氏族社会晚期的事情。当社会剩余产品增加到一定程度时,在人们的头脑中越来越产生着一种念头,即自己不从事任何劳动或从事较少劳动而径直地抢掠其他氏族的财富,是很值得一冒的风险。于是,战争就愈趋频繁。为了壮大自己的战斗力,多个血缘和地域联系紧密的部落结成联盟,便在所难免。此时,恩格斯所谓的"军事民主制"就应运而生。"军事民主制"的基础依旧是氏族,但其中却蕴涵着从前未曾领略过的新因素,即权力因素。其集中表现就是:军事首领及其扈从的势力不断膨胀。他们同已经变成老贵族的氏族首领相勾结,成为新贵族。新贵族不仅占有战争俘虏变成的奴隶,而且也占有自由人沉沦而变成的奴隶,共同奴役和统治这些人。此外,随着人口增长和适应形势的需要,广大的下层自由人,亦逐渐成为被管理的人群。继而我们看到军事民主制的权力因素及其组织机构,跟着演化为名副其实的权力即国家。例如在雅典城邦,经过提秀斯、梭伦、克里斯提尼一次次的改革,一点点地完成这种转化。此时,新形成的统治阶级感到维护正常产品交换对己有利,也是社会发展不可缺少的,原先体现为"人的法律因素"的风俗、习惯与道德,现在被有选择地同步提升为法律上的权利。恩格斯所说"随着法律的产生,就必然产生出以维护法律为职责的机关——公共权力,即国家"③的话,指的就是国家与法律(权力的结构与规范)出现的同步性。

二、权利与权力关系的变迁

马克思说:"实际上,家庭和市民社会是国家的前提,它们才是真正的活动者。"④家庭和市民社会本身把自己变成国家,它们才是原动力。权利与权力的关系,从发生论上说,与此是完全一致的。权利与权力关系,实际上不过是社会与国家关系另一侧面的表现。社会(即广义上的市民社会)是物质生活需要的体系或叫"经济国家"。经济

---

① 《马克思恩格斯选集》第 4 卷,172 页,北京,人民出版社,1995。
② 《马克思恩格斯选集》第 4 卷,95 页,北京,人民出版社,1995。
③ 《马克思恩格斯选集》第 2 卷,539 页,北京,人民出版社,1972。
④ 《马克思恩格斯全集》第 1 卷,255 页,北京,人民出版社,1956。

关系产生了权利,因而权利属于作为社会细胞的家庭或个人。在马克思看来,"全部人类历史的第一个前提无疑是有生命的个人的存在。"①"人们的社会历史始终只是他们的个体发展的历史,而不管他们是否意识到这一点。"②之后,列宁也说:"唯物主义的社会学者把人与人间一定的社会关系当作自己研究的对象,从而也就是研究真实的个人,因为这些关系是由个人的活动组成的。"③离开个人谈权利是无本之木,无从谈起。如同当初刚刚产生时的情况那样,就其性质而言,权利是同权力毫无联系的。市民社会的个人依靠自己拥有的权利来过经济生活,进行生产、交换和产品的再分配,并过着文化和政治生活(参加集会、结社、选举国家官吏及对他们进行监督等)。由于国家是权力的垄断者,因此习惯上称之为"政治国家"或曰政权。按照马克思主义创始人的解释,国家是根据社会自身的需要并从社会中产生出来的。但是,由权力自身的固有属性所决定,权力不可能完全避免自我扩张。权力一旦形成,那些实施统治或管理功能的掌权者及其机构便会迅速地转换为一种特殊权力(特权)而高高凌驾于社会和广大市民之上,作威逞强,横征暴敛。所以,权力自然而然地成为人们孜孜以求的目标,又是人们害怕的"利维坦"。那么在几千年的历程中,权利与权力关系是怎样变迁的?

(一)古代

无论是以雅典为典型的欧洲国家,还是以中国为典型的东方国家,在古代有一种最重要的共同特征,那就是权利与权力的高度统一。其中,权力的各领域包括国家、政治制度、法律占着绝对的统治地位。马克思说:"在古代国家中,政治国家就是国家的内容,其他的领域都不包含在内。"④又说:"或者像希腊那样,res publica[国家、共和国]是市民的真正私人事务,是他们的活动的真正内容,而私人则是奴隶,在这里政治国家本身是市民的生活和意志的真正的唯一的内容。"⑤首先,以雅典自由人为例,城邦被视为最神圣、最值得夙夜关怀的,而其余的私人生活则属无所谓的"琐事"或"卑贱"的,主要靠奴隶解决就行了。在此种情况下,人们根本没有社会和市民的观念,以至于据专家们考察,在古希腊语中居然找不到相当于今日的"社会"一词。当亚里士多德讲"人类自然是趋向于城邦生活的动物"⑥的时候,真是字字珠玑,一语道破古希腊人的奥秘。完全可以认为,那里的市民统统异化为"公民",而真实的本来面貌的市民则尽已消逝或至少是无足轻重了。他们的城邦主义的确是权力至上主义。这就是为什么雅典人的民主相当多而自由则颇有限即重权力、轻权利的原因之所在。

第二种情况是罗马。在希腊城邦的西部稍后崛起的罗马,依靠征服战争攫取大量

① 《马克思恩格斯全集》第1卷,67页,北京,人民出版社,1956。
② 《马克思恩格斯选集》第4卷,321页,北京,人民出版社,1972。
③ 《列宁全集》第1卷,368页,北京,人民出版社,1984。
④ 《马克思恩格斯全集》第1卷,283页,北京,人民出版社,1956。
⑤ 《马克思恩格斯全集》第1卷,284—285页,北京,人民出版社,1956。
⑥ [古希腊]亚里士多德:《政治学》,7页,北京,商务印书馆,1965。

财富,刺激着经济特别是海内外大规模贸易的发展。西方历史上真正的私人经济及与其相适应的表达契约关系的"私法"空前繁荣起来。由此权利和对权利的法律保障(法律上的权利)获得牢固的物质基础和制度基础。再往后,随着"万民法"的出现,权利的主体范围扩大到地中海周边地区,这更加推动罗马人权利意识的增强。关乎罗马国家权力方面的事是由"公法"调整,一般人无权干涉。反过来,关乎个人的事务属于私法调整的领域,权力一般也不予干涉。而且相反,权力(尤其司法权力)还严格维护着私人利益,因为这样做对保证权力的物质基础——税收和权力治下的兴旺繁荣是甚为有利的。法国著名比较法学家勒内·达维德在分析相关问题时指出:"尽管在认为法是先于并高于国家的自然秩序这种观念的影响下大家在很长一段时期内公认公法和私法同等重要,但实际上法学家的全部注意力都集中在私法上;从事公法显然既危险又徒劳无功。在罗马既不曾有宪法,也不曾有行政法;虽然刑法发展起来了,那常常是在规定个人间关系(罪犯与受害人或他们的家属)的范围内,因此,它不完全属于'公法'的领域。"①在国家的法律体系中,私法占据重要地位就意味着个人权利的重要地位。同当年的希腊人几乎把一切社会事务和个人的利益纳入权力范围的、狭隘而强烈的城邦主义相比,罗马统治者的权利眼界已大大开阔起来。所以,权利开始从权力的全面主宰下取得一席相对独立的地位。

第三种情况是古东方国家。马克思说:"像亚洲国家的专制制度那样,政治国家只是一个人的独断独行,换句话说,政治国家同物质国家,都是奴隶。"②当然,在西方社会沦为国家的"奴隶"或权利沦为权力的附属品时,这种情况对自由人而言,他们是借助民主制而心甘情愿做出的。相反,古东方人则是受独裁者强制而做出的,并且权力的暴虐性更厉害。

(二)中世纪

"中世纪存在过农奴、封建庄园、手工业行会、学者协会等等,就是说,在中世纪,财产、商业、社会团体和每一个人都有政治性质。"③所谓"政治性质"就是权力的支配性。在那里,权力呈现为一种多元权力关系的格局。作为权利主体的人,像按照抽屉被分隔着的一样,层次越高,拥有权力就越多。权利,只有在权力之下方有自己的某种生存空间。所以,"中世纪是人类历史上的动物时期,是人类动物学"④。此时的权利所体现的,主要是从罗马法沿袭下来但又迥异于罗马法的、上下与纵横交错的、完全不平等的契约关系。在封建制的基础上,国王与领主、领主与封臣、封臣与农奴之间,国家与贵族之间,国家与工商业者之间,国家与基督教会之间,都存在着权力与权利的协定。处于上层地位人具有统治下层地位人的权力,有接受下层地位人的财产贡赋和劳役的权

---

① [法]勒内·达维德:《当代主要法律体系》,漆竹生译,74页,上海,上海译文出版社,1984。
② 《马克思恩格斯全集》第1卷,285页,北京,人民出版社,1956。
③ 《马克思恩格斯全集》第1卷,284页,北京,人民出版社,1956。
④ 《马克思恩格斯全集》第1卷,346页,北京,人民出版社,1956。

利,同时负有责任和义务。但是,因为处于下层地位人同自己顶头上司领主之上的人们之间没有协定(契约),所以才有"我的附庸的附庸不是我的附庸"之说。这也同中国封建大一统时代的情况不相同。

11世纪与12世纪交接时期以后处于复杂的封建式权力(包括天主教权力)夹缝中的城市,市民阶级或第三等级悄然兴起。他们用手中的大笔金钱求赎,使得封建主允诺他们拥有自己管理城市内部事务的统治权力和继续发展手工业和商业的权利,同时也得到封建主的庇护。城市经济的发展改变了人民的生活观念,大批的农奴、自由农和小贵族纷纷抛弃传统的庄园而奔向城镇。这些社会成员的生活方式尽管不同,但却都是市民,拥有同样的法律地位,成为同等的权利主体。所有的成员都是独立的自由人。这些城市不仅拥有独立的立法权和司法权,而且拥有组织城市管理体系的权力。汤普逊指出:"各类城市的市议会,都是主权实体;每个城市都是一个自治的市民社会,各自制定法律、自行征税、自管司法、自行铸币,甚至根据各自需要结成政治联盟、自行宣战或媾和。"①市民社会的权力孕育近代国家权力;而市民阶级的个人权利,则是近代权利的肇端。

在中世纪的权利与权力关系运行过程中,还有一种特殊的权力结构体,那就是天主教会。日耳曼人入侵罗马,"它把古代文明、古代哲学、政治和法律一扫而光"②,唯一保留下来的只是基督教。基督教成为中世纪的文明代表,担当起恢复秩序和文明教化的责任,蛮族国家在扩张和建设的过程中吸收大批有文化的教士为其服务,教会因而获取许多政治、经济甚至军事方面的权力,并开始在意识形态、政治与经济领域自成一体。教会在中世纪的努力,首先是独立于世俗政权以外,以求自保,此时所谓"双剑论"为其典型学说。然后是干涉世俗政权并企图凌驾于他们之上,"日月论"为其典型代表。直到最后,教权衰落,退出世俗领域。在这场斗争中,教会在理论上宣扬教权至上;在行动中仿效君主集权制把教权最后集于教皇一人,营造一个组织严密的权力金字塔。教皇超越国界,成为最有势力的封建主。教权的集中和膨胀引起中世纪大规模的政教冲突。教会的作用不仅仅局限于思想意识和政治理论领域,在现实政治生活中它也始终是参与权力争夺的主角,成为约束王权的首要力量。

(三)近现代

近代社会是从中世纪末期的市民社会演化与扩展而成的、历史上最成熟的市民社会。这是实现了普遍权利或多元权利的社会,也是权利间自由竞争达到白热化的社会。这种社会"确实是天赋人权的真正乐园。那里占统治地位的只是自由、平等、所有权和边沁"③。自由,因为商品尤其劳动力的买者和卖者,只取决于本身的自由意志。

---

① ［美］汤普逊:《中世纪经济社会史》(下册),耿淡如译,174页,北京,商务印书馆,1984。
② 《马克思恩格斯全集》第7卷,400页,北京,人民出版社,1959。
③ 《马克思恩格斯全集》第23卷,199页,北京,人民出版社,1972。

平等,因为他们都以平等的资格签订契约,并承担其结果。所有权,因为每个人都是物的持有者(主要是资本或者劳动力)。自由、平等、所有权及其原则,均具有绝对的性质。边沁,因为他是市民社会权利的最有影响力的理论家和辩护人;他在"人人为自己,上帝为大家"的经典口号之下,只关心社会财富总量的增长,而毫不介意这些财富在人们之间是如何分配的。与此相一致,市民社会所产生的国家权力是由公民权利产生的,因此是公民主权,习惯上被称为"人民主权"。既然权力属于人民,那就意味着社会与国家、权利与权力的关系已经摆脱中世纪的状态,而重新实现统一即"再统一"。但这种统一含有明显的虚伪性:政治上、法律上的自由与平等权利,掩盖着人间的事实上的不自由、不平等的权利。这种权力不单是导致各领域中分化出强势群体与弱势群体的对立(尤其是富人与穷人的对立),而且强化和恶化了人类和自然的对立(无节制的资源消耗、环境污染)。权利的滥用和权力的放任所酿成的严重后果,已遭到绝大多数人的质疑、反对和自然界的惩罚,引发人类对延续百余年间的传统权利与权力关系进行深刻反思。于是,西方世界传统的权利与权力关系开始转向。这种新方向由作为"第二共产国际"首领的德国社会民主党人领导制定的 1919 年魏玛宪法率先奠定基础。但是,由于经济危机频发(尤其是 1929—1932 年全球性经济危机)、法西斯主义势力的嚣张和连绵不断的侵略战争及第二次世界大战,魏玛宪法指引的道路无法实现。直至第二次世界大战结束后,通过联合国宪章及各项人权公约的推动,魏玛宪法精神才在西方国家全面铺展开来,得到长足发展。

在权利方面,有两个特征。一是权利主体范围的扩大。这就是全体公民,不问其性别、种族、语言、籍贯、宗教、政治信仰、个人地位及社会地位如何,均有同等的社会身份并在法律上一律平等。二是权利的实际化。其中包括:政治上的知情权、国家赔偿请求权、反抗权与抵抗暴政权、自由表达权(废除事先审查权)、公民的倡议权和复议权;经济和社会上的生存权、劳动权、劳动者的休息权、环境权;除此而外,还有隐私权、同性恋权、安乐死权等所谓"处于发展中的权利"。

在权力方面,也呈现两大变化着的特征。一是多元民主制的产生。就是说,权力在以国家为主导的条件下,逐步地分散化和社会化。宪法、法律宣布或默示各政党、工会、各职业团体、妇女组织、老年组织、消费者协会、农业组织、资本家团体,还有各种弱势群体组织、民族自治组织和地方基层机构等形形色色的共同体,都程度不同地拥有原属于国家的某些权力,突破国家独自垄断权力的格局。无疑,民主多元化对于民主制的完善具有重要意义。二是"福利国家"制度的出台。为达到"普遍福利"的目的,就必须改变 19 世纪的权利放任主义,需要强化权力对权利的干预。权力借助货币、高额累进税及行政手段,使社会总财富和总收入的分配渐渐地向社会弱势群体倾斜,缩小社会不同人群特别是贫富间的差距。这种权力干预,不是强权的干预。它的目标是要使政治、法律的形式平等权利转化为经济、社会和文化的实质性平等权利。

三、社会主义社会的权利与权力关系

社会主义,从它产生之初,就标志着对人压迫人、人剥削人的传统制度的否定以及憧憬人与人之间的普遍和谐。因此,它是作为一种理想主义而出现、存在和发展的。社会主义的直接对立面是自由主义和国家主义。自由主义维护剥削的新形式——资本的奴役,使权利集中到资本持有者手中,导致社会多数人处于贫困和鲜有权利的底层;而国家主义则维护延续数千年压迫或抑制人的旧关系,使权利绝对地集中到统治者或管理者手中,导致社会多数人处于无权或鲜有权利的底层。那么,社会主义意义上的社会同国家、需要体系同无产阶级专政即权利同权力,二者所具有的、相异于以往社会的根本特征何在? 这一点,从过去到当代的马克思主义经典作家已经作出理论阐述。但联系到社会主义的实践(尤其是前苏联、东欧国家和中国的实践),又确实模糊起来。因而问题就成为:对社会主义中社会与国家、权利与权力的关系怎样加以说明,尤其是怎样将其付诸实践。

尽管当代西方世界已具备产生某些社会主义因素的条件,但至今尚没有足够的根据能够说明:它完全克服了从社会中产生而又凌驾于社会之上的权力凌驾于权利之上的现象,而变成社会自治的力量。在那里,"国家"二字仍然是大写的符号。根本不同的是,在社会主义国家中,"社会"(权利领域)是大写符号,而国家(权力)则是小写符号,国家权力是从属于社会的。这便是人们习惯说的"小政府,大社会"。当年马克思的法哲学,恰恰是以批判而且是逐条批判黑格尔《法哲学原理》中国家法论那部分所宣扬的"国家至上"观为标志,从批判理性主义法律观转变为科学社会主义法律观的。1875 年马克思又指出:"自由就在于把国家由一个高踞社会之上的机关变成完全服从这个社会的机关。"①列宁遵循恩格斯的见解,说无产阶级专政已非传统意义上的国家,仅仅是"半国家"或"消亡之中的国家"②,"即组织得能立刻开始消亡而且不能不消亡的国家"③。1891 年,已是晚年的恩格斯依然坚定地批判"国家迷信",指出:"在德国,对国家的迷信,已经从哲学方面转到资产阶级甚至很多工人的一般意识中去了。""而实际上,国家最多也不过是无产阶级在争取阶级统治的斗争胜利以后所继承下来的一个祸害……直到在新的自由社会条件下成长起来的一代能够把全部国家废物完全抛掉为止。"④需要高度重视的是,列宁对刚刚引用的这个论断的评价。他认为恩格斯的论文"是专门用来反对流行于德国'对国家的迷信',完全可以称为马克思主义在国家

---

① 《马克思恩格斯选集》第 3 卷,313 页,北京,人民出版社,1995。
② 《列宁选集》第 3 卷,185 页,北京,人民出版社,1972。
③ 《列宁选集》第 3 卷,190 页,北京,人民出版社,1972。
④ 《马克思恩格斯全集》第 22 卷,228 页,北京,人民出版社,1965。

问题上的最高成就"①。从马克思、恩格斯和列宁诸多的精彩阐释中不难理解,社会主义国家最本质的特征,就在于它要使自身回归社会、最后完全融入社会,让特殊的政治权力逐步回归于普遍权利之中。所以,如同毛泽东在《论人民民主专政》一文中所表明的那样,"国家消亡"理论是马克思主义关于国家或权力问题的核心理论。遗憾的是,虽然不少学者不乏引证马克思主义经典作家的言论,但对于"国家消亡"这样一个重大理论却很少问津,甚至基本上无人提及这个词汇。难道"国家消亡"论果真"过时"了吗? 恰恰相反,尽管国际共产主义遭遇到巨大挫折,但世界形势的演进越来越证明:马克思主义经典作家(包括毛泽东在内)的"国家消亡"论,是一直被客观现实所证明符合人类文明发展的大方向,真正代表人类最大利益的社会历史运行规律的。更令人遗憾的还远不止于"过时"论。有些学者逆经典作家的"国家消亡"论而行之。他们居然在一个人权时代里提倡权力是"人权的前提和基础"②,甚至误入我们国际政治对手、霸权主义者的圈套。对手故意利用我们的"凡是敌人拥护的,我们就要反对"的逆反心理,提出"人权无国界""人权高于主权"之类的口号,让我们去"针锋相对"地回答"人权仅仅是主权范围内的""主权高于人权"之类的背离马克思主义基本原理的话。实际上,在马克思、恩格斯和列宁先后指导的三个"共产国际"的纲领和文件以及当代联合国的宣言和公约中,无不体现着人权是全球性的、主权应为人权服务这样的真理。当前许多学者关注中国法学与法律的命运,提出并研究"中国法学何处去""法学的重构""法律制度改革"等问题。但是,他们却忽略了中国法学和法律应当遵照国家回归社会、权力回归权利这样一些根本性的问题。造成思想意识形态领域里的这种局面的原因是多方面的,其中不可忽略的一个基本因素,便是国家迷信和根深蒂固的传统权力观念在作祟。

中华人民共和国的成立,是中国历史上权力性质最剧烈、最根本性的一个变革。但是在此过程中,未曾完全中断的传统正是国家主义亦即权力主义。这种观念本源于悠久的、不间断的"王(皇)权至上"的绝对集权的政治法律文化。数千年来,不仅各大理论思想流派包括儒家、法家、墨家及律学家们没有能力摆脱它,就连农民起义领袖们亦不能幸免。旧意识形态的幽灵之所以一直到今天仍然纠缠着活人头脑的主要原因在于:其一,中国的经济和相应的文化的基本条件没有发生变化。这里主要指生产力尚未高度发达,从事手工方式劳动的小农仍占人口的大多数。诚如马克思所说,小农的自发要求并非民主、自治与法治,而是支配一切的政治权力,是对权威的高度迷信,企望借此以保证自己利益不受其他阶级的侵犯③。于是就决定了中央集权的政治结构还要继续沿袭下去。其二,前苏联社会主义国家的影响。新中国成立之初,面对的社会主义先驱和典范就是前苏联。它的高度中央集权制和计划经济体制这两项主要制度,是作为中国的基本参照而引入的。其三,革命战争时期的经验形成的"战时共产主

---

① 《列宁选集》第 3 卷,235 页,北京,人民出版社,1972。
② 笔者仅承认,该命题在主权对内的人权管辖方面有一定道理,但不能当做一般、普遍的命题提出。
③ 《马克思恩格斯全集》第 8 卷,217 页,北京,人民出版社,1961。

义"的生活方式。党的大批骨干都是在革命根据地的战争环境之下接管城市和各主要部门的,因此用军事管制、军事纪律开展国家管理活动,依靠自上而下的权力来决定干部供给制生活和具有浓厚平均主义色彩的人民群众的衣食住行分配与调节制度。这种制度的显著特点就是强调集中统一和严格按照上级政策办事,以下级服从上级、百姓权利服从国家权力为天职。在此种情况下,群众的权利(人权)及自由、自治和法治被当作资产阶级的腐朽观念而不断被批判和抛弃;法学则变成"专政"学科,乃至于公开宣布"人治"的"优越性"①。最后一个原因,是当时所面临的国内外的政治紧张形势。国际上,在"两大阵营"激烈对峙和军备竞赛的条件下,新中国成立不久就发生了抗美援朝战争;在国内还要搞镇反、土改、"三反"和"五反"等大规模政治运动。这一切都迫切要求我们要在极度危难的环境中加快恢复国民经济,创造国家生存的物质条件。显而易见,完成这种艰巨的任务,没有高度中央集权是不能奏效的。于是国家主义意识便轻车熟路地直接派上用场②。后来,虽然步入和平经济建设时期,但这套习惯的思维进路理所当然地成为永远"正确"的万应灵丹。谁敢加以质疑和反对,谁就会被打成"资产阶级右派分子""右倾机会主义分子",甚至"反革命分子"。

　　"文化大革命"以后,与时俱进的马克思主义代表者邓小平,以敏锐的政治头脑反思既往毛泽东时代的经验与教训,提出符合时代潮流的"改革开放"的倡议。在经济方面,他认为社会主义就是要"解放生产力","关键是发展经济"及走"共同富裕"的道路③。为达到此目的,他在国际共产主义运动史上进行了史无前例的突破,大胆地提出在社会主义社会的初级阶段,必须实行市场经济。在政治方面,邓小平认为,过去是"离开民主讲集中,民主太少",认为应该强调"个人的民主权利"④。可是他在1989年针对人权问题的谈话时,却强调:"国权比人权重要得多。"⑤这个论断,对于反对个别西方大国以人权为借口干涉第三世界国家内政,推行霸权主义,以及对于国内主权对人权的管辖而言,是重要而且有道理的。不过,鉴于人权既是关乎马克思主义基本原理,又是关乎当今全球注目的焦点问题,我们对邓小平的这一人权谈话必须作具体的分析,必须把它同马克思主义创始者的观点衔接起来,予以全面的理解。应该十分清楚地知道,该谈话是他在个别场合中,针对具体情况而作出的特殊判断。所以,绝不可像某些个别人权研究者那样,进行直观的、片面的理解和解释,认为这就是邓小平人权观的完整体系。换言之,绝不能把这个命题等同于马克思主义人权观的一般判断。犹如我们已经大量接触到的马克思主义经典作家所论述的——他们从来没有也根本不可

① 参见吕世伦、贺晓荣:《国家主义的衰微与中国法制现代化》,载《法律科学》,1999(3);吕世伦、张小平:《中国法律文化传统与国家主义》,载《金陵法律评论》,2001年春季号。
② 吕世伦、张小平:《中国法律文化传统与国家主义》,载《金陵法律评论》,2001年春季号。
③ 《邓小平文选》第3卷,373页,北京,人民出版社,1993。
④ 《邓小平文选》第2卷,144页,北京,人民出版社,1994。
⑤ 《邓小平文选》第3卷,345页,北京,人民出版社,1993。

能将人权(权利)问题视为属于纯粹各民族国家内部范围的事情。就现实来说,它也不是一个单纯的、民族国家内部的事务,我们签署联合国的一系列的人权宣言和公约的事实就是明证。所以,如果一般地、没有区分地认为"主权高于人权",那就离开了马克思主义关于解放全人类、实现人类普遍权利的原理,离开了科学社会主义的题中应有之义,并且也与新世纪的滚滚潮流相背离。

在笔者看来,目前中共中央先后提出的以人为本的科学发展观、构建社会主义和谐社会乃至和谐世界的主张,以及按照人权(权利)精神改造国家立法、执法与司法,重视"社会法"的地位,倡导社会自治,在快速发展经济的基础上弘扬公平正义……所有这些都是社会主义社会本质的客观要求。从终极意义上说,它们对于经历长期过程而逐渐实现"一个更高级的、以每个人的全面而自由的发展为基本原则的社会形式"①,或者"这样一个联合体,在那里,每个人的自由发展是一切人的自由发展的条件"②的人类普遍权利的、符合社会文明运行规律的伟大理想,也是不可或缺的。

四、结论

(一)对权利与权力关系历史规律考察的结论

第一,最初的人类社会不曾存在权利与权力。后来,在简单产品交换中才形成权利;而权力则是社会分裂为阶级以后追随权利而逐渐出现的。权利先于权力,并且是权力的决定与推动力量。

第二,在人身依附关系的社会里,掌握权力的少数强势者垄断权利,完全剥削或大部分剥夺广大劳动群众已有或应有的权利。

第三,资产阶级革命产生的权力是"人民主权",即承认政治上、法律上全体居民是最终的权力拥有者,国家只是这种权力运行的机构;人民通过行使选举权产生官吏。所以,由权利直接创造权力,是历史上权利与权力关系的一大进步。但是,这种权力不能消除资本拥有的事实上的、特殊的权利与权力。

第四,第二次世界大战爆发后,西方发达国家开始实行多元民主制,使权力逐步分散化,逐渐向着真实的"人民主权"转化;同时实行"福利国家"制度,逐步向社会弱势群体利益倾斜。其中包含着某些权力回归权利的社会主义因素,并客观上为社会主义的实现准备了更多的条件。但资本主义并不能、至少至今还没有为此提供更多的东西,即没有本质上的变化。

第五,社会主义的应有状态是,在有效地解放生产力和发展生产力的基础上,为群众(市民)不断提供越来越多的财富并对财富进行均衡的分配和再分配,以实现"共同

---

① 《马克思恩格斯全集》第 23 卷,649 页,北京,人民出版社,1972。
② 《马克思恩格斯选集》第 1 卷,294 页,北京,人民出版社,1995。

富裕"。但由于生产力发展水平的限制及与之相应的群众觉悟水平的限制，社会主义初级阶段还不能在短时期内摆脱形式平等、事实不平等的"资产阶级式的权利"，离完全的平等还有很大一段距离。这里的关键问题是，必须设法保证遏制两极分化，避免导致西方国家19世纪那种贫富两极分化，使资产阶级式的权利重新变成资产阶级对权利的垄断。很明显，这种可能性在社会主义市场经济体制下比在计划经济体制下大大地增加了。社会主义权力属于全体公民，这种权力通过国家机关来实行，而法治则是最基本的手段。因此，对社会主义国家而言，民主和法治是不言而喻的事情。不过，正如马克思所说，权利永远不能超出社会的经济结构以及由经济结构制约的文化发展①。因此，社会主义民主和法治的完善，取决于群众权利的水平，即归根结底取决于社会经济和文化的水平。

（二）对权利与权力关系理论和法理考察的结论

第一，马克思主义关于权利与权力关系的核心观点在于，权利属于社会范畴，权力属于国家范畴。社会决定国家，也就是权利决定权力，而非相反。共产主义是通过权力（无产阶级专政）和法律消亡，实现普遍权利的途径来达到的。

第二，马克思主义创始人从无产阶级国际主义出发，认为以往的运动是少数人为了少数人利益进行的运动，而社会主义—共产主义运动则是大多数人参加的，为大多人谋利益的运动。如果说资产阶级的人权（权利）要求"很自然地获得了普遍的、超出个别国家范围的性质"②而具有国际性的话，那么"没有祖国"的无产阶级争取人权（权利）的斗争，不可避免地一开始就是超越国界（国家权力范围）的，其目标就是实现解放全人类和实现普遍权利。

第三，马克思、恩格斯和列宁先后指导的三个"共产国际"的章程与行动纲领中，既要求世界革命的无产阶级承认和支持弱小民族国家实现独立和内部人权的民主性运动，更强调普遍权利的国际性。

第四，作为联合国发起者之一的中国，曾签署《联合国宪章》《世界人权宣言》《经济、社会和文化权利国际公约》《公民权利和政治权利国际公约》等一系列人权文件。这些文件是符合人类利益和中国人民利益的。因此，对中国而言，这种行为绝不是一时的权宜之计，即应该看成是同马克思主义经典作家关于人权的理论精神及其预测的人类文明发展规律相一致。

第五，当前党和国家领导集体提出的构建"社会主义和谐社会"和"和谐世界"的主张，对协调国家关系、遏制各国官方当局滥用权力，使权力良好地服务于人民群众的权利，是大有裨益的。

总之，权利是目的，权力是手段，目的总是高于手段的。

———————————

① 《马克思恩格斯全集》第19卷，22页，北京，人民出版社，1963。
② 《马克思恩格斯选集》第3卷，447页，北京，人民出版社，1995。

第二节 权利义务关系考察

按照客观的社会运行规律,一部人类史就是一部生产发展史,这是从物质财富的生产和再生产的角度得出来的结论。人类只有不断地进行生产才能维持自身的生存。换一个角度,人类史又可看作是一部消费的历史。从对社会产品的总体而言,如果说,生产是付出劳动的义务,消费则是权利即享受劳动产品的权利。人类历史是生产与消费交织在一起,也是权利义务融合在一起的历史。

正是在这种意义上,而且仅仅在这种意义上,自从有了人类社会,就有了权利义务关系。可以说,是否存在权利义务关系,是人类社会区别于动物群体的一大标志。不过,在人类社会发展的不同阶段,个人可以从他人、从社会那里换取什么并相应地应该给予什么,是很不相同的,这便形成了权利义务关系的不同历史形态。从这一角度讲,一部法律制度史本质上就是权利与义务的矛盾及其演变的历史。

一、权利义务关系的理论

(一) 马克思主义经典作家的基本观点

1.阶级社会里,权利具有阶级性。

早在 19 世纪 40 年代,马克思就多次论及权利义务问题。他认为,阶级社会中不存在什么抽象的权利,因为"权利永远不能超出社会的经济结构以及由经济结构所制约的社会的文化发展。"在原始社会,人们还没有明确的权利义务的观念,权利与义务都自然地融入于氏族社会的习俗中。在奴隶制社会中,奴隶只是会说话的工具。列宁在《论国家》中讲到:"在奴隶占有制国家内,有君主制、贵族共和制,甚至有民主共和制。管理形式确实极为不同,但本质只有一个;奴隶没有任何权利,始终是被压迫阶级,不算是人。"①在封建社会,地主阶级对剥削形式稍有改动,农民开始享有一定权利。"农民可以用一部分时间在自己那块土地上工作,他在某种程度上是自由支配自己己了……但始终只是农奴主—地主才算是统治者。农奴制农民根本没有任何政治权利。"②资本主义社会中,资产阶级法律中关于公民权利和义务的规定,都是在经济上、政治上占统治地位的资产阶级意志的体现和反映。由于人们在政治、经济生活中所处的地位不同,从而决定了权利和义务的长期分离和对立。正如恩格斯所说:"如果说在野蛮人中间,像我们所能看到的那样,不大能够区别权利和义务,那么文明时代却使这两者之间的区别和对立连最愚蠢的人都能看得出来,因为它几乎把一切权利赋予一个阶级,另

---

① 《列宁选集》第 4 卷,49—50 页,北京,人民出版社,1972。
② 《列宁选集》第 4 卷,50 页,北京,人民出版社,1972。

方面却几乎把一切义务推给另一个阶级。"①马克思在《国际工人协会章程》中指出："工人阶级的解放斗争不是要争取阶级特权和垄断权，而是要争取平等的权利和义务，并消灭一切阶级统治。"②这里，马克思明确地将权利义务与阶级统治联系起来。

2."没有无义务的权利，也没有无权利的义务"

马克思主义历来认为，所谓"权利平等"不是仅就权利一方面而言的，还含有义务的一面。要坚持权利义务间的辩证统一。二者是互为条件的，一个人在享受权利时，必须履行相应的义务；而在他履行义务时，也意味着享有相应的权利，二者不应脱节。在1864年10月马克思为第一国际起草的《协会临时章程》中，对权利义务的这种关系作了概括，即"没有无义务的权利，也没有无权利的义务。"马克思、恩格斯通过对资产阶级社会的"平等权利"的透彻分析，指出：要根除权利义务相脱节的不合理现象，就必须消灭私有制。只有社会主义社会，消灭了阶级，人民成为国家的主人，权利义务才真正实现了一致、统一。即任何人，如果不尽法律上的义务，就不能享受法律上的权利；要享受权利，就必须履行自己应尽的义务。

3.义务与权利有同等价值。

恩格斯在1891年针对德国社会民主党的《爱尔福特纲领》中的不正确提法，"提议把'为了所有人的平等权利'改成'为了所有人的平等权利和平等义务'，等等。平等义务，对我们来说，是对资产阶级民主的平等权利的一个特别重要的补充，而且使平等权利失去地道资产阶级的含义。"③这些都表明对义务的看重，将其与权利看成平等地位。斯大林在关于苏联宪法草案的演讲中，认为劳动不仅是公民的权利，也是每个有工作能力的公民按"不劳动者不得食"这一公式履行的义务和光荣职责④。

(二)西方学者的看法

在人类古文明发祥地之一的古希腊，当时在社会上并没有发展出明显的权利观念，思想家并不讨论权利问题。他们在哲学和政治学范围内所探讨的，是关于什么是正当的或什么是正义的问题，即在人们相互冲突和重叠的主张间，确定正当及正义。这只是当时社会确立的或法律上被承认的道德义务，还未上升到法律权利的境界。

古罗马文明在法律、法律制度及法律观念上的进步，开始把法律上关于什么是正当和正义引到权利观念上。凡是法律上即政治上组织起来的社会通过强制力系统实施的社会规范来支持的正当或正义的事情，便被认为是法律上的权利。但他们并未从中抽象出明确的权利概念。现代翻译为权利的拉丁字母jus，在罗马法书本中有十种意义，其中四种接近现在的理解，此时权利一词的含义仍处于非确定状态。中世纪，首次明确解析权利的当属托马斯·阿奎那，他从自然法的角度把人的正当要求称为"天然

---

① 《马克思恩格斯选集》第4卷，178页，北京，人民出版社，1995。
② 《马克思恩格斯选集》第2卷，609页，北京，人民出版社，1995。
③ 《马克思恩格斯全集》第22卷，271页，北京，人民出版社，1965。
④ 《斯大林选集》(下卷)，400页，北京，人民出版社，1979。

权利"。至 17、18 世纪,资产阶级提出的"自然权利""天赋人权",得以广泛传播。在美国的《独立宣言》、法国的《人权宣言》中权利观念得以肯定。此后将权利义务问题放到重要位置的是德国哲学家康德、黑格尔。康德第一次将权利义务划分为道德权利和义务与法律权利和义务,并指出道德权利、法律权利分别属于应然领域与实然领域。19世纪中期以后,权利义务作为法学的基本概念提出来,英美分析法学家开始用批判的眼光看待自然权利理论,认为法律产生了权利。20 世纪初,西方法学家开始注重分析权利包含的丰富内容,并将权利与义务结合起来研究。美国著名的分析法学家霍菲尔德(W. N. Hohfeld)对权利义务进行分析,认为权利和义务是法律的最低公分母,由此表达对权利义务的重视。他将权利—义务关系通俗地表述为"我主张,你必须"。霍菲尔德对权利义务的论述对西方国家产生了深远影响。在霍氏稍早前,西方出现了权利虚无主义、义务独尊或唯义务论思潮,有代表性的是法国社会学家孔德。他认为,每个人只有义务,而且是对一切人的义务。德国法学家拉德勃鲁赫指出:人们只有服从社会的义务。美国著名法学家庞德在 20 世纪 40 年代对权利作了更系统的研究,认为权利一定意义上指一种创设、改变或剥夺各种狭义法律权利从而创立或改变各种义务的能力。

在西方政治理论中,关于权利义务的解释较为典型的有"利益说""法力说""规范说""要求说""选择说"。第一,"利益说"。"利益说"的代表人物是德国法学家耶林(Rudolph von Jhering)。"利益说"认为,权利的基础在于利益,法律所承认和保障的利益就是权利;而义务则是实现权利主体利益的手段。此说的支持者还有当代西方的拉兹(J. Laz)、麦考密克(D. N. MaCcormick)等,他们论证说,权利不可缺少的要素是法律保护或促进一个人的利益,使之免受他人或社会的侵害,办法是为后者设定对权利主体的义务或责任。如果只有义务人作出有利益性质的某种作为(或不作为),就可以说有一种权利。只有在某人的利益本身被认为足以证明别人有义务以某种形式促进这种利益时,才可以说他拥有这种权利。在功利主义的体系内,所有的义务都被认为是促进另一人或另一些人的利益而规定的。"利益说"注意到了权利的价值和目的,把权利的主张归结于满足主体的物质性需要,显然是唯物的。但事实上,权利与利益是不能完全等同的,并非所有的利益都是权利。如那些被个人垄断的利益就不能简单地说成是权利,因为权利的垄断,意味着权利者享有不履行义务的特权,妨害他人能够享有同样的权利。而且,权利只是利益获得的手段,利益才是目的。第二,"法力说"。"法力说"起源于英国的洛克和法国学者卢梭,由德国法学家梅克尔(A. J. Merkel)系统阐发。"法力说"认为,权利是由法律和国家权力所保证的、人们为某种利益而从事活动或改变法律关系的能力或权力,义务则是对法力的服从或为保障权利主体的利益而对一定法律结果所应承受的影响。后来,霍菲尔德指出,权利在某种意义上指一个人通过一定行为或不行为而改变法律关系的能力或权力。"法力说"强调了行使权利的意志或行为所发生的结果,而不是意志或行为本身,权利不是目的,而是手段,权利的实现,不一定要靠义务主体相应的作为或不作为,而是靠权利主体依据法律的规定,主动地或通过司法(诉讼)的途径来行使自己的权利。不可否认,从纯法律意义上说,"法力说"有其合理意义。但它未指出权利的真正目的,也未能说明权利由法律和国家赋予的根据本身是什么。第三,"规范说"。"规范说"认为,权利是法律规范所保障或允许的能够作出一定行为的尺度;义务是法律规范为满足权利人的权利而要求义务人作出必要行为的尺度。其优点在于指出权利和义务都是有限度的。但该说将权利、义务用界限或尺度本身来说明,是不科学的。事实上,无论是权利还是义务,其界限是由对方来确定的,而不是其自身。第四,"要求说"。"要求说"的代表人物是美国的费因伯格(Joel Feinberg)。"要求说"认为,权利是一种有效要求权,而要求权是权利之宣告;义务是被要求的对象或内容。权利义务具有相关性,对每项权利来说,都有与之相关的义务,如果某人的主张无人应答,则其主张就不能称为权利。"要求说"将权利看作要求,是不准确的,因为有些权利(如婴儿的受抚养权)是不必作为要求提出的。第五,"选择说"。"选择说"的代表人物是哈特(H. L. A. Hart)。他从主观方面来认识权利,强调权利体现一种选择的自由。认为,权利意味着特定的人际关系中,法律规则承认一个权利主体的选择优于义务主体的选择或意志。即某人之所以享有某种权利,取决于法律承认它对于某一标的物或特定关系的选择优于他人的选择。正是法律对个人自由和选择效果的承认,构成了权利观的核心。该学说看到了权利相对于义务的可选择性、主体性、优越性及对于实现主体的利益和自由的积极意义。但将选择作为权利的普遍特征显然是片面的,并非所有的权利都可选择的(例如亲权、受教育权、劳动权、服兵役权等)。

(三) 中国学者之间的争论

权利义务问题,历来受到中国学者们的关注。在我国的古籍中早有关于权利的记载,如《唐书》中有"不喜交权利"的话,指权势、权力和利益,并不是现代意义上的权利。此外,在古代很早就出现"法"和"律"两个字,意思是正义、标准、模式、尺度,并不含权利的意思。汉字"权"虽在用来指度量标准时含有正义的意向,但多用来指"官方的权威和权力",多与其他字连用表示这种意向。"权"在儒家经典中被认为是与"义""礼"对应的概念,表示社会共同利益,而利则表示个人(私)利益。孔子说的"君子喻于义,小人喻于利",就是指这两种对应利益的用法。可见,单从"利"的意义上看,已经比较接近现代"权利"的意义,但远非准确概念。

我国在 20 世纪 30 年代就有学者提及权利义务关系:"权利义务,如影之随形,响之随声,在法律上具有相互之关系,故权利之所在,即义务之所在,义务之所在,亦为权利之所在。"①较早提到权利本位、义务本位等概念的是梁启超。他认为,无论是权利本位,还是义务本位,都局限于私法领域,与罗马私法相联系。"近世各国法律不取义务

---

① 欧阳溪:《法学通论》,290 页,上海,上海会文堂新记书局,1933。

本位说,而取权利本位说,实罗马法之感化力致之。夫既以权利为法律之本位,则法律者,非徒以限制人民权利之用,而实以为保障人民权利之用。"①1930年朱采真在《法律学通论》中,较全面论及了法本位问题:"国家组织一日日强固起来,才有以正义的法为基础的法律观念,这种法律却是以义务为本位。近世权利的法律思想十分发达,须要归功于德国学者,因为他们首创法学是权利之学,像《权利斗争论》,倡权利本位说,说是权利的目的在平和,权利的手段在斗争。"1931年,当时著名法学家张知本在《社会法律学》中写到:"在法德意诸国,所谓法律一语,同时又是表示权利之意义,而现代一般通说,亦均以为法律与权利同时存在,而法律现象,其本位即是权利。""封建时代义务本位之法律,其所谓义务者,是多数人尽忠于少数人之义务,而与现代所谓义务本位之意义各有不同耳。现代义务本位者,其义务乃履行社会职责之义务,故可称之为社会本位,而权利本位,即称之为个人本位。由义务本位进于权利本位,再由权利本位复返于义务本位,乃是循着社会进化之阶段而向前发展。故今日之义务本位,虽形式上是复返于昔日之义务本位,而内容上则今昔悬殊也。"②这里,张知本对法本位问题作了相当全面的论述。不仅看到了法律与权利的关系,而且讲到了义务本位、社会本位及法本位发展的规律。到40年代,更加强调权利义务并重的观念。龚铖认为:"法律以权利为本位,抑以义务为本位?亦属讨论法律之先决问题。……最普遍的观念,以为法律乃是建立于权利并义务两者之上。同一法律规则,创造权利,亦即产生义务,创造义务,亦即产生权利。"③

张光博所著《法论》,第一次提出法学的核心,应围绕权利和义务展开。但对权利义务问题讨论最为激烈的,当属1988年6月于长春召开的"全国法学基本范畴研讨会"上,与会学者在这一点上达成共识:以权利义务范畴重构法学理论体系。但在另一问题上争议很大:即这对范畴中,何者居矛盾的主要方面?随后基本上形成三种观点:"权利本位""义务重心""权利义务无本位"。①"权利本位说"认为,全部法的问题都可归结为权利义务。法是以权利为本位的,即法是以权利为其起点和重心。其特征为:在权利与义务的关系上,权利是目的,是第一性的,义务是手段,法律设定义务的目的应当在于保证权利的实现。义务是权利的对象化,通过权利表现自身价值,义务来源于、服务于并从属于权利。②"义务重心说"认为,关于法本位的讨论应严格局限在实在法效用的实现借助于何种规范手段的范围内,当法的价值目标已经确立而实际的法律规范体系却背离它时,对于法学家讲,就必须考虑如何改造法律规范体系使之与已设立的价值目标相一致,而不是去提问"法律权利应该是什么"和解决以什么为法的本位的观念问题。法律只是实际上被遵守才具有实效。因此法的重心在于义务,义务

---

① 梁启超:《论中国成文法编制之沿革得失》,载范忠信选编:《梁启超法学文集》,174页,北京,中国政法大学出版社,2000。

② 转引自吕世伦、张学超:《权利义务关系考察》,载《法制与社会发展》,2002(3)。

③ 龚铖:《比较法学概要》,161页,北京,商务印书馆,1947。

比权利更具有决定意义和更大的实用价值。③"权利义务无本位说"认为,权利和义务是法的核心问题,不存在以谁为本位的问题。撇开法律赋予谁以权利和加给谁以义务这一本质问题,讨论法以谁为本位是没意义的。本位说的根本缺点在于将权利义务关系绝对化,是以重点论否定两点论。事实上不存在固定的权利本位或义务本位,作为矛盾统一体的各方地位依条件而变化。尽管三方争论得难解难分,但在一些重要问题上事实上是一致的,在前提上都承认权利义务最终的不可分割或统一。而且假如将三方表面对立的观点联系起来,会发现一种形式的"统一":在法规范要素中的权利义务的统一——在确定立法原则中的权利本位—在法实效中的义务重心。

二、权利义务关系的基本历史形态

(一) 原始社会——权利义务的未分化状态

著名人类学家摩尔根把人类的史前史分为三个时期——蒙昧时代、野蛮时代、文明时代,同时对每一个时代都做了考察。对印第安人日常生活中的权利义务给予了充分肯定:"它的全体成员都是自由人,都有相互保卫自由的义务;在个人权利方面平等,不论酋长或酋帅都不要求任何优越权;他们是由血亲纽带结合起来的同胞。自由、平等、博爱,虽然从来没有明确表达出来,却是氏族的根本原则,而氏族又是整个社会制度的单位,是有组织的印第安人社会的基础。"①原始社会,人们的权利义务是结合在一起的,权利没有同义务分离成为某些人专有的特权,义务也从未同权利分离开来成为某些人的额外负担。

权利和义务是一个历史范畴,它在人类社会形成之初并不存在,也不会永远伴随着人类社会的发展而发展,而只和人类社会发展史的一个特定阶段相联系,这个阶段就是阶级社会或文明社会的阶段。在原始社会的早期,由于生产力的极端落后,人与人之间存在着整体的血缘的依赖关系,彼此尚没有实质性的分化,没有"你的和我的"观念——在这点上,他们同动物种群相距还不太遥远。在这种情况之下,社会权利与义务的划分是断无可能的。对此,恩格斯有过精辟的结论。他指出:"在氏族制度内部,还没有权利和义务的分别;参加公共事务,实行血族复仇或为此接受赎罪,究竟是权利还是义务这种问题,对印第安人来说是不存在的;在印第安人看来,这种问题正如吃饭、睡觉、打猎究竟是权利还是义务的问题一样荒谬。"②恩格斯的这一论断并不是随便说出,而是有大量的科学资料为根据并经过长期的研究作出的。即使从理论逻辑上也不难推断,在人们连权利义务观念都不存在的情况下,怎么会有事实上的权利义务关系呢。后来,伴随生产力的发展,主要是商品(产品)交换制度的形成,在氏族和

---

① 《马克思恩格斯选集》第4卷,87页,北京,人民出版社,1995。
② 《马克思恩格斯选集》第4卷,159页,北京,人民出版社,1995。

家庭内部,首先出现了"隐蔽的奴隶制"社会上也逐渐产生了因高利贷而发生的债务上的权利义务关系。这些零星的权利义务关系,是靠以占有生产条件的经济优势和自发的经济强制力来维持的。就是说,对这种初期的权利义务形态的社会调整机制是新形成的习惯规则,即习惯的权利与义务,同后来法律的权利与义务有性质的不同。

(二)奴隶社会和封建社会——义务本位制

前资本主义社会(奴隶社会和封建社会)的共同点在于,它们都是建立在不同于原始社会的那种以"人的依赖关系"为基础的社会。到了私有制出现后的阶级社会,奴隶制的生产关系成了社会赖以存在的基础,国家代表奴隶主的利益,把维持这种生产关系的意志上升为国家意志,以法的形式普及于全社会,使之一体遵行。这样,奴隶制的权利义务关系就以法的形式定型化、权威化。在奴隶制国家中,奴隶主享有绝对特权,他们对社会财富的占有,对奴隶的使用、买卖和处置,都是以奴隶的绝对无权为条件的。奴隶只是"会说话的工具",是奴隶主的财产,完全是权利客体,谈不到任何权利。奴隶主享有的占有社会财富的物权,完全是由奴隶的劳动创造的。这种奴役与被奴役的关系,是由奴隶在生产活动中所处的地位,即对奴隶主的完全人身依赖关系决定的。既然在奴隶制的法律关系中,奴隶是一种客体(物),而非主体,那么他们与奴隶主之间就根本不存在权利与义务关系的问题。如果承认奴隶有义务,那就意味着他们也有权利,意味着他们也是法律关系的主体了。因为,权利也好,义务也好,它们都是不可分割地成为法律关系主体之间的意志与行为的内容。哪里没有权利,哪里就没有义务;反之,哪里没有义务,哪里就没有权利。由此可知,奴隶社会中的权利义务关系,仅存在于自由民之间。在奴隶制时期,社会生产分工得到一定程度的发展,出现简单的商品(市场)经济,从而在习惯上、道德上以及法律上权利与义务的划分已经明晰。但是,这种有限的经济水平尚不足以使个人自由摆脱整体主义的控制,个体对家庭、宗教,尤其是对政治国家都没有独立性,即使是个体与个体的关系也是从属于整体的。这种情况,在中国表现为家长式的宗法制度和家国一体的观念;在古希腊国家,表现为城邦主义。按亚里士多德的说法"人天然是城邦的动物",城邦(国家)是人民生活的基本内容,个人的权利是微不足道的。至于古罗马国家,尽管罗马私法对权利义务关系已作出比较系统的规定,但它们毕竟还是要无条件地服从体现整体"正义"的自然法精神。例如,《十二表法》就明定:家庭中的成年男性亦须受家长的任意处置,直到把他出卖为奴隶。所以,相对义务而言,权利的地位是极其有限的。

在封建社会,除了奴隶制社会里大多数特权继续存在以外,作为被剥削阶级的农民已经具备作为权利主体的资格,他们享有残缺不全的人身权利,有了一定程度的人身自由权、财产权和政治权利。但封建社会的社会关系的实质,是封建主阶级对农民阶级的剥削关系,这时的权利义务关系不过是这种剥削关系的体现。封建制法,作为防止越制犯科的禁令,要求被统治者守法,以达到维护统治阶级享受特权的目的。除了农民阶级与封建主阶级的对立而外,统治阶级内部也有森严的等级划分。权利主要属于在上的等级,义务主要属于在下的等级。还有乡村统治城市,教会奴役教众,师傅压迫帮工,等等。概言之,到处都是主宰者与服从者的关系。

从上述分析中,不难知道,不论奴隶制社会也好,封建制社会也好,在政治领域中只能是人治,连雅典的民主共和国也不例外(那里的"法治"对个人来说同样是专制性质的),在法律领域中只能是义务本位而不是权利本位。

(三)资本主义社会——权利本位制

资本主义社会是以"人对物(特别是金钱)的依赖关系"为基础的。近代以来,资本主义的近代化和现代化的大生产,创造了大规模的市场经济。在这种市场经济中,正像《资本论》所揭示的那样,"如果说流通从各方面来看是个人自由的实现,那么流通过程就其本身来看,也就是从它的经济形式规定来看,则是社会平等的充分实现。"①经济上的竞争自由和资本平等,自然和必然地培养自由与竞争的社会意识,实现前所未有的个人解放,也出现近代意义上的民主和法治。至此,传统的整体本位便让位给个人本位。也就是说,现在,在社会(整体)与个人的关系中,已不再需要突出社会利益,而是需要突出个人利益。

马克思说:"人们奋斗所争取的一切,都同他们的利益有关。"②从前,利益主要是通过社会整体的主导者并为了这种整体(首先是主导者)而实现的;现在则主要是通过各个人并为了他自己而实现的,即"人人为自己,上帝为大家"。黑格尔早已清楚地认识到,典型的"市民社会"是权利的战场,人和人之间斗争的舞台③。利益的需要与满足本身就是权利,而权利(right)就是法。所以,资本主义法必然属于资产阶级的"各个个人借以实现其共同利益的形式"④。由社会关系特别是经济关系中的个人本位的客观事实所决定,在整个资产阶级法律关系中,一定是权利本位的。

资本主义社会经济领域的个人本位和政治法律领域中的权利本位,比之于奴隶社会和封建社会的整体本位和义务本位,具有重大的社会历史进步意义。它有力地调动各个个人的主观能动性,推动商品货币经济的大发展,使劳动生产率获得空前迅猛的上升。但从本质上看,这种个人本位是资产阶级个人主义的,这种权利本位主要是维护"资本奴役劳动"的权利。

(四)社会主义社会——通向权利与义务复归一致的道路

未来的人类理想社会是以人的全面发展和全体居民占有全部社会财富的自由个

---

① 《马克思恩格斯全集》第 46 卷(下),473 页,北京,人民出版社,1979。
② 《马克思恩格斯全集》第 1 卷,82 页,北京,人民出版社,1956。
③ 参见[德]黑格尔:《法哲学原理》(中译本),309 页,北京,商务印书馆,1996。
④ 《马克思恩格斯全集》第 3 卷,70 页,北京,人民出版社,1960。

性为基础,是各个人的自由为每个人自由前提的"自由人的联合体"①。就是说,它彻底地摆脱了一切人对人的依赖关系和人对物的依赖关系,而使权利与义务复归统一。但是,社会主义社会只是通向这个理想目标的一条道路,而且是一条极其漫长和曲折的道路。

马克思和恩格斯,如同一开始就指出的那样,一再提倡用"权利平等和义务平等"来代替市民社会片面地强调权利平等的"权利本位"口号。社会主义社会的生产资料公有制、剥削阶级的消灭和人民当家作主,为实现权利平等与义务平等的统一奠定了物质的、政治的基础。这种统一性表现为:一是社会主义条件下,权利义务所代表的社会利益和意志是一致的;二是享有权利和义务的主体是一致的。我国宪法一方面对公民应享受的一切民主权利及人身自由权、财产权、劳动权、受教育权加以规定;同时,又规定公民应履行的各项义务。这就体现了权利与义务的统一。在社会主义社会,任何一个人,如果不尽法律上的义务,就不能享有法律上的权利;要享受权利就必须履行自己应尽的义务。

尽管到目前为止我国已存在着大量的权利平等和义务平等相统一的事实,但这些却只是局部的事实。其根本原因在于,社会主义社会在相当长的时期内,还必须大力发展市场经济。而只要搞市场经济,就不能违背商品货币运行的客观要求,就必然和必须实行权利本位,突出个人的权利要求。在这种情况下,义务则主要是作为实现权利的保证,而处于第二位。仅从这个领域来说,它同市民社会市场经济下产生的权利本位之间,没有本质的差别,即不存在"姓资姓社"的问题。可以讲,不搞权利本位,我们的经济体制改革和扩大开放,从而我国社会生产力的大发展,就一定会落空。不过,把社会主义社会关系和社会主义法律关系看作单纯的权利本位,同样是失之于片面的。因为,还存在着市场经济领域以外的大量的权利与义务统一的非"权利本位"的事实。

只有当社会生产力获得了极大的发展和人们觉悟水平得以极大提高,人类普遍的自由和平等真正成为现实的时候,才能谈到权利与义务的彻底的统一。但那时,再去讲权利和义务已不再有什么现实意义了。的确,这是一种遥远的理想,但并非不可企及。

三、简短的总结

从人类社会发展的总体历程上来讲,权利与义务关系呈现出以下特点:

(一)权利与义务关系,经历了统一——分离—统一的过程

在原始社会,由于当时的远古先民们个人利益与氏族整体利益是同一的,而且当

---

① 《马克思恩格斯全集》第46卷(上),104页,北京,人民出版社,1979。

时的社会交往仅限于氏族和氏族公社内部,因而人们的权利义务是结合在一起的,人人都是权利主体,也是义务主体。即,"在氏族制度内部,权利和义务间还没有任何差别"。后来,随着生产力发展,工具的改进,劳动生产率的提高,特别是三次社会大分工的出现,破坏了氏族组织内部的平等的血缘关系,建立了奴隶制国家。从此开始了权利与义务相互对立,并且在社会关系和法律关系中形成义务本位制。封建社会的法律"几乎把一切权利赋予一个阶级,另方面却几乎把一切义务推给另一个阶级",并实行严格等级特权制,同样是义务本位。资本主义社会的大规模商品货币经济创造了权利本位,义务被人们看轻了。资产阶级把权利与义务的对抗变得很模糊,法律对平等的肯定是通过设定具有普遍意义的、使所有的人都扮演共同的法律角色来完成的。但那里的权利本位,主要体现资本的利益要求。社会主义社会,以权利义务二者的统一为目标,但在市场经济领域中必须以权利为本位。

(二)权利与义务是对立统一的

黑格尔在论述对立统一关系时讲到:"每一方只有在与另一方的联系中才能获得它自己的规定,此一方只有反映了另一方,才能反映自己。另一方也是如此;所以每一方都是它自己对方的对方。"①权利义务的双方是既有区别又有联系,有对立的一面,又有深层次统一的一面。作为法学的一对基本范畴,权利义务是两个并立的、独立的概念,各自有特定的价值。权利表示利益,义务表示负担;一个是主动的,另一个是被动的。就此而论,权利和义务是法这一事物中两个分离的、相反的因素,彼此互相排斥。但同时,两者有内在的有机联系,不可分割。在我为权利,在他人就有不得侵犯我这一权利的义务;同时我履行了对社会的义务,才有条件实现我的权利。张文显教授在此论题上,提出权利义务的内在关系与外在关系的主张:在内在关系中,权利和义务都是直接相关的必要因素,它们不能孤立地存在或起作用;外在关系则是非相互参照、相互作用、直接相关的权利与义务联系②。

就权利与义务相互依存问题,有人提出,以法律规范为依据的权利义务概念,并不总是互相依存的。有的法律规定只有权利而无义务(如授权性规范),有的只有义务而无权利(如禁止性规范)。这当然是有其一定道理的。但我们认为,重要的在于,法学不能就法论法。法这一现象存在的依据,不应在法的领域中去寻找,而应该在经济领域中寻找。只要我们把近现代法律规范放到该社会的生产关系上来考察,就会发现,无论是权利,还是义务,都不会是孤立存在的。例如,我国宪法规定的劳动权利,如果放到社会制度中考察其立法根据,便不难发现,对于人民来说,它不仅是权利,也是义务。

① ［德］黑格尔:《小逻辑》(中译本),254页,北京,商务印书馆,1980。
② 参见张文显:《二十世纪西方法哲学思潮研究》,504页,北京,法律出版社,1996。

(三)权利与义务的绝对值是相等的

如果将权利义务视为社会和主体的需求的话,那么这种需求在绝对值上是相等的。对义务需求的增长,必然意味着对权利需求的相应增长。虽然权利的历史哲学是利己的,义务的历史哲学是利人的。但一个社会的权利总量与义务总量是对等的。"如果既不享有权利也不履行义务可以表示为零的话,那么,权利和义务的关系就可以表示为以零为起点向相反的两个方向延伸的数轴,权利是正数,义务是负数,正数每展长一个刻度,负数也一定展长一个刻度,而正数与负数的绝对值总是相等的。"①利己的权利表现为获取,利人的义务表现为贡献,在法定的利益——用法律分配的利益面前,一个人所获得的部分总是要与他的贡献的部分大体持衡(特权例外)。

(四)权利与义务何者为本位是变化的

本位问题实际上是指在两种或以上的价值目标中的侧重点,法律本位表明一个法律体系的终极关怀是什么或应该是什么的问题。在不同的历史阶段和具体条件下二者的主次地位可发生易位。如奴隶制和封建制法就采取以义务为本位,资本主义和社会主义市场经济领域中才提出权利本位。应该说,权利义务的主次地位的确定,必须是主客观条件相统一的结果。它取决于社会生活中根本的利益关系即生产关系、生产资料的所有制及经济资源配置方式②。就资本主义社会的权利本位而言,已经历三个历史发展阶段:其一,近代的个人权本位。这种本位是绝对的排斥国家积极干预公民权利生活的本位,是原始意义上的。其二,社会权本位。这种本位把国家从消极的地位变成积极的地位,国家干预公民的社会生活,干预权利、义务的整体分配。其三,当代的发展权本位。社会主义社会也有一个由权利平等义务平等的统一与权利本位二者的并存状态,向彻底的权利平等义务平等的统一状态转变的长期的历史过程。

(五)权利与义务归根到底是手段,而不是目的

权利与义务都是为一定社会实现其经济、政治、文化及秩序服务的。权利与义务关系实质上是社会个体间的利益关系。权利体现了法律承认和保护的个体利益,而义务则体现为对社会整体利益所要求的负担。权利意味着权利人可取得某种利益,而义务意味着义务人将付出某种利益。因而,权利与义务的关系的实质与核心为利益,利益才是目的性的东西。

总之,权利义务作为客观存在的现象,与客观世界的许多其他现象(如社会、经济、政治、文化、道德、人及人的本性等)都有密切联系。所以,只有将权利义务关系问题放到广阔的社会经济、政治等人文背景中研究,才是科学的。

---

① 徐显明:《公民权利义务通论》,65 页,北京,群众出版社,1991。
② 杨宗科:《法律机制论——法哲学与法社会学研究》,234 页,西安,西北大学出版社,2000。

第三节 人权的几个对应范畴

近几年来，由于理论禁区的逐渐放开，对人权的研究愈益走向深入。在这里，笔者拟对人权的几对范畴进行一些梳理与探索，进而在人权理论的研究上发表一点浅见，希望对当前中国的人权实践有所裨益。

一、人权与主权

在人权的众多范畴中，人权与主权的关系最为复杂，也最容易引起争议。之所以在这一问题上论争不断，乃是人们对这一问题赋予了太多的意识形态色彩，从政治实用主义出发，对本国的对内对外政策寻找理论依据。西方发达国家凭借其政治、经济上的优势对广大发展中国家开展"人权外交"。他们提出的口号是"人权高于主权""人权无国界"。可以在一定意义上说，霸权正在试图利用人权来控制其他主权国家，人权有堕落成霸权的正当化工具的危险。广大发展中国家面对西方大国咄咄逼人的攻势，他们往往更多地强调曾经受过外来侵略的历史，把自己定位成受发达国家强大的经济军事压力影响的弱者，"主权高于人权""人权是本国主权范围内的事"就成为这些国家抵抗发达国家的防御之盾。因此在当代世界，出现了这么一个复杂的局面，即"霸权削弱主权并以人权作为合法性根据，人权借助霸权来促进主权的自我变革，主权以抵制霸权为理由来限制人权活动，人权的法理本身却并不足以限制霸权的局面。"① 由于各种政治力量都把人权作为实现自身政治目标的工具，人权与主权的关系成为一个扑朔迷离的问题。对立的双方都以人权作为口号，以至"人权的神圣名义，不论其可能意味着什么，都能被用来维持或反对一个事物。""人权似乎什么都是，又似乎什么都不是。"② 发展中国家因为本身的被害者意识，通过强调国家主权来对抗发达国家的霸权是无可非议的，但是否就因此可以说"主权高于人权""人权是主权范围内的事"呢？二者之间存在一个非此即彼的关系吗？这就需要拨开笼罩在政治意识形态之上的实用主义面纱，披露出人权问题上的科学真理来。

虽然人权思想的萌芽在古代世界就已产生，如在古希腊悲剧作家索福克勒斯的作品中就出现了人权的影子，但现代意义上的人权理论却是从欧洲资产阶级革命期间产生的。而人权理论之所以产生，就是为了对抗公权力的。18 世纪开始的欧洲资产阶级革命，使个人权利日益受到重视。资产阶级民主的先驱们越来越感到，不受限制的专制主义君主对个人权利和自由是直接构成侵害的权力，因而出现了限制君主主权，甚

① 季卫东：《宪法新论》，222 页，北京，北京大学出版社，2002。

② Holleman, *The Human Rights Movement*, Preager Publisher, 1987, p. 4.

至否定君主主权的各种理论,人权就在这种情况下应运而生。古典自然法学派的代表洛克认为,君主的权力应受到限制,绝不能听任君主凭他的个人意志进行专制统治。他创立了人权理论,主张平等权、生命权、自由权、财产权等自然权利是与生俱来、不可剥夺、不能转让的。其后的卢梭则进一步否定了君主主权,他把暴政的出现看作人类社会不平等的顶点,主张用暴力推翻封建专制制度,建立市民阶级的国家,以维护市民阶级的民主和自由。卢梭创立了人民主权理论,认为人们为了保护自身的自由,才将自己置于公意的最高指导之下,这种公意的运用就是至高无上的主权。国家主权应属于人民。卢梭的思想对美国、法国等国的资产阶级革命产生了深刻的影响。第二次世界大战后,人权问题成为一个国际社会普遍关注的问题。法西斯主义对人权的残暴践踏让人们充分认识到对国家"利维坦"不加任何限制会造成惨烈的后果,人们普遍发出了保护人权的呼声。在联合国宪章中"重申对基本人权、人格尊严和价值以及男女平等权利和大小各国平等权利的信念",并将"不分种族、语言、宗教及性别,增进并激励对于全体人类之人权及基本自由之尊重"作为联合国宗旨的重要内容之一。继而,《世界人权宣言》规定:"人人有资格享有本宣言所载的一切权利和自由,不分种族、肤色、性别、语言、宗教、政治或其他见解、国籍或社会出身、财产、出生或其他身份等任何差别。"从此人权成为一个世界性问题,世界性的人权规约和各国的人权立法日渐增多和深化,人权保护的各种机构不断设立。可以毫不夸张地说,我们已进入了一个人权时代。

通过以上对西方人权思想发展脉络的简单梳理,我们可以看到,人权思想是对国家主权警惕的产物,它来自于对公权力的防范与不信任。人权与主权之间经常存在着一定的紧张关系,但也不能说二者的关系是完全对抗的。作为一种应然权利,人权的实现不可避免地要受主权的影响,包括促进或阻挠。在政治社会中,人权问题是无法摆脱国家的干涉的,尤其是人的政治权利和法律权利(公民权)本身就是国家规定和认许的权利。从这一意义上,而且仅只从这一意义上,有的人提出的"国家(主权)是人权的前提和基础"或者"主权高于人权"是可以成立的。但如果超出这个范围,此种命题就值得商榷了。在这方面,首当其冲的问题是人权真的来自于主权吗?事实情况恰恰相反。从发生学的意义上说,是人权产生主权,而不是主权产生人权:第一,在人权的三种存在形态(应然人权、法定人权和实有人权)[1]中,那些事实和可能的、可期待的应有人权才是主权的基础,而不是相反。第二,人民主权必须假设作为个体的人享有权利,正是这些享有权利的人的行为产生主权。两点是显而易见的,无法驳斥的。认为人权来自于主权的理论无非是基于这样的一个判断,即人权来自于主权者制定的法律,他们只承认法定人权这一种形态,而忽视了应有人权与实有人权。既然人权不是来自于主权,那么它的"前提和基础"是什么呢?我们认为,人权的"前提和基础"不能

---

① 李步云:《论人权的三种存在形态》,载《当代人权》,3页,北京,中国社会科学出版社,1992。

从国家那里去寻找，而必须从市民社会即统治阶级赖以生存的物质生活条件中去寻找。马克思在《资本论》中已经系统地揭示，早在原始社会末期开始的最简单的商品交换中，就已包含了"人的法律因素"即自由、平等、权利等。这就是人权的最早萌芽。而由国家借助法律来规定人权，那是很久以后的事了。继而，马克思在谈到资产阶级的"自然权利"和"政治解放"也就是资产阶级人权的实现时说：资产阶级的这些说教，"它把市民社会，也就是需要、劳动、私人利益和私人权利看作自己存在的基础，看作为需要进一步加以阐述的当然前提，所以，也就看作自己的自然基础。"①

从根本上说，人权与主权的关系就是社会（市民社会或经济国家）与国家（政治国家或公民社会）的关系。作为社会的异化，国家最后要将它吞噬的社会的权力归还给社会，实现国家向社会的回归，最终融入社会之中，被人类自由的联合体代替，这也是人类普遍人权的充分实现。在资本主义社会里，无产阶级不是一个特殊无权的阶级而是一个一般无权的阶级，它不能离开全人类，首先是广大劳动人民的利益而追求自己独立的利益。长远地说，无产阶级的最终目标是实现人类的普遍人权，国际的社会主义—共产主义运动，正是争取普遍人权的运动。因而，普遍人权理所当然地高于国家主权。在人权和主权的关系上，"主权是人权的前提和基础""主权高于人权"的宣传恰恰违反了马克思主义的基本原理。马克思恩格斯在他们的著作中多次反对国家迷信和国家主义。早在1843年《黑格尔法哲学批判》中，马克思就同黑格尔坚持的"国家是行进在地上的神"这种典型的国家主义作了彻底的决裂。在批判《哥达纲领》的过程中，他们强调要批判"自由人民国家"的废话。认为有国家就不可能有人的普遍自由，而主要是统治阶级的自由。在1881年的《〈法兰西内战〉导言》中，恩格斯针对在德国蔓延的国家迷信，指出："实际上，国家无非是一个阶级镇压另一个阶级的机器，这一点即使在民主共和制下也丝毫不比在君主制下差。国家最多不过是无产阶级在争取阶级统治的斗争胜利以后所继承下来的一个祸害……直到新的自由条件下成长起来的一代能够把这全部国家废物抛掉为止。"②列宁认为，恩格斯的论文"是专门用来反对流行于德国的'对国家的迷信'的，完全可以称为马克思主义在国家问题上的最高成就。"③同样道理，在阶级社会里，传统的国家仅仅是作为社会中一部分人即统治阶级实现其自身狭隘的人权（特殊人权），一般地排斥广大被统治阶级人权的手段，而不是实现全体人类人权的"中介"或"前提"与"基础"。所以，在整个人类历史的进程中，在总体上国家从来是普遍人权的障碍物和对立物。要实现普遍的、真实的人权，恰恰要求消灭阶级，进而要求消灭国家，进入共产主义社会，这就是人权发展的前景，也是我们的崇高理想。

"主权高于人权""主权是人权的前提和基础"的论点认识到，一国人民的人权保障

---

① 《马克思恩格斯全集》第1卷，442页，北京，人民出版社，1956。
② ［德］马克思：《法兰西内战》，12—13页，北京，人民出版社，1961。
③ 《列宁选集》第3卷，235页，北京，人民出版社，1972。

有赖于该国政府充分行使主权并为该国人民服务。但却忽略了这样一个事实,政府是人权的最大守护者,也常是人权的最大侵害者。西方人权思想的精髓,在于以人民主权代替专制主权,以人权来制衡国家权力,并寻求个人人权与集体人权的合理平衡,并把实现个人人权当作目的。片面强调"主权高于人权""主权是人权的前提和基础"会产生这样的后果,即只要拥有主权,任何国家,包括法西斯国家都可以成为保护人权的工具了。其实根据现代民主和法治的观点,国家主权只能来自于人民,人民把权力交给国家的目的就是为了保护自己的人权。如果国家对内破坏人民的人权,对外侵犯别国的主权,那么当年马克思主义创始人主张的它已经丧失了其合法性,变成侵犯人权的非法的国家权力,人民就有反抗这种暴政的抵抗权。孟子不是人民主权论者,但他的"暴君放伐"也包含了人民抵抗权的合理成分。另外,如果"主权高于人权"或者把人权囿于各民族国家的狭小圈子里,那么当年马克思主义创始人主张的无产阶级争取全人类解放和实现普遍人权的斗争不也就成了幻想了?

社会主义国家作为"半国家"或"消亡中的国家",向国家融入社会,即国家向消亡迈进了一步。这时的国家已不是原来意义上的国家,但是国家的异化还没有完全消除,还存在国家对人权造成侵害的可能性。近些年来,西方发达国家对发展中国家展开"人权外交",人权在一定程度上成为霸权主义推行对外政策的工具。面对这种情况,发展中国家面临着一个两难困境:既要保卫人权,又要维护主权,此时我们提出"主权高于人权"是可以理解的。但这种政治实用主义的口号是根本背离马克思主义原理的。对西方国家借助人权推行霸权主义的企图我们要有高度的警惕,对西方国家借人权口号干涉别国内政的行径要坚决抵制,坚决捍卫国家主权。但也不能因此走向另一个极端而提出"主权高于人权"论。正确的态度是在驳斥少数国家霸权行径的同时,严格按照马克思主义基本原理,强化对国内和国际的人权保护,维护人权事业的发展。千万不能重复"凡是敌人拥护的我们就反对"那种形而上学的思维方式。

二、人权与公民权

在人权和公民权的关系上,有的学者持一种实证主义立场,认为,"人权实质上就是公民权"[1]。人权是"对公民基本权利的一般称谓"[2],有的学者还主张一般不宜抽象地使用"人权"概念,而应代之以"公民的基本权利和义务"或"公民权"[3]。人权是否就是公民权呢? 如果二者是同一个事物,为什么在国际文件中它们是分别使用的? 如果不是同一个事物,那么二者又有什么区别,这种区别又是如何产生的呢?

---

① 吴家麟主编:《宪法学》,325 页,北京,群众出版社,1983。
② 《宪法词典》,5 页,长春,吉林人民出版社,1988。
③ 张光博:《坚持马克思主义人权观》,载《中国法学》,1990(4)。

人权是人作为人应该享有的权利，是人基于其自然属性和社会属性所享有的权利[1]。马克思认为人权在宏观上指具有"人类的内容"而排斥"动物的形式"的权利。所谓人权"无非是市民社会的成员的权利，即脱离了人的本质和共同体的利己主义的人的权利"[2]。就是说人权就是作为市民社会成员的权利，它与人们生活的社会和经济条件相联系。而公民权则是政治权利，这是"只有同别人一起才能行使的权利。这种权利的内容就是参加政治共同体，参加国家。这些权利属于政治自由的范畴，属于公民权利的范畴"[3]。为什么会产生这种区别呢？只有用"政治国家和市民社会的关系，用政治解放的本质来理解"[4]。国家是"从社会中产生又自居于社会之上并且日益同社会脱离的力量"[5]，表现为"虚幻的共同体的形式"。国家是社会的幻影，是社会的异化。社会与国家的分离，必然导致人权和公民权的二重化，这一点在资产阶级统治时期达于顶峰。资产阶级的"政治解放"就是资产阶级代表市民社会开展的对封建制度进行的革命，它使政治生活与市民社会互相分离。政治解放也使人分裂为政治国家的成员（公民）和市民社会的成员（私人）。政治国家的成员享有的权利是公民权，而市民社会成员享有的权利是人权。公民权就作为人权的异化而产生了。资产阶级政治解放本质上是人在政治上获得解放，获得自由，因而也是人作为公民获得解放，成为自由公民。资产阶级国家的政治宣言和法律都宣布"法律面前人人平等"，这就肯定了每一个公民在政治上平等，然而在资本主义社会中，"政治生活本身就是空中的生活，是市民社会上空的领域。"[6]既然政治国家是抽象的，那么公民权利作为政治国家成员的权利也不能不是抽象的。于是人便丧失其在社会中、在人权（作为市民权的人权）中所"固有的、真正的、经验的现实性"，而处于一种幻想的自由和平等状态。对资本主义社会而言，每个人通过自由竞争而获得私利的绝非平等的人权的真实内容，便被所有人都是平等的即在政治和法律上是平等的这一虚幻形式掩盖了[7]。

众所周知，人权和公民权两个概念，在人权经典文献和马克思主义经典著作中是区别使用的。如法国1789年《人权宣言》的全称就是《人权和公民权宣言》。马克思也说过："一个人有责任不仅为他本人，而且为每一个履行自己义务的人要求人权与公民权。"[8]"人权之作为人权是和公民权不同的。"[9]市民的权利是本源性的人权，公民权是第二性的人权。公民权作为一种政治权利，它的范围小于人权，是对部分人权的法定

① 郭道晖：《法的时代精神》，165页，长沙，湖南出版社，1997。
② 《马克思恩格斯全集》第1卷，437页，北京，人民出版社，1956。
③ 《马克思恩格斯全集》第1卷，436页，北京，人民出版社，1956。
④ 《马克思恩格斯全集》第1卷，437页，北京，人民出版社，1956。
⑤ 《马克思恩格斯全集》第3卷，37页，北京，人民出版社，1960。
⑥ 《马克思恩格斯全集》第1卷，343—344页，北京，人民出版社，1956。
⑦ 参见吕世伦：《法理念探索》，297页，北京，法律出版社，2002。
⑧ 《马克思恩格斯全集》第16卷，16页，北京，人民出版社，1964。
⑨ 《马克思恩格斯全集》第1卷，437页，北京，人民出版社，1956。

化,它的基础来自于应有人权。马克思指出:"各种最自由的立法在处理私权方面,限于把已有的权利固定起来,并把它们提升为某种具有普遍意义的东西,而在没有这些权利的地方,他们不去制定这些权利。"①立法的目的就在于将应有人权通过法律的形式变为公民权,使它的实现得到国家强制力的保证。如法国《人权宣言》规定,"一切政治结合的目的都是为了维护自然的和不可剥夺的人权"。马克思对此评论道:"人作为社会存在物的所处的领域还要低于他作为私人个体所处的领域;最后,不是身为'citoyen'(公民)的人,而是身为'bourgeois'(市民社会一分子的人),才是本来的、真正的人。""政治生活只是人权、个人权利的保证。"②马克思指出,在阶级社会里,大多数的人权不可避免地采取公民权的形式,并以公民权来保障,无产阶级要通过斗争争取自己的人权和公民权,那种主张无产阶级应放弃争取公民权的斗争是幼稚可笑的。

资产阶级"政治解放"产生了人和公民、人权和公民权的尖锐对立,这种对立正是政治国家和市民社会相分离的结果,是个人异化的结果和象征。政治解放实现的仅仅是有限的公民权(政治、法律上的平等权),而社会解放实现的却是普遍人权。要改变人类本质的二重化现象,就必须超越"政治解放"的狭隘性,用"社会解放"代替"政治解放"。在《〈黑格尔法哲学批判〉导言》里,马克思说,德国的解放"就在于形成一个被彻底的锁链束缚着的阶级,这个阶级的痛苦不是特殊的无权,而是一般的无权,它就不能再求助于历史权利,而只能求助于人权"③。历史权利主要属于剥削者少数人的,即一种特殊的或"复数"的权利。所以"德国唯一可能实行的解放就是宣布人本身是人的本质这一理论出发的解放","德国人的解放就是人的解放"④。马克思呼吁要建立一个扬弃人的异化,树立人的尊严的社会制度。"共产主义是私有财产即人的自我异化的积极的扬弃,因而是通过人并且为了人而对人的本质的真正的占有;因此,它是人向自身、向社会的(即人的)人的复归。"⑤随着每个人的自由发展是一切人的自由发展的自由联合体的实现,国家也就返回社会即返回构成社会主体的人民之中,公民权也返回人权之中,实现人对人的本质的全面占有,真正实现了"人的根本就是人本身"⑥,才能实现真正的"普遍人权"。

三、普遍人权与特殊人权

当代的普遍人权观念产生于人们对法西斯残暴践踏人权的反思,成型于战后人权

① 《马克思恩格斯全集》第1卷,144页,北京,人民出版社,1956。
② 《马克思恩格斯全集》第1卷,440页,北京,人民出版社,1956。
③ 《马克思恩格斯全集》第1卷,14页,北京,人民出版社,1956。
④ 《马克思恩格斯全集》第1卷,15页,北京,人民出版社,1956。
⑤ 《马克思恩格斯全集》第42卷,120页,北京,人民出版社,1979。
⑥ 《马克思恩格斯全集》第1卷,460页,北京,人民出版社,1956。

立法的过程,确立于 1948 年联合国《世界人权宣言》之中。冷战期间,西方国家以其为借口干涉别国内政,普遍人权原则在一定意义上演变为西方文化霸权主义的有机构成内容和有力工具。为了对抗西方国家的人权攻势,发展中国家便以建立在文化相对主义基础上的人权的特殊性与其抗衡。直到今天,人权的普遍性与特殊性仍然是国际政治舞台争论的焦点之一。

马克思主义倡导的人权具有普遍性现已得到大多数人的认可,但对于人权普遍性的所指,却有不同的表述方式。有人认为:"承认并肯定一切人权都起源于人所固有的尊严和价值,人是人权和基本自由的中心问题""即可理解为是对人权普遍性的说明"①。"'人权'一词意味着任何地点和任何时间的所有人的权利。"②尽管表述有异,但一般来说,"所谓人权的普遍性是指人权和基本自由是一种应当被普遍遵守和遵行的价值,这种价值的存在和实现对于任何国家、种族和民族的任何人是没有区别的,因而它具有普遍的属性。"③它主要包括如下三方面的内容:第一,"人"的普遍即人权主体的普遍。人权是作为人就平等地享有的权利。米尔恩对此论述道,"人权概念就是这样一种观念:存在某些无论被承认与否都在一切时间和场合属于全体人类的权利。人们仅凭其作为人就享有这些权利,而不论其在国籍、宗教、性别、社会身份、职业、财富、财产或其他任何种族、文化或社会特性方面的差异。"④人权来自于人的类的认同感。马克思指出:"人是类存在物"⑤,具有"类本质"⑥和"类意识"⑦,要过"类生活"⑧。也正如恩格斯在《反杜林论》里指出的:"一切人,作为人来说,都有某些共同点,在这些共同点所及的范围内,他们是平等的,就他们是人而言的这种平等中,引申出这样的要求:一切人,或至少是一个国家的一切公民,或一个社会的一切成员。都应当有平等的政治地位和社会地位。"⑨也就是说,人权是从人的本质和"共同特性"中引申出来的,是每个人都应当拥有的权利。1948 年《世界人权宣言》明确宣告:"人人有资格享受本宣言所载的一切权利和自由,不分种族、肤色、性别、语言、宗教、政治或其它见解、国籍或社会出身、财产、出生或其他身份等任何区别。"第二,人权的普遍性还表现在"权"的普遍,即存在一些共同的人权标准。人权之所以被称为人"权"必然意味着有一些基本

① ［荷］霍夫:《亚洲对人权普遍性的挑战》,载《人权的普遍性和特殊性》,11 页,北京,社会科学文献出版社,1996。
② ［美］亨金:《人权概念的普遍性》,载《中外法学》,1993(4)。
③ 参见李林:《跨文化的普遍人权》,载《市场社会与公共秩序》,84 页,北京,生活·读书·新知三联书店,1996。
④ ［英］米尔恩:《人的权利与人的多样性——人权哲学》,2 页,北京,中国大百科全书出版社,1995。
⑤ 《马克思恩格斯全集》第 42 卷,95 页,北京,人民出版社,1979。
⑥ 《马克思恩格斯全集》第 42 卷,97 页,北京,人民出版社,1979。
⑦ 《马克思恩格斯全集》第 42 卷,97 页,北京,人民出版社,1979。
⑧ 《马克思恩格斯全集》第 42 卷,123 页,北京,人民出版社,1979。
⑨ 《马克思恩格斯选集》第 3 卷,123 页,北京,人民出版社,1972。

自由和权利是每一个人按其本质或本性"应该享有"和"不容侵犯"的。在人权问题上存在一些共同的标准,在人权上的这些见解,就成为国际一系列人权文件的基础。第三,人权的普遍保护。作为"权利的一般形式"①,人权是历史的产物。恩格斯指出:"……这种要求就很自然地获得了普遍的、超出个别国家范围的性质,而自由和平等也很自然地被宣布为人权。"②正是人权的这种"普遍的、超出个别国家的性质",使人权越出国界,成为国际共同关心的问题。二战后以《联合国宪章》和《世界人权宣言》为开端,一系列国际及区域人权文件获得通过,一系列人权保护组织纷纷成立,人权越出国界,成为国际共同关心的问题。所以,律雅胜将1948年以后的人权史称为人权的普遍化阶段③。

人权当然也有其特殊性。对什么是人权的特殊性,目前也没有一个大家公认的定义,但归结起来,大体上有以下两个方面的含义:第一,从文化相对主义出发,认为人权和基本自由是与特定的文化传统、政治制度、经济制度相关联的价值标准,它们的存在和实现是有条件的、相对的,在不同的国家、不同的文化、不同的种族中存在着不同的人权价值和行为准则④。第二,人权是逐步实现的,"权利永远不能超出社会经济结构以及由经济结构所制约的社会文化的发展"⑤。并且,各国具体国情有别,所以各主权国家就有权在遵从人权普遍性的原则的条件下,依据各自国家的国情、社情来决定本国的人权发展模式和人权保护模式⑥。

西方发达国家和发展中国家围绕普遍人权与特殊人权进行了长期的斗争。这场斗争已经超出了问题本身而带有太多的意识形态色彩以及政治、经济利益因素。西方发达国家极力推行普遍人权观,"它试图发展一种超越于特定政治或文化背景的人权概念,并试图将所有少数人集团、所有政府原则纳入它的范围。"⑦"这种做法的背后既有其坚持自由民主主义的信念的使命感,也有以推行普遍人权来追求国家利益的私心。"⑧人权有成为西方国家推行文化沙文主义和政治霸权主义工具的危险。发展中国家对此保持适度的警惕和进行回击是非常必要的。但过分强调文化相对主义和人权的特殊性恰恰又进入了另外一个极端。因为如果用文化相对主义来为本国不尊重人权的现实做辩解是缺乏说服力的。"文化"不能被视为一个中性的、在价值上不偏不倚

① 《马克思恩格斯全集》第1卷,437页,北京,人民出版社,1956。
② 《马克思恩格斯全集》第3卷,145页,北京,人民出版社,1960。
③ [瑞士]律雅胜:《从有限的人权概念到普遍的人权概念》,载沈宗灵主编:《西方人权学说》,254页,成都,四川人民出版社,1994。
④ 参见李林:《跨文化的普遍人权》,载《市场社会与公共秩序》,84页,北京,生活·读书·新知三联书店,1996。
⑤ 《马克思恩格斯全集》第3卷,123页,北京,人民出版社,1960。
⑥ 参见罗玉中等:《人权与法制》,16页,北京,北京大学出版社,2001。
⑦ [美]霍勒曼:《普遍人权》,载沈宗灵主编:《西方人权学说》,308页,成都,四川人民出版社,1994。
⑧ 参见季卫东:《宪法新论》,251页,北京,北京大学出版社,2002。

的东西。专制主义传统不能为专制主义说明合法性；不讲人权的传统也不能否认人权概念的合理性。不平等不能视为是一种文化，一如不能把乱伦视为正义，文化的解释亦不能为一种不人道的人权观遮羞①。正如有学者所言："任何国家都不能以本国传统或文化的特殊性为由而把对待动物的方式说成是对待人的标准。"②

东西方之间、发达国家与发展中国家之间，在人权的普遍性与特殊性的问题上难道就没有交流与互通的基础与可能吗？难道世界真的如亨廷顿所言的"文明的冲突"无法弥合吗？面对这种困境，有的学者提出了跨文化的人权普遍性的概念，承认不同文化间的差异性，力图通过具体社会制度下的具体文化的整合，建构一种为论争各方都能接受的人权概念和人权标准③。不管文化呈现出多么不同的面貌，建立在人的道德感和尊重个人尊严基础上的普遍人权必须得到尊重，正如唐纳利所言："允许特定人权的形式和解释中的有限文化差异是必要的，但是我们必须坚持其根本的道德普遍性。用一句悖论的话来说，人权是相对普遍的。"④东西方之间在人权问题上也不是没有共通之处。众所周知，系统的人权理论是西方的产物，但在非西方国家也有自己的人权观念，一切社会都通过文化和历史展示他们的人权意识，因为人权概念可以追溯到人类起源自身。有的学者把这种非西方的人权称为人权的思想性和机能性的"等价物"或"类似物"⑤。无论文明采取何种形式，但对人的基本道德尊严的尊重是普遍的，他们在终极的人权道德原则上是一致的、相通的，它们之间并非只存在相互排斥和对立的关系。在人权问题上各种文化的精神本质是相通不悖的。最能体现文化差异性的宗教之间在教义上是千差万别的，但对一些基本价值，如正义、人道、仁爱等的追求却是共同的。正是从人权的这种"价值共似性"⑥出发，有的学者主张进行跨文明的人权对话。如日本学者大沼保昭提出建立一种"文明相容的人权观"⑦。虽然在人权的普遍性和特殊性上的争论还会继续下去，但这种在人权问题上进行跨文明对话的主张无疑为不同人权观之间的相互宽容、取长补短提供了有益的视角。中国有的学者也建议建立一种"人权文化"，也就是"在差异中寻求和谐，在冲突中寻求融通，谋求建立以尊重人权和保障人权为目标的世界性人权文化。"⑧

由于世界各国历史传统、社会发展状态不同，允许世界各国采取不同的人权发展

---

① 参见姜峰：《多元世界中的人权观》，载徐显明主编：《人权研究》第 2 卷，3 页，济南，山东人民出版社，2002。

② 徐显明主编：《法理学教程》，397 页，北京，中国政法大学出版社，1999。

③ 参见李林：《跨文化的普遍人权》，载《中外法学》，1993(4)。

④ [美]杰克·唐纳利：《普通人权的理论和实践》，王浦劬译，145 页，北京，中国社会科学出版社，2001。

⑤ [日]大沼保昭：《人权、国家与文明》，王志安译，155 页，北京，生活·读书·新知三联书店，2003。

⑥ 齐延平：《人权与法治》，69 页，济南，山东人民出版社，2003。

⑦ [日]大沼保昭：《人权、国家与文明》，王志安译，360 页，北京，生活·读书·新知三联书店，2003。

⑧ 徐显明：《对人权的普遍性与人权文化之解析》，载《法学评论》，1999(6)。

道路与人权保障模式,人权也表现出其特殊性。在这一意义上的人权普遍性和人权特殊性不是一个层面上的问题。笔者倾向于认同齐延平教授在这一问题上建立人权标准与人权实践二元分析模式的看法①。人权标准是一个应然的价值问题,人权实践是一个实然的技术问题,特殊人权只是实现普遍人权的途径和手段,而最终目的是"把人的关系还给人本身"的普遍人权的实现。

人权在阶级社会里具有阶级性。因为"权利永远不能超出社会经济结构以及由经济结构所制约的社会文化的发展"②。马克思恩格斯对资本主义社会里的人权曾经作过深刻的批判。他们指出,在资本主义条件下,"被称为最主要的人权之一是资本主义所有权。"③"平等的剥削劳动力,是资本的首要人权。"④"人权本身就是特权。"⑤从这些论断并不能得出马克思否定人权的普遍性的结论。马克思在这里批判的不是应然的人权,而是实然的人权。即马克思批判的不是人们对人权的要求,而是实存的人权制度或实存的标榜的人权制度。人权的阶级性有其限定的所指,也就是,作为一种意识形态,人权观念是阶级性的;作为一种法定权利或实然权利,人权的享有是有阶级性的⑥。马克思、恩格斯也从来没有否定过人权的普遍性。他们认为,人权具有区别于动物界的社会类本质的属性,或普遍自由的属性,每个人都有相同的人格或自由。马克思说:"自由确实是人所固有的东西。"⑦"自由向来是存在的,只不过有时体现为特权,有时体现为普遍权利而已。"⑧这种建立在人的类本质基础上的人权,就是普遍人权。这种普遍人权是非阶级性的,所以人权就是共性与个性、普遍性与特殊性的结合。马克思恩格斯猛烈地批判资本主义社会中的阶级人权,同时也肯定其中包含的合理因素。但他们并未在此止步,他们的最终目标是人类解放。在未来的共产主义社会里,没有私有财产,没有阶级,实现了人类的彻底解放,即克服了人的异化,将人的世界和人的关系还给人自身,实现了"人向自身、向社会的(即人的)复归"⑨。这也就是消灭了阶级特权,真正实现了"普遍人权",即人类久已向往的真正的"自由王国"。

四、自由权与生存权、发展权

广为人知的"三代人权"理论是联合国教科文组织前法律顾问卡雷尔·瓦萨克首

---

① 齐延平:《论普遍人权》,载《法学论坛》,2002(3)。
② 《马克思恩格斯全集》第3卷,12页,北京,人民出版社,1960。
③ 《马克思恩格斯全集》第3卷,57页,北京,人民出版社,1960。
④ 《马克思恩格斯全集》第23卷,324页,北京,人民出版社,1972。
⑤ 《马克思恩格斯全集》第3卷,229页,北京,人民出版社,1960。
⑥ 郭道晖:《法的时代精神》,194页,长沙,湖南出版社,1997。
⑦ 《马克思恩格斯全集》第1卷,63页,北京,人民出版社,1956。
⑧ 《马克思恩格斯全集》第1卷,63页,北京,人民出版社,1956。
⑨ 《马克思恩格斯全集》第42卷,120页,北京,人民出版社,1979。

先提出来的。他认为,第一代人权形成于美国和法国的大革命时期,主要是指公民权利和政治权利;第二代人权形成于俄国革命时期,主要是指经济、社会及文化权利;第三代人权是对全球相互依存现象的回应,主要包括和平权、环境权和发展权。他根据公民与国家的不同关系形态将第一代人权定性为消极的人权,将第二代人权定性为积极的人权,将第三代人权定性为"社会连带权利"。"三代人权"说正式将人权的发展历史划分为自由权本位、生存权本位、发展权本位三个阶段。"三代人权"论一提出,受到相当多的赞同,也受到相当多人的责难。

作为明确的法的概念,"生存权"最早见之于具有空想社会主义思想倾向的法学家安东·门格尔1886年写成的《全部劳动权史论》。生存权此时被揭示为,在人的所有欲望中,生存的欲望具有优先地位①。1919年的德国《魏玛宪法》第一次将"让人像人一样生存"明确为国家的义务,使生存权完成了其法定权利化过程而进入制度的现实保障。1945年的《联合国宪章》在序言中将推动经济与社会发展,提高生活水平列为联合国的目的。1948年通过的《世界人权宣言》规定公民享有接受社会保障的权利,享有保持和保障充分的生活水准的权利,享有劳动的权利、教育的权利和文化生活的权利。1966年的《经济、社会、文化权利国际公约》对生存权及相关权利作了广泛的规定。与生存权一样,发展权也经历了一个发展的过程。第一个将发展作为一项权利作出规定的国际性人权文件是《非洲人权和民族宪章》。随后的《联合国宪章》和《世界人权宣言》都对发展权作出了规定。1986年联合国又通过了《发展权利宣言》,从此,发展权被公认为是一项"不可剥夺的人权"。1993年《维也纳宣言和行动纲领》重申发展权是一项不可分割的、普遍的权利,也是基本人权的一个组成部分。

虽然一系列国际人权文件都将生存权和发展权作为基本人权规定下来,但在生存权、发展权与自由权问题上的论争并没有结束。西方国家固守"人权等于从国家权力的侵害下受到保护"的个人权利观念,将公民和政治性权利等同于人权一般,而经济、社会和文化权利不是人权。他们认为,所谓发展权,只是一个被国际社会普遍接受的国际经济和社会政策,至多是一项非法律性质的"职能原则",而不是独立的法律权利;作为人权的发展权,在法律上也没有可诉性,充其量是一种政治主张。生存权和发展权是一种集体权利,并要求国家的主动干预,集体人权会被压迫性的、家长统治的政权利用,用它来藐视或压迫真正的、具体的人民的欲望,或否认他们的权利,这就把人权转变成压迫性的工具而不是自由的工具②。过分强调生存权与发展权,会导致一种"发

①　徐显明:《生存权论》,载《中国社会科学》,1992(5)。
②　[美]杰克·唐纳利:《普遍人权的理论和实践》,王浦劬译,172—173页,北京,中国社会科学出版社,2001。

展式独裁制"①,最终会令政府衰弱无力甚至产生致命的合法化危机②。

西方国家将人权仅仅理解为自由权是过于狭隘地定义了人权,对此,一些西方学者也是有所认识的。如一位英国学者曾提出:"只有当西方人把他们的见解扩大到不仅包括个人的和精神的,而且还包括公共的和物质的人类和人权观的时候,一种真正普遍的人权观才是可能的。"③作为一个发展中国家,我们一直强调生存权和发展权的重要意义,为此提出的口号是"生存权和发展权是首要人权"。但仔细分析,我们不禁要问,我们在批判西方国家人权观的狭隘性的同时,是不是又走向了另外一个极端呢?

"生存权与发展权是首要人权"的理论基础来自于马克思恩格斯"人们首先必须吃、喝、住、穿,然后才能从事政治、科学、艺术、宗教等等。"④"人们为了能够'创造历史',必须能够生活,但是为了生活,首先就需要衣、食以及其他的东西。"⑤在这里,生存权优先论者偷换了一个概念,那就是生存与生存权。生存是一种事实状态而生存权是一种法律状态,生存先于自由的事实不能置换为在法律上生存权优先于自由权,而一些生存权优先的论调无一不是基于这一隐蔽的基础⑥。在提出"生存权与发展权是首要人权"的口号时,人们预设了两个错误的前提,即经济性人权与自由性人权是可分割的并且二者在一般场合是矛盾的;其二是在人权的属性上,人权的物质属性是首要的,二者有冲突时,以物质属性为第一选择。

人权是不可分割并且相互依存的。这就意味着人的尊严不能仅仅靠保障某种权利来实现,而必须在所有的人权以及相互支持其他权利实现的形式所表现的相互作用过程中来确保和实现⑦。1968 年的《德黑兰宣言》第 13 款规定:"人权及基本自由不可分割,因此不能享受经济、社会性权利,也就不能完全实现公民和政治权利。"1993 年《维也纳人权宣言》第 5 款规定:"所有的人权都是普遍的、不可分割和相互依存的,它们互相关联。国际社会必须在全世界以公平和平等的方法,对等且均衡地对待各种人权。"经济性权利与自由权片面强调哪一种都是不适宜的。日本学者井上达夫在评价片面强调生存权以及其他社会、经济权利时提出生存权优先论是不可能真正兑现的,因而具有自我欺骗性。从人权概念发展的历史来看,即使在欧美社会,社会经济的权

---

① [美]杰克·唐纳利:《普遍人权的理论和实践》,王浦劬译,231 页,北京,中国社会科学出版社,2001。

② [美]杰克·唐纳利:《普遍人权的理论和实践》,王浦劬译,91、231 页,北京,中国社会科学出版社,2001。

③ [英]荷尔曼:《人权运动》,转引自黄楠森主编:《当代西方人权论》,148 页,北京,当代中国出版社,1993。

④ 《马克思恩格斯全集》第 3 卷,574 页,北京,人民出版社,1960。

⑤ 《马克思恩格斯全集》第 3 卷,31 页,北京,人民出版社,1960。

⑥ 参见姜峰:《多元世界中的人权观念》,载徐显明主编:《人权研究》,35 页,济南,山东人民出版社,2002。

⑦ [日]大沼保昭:《人权、国家与文明》,王志安译,223 页,北京,生活·读书·新知三联书店,2003。

利也是在市民的政治权利之后才出现的,被称为"第二代人权"。因为只有当社会的经济发达到政府能够掌握足够的财源时才能持续保障一切贫困者都享有配给生活资料的权利。由此可见,认为发展中国家必须先有经济和生存保障尔后才有政治的自由保障的亚洲价值论主张,在逻辑上是本末倒置的①。

　关于人权的物质属性和精神属性的关系,马克思早就做了回答。马克思向来不赞成过分夸大人权的物质属性。他在批评德国历史法学派否定人的理性而片面强调实证的研究人的做法时认为,他们追求的是"动物法"。1869 年马克思在第一国际总委员会上批评无政府主义者时嘲笑说,动物也有享受自然资源的权利。马克思一直认为,人权在宏观上指具有"人类的内容"而排斥"动物的形式"的权利。人与动物的区别恰恰不在于"生存"而是"自由",就是说人是自由的,而动物则没有自由。所以,人权的第一要义是人格及人作为人的尊严和自由。对此,马克思指出:"自由确实是人所固有的东西。"②"自由不仅包括我靠什么生存,而且包括我怎样生存,不仅包括我实现着自由,而且也包括在自由地实现着自由。"③"没有自由对人来说就是一种真正的致命的危险。"④"没有一个人反对自由,如果有的话,最多也只是反对别人的自由。可见各种自由向来就是存在的,不过有时表现为特权,有时表现为普遍权利而已。"⑤共产主义革命就是要使一切个人摆脱各种偶然性的支配,使个性获得真正的解放。但这也不是否认生存权的重要性,因为毕竟人格和人的自由只有同外部存在物,特别是物质生活条件相结合,才能获得表现和实现。也就是说,人权的来源是人的道德性。人们并不是为了生活而"需要"人权,而是为了一种有尊严的生活而"需要"人权。正如《世界人权宣言》指出的:"人权产生于'人自身固有的尊严'",对人权的侵犯就是对人的道德性的否定,而这种侵犯未必使人的需求得不到满足。

　"生存权与发展权是首要人权"话语的背后存在一个潜在的危险,即一旦在特殊情况下,经济性人权与自由性人权发生矛盾,将压制自由权而优先发展生存权与发展权。纵观世界历史,我们会发现,越是践踏人权和自由的地方,社会越是动乱,发展越是渺不可及。越是人权得到充分保障的地方,社会越是安定,发展地越快,人民的生存权越能得到保障。而靠暂时牺牲自由权来满足发展权的国家的发展是不能持久的,巴西的实践正是一个生动的例子。假使经济真的能实现发展,但人民付出的是自由的代价,这也不能叫做真正实现人权。固然,一个饥寒交迫的人是不自由的,但一个丰衣足食的奴隶不仍然是个奴隶吗? 再者,我们承认生命是全部人权的载体。因此,经济不发

　① [日]井上达夫:《自由民主义与亚洲价值》,转引自季卫东:《宪法新论》,242 页,北京,北京大学出版社,2002。
　② 《马克思恩格斯全集》第 1 卷,63 页,北京,人民出版社,1956。
　③ 《马克思恩格斯全集》第 1 卷,77 页,北京,人民出版社,1956。
　④ 《马克思恩格斯全集》第 1 卷,74 页,北京,人民出版社,1956。
　⑤ 《马克思恩格斯全集》第 1 卷,63 页,北京,人民出版社,1956。

达的国家把生存权置于人权的首位而加以强调是完全可以理解的。但是一旦有一天这些国家富强起来,解决了生存温饱之后,又将怎么说呢? 可见经济性人权只是自由人权的一种条件(当然是必不可少的重要条件),但这并非核心性的人权。

由于中国的人权建设是 20 世纪才开始的,这一时代特征意味着它必然要走一条迥异于西方人权先行国家的人权建设道路。政治权利与经济权利不可能再经历一个代际演变的过程而只能在同一历史切面上共时展开。因此,片面强调任何一方都是不负责任的。而我们的目标是实现共产主义的远大理想,即完全克服人的异化,实现人的本质向人的全面复归,建立"每个人的自由是一切人自由发展的条件"的"自由人的联合体",由"必然王国"进入"自由王国"。这就决定了在生存权、发展权与自由权三者中,自由权是处于核心地位的,是目的性人权。它们在目的性与手段性的逻辑关联中互促互进、相互推进,而最终实现普遍人权。日本学者大须贺明在论述人的精神解放时说,未来的理想社会"是精神与物质都均衡地获得解放的社会。而该社会必然是这样一种社会,即它以个人主义与自由主义为其基本原理,保障着以精神自由为主的各种自由,且社会成员能够将打碎封建的非合理的为数众多的桎梏,从而解放出来的精神性能源和活动化作动力,从而使个人资质和能力能尽情地开花,并能自由地享受其丰硕之果"①。

五、个人人权与集体人权

人权概念自产生以来,经历了一个主体不断扩展的过程,我国有学者将这一扩展归结为三个阶段,即:"从有限主体到普遍主体""从生命主体到人格主体""从个体到集体"②。集体人权的提出是第二次世界大战的产物。1945 年《联合国宪章》第一条规定"国际间以尊重人民平等权利及自决原则为根据之友好关系",此规定已经突破了西方近代以来只讲个人(自然人)是人权主体的理论传统,而开始把"人民"这个集体(集合概念)的人作为人权的主体。1952 年联合国大会通过《关于人民与民族的自决权的决议》,确认"人民与民族应先享有自决权,然后才能保证充分享有一切基本人权"。1955 年联合国大会作出的一项决议明确指出,自决权是一项"属于所有人民和国家的集体权利,是个人享有任何权利和自由的先决条件"。1966 年联合国大会通过的《公民权利和政治权利国际公约》和《经济、社会、文化权利国际公约》进一步肯定了自决权等权利主张。1977 年联合国大会通过的《关于人权新概念决议案》指出,人权不仅是个人的权利和基本自由,而且包括民族和人民的权利和基本自由。此后的一些国际人权文件也都确认了集体人权的各种主体形态,如人民、种族、民族、国家以及妇女、儿童、老

① [日]大须贺明:《生存权论》,原版序言,林浩译,北京,法律出版社,2001。
② 徐显明、曲相霏:《人权主体界说》,载《中国法学》,2001(2)。

年人、残疾人等诸多社会群体。至于集体人权的内容,最早和最广泛地被承认的是民族自决权,后来又有发展权、环境权、和平与安全权、食物权、自由处置天然财富和资源权、人道主义援助权等。这些在二战后反对殖民主义压迫的民族解放运动中开始形成并正在发展的人权,被称为第三代人权,或新一代人权①。集体人权作为人权的主体已得到包括西方学者在内的相当多人的赞同。如英国国际法学者斯塔克就承认:"一些重要的人权并不是个人的权利,而是集体的权利,即群体或人民的权利,就自决权而言,这是很清楚的。"②

虽然一系列国际人权文件对集体人权作出了规定,但在理论上集体是否可以作为人权主体仍存在着激烈的争论。美国学者唐纳利认为:"集体人权概念中的内在混乱,可能会导致进一步的过分强调社会责任。压迫性的、家长统治的政权常常诉诸于人民集体权利,用它来蔑视或压迫真正的、具体的人民欲望,或否认他们的权利。"③集体人权"可以被压迫性政权轻易地用来为'临时'否定大多数国家公认的人权,以便实行所谓在实现集体人权的政策辩护。重申一遍,这就把'人权'转变成了压迫性工具而不是自由的工具。"④另一位西方法学家歇斯代克也说:"集体要经常转变为反对个人权利为结局。"⑤我国有的学者也有类似的见解,张文显先生认为,权利主体有个人、团体、阶级、国家、国际组织等,而人权的主体主要是个人。把人权的主体泛化有悖于人权的真谛⑥。姜峰先生认为,集体不可能是绝对同质的,所以集体人权是一种非自足的权利,"可以说,强调'集体'的人权是那种抽象地肯定人权而具体地否定人权的重要思想根源。因此,使集体权利取得人权资格是危险的。"⑦这些主张确实具有合理性和重要性,值得深思。

现实的社会是由个人和人群按一定方式构成的有机整体。一方面个人是社会的细胞,另一方面细胞也不能离开有机体。《共产党宣言》所定义的未来社会就是"各个人的自由发展是一切人自由发展条件"的"自由人的联合体"。这就明确说明了个人人权和集体人权的关系。但是人不是孤立地存在,而是社会地存在,其中包括家庭、社团、阶级、民族及至人类的存在。马克思说,在类无用的时候,种也没有用。只有在集体中,个人及其自由才能获得发展。在社会还未到达"每个人的自由发展是一切人的

---

① 参见白桂梅:《论新一代人权》,载《当代人权》,293 页,北京,中国社会科学出版社,1992。
② 李泽锐:《国际人权法论》,载《人权论集》,318 页,北京,首都师范大学出版社,1992。
③ [美]杰克·唐纳利:《普遍人权的理论与实践》,王浦劬等译,172 页,北京,中国社会科学出版社,2001。
④ [美]杰克·唐纳利:《普遍人权的理论与实践》,王浦劬等译,173 页,北京,中国社会科学出版社,2001。
⑤ 转引自黄楠森主编:《当代中国人权论》,146 页,北京,当代中国出版社,1993。
⑥ 张文显:《人权的主体与主体的人权》,载《中国法学》,1991(5)。
⑦ 参见姜峰:《多元世界中的人权观》,载徐显明主编:《人权研究》第 2 卷,20 页,济南,山东人民出版社,2002。

自由发展的条件"的"自由人的联合体"之前,个人尚不能避免对一定集体的依赖关系。在这种情况下,对个人而言,相关的集体人权就是对他生存和发展有意义的东西。这里所说的"意义"包括:①条件性意义,指集体人权是实现个人人权的外部环境。例如,国家不独立,公民便不能摆脱外国侵略者凌辱。②手段性意义,指以集体人权为工具(媒介)满足个人人权的需求。③保障性意义,指集体人权捍卫个人人权不受他人侵犯,或者对侵犯个人人权的行为进行矫正,使受害的个人受到救济。特别需要注意的是:第一,集体人权对个人人权的"意义"受特定的时空的制约,也就是相对的、可变的。这从集体人权的历史发展情况中就可以看出来。第二,此种"意义"因民主性集体和压制性集体的不同而有巨大的差别,甚至会成为相反的情况。

我们承认集体人权,但并不赞同我国有的学者提出的"社会主义人权始终强调民族、国家、社会等等集体人权高于个人人权"的观点。从二者的关系来看,个人人权是集体人权的基础。因为,"任何人类历史的第一个前提无疑是有生命的个人的存在。"①人类的历史"始终是他们的个体发展的历史"②。概言之,个人人权才是本原性和目的性的人权,集体人权则是拟制的、派生性的,它始终是服务于个人人权的,即非目的性的。集体人权只有表现个人人权的本质并且能够促进人权的平等实现时,它才具有合理性,只有在这时,集体才可以被认为是人权主体。如果一项集体"人权"与个人人权全然是矛盾和对立的,那么它已经丧失了合理性,也就不能被称为是一项人权了。在二者之间不存在多数与少数在量上的区别,因为个人人权不只是个别人的权利,而是具体的"每个人"的权利之总和。它们之间只是整体与个体在权利性质上有所区别,在二者之间不能实行少数服从多数原则③。和集体利益与个人利益之间的关系不同,在它们之间也不能为了满足集体人权而任意牺牲个人人权。

"集体人权高于个人人权"倡导者们观念中所谓的"集体"的核心是国家,具有明显的"国家至上"的国家主义倾向。这是马克思早就批判并在此后反复批判过的国家主义的表现。恩格斯也认为:"国家最多不过是无产阶级在争取阶级统治的斗争胜利后所继承下来的一个祸害。"而它的发展前景只能是"直到新的自由条件下成长起来的一代能够把这全部国家废物抛掉为止"④。马克思在批判拉萨尔"自由人民国家"论时,更明确地指出,无产阶级争取的是社会的自由和个人的自由,而完全不是国家的自由。这是理解个人人权和集体人权的关系的至理名言。随着社会的发展,国家逐渐融入社会,作为社会异化的国家消失了,作为个人异化物的各种集体也会消失。那时个人人权将会发生历史性的新飞跃,普遍人权才会真正实现。

中国传统文化中的国家主义特征,导致了在社会生活与国家生活中重集体轻个人

---

① 《马克思恩格斯全集》第 1 卷,24 页,北京,人民出版社,1956。
② 《马克思恩格斯全集》第 1 卷,321 页,北京,人民出版社,1956。
③ 参见夏勇编:《公法》第 1 卷,331 页,北京,法律出版社,1999。
④ [德]马克思:《法兰西内战》,12—13 页,北京,人民出版社,1961。

的基本价值取向。新中国成立后特殊的历史条件与前苏联的影响,使马克思所设想的国家回归社会的过程变成了大力加强国家对社会的控制、社会国家化的过程。这就必然片面强调集体权利,使个人权利受到极大压抑。中共十一届三中全会后,国家慢慢退出一些领域,一个国家—社会的二元格局正在形成。在这个过程中,渐渐扭转对集体人权的片面强调,逐渐加强了对个人人权的保护。人们认识到,片面强调集体人权,可能会导致作为人权防御对象的公共权力的扩张而造成对个人人权的侵害。正如有人所言:"如果一个社会过度强调群体权利而抑制个人权利,那么个人主张权利便会被认为是有损于群体权利而遭到贬抑。"①1991 年,《中国人权状况白皮书》指出:在社会主义中国,"国家不仅十分注重保障个人人权,而且注重保障和维护集体人权。"②对个人人权用"十分注重"来强调,对集体人权用"而且注重"来强调,正是体现了这种变化。

六、观念人权与制度人权

一般来说,在应有人权、法定人权和实有人权三者的关系中,应有人权是本来意义上的人权,它是现有人权的基础,并且是评价现有人权的基本价值尺度。法定人权是应有人权的法定化、制度化。人权的实现经历了从应有人权到法定人权再到实有人权的过渡。从世界人权发展史来看,人权也经历了一个从应有人权到人权的法定化再到人权的制度化的过程。

在早期人类社会就有了权利观念,这种权利观念存在于人们朦胧的意识里,有学者指出,以自然哲学为主体的人道主义和法学上的权利概念相结合的人权思想在西方古代哲学里已经萌芽③。古希腊悲剧剧作家索福克勒斯的作品里就曾出现过人权的字眼。但现代意义上的人权思想是自格劳秀斯开始的,经胡克、霍布斯、密尔等人的发展,由洛克、卢梭而臻至完善。资产阶级高举人权的大旗,向封建势力展开了进攻,争取人权成为资产阶级号召革命的思想武器。北美独立战争的政治宣言《独立宣言》提出:"人人生而平等,他们均享有不可侵犯的天赋人权,其中包括生命权、自由权和追求幸福的权利。"胜利后的资产阶级都把人权用宪法和法律规定下来,如法国资产阶级革命胜利后,法国国民会议立即着手起草了《人权和公民权宣言》,它提出的原则成为后来各国制宪的准绳。后独立的国家也纷纷将人权写入宪法和法律文件中,使之得到国家强制力的保障。从此,将人权制度化,以法律来保障人权成为一个不可逆转的历史潮流。

第二次世界大战以后,基于纳粹蹂躏人权的惨痛经历,《联合国宪章》开宗明义:

---

① 夏勇:《善待权利:实现法治的前提》,载刘俊海、李忠主编:《中国当代宪政与人权热点》,5 页,北京,昆仑出版社,2001。

② 《中国人权状况白皮书》,2 页,北京,中国文献出版社,1991。

③ 夏勇:《人权概念起源》,87 页,北京,中国政法大学出版社,1992。

"重申基本人权、人格尊严与价值"。1948 年联合国通过了著名的《世界人权宣言》，随后于 1966 年通过《经济、社会、文化权利国际公约》及《公民权利和政治权利国际公约》，使宣言变为具有法律效力的国际准则。随后一系列的国际人权文件获得通过，广泛的多层次的人权保护机构成立，人权已越出国界，成为国际共同关心的问题，人权思想也已成为全人类共同信念。人权也已从单纯的国内法保护变为一个受到国际法保护的问题。

在中国，虽有丰富的人权思想，但"人权"一词确系舶来之物。中国人在 19 世纪末接受日本从西方翻译过来的"民权"的概念。20 世纪初才有人权概念。当时的先进知识分子郑观应、黄遵宪、康有为、梁启超等人大力宣传人权，对中国人权启蒙起了重大的作用，1911 年的《鄂州临时约法》首次将人权入宪，从此发生的与民主、法治结合于一体的人权观才告定型，此后的民主与法治的变革均以人权为核心展开。而以后人权意识的变化与人权现实的追求的展现方式是五次人权运动即：新文化运动、省宪运动、人权运动、人权保障运动、冤狱赔偿运动①。这些运动由于时代的限制，都没有取得预期的效果，但他们对于人权意识的启蒙、对人权保障制度所进行的拓荒式探索，对于我们今天运用法律保障人权，即人权制度化提供了宝贵的历史资源。

应有人权在没有法定化以前，是以一种道德权利的形式存在的，它受着一些社会组织的纲领与章程、社会的习俗与传统、人们的伦理道德观念和社会政治意识等社会力量与社会因素的承认与保护。法定人权是人们利用法律这一手段使人权法律化、制度化，使其得到最有效实施的保障。虽然法律化的人权在现实中也未必都可以转变为现实的人权，正如有学者指出的："在一个国家里，法律对人的应有权利作出完备规定，并不等于说这个国家的人权状况就很好了，在法定权利与实有权利之间，往往有一个很大的距离。"②但法定人权为人权向实有权利转化提供了可操作的条件。人权的制度化不仅使人权问题获得其合法的社会地位，也对人权问题的解决作出了制度的安排和保障。

1992 年中国政府发表了《人权白皮书》，又先后签署了两个人权国际公约，特别是《公民权利和政治权利国际公约》，中国的人权保障制度建设进入了一个新阶段。中共十六届三中全会通过的关于修宪的建议，抓住这次机遇，将更多的应有人权写入宪法，将会对我国今后的人权实践产生深远的影响。根据人权两公约，我国的选举制度、代表制度、司法制度、行政制度等都需要进行制度创新。不管在批准两公约时有多少保留，但国际人权公约的基本精神终将要在宪法中得到体现。所以对照人权公约，我国的宪法有太多的有关人权的内容需要增加或修正。在平等权利方面，我国宪法规定："公民在法律面前一律平等"，但宪法及有关次级立法确定的人权标准体系中却存在许

---

① 参见徐显明：《制度性人权研究》，武汉大学博士学位论文，1999。
② 参见李步云：《论人权的三种存在形态》，载《当代人权》，14 页，北京，中国社会科学出版社，1992。

多权宜性的规定，如：在教育权方面有着城镇居民与农村民居的二元划分；在选举权上，存在着选举权与被选举权取得的差别设计；在劳动权、社会保障与医疗卫生保障方面存在城乡二元机制①；在自由权方面，公民一些基本的自由没有规定，如思想自由、迁徙自由，而许多内容却需要重新修正，如罢工自由、游行示威自由、出版自由、新闻自由等。在财产权方面，虽然宪法规定了私营企业、个体企业是社会主义经济制度的组成部分，但缺乏强有力保障的基本制度性规定。被认为"首要人权"的生存权与发展权虽在条文中有所体现，但未有明确的概念。此外如正当程序与接受公证审判的权利也应进入宪法。还有重要的一点是，我国在制度层面上缺乏人权诉讼的保障机制。至今宪法还没有进入诉讼程序，还没有成为法官判案的直接依据。在世界各国普遍存在的违宪司法审查制度，在中国也应尽快建立。

随着中国法治进程的不断深入，随着人权思想的不断深入人心，将有更多的人权进入宪法和法律保障的范围，一种名副其实、广泛而深入的尊重人权、保障人权的局面是可以期成的。

第四节　权利意识与法治

全面建设小康社会的基本途径，是发展和完善社会主义市场经济。而市场经济的每个环节都需要以法律为依据，即"法治经济"。这里所说的法律（law），并非随便什么样的法律，它应当是当年马克思、恩格斯所指的"作为法的法律"，或者叫做良法。本质上，法治意义中的法与权利是同义语，西方人将二者悉称为 right。相应地，法治意识所要求的就是权利意识。本节的主旨在于简要地揭示，公民的权利意识与公职人员保护公民权利的意识对法治的重要影响。

一、法治的核心是实现公民的权利

法治国家实行人民主权。人民需要政权（权力），归根到底是因为它能不断增进社会成员的利益。马克思说，"人们奋斗所争取的一切，都同他们的利益有关。"②对于国家而言，它是通过法律的权利与义务关系来分配社会利益。理性人之间的关系，是"一种真正的权利和义务的关系"③。不过，在市场经济条件下，是以权利为本位的。其集中表现于：权利是目的，义务是服务于权利的手段。有时甚至"当义务不存在的时候，权利依然存在"④。

---

① 齐延平：《论普遍人权》，载《法学论坛》，2002（3）。

② 《马克思恩格斯全集》第 1 卷，82 页，北京，人民出版社，1956。

③ ［德］康德：《法的形而上学原理——权利的科学》，36—37 页，北京，商务印书馆，1991。

④ ［美］M. 本迪特：《作为规则和原则的法律》，168 页，加利福尼亚，斯坦福大学出版社，1978。

在立法上,通过授权性规范来设定公民的权利。此外,还根据"法律不禁止就可以做"的原则,尽量扩大公民的权利范围。权利的立法,最重要的是以宪法为准绳。列宁指出:"宪法就是一张写着人民权利的纸。"①当然,我国现行的法律制度还有需要完善之处。我国公民应当享有的一些权利,还需要法律补充规定和提供具体保护措施,如,隐私权,公民对政府政务的知情权、监督权,消费者的知情权,等等。相信随着我国法制文明建设的发展,我国公民享有的权利将越来越广泛。并且,随着社会政治、经济、文化的发展,人们还会产生出新的权利要求,这需要立法者研究是否予以确认和保障。其中,有些权利要求是法律应当予以确认和保障的,例如:应规定具体的法律救济措施保护公民的隐私权,保护消费者对其购买的产品和服务的知情权;农民的税费负担应当详细公开,并公平合理地予以减轻,以确保其财产权利;等等。而有些权利要求法律是否应当确认还有争议,例如克隆人的生命、从人类胚胎中获取干细胞进行体外器官培植等。

二、普遍的、高水平的公民权利意识的重要性

实现法治,只有法律上的权利规定还远远不够,这只是纸上的权利。更关键的是每个公民自身还必须具有强烈的权利意识,知晓自己拥有哪些权利、善于运用法律手段捍卫自己的权利和尊严,进而根据社会的发展变化提出新的权利请求和主张。权利意识是检验一个合格公民之素质的标尺。

在古代奴隶社会和封建社会里,君权至上,民众是君主可以随意杀戮的"草民"。在中国数千年的君主专制的历史上,君主还利用礼教和严酷的刑罚,奴化和禁锢人们的思想,使民众甘当奴隶。例如,孔子就率先反对让老百姓知道法律,认为这不利于"使民"②。法家的先驱管子也提出"牧民"说。在这样的社会里,民众只有寄希望于君主"爱民如子"、施行"仁政",而不可能向君主主张自己的权利,甚至不知权利为何物。为政权的稳定而施"仁政"的君主,即使顺民心,让老百姓过安稳、富裕的日子,也是出于"使民""牧民"的考虑③。并不是承认和尊重人的权利,甚至根本没有将民众作为主体看待,而是要"牧"之。在君主专制社会,君主无论施暴政还是施仁政,民众均不是权利主体,没有作为人应有的尊严。一般劳动者在法律关系中或者仅是权利的客体(奴隶),或者是部分权利主体(农奴)。黑格尔认为权利意识是"自为意识",相反的则是奴隶(依附)意识。他说,在古代中国,只有皇帝一人是"自为意识"者,其余人都受"依附意识"或"奴隶意识"支配。正是由于这个原因,马克思指出:"君主政体的原则总的说来就是轻视人,蔑视人,使人不成其为人""哪里君主制的原则占优势,哪里的人就占

---

① 《列宁全集》第12卷,50页,北京,人民大学出版社,1987。

② 孔子:《论语·学而》。

③ 管子:《国语·齐语》,19页,牧民篇。

少数；哪里君主制的原则是天经地义的，哪里就没有人了"①。另外，长期居于主导地位的儒家文化，以"礼"来规范社会各类人基于其身份所应遵循的义务，压抑人的权利意识。由此形成的传统的漠视和贬斥权利的无讼、息讼和厌讼的观念，也压抑了人们的权利意识（法律意识）。诚如比较法学家 L. 达维德所讲的，"中国人民一般是在不用法的情况下生活的。他们对法律制定些什么决定，不感兴趣，也不愿站在法官面前去。他们处理与别人的关系以是否合乎情理为准则。他们不要什么权利，要的只是和睦相处。"②

在一些人的心目中，认为法律是政府用来管老百姓的，只要不去违法犯罪，法律就和自己无关。还有相当比例的人认为人权与自己的实际生活没有关系③。这些人在许多自己的权利被侵犯的时候仍然浑然不知，例如，工厂里丢了东西，每个工人都被强令搜身检查，一些人泰然接受，认为这样可以证明自己的清白；老师体罚小学生，家长认为"不打头就行"；等等。即使当自己的人身或者财产遭受重大损害时，他们也不是依靠法律维护自己的权利和利益，或者与侵害人"私了"，或者是到各级政府去"上访"，寄希望于"清官"来解救他们、为他们做主。本来公职人员是"人民的公仆"，应当由人民为做他们的主。但在实践中，民众却拜求"父母官"能"为民作主"。尤有甚者，有的人民代表不感谢选民，而首先觉得这个荣誉是"党给的"或"政府给的"。现在充斥电视屏幕上的满是帝王戏、清官戏、武侠戏，这些节目的收视率还挺高，其中不乏有人仍把实现社会公平正义的希望寄托于握有政府权力的人，崇拜以个人的力量来惩恶扬善的武侠，其很大程度上流露出"草民"心态和人治观念。

我们必须承认，这种不符合现代法治精神的状态，不能仅仅归咎于传统的影响，它也同 1949 年新中国成立以来所奉行的制度和所倡导的社会文化、教育环境有直接联系。我们在很长一个时期实行的是人治而不是法治，在宣传教育方面也过分提倡大公无私、重集体轻个人，这些都不利于公民权利意识的培养和市场经济的发育。波兰法学家、心理法学派代表人物彼得拉任斯基曾指出："健康、适当强度的权利意识对一个人产生重要的教育影响，使他成为一个有尊严的'公民'，使他的性格和行为避免由于没有正确的尊严感和自尊发展出来的一些瑕疵。传统上，这些瑕疵被称为'奴性'灵魂。"④社会教育影响着权利意识的培养，权利意识也影响着社会教育。从我国"普法"宣传教育之前和之后的情况对比中，就可以明显地感到这一点。

令人欣慰的是，我国民众伴随社会精神文明和政治文明的建设和发展，权利意识也在逐步提高。学习法律知识，了解自己拥有的权利，用法律武器捍卫自己的权利，逐

---

① 《马克思恩格斯全集》第 1 卷，411 页，北京，人民出版社，1956。
② ［法］勒内·达维德：《当代主要法律体系》，487 页，上海，上海译文出版社，1984。
③ 《问卷调查资料》，转自夏勇主编：《走向权利的时代》，756、759 页，北京，中国政法大学出版社，2000。
④ Leon Petrazycki, *Law and Morality*, transl., H. W. Babb, Cambridge, Mass, 1955, p. 98.

渐成为一些公民的自觉行为。实际中的一些维权案件,也表现出了公民为权利而斗争的勇气。如乘客为 3 角钱如厕费起诉铁路局;北京的两栋住宅楼的一百多位居民状告市规划委要求停止在其楼旁修建动物实验室①;几位考生为各省高考录取分数的不平等而起诉教育部;等等。随着人民群众权利意识的增强,民事维权案件也越来越多。过去民事维权案件只有十几种,近几年新出现的民事维权案件已经达到上百种。当事人所主张的权利和起诉的案由甚至法官也觉得新鲜,如要求"永久眺望权""视觉卫生权"等②。对法律制度中的某些违背宪法原则、损害公民权利和自由的具体制度,以及已经不适应社会发展现状的具体制度,也有公民向立法机关提出审查、修改或撤销的请求。例如,孙志刚案引发出公众对采用强制手段限制人身自由的收容遣送制度继续存在的合理性的讨论,几位具有权利意识的公民还向全国人大常委会提出对《城市流浪乞讨人员收容遣送办法》进行违宪审查的请求。这些维权行动终于产生了积极后果,国务院常委会于 2003 年 6 月 20 日宣布废止《城市流浪乞讨人员收容遣送办法》,代之以被救助人员自愿为前提予以救助和管理的《城市生活无着的流浪乞讨人员救助管理办法(草案)》。类似维权行为和立法建议所产生的作用不应低估。它对社会法治的建设和完善,对政治文明的实现,起着重要的促进作用。既令公民维护自己看似细微的权利所获得的利益,也会对社会的权利意识有所启迪和推动。很难指望那些对权利麻木无觉的人能为国家的乃至国际的人权利益去慷慨赴义。由此可知,公民权利意识的水平如何,确实同整个社会文明的昌盛和国家的富强息息相关。

三、国家权力必须认真对待权利

法治的运行机制,重在恰当地处理它所包含着的公权力(权力,power)和私权利(权利,right)两个要素及其关系。概要地说,这种关系的基本原理有两个方面。

第一,权利创造权力,权力是由全体有选举权利的公民通过投票让渡自己对自己的管辖权和裁判权而形成的。长期以来西方人信奉"国家契约论",不过是对这种情况的形象表述。马克思在《资本论》中更为科学和详尽地阐述在简单商品交换过程中形成的"人的法律因素"即权利,怎样产生出公权力(国家)及其意志的一般形式——法律。这是从发生论上论述权利对权力的创造③。哈耶克解释说:"法治的意思就是指政府在一切活动中都受到事前规定并宣布的规则的约束——一种规则使得一个人有可能十分肯定地预见到当局在某一种情况中怎样使用它的强制权力,和根据对此的了解计划他自己的个人事务。"④按照哈耶克关于法治的理论逻辑的推定,不论权力和权利

---

① 《京华时报》:http://www.sina.com.cn.2003 - 06 - 20。
② 《北京青年报》,2003 - 07 - 10。
③ 《马克思恩格斯全集》第 23 卷,16 页,北京,人民出版社,1972。
④ [英]哈耶克:《通往奴役之路》,73 页,北京,中国社会科学出版社,1997。

都要在法律的范围内行使,而权力行使的目的和内容,主要是保障权利(个人事务)的实现。

第二,国家权力必须认真对待权利。讲到权力对权利应持的态度,当代美国的德沃金的"认真对待权利"理论,是最有声誉的。他指出:"政府必须以关怀和尊重的态度对待它统治下的人民。所谓关怀,是指将人民当作会遭受痛苦和挫折的人;所谓尊重,是指将人民看作是能够根据自己的生活观念行动的人。政府要关怀和尊重人民,而且要平等地关怀和尊重。这意味着政府绝不能以某些公民更值得关心而有权利获得更多为理由,来分配各种利益或机会;绝不能以某团体中某些公民的美好生活概念比他人优越或高贵而限制自由。"[1]他还强调,由于制度的权利是通过立法、行政决定和司法判决的方式来确定的,故,认真对待权利首先就意味着,国会、行政机关和最高法院等机构正式宣告承认道义上的权利在法律的范围内时,就必须审慎行事[2]。

在国家生活的实践中,权力对权利的关怀、尊重和保障,最经常和具体的是行政执法权和司法审判权的事情。

在公民权利的保障制度中,司法保障制度占有核心地位。国家通过各类执法机关,处理各类侵犯公民权利的案件,为公民的权利提供法律保障。司法审判属于法院专有的裁判权力纠纷的特殊权力。因而,它是权利保障的一个重要环节。"没有救济就没有权利",司法审判正是救济权利的权力。据考察,法律出现的最初动因,就在于适应社会无法解决权利争议或权利救济的客观需要。按照中国古代法家学派的观点,这叫"定分止争";按照西方启蒙思想家的观点,认为没有法律和法官而由当事人自己作为涉及自己案件的法官,社会必然会出现普遍的"战争状态",大家和社会有一起同归于尽的危险。所以,法律一开始就是社会中权利矛盾的产物,就具有凌驾于相互冲突的当事人之上的中立力量的属性。它是社会文明的一个重要象征。美国独立战争时期的联邦党领袖汉密尔顿,在参加制定联邦宪法的过程中就明确地指出,司法权的实质就是"判断"权。此种判断权的行使的唯一基准就是法律。偏离或抛弃法律,必然导致司法审判的专横和腐败,而丧失社会的公平与正义,比个别恶德的行径更可恶、更危险。法院和法官保持健全地认真对待权利的意识,其中心环节是"公正司法"。为此,绝对需要法官心理上和行动中的不偏不倚的中立性,敢于抵制任何外部干预的独立性。在这方面存在偏颇,就意味着牺牲国家的审判权,使之堕落成为私人的狭隘利益服务的工具,让私人利益"占了法的上风"[3]。

除以上所述,笔者还想谈一谈平民百姓十分关注的国家公安机关的权力问题。广大公安干警为营造市场经济的周边环境和安定的社会秩序辛劳工作,甚至流血牺牲,作出了不可磨灭的贡献。公安机关属于行政执法的一个职能部门,不是司法机关。但

---

① R. Dwokin. *Taking Right Seriously*, Harvard University Press, 1978.

② 参见吕世伦主编:《现代西方法学流派》(上),131 页,北京,中国大百科全书出版社,2000。

③ 《马克思恩格斯全集》第 1 卷,154 页,北京,人民出版社,1956。

在刑事案件中进行的搜查、拘留、羁押、逮捕、预审等强制措施的活动,又带有局部的司法性质。公安机关与公民频繁接触,对公民的权利的保护工作最为直接。公民的人身权利或者财产权利被犯罪分子侵犯,首先要向公安机关报案并请求保护。公安人员要胜任所承担的公职,必须具备良好的法律意识,心系人民利益,掌握足够的法律知识,对公民的权利和利益有正确而全面的认识。反之,公安人员若缺乏法律意识,不尊重公民的权利和利益,在具体工作中就不能正确地执行法律。发生在实践中的一些事例,即有力地说明了这个问题。某新闻媒体曾邀请数位法学界人士公开讨论这样一件事:沈阳法库县几位交警严格执行县政府命令,禁止一位乘坐"板的"(人力三轮车)的、即将生产的妇女通过县迎宾道去医院,因绕道延误近半小时,导致新生婴儿落地身亡、产妇大出血。交警的行为有没有错误? 笔者认为,在这个事件中,交警对县政府不允许"板的"经过迎宾道的行政命令的执行和重视,超过了对孕妇和胎儿的生命和健康权利的重视,超过了对法律的执行。我国宪法和民法等法律均规定保护公民的生命权和健康权。《人民警察法》第21条也规定,人民警察遇到公民人身、财产安全受到侵犯,或者处于其他危难情形,应当立即救助。然而,在这几位警察眼里,权大于法,法律的权威不及上级领导的一项命令。其对于人权的认识甚至连普通百姓都不如。在我国流传非常广的民谚中有一句话——"人命关天"。类似的事在其他国家也有发生,但采取的方法却截然有别,体现出行政命令的执行人的法律意识(权利意识)。比利时的著名法哲学家 C. 佩雷尔曼曾讲述这样一件事:某市政府颁发过"禁止车辆进入公园"的文告。但有一次,公园内有一位游人心脏病突然发作,公园门卫随即喊来一辆急救车进入公园抢救病人。这位门卫的行为是否违规? 佩雷尔曼认为,他非但不违规,而且值得褒奖①。理由很简单,那就是西方人历来传诵的"人命大于法律"的民谚。生命是一个人的价值和权利的总体,法律的最高使命就是保卫人的生命。例如,几起办案警察逼迫良家妇女承认卖淫;滥用枪械将一抢夺路人金项链的人击毙在路旁;无视公民的隐私权强行进入看黄碟的夫妇的家中搜查;将一实施盗窃行为的吸毒妇女羁押致使其3岁幼女独自在家中活活饿死等案件,其社会影响极其恶劣,严重损害了公安干警在人民群众心目中的形象。频频发生公安执法人员侵犯公民权利的事,和长期以来我们对公安执法机关的职能在认识上的某些错误,以及对公安执法机关工作人员的录用和培养有关。虽然我们一直将全心全意为人民服务作为国家机关特别是公安机关的宗旨。但在长期的实际工作中,却一直突出强调公安执法机关承担维护国家安全、捍卫人民民主专政、打击违法犯罪活动的任务,而忽视其对公民权利的保障的职能。有些人仍然抱着"文革"前那套"以阶级斗争为纲"、公安和司法机关是"刀把子"的陈旧观念。在基层公安工作中,过分强调听从指挥、服从上级命令。包括公安高等院校在内的各级公安院校,对学生即未来的公安干警的培养,也存在类似的问题,那就是过分

---

① 吕世伦主编:《现代西方法学流派》(下),725—726页,北京,中国大百科全书出版社,2000。

重集体(尤其是国家)轻个人。在公安院校的法律教育中,重刑法轻民法,重权力而轻权利,不强调权利和自由,过分强调义务和服从。相对于以权利为本位的民法而言,突出义务的刑法、行政法更受重视和偏爱。照此持续下去,将难免地培养出一些只知服从上级命令的驯服工具,而不是现代法治社会的合格执法人才。在这种体制和教育的影响下,一些基层公安干警和公安院校的学生,头脑中充斥的满是权力至上意识,而非权利意识。这种意识在日常工作中的表现便是,以上司的命令取代法律或者上司就是法律,绝对地以服从上司的命令为天职,哪怕是滥用自己手中的司法和行政职权也在所不惜。某些人即使能够认识到上级的某项命令有错误,出于仕途前程等方面的考虑,也遵行不误,认为出了事有上面顶着。这种情况是应当加以深刻反思的。

四、提高全社会权利意识的基本途径

马克思的一个经典论断是,"权利永远不能超出经济结构以及由经济结构所制约的社会文化发展。"[①]该命题是洞察和理解国家权利意识问题的现状、预测和确定提高全社会权利意识措施的基本依据。

经济结构的决定要素是生产力,在现代集中表现为市场经济的状况。市场打破封闭经济酿成的权利的低下和狭隘性,而使权利的质量和范围渐次提高和扩大。我国实行改革开放,特别是启动社会主义市场经济之后,劳动生产率得到迅猛增长,从而个人的劳动报酬权的物质价值有大幅度的攀升。同时,权利的种类也以前所鲜见的程度丰富起来。例如,参与权,知情权,对多种人身权侵权行为的精神损害赔偿的权利,多种知识产权,各项财产权,多种环境的权利,各项消费者的权利,社会保障权利,对弱势群体权利的保障,等等。与此相一致,公民的权利意识也必然跟着进行不断的深化和充实。

其次是社会文化发展对权利的制约。狭义的文化指古人所云的"文治教化",即社会的精神财富。作为法律文化现象的权利和权利意识,不仅受传统的风俗习惯的影响,也受教育、科技、艺术等方面的影响,而且受法律文化的其余因素(法律的规范制度和法律的运行)的影响。在经济全球化和法律全球化的时代,也无可避免地受国际文化,特别是国际法律文化的影响。因此,只有把权利和权利意识问题置于这种宏观的文化背景中,方能正确地解读它。在这里,仅以科学技术和教育对权利意识的影响为例。科学技术虽然是第一生产力,但也是社会精神财富。正是科学技术的发展创造了今日世界姿彩纷呈的新权利和新权利意识,为这种那种权利的实现提供多种多样的有利条件。例如,转基因技术引发出消费者对转基因食品的知情权的要求,人工辅助生育技术引发出单身女性要求借此技术手段实现生育权的问题,等等。教育对于培养权

---

① 《马克思恩格斯全集》第19卷,22页,北京,人民出版社,1963。

利意识的重要性,也是极易理解的。其中,尤其是法律教育,直接地向人们传播法律知识,端正人们对法律的心理态度,陶冶法律情操,树立人们对法律的信仰和对法治的追求,更使越来越多的人掌握系统的法律理论。于是人们会逐渐产生对法律的亲近感,知道自己和他人有什么权利和如何维护权利,也知道自己和他人有什么义务和如何履行义务,成为法律理性人。

不过,也应当清楚地认识到,当前我国社会生产力和文化的发展程度,同发达国家相比,还是落后的。因此,我国民众的权利意识要得到进一步的提高,尚需时日,要做不懈的努力。

第五节　职权与职责

职权与职责是公法中的一对重要范畴,但法学界对此作专题论述的较少,而且多系浅尝辄止。笔者认为,在大力推动建设"责任政府"和"服务政府"的今天,深入探讨职权与职责的关系,无论从理论抑或实践层面,皆颇有必要。

一、职权与职责的概念与功能

(一)职权

职权,通常指国家机关及其工作人员为完成其承担的工作任务而依法拥有的权力。它表示能够做什么的法律授权。职权是被具体定位到特定国家机关及其成员(官员)的权力,是国家权力的具体化。广义的职权还包括其他社会组织及其工作人员在执行工作任务时,依法或依有关组织章程所拥有的权力。本节研究的职权与职责,是狭义上的。

实行分工或分权制度是国家事务的广泛性、复杂性的客观需要,也是民主法治国家之必然,不仅国家机构要有立法、行政、司法等职能的分工,而且不同职能的国家机关系统内部也必须进一步划分和明确职权。只有如此,抽象的国家权力才能落到实处,国家机器才能有效地运转。就是说,抽象的国家权力要同一定的主体相结合,转化为职权,即由特定的主体依照法律规定的内容、范围、手段、方式来享有利行使国家权力,实现国家职能。

职权制度的主要功能在于:

(1)强化国家权力的正当性或合理性。毛泽东指出:"全心全意地为人民服务,一刻也不脱离群众;一切从人民的利益出发,而不是从个人或小集团的利益出发;向人民负责和向党的领导机关负责的一致性;这些就是我们的出发点。"①国家权力的正当性

---

① 《毛泽东选集》第3卷,1094—1095页,北京,人民出版社,1991。

或合理性来自于人民的授权:国家机构本身并非权力之源,它仅仅代表人民并为了人民利益行使国家权力。国家机关拥有一定的领导和管理社会的权力,其深层的依据就是人民自身的同意。而相应的法律授权,则是权威性、规范性的明示。所以,职权制度下的国家权力的最根本点就是,不论赋予哪一个国家机关或个人来行使,都应当体现和实现民意。

(2)明确地划定国家权力的范围,为国家权力的合法性提供准确的判定标准。法律在赋予国家机构一定的职权时,通常既有概括性的规定,也有列举性的规定。即便是概括性的规定,国家机关所行使的职权也具有一定的范围,超越法定范围就是违法的。如同刘少奇所说:"国家领导人员的权力应该有一定的限制,什么事情他有多大的权力,什么事情不准他做,应该有一种限制。"①对公权力来说,"法无授权即禁止"。因此,在职权制度下,一个特定的国家机关是否依法来行使自身的职权,可以按照法律的相关规定进行衡量。此外,职权制度为各种国家权力之间的相互冲突,建立规范化的权限解决途径。这样便能消除行政层级官僚制度对于国家权力运行机制的负面影响,不断完善国家权力的权能结构。

(3)职权制度确保"法治政府""有限政府""责任政府""效能政府""服务政府"价值目标的实现。国家机关及其工作人员应当依法执政而非任意专断,权域清晰而非越界扩张,功绩卓著而非碌碌无为,谨记义务而非敷衍塞责,一心为民而非贪图私利。职权作为国家权力的存在和运作的一种形态,必须体现和实现国家与法的实质和目的。归根到底,这种理念直接关系到普遍的正义、民主、自由、平等、效率(益)、秩序诸价值,特别是人的幸福与尊严。职权制度通过法律来规定国家机关及其工作人员的权限,保证其各司其职、各安其位。这其实是把国家权力具体化为、转化为法律上的权力和责任,或者进一步说,将政治国家转化为法律国家。此外,职权制度可以避免权限不清造成的内在摩擦和缺乏监督产生的腐败而增大管理成本,提高国家权力运行的效率。既然国家是一个结构不易缕清、功能繁多的权力体系,那么直接运用单一的权力来实现国家职能,就难免有很大的任意性,也必然导致权力运行的低能。职权制度为国家权力的行使规定了方向、原则、界限,有助于国家权力行使的合理化。当然,这种合理化就包含着其高效性。

(二) 职责

职责,职权的对称,通常指国家机关及其工作人员在行使职权过程中依法必须怎样做或不怎样做,以及对其失职行为所承担的处罚。它表示法律的命令。职责包含义务性的和惩罚性的两种。前者指职责主体依法必须怎样做或不怎样做的义务;后者指职责主体违反自身义务要承担的处罚。广义的职责还包括其他社会组织及其工作人

---

① 《刘少奇论党的建设》,645 页,北京,中央文献出版社,1991。

员在行使职权过程中必须履行的义务和对其失职行为的处罚①。

国家机关及其工作人员之所以必须承担职责，原因在于：第一，权利义务一致性原则的要求。法治国家中的任何主体在享有权利或权力的同时，都必须履行义务或责任。一般地说，不存在只享有权利或权力的主体，也不存在只承担义务或责任的主体。国家机关及其工作人员既然享有职权，就意味着承担相应的职责。第二，职权公益性的要求。职权是国家权力的转化形式和实现的途径。如同前述，国家权力的宗旨是，通过实现国家职能，服务于社会公共利益和保障每个公民的权益。法律赋予国家机关及其工作人员以职权，正在于此。否则就是失职。可见，职权本身便内含着职责，依法行使职权就是依法履行职责。第三，法治原则的要求。权力具有天然的侵犯性和扩张性，如果不受约束，必然会由为公众服务的手段蜕变为奴役公众、侵害人民利益的工具。因此，国家机关及其工作人员在行使职权的过程中，应当受到法律规范的约束和限制，严格遵守法律规范的义务。

职责制度的主要功能在于：

（1）明确职权运行的方向。要是说职权确定职权主体能够做什么和不能做什么，那么，职责则为其确定必须怎样做和不怎样做，使职权主体转化为职责主体。进一步讲，与私权利不同，私权利的主体替自身谋利益，将义务加于对方；但作为公权力的主体则是替自身之外的公众谋利益，即将义务加于自身，使权力与责任融成一体。在民主国家，更无须说社会主义国家，赋予一定主体以职权，为的是让它履行职责的。原因就在于职责更直接地表达国家权力与社会公益相契合。此外，由于职责制度的内涵清晰，也便于从制度上对国家机构行使国家权力的行为进行有效的监督。

（2）遏制国家机构活动的单纯"权力化"的倾向，进一步强化法律对国家机构的"义务要求"，为追究国家机构的不作为、乱作为的法律责任提供规则依据。江泽民强

---

① 英文中，responsibility 一般被译为"职责"。这一概念与三个主要的词语相联系：责任（accountability）、原因或理由（cause）和义务（obligation）。"第一，职责作为一种责任。如果一个人是负责任的，那他就应该对其行为和方式负责。第二，职责作为原因或理由的解释。对导致某种结果的原因或理由作出说明或解释。第三，职责作为一种义务。这是指某一主体应该具备一定的能力完成所赋予的任务，并负责对这些事情的进展给出解释。"Herbert J. Spiro, *Responsibility in Government: Theory and Practice*, New York: Litton Educational Publishing, Inc., 1969, pp. 14—19. "在政治活动和公共管理中，'责任'最通常最直接的含义是指与某个特定的职位或机构相连的职责，例如邮政局长的责任或调查委员会的责任（角色责任）。这种'责任'意味着那些公职人员由于自己所担任的职务而必须履行一定的工作和职能。责任通常亦意味着那些公职人员应当向其他人员或机构承担履行一定职责的责任或义务，这些人可以要求他们作出解释。而这些人自己又要向另外的人或人们负责。在按照等级结构组成的政府部门或企业公司中，通常存在一个垂直的责任链条，根据这个责任链条，机构中的每个人应当向其上级承担履行他或她自己职责的责任，这些职责包括管理他的下级人员，这些下级人员则应向他负责。由于这些承担责任的人能够按照要求作出解释，由于这些人可以因未履行自己的职责而受到责备或惩罚，因此角色责任和义务责任是紧密相连的。"[英]戴维·米勒、韦农·波格丹诺编：《布莱克维尔政治学百科全书》，652 页，北京，中国政法大学出版社，1992。

调要坚持"权责一致的原则"①。由于职责是对国家机构提出的从事某种行为的强制性要求,因此,对具有法定职责的国家机构来说,假如不履行法律所规定的相应的职责(作为或不作为),那就必须受到法律的处罚。职责制度的出现使得国家机构依据法律应当承担的责任进一步明确化,消除旧社会那种国家机构只享有权力而无责任的专横形象。职责制度恰在于使国家机构的活动与履行责任之间建立紧密而牢靠的法律联系,接受法律的控制。

(3)切实使公民的权利的实现获得制度的有效保障,包括公民权利遭到侵犯时获得有力的救济。所谓职责,归根到底,无非就是让"官家"与官员对社会及其成员负责,一切从人民利益出发、一切为了人民利益;除此而外,不允许夹杂着任何自己的利益或特殊利益。通常,公民正是以这种切身的感受,来评判国家机关及其工作人员的好坏。

二、职权与职责产生的法理依据

在笔者看来,研究职权与职责的关系问题的一个重要环节,是要追根溯源,深入探讨职权与职责产生的法理依据。

(一)人民主权论

马克思认为,在应然性与正当性或合理性上,唯有"人民主权"才是"真正的"国家制度即国家制度的"真理"②。根据人民主权理论,国家的一切权力属于人民,人民权利是国家权力的源泉,国家的权力是人民赋予的。18世纪人民主权理论的杰出代表卢梭强调人民是主权的承担者,人民主权高于一切。他认为,应由人民掌握作为国家最高权力的立法权,"立法权力是属于人民的,而且只能是属于人民的"③。政府只不过是主权的执行人,政府负责执行法律并维持社会和政治的自由。人民之所以服从政府,"完全是一种委托,是一种任用;在那里,他们仅仅是主权者的官吏,是以主权者的名义在行使着主权者所托付给他们的权力,而且只要主权者高兴,他就可以限制、改变和收回这种权力"④。

卢梭主义的信徒和实践者罗伯斯庇尔认为:"人民是主权者,政府是人民的创造物和所有物,社会服务人员是人民的公仆。"⑤国家权力的配置,行使国家权力的机构的设置及其运作方式和程序,国家官员的产生,都是公民行使权利的结果。由此推知,不是权力"创造"或"批准"权利,而是权利"创造"和"批准"了权力。国家权力存在的合法性在于为权利服务,人民的利益高于一切,是国家一切活动的目的和源泉。

---

① 《江泽民文选》第2卷,107页,北京,人民出版社,2006。
② 《马克思恩格斯全集》第1卷,280页,北京,人民出版社,1956。
③ [法]卢梭:《社会契约论》,75—76页,北京,商务印书馆,1982。
④ [法]卢梭:《社会契约论》,77页,北京,商务印书馆,1982。
⑤ [法]罗伯斯庇尔:《革命法制与审判》,138页,北京,商务印书馆,1965。

在人民主权原则下，政府之所以必须承担起责任，乃是因为：在现代民主政治中，公民与政府之间的关系可以看作是权力的委托—代理关系，作为权力代理者的政府必须对权力委托人或被代理人切实履行事前商定的契约。在代议民主政治条件下，作为整体的人民是公共权力的所有者，但他们并不直接行使公共权力，而是将公共权力授予政府行使。因此，公共权力的行使者非为公共权力的主人。为了防止政府及其官员违背授权者的利益和意志而滥用权力，就必须给他们获得和行使权力设定一些基本条件，这就是公共权力行使者唯公共权力的所有者之命是从。政府的权力既然来自于人民的委托，理所当然就应该在人民授权的范围内活动，并以保障公民权益、促进公共福祉为宗旨。如同潘恩所说："一切授予的权力都是委托，一切僭取的权力都是篡夺，政府权力来自人民，必须对人民负责。"[①]因此，作为权力受托者、代理人的政府应当明确：不是人民为了政府而存在，而是政府为了人民而存在。

（二）法治论

法治是特殊的社会共同体——国家的理想的治理方式和状态。亚里士多德指出："法治应包含两重意义：已成立的法律获得普遍的服从，而大家所服从的法律又应该本身是制订得良好的法律。"[②]同样，洛克更说，法治是这样一种状态，"政府所有的一切权力，既然只是为社会谋幸福，因而不应该是专断的和凭一时高兴的，而是应该根据既定的和公布的法律来行使。这样，一方面可以使人民可以知道他们的责任并在法律范围内得到安全和保障；另一方面，也使统治者被限制在他们适当的范围之内，不致为他们所拥有的权力所诱惑，利用他们本来不熟悉的或不愿承认的手段来行使权力。"[③]现代法治理论又有了进一步发展。哈耶克认为："法治的基本点是清楚的，即留给执掌强制权力的执行机构的自由，应当减少到最低限度。"[④]

法治的逻辑沿着两条路径展开：一是对公民权利的保护，二是对政府权力的限制。法治社会要求政府必须是责任政府，政府须回应社会和民众的基本要求并积极采取措施予以满足，而且对政府行为设定相应的责任约束。从法治的角度看，权利与义务二者是有机统一的，有什么样的权利就应该有什么样的相应义务，行使什么样的权力就应该承担什么样的相应责任。任何公共权力都应当处于责任状态，任何公共权力的行使者都应当是责任的承担者。在国家和社会之间、国家权力和公民权利之间实现恰当的平衡；保持社会和公民权利的优先性与目的性地位，是法治要求之所在。

政治权力本质上是为了人民的福利而存在的，但政治权力只有委托到政府手里才能有效行使。如此一来，政治权力本身一开始便面临着的一个相互矛盾的问题：政治权力根源于保障人们的生命和财产安全，造福公众，但其强大的能量也可能被政府加

---

① ［法］潘恩：《潘恩选集》，243 页，北京，商务印书馆，1981。

② ［古希腊］亚里士多德：《政治学》，吴寿彭译，199 页，北京，商务印书馆，1965。

③ ［英］洛克：《政府论》（下篇），87 页，北京，商务印书馆，1964。

④ ［英］哈耶克：《通往奴役之路》，73 页，北京，中国社会科学出版社，1997。

以滥用，这就构成政治权力的根本悖论。权力的行使有可能完全违背人民授权的初衷，甚至严重损害人民的权利和利益，出现权力异化。对此，美国宪法缔造人之一麦迪逊曾告诫世人说："如果人都是天使，就不需要任何政府了。如果是天使统治人，就不需要对政府有任何外来的或内在的控制了。"①休谟认为："在设计任何政府体制时，应该把每个成员都设想成无耻之徒，设想他的一切作为都是为了谋取私利，别无其他目标。"②这些先驱思想家的话都带有比喻性，但其寓意是生动而深刻的。

西方自由主义者们普遍认为，国家是一种"必不可少的恶"，有序的社会生活依靠国家和政府来维系，但同时要防止政府权力无限扩张而危害社会，政府权力的运行必须存在边界。诚如英国的阿克顿勋爵所说："权力导致腐败，绝对权力绝对导致腐败。"③

因此，权力的设定和行使一定要有明确的法律依据。根据权力法定原则，权力的合法性来源于法律的明确规定或法律的明文授权。与此相对应的还有一个侧面，那就是：对权力而言，"法无明文规定即禁止"的原则。"这与公民的权利不同，从法律的范围说，公民的权利是，凡法律没有禁止的，公民皆可为之。当然，此外还有道德等约束。行政机关的职权是，凡法律没有授予的，行政机关就不得为之。法律禁止的当然更不得为之。否则就是超越职权。"④"行政法的最初目的就是要保证政府权力在法律的范围内行使，防止政府滥用权力，以保护公民。"⑤

（三）分权制衡论

自亚里士多德以来，权力制约思想就是众多西方政治法律思想家倡导的防止掌权者权力专横的有效手段。自近代始，权力制约理论先后为西方各国宪法所确认，并构成宪政制度的核心和基础，成为近现代民主国家建立责任政府的重要手段。

孟德斯鸠认为，"一切有权力的人都容易滥用权力，这是万古不易的一条经验。有权力的人们使用权力一直到遇有界限的地方才休止"，而"从事物的性质来说，要防止滥用权力，就必须以权力约束权力。"⑥他认为，每个国家都有三种权力：立法权、司法权和行政权。这三种权力互相独立，应由不同的国家机关来行使，而不应由同一个机关或同一个人来行使。"如果同一个人或由重要人物、贵族或平民组成的同一个机关行

---

① [美]汉密尔顿等：《联邦党人文集》，264页，北京，商务印书馆，1980。
② [美]塞尔顿：《公共选择理论的历史与现状》，载《现代外国哲学社会科学文摘》，1994(10)。
③ 转引自李泽厚：《应是"绝对权力绝对导致腐败"》，载《读书》，2001(6)。原文如下："《读书》二〇〇一年第一期冯克利先生文，首引阿克顿名言'权力导致腐败，绝对权力导致绝对腐败'，此乃'Power tends to corrupt;absolute power corrupts absolutely'（'权力导致腐败，绝对权力绝对导致腐败'）之误译，意思与原文并不相同，也可说颇有出入。但此误译屡见不鲜，我已见过数十次之多，有时甚至在正式的学术论著中。为免继续以讹传讹，似有订正必要。"
④ 应松年：《依法行政论纲》，载《中国法学》，1997(1)。
⑤ [法]威廉·韦德：《行政法》，5页，北京，中国大百科全书出版社，1997。
⑥ [法]孟德斯鸠：《论法的精神》（上册），154页，北京，商务印书馆，1978。

使这三种权力,即制定法律权、执行公共决议权和裁判私人犯罪或争讼权,则一切都完了。"①汉密尔顿认为,要保障自由就要实行分权。"防止把某些权力逐渐集中于同一部门的最可靠办法,就是给予各部门的主管人抵制其他部门侵犯的必要法定手段和个人的主动。……野心必须用野心来对抗。"②

权力制约的过程,就是政府责任实现的过程。在代议民主制度下,作为权力所有者的人民与作为权力行使者的政府及其公务人员仍然处于相对分离的状态。这就决定了权力行使者的意志与权力所有者的意志可能保持一致,也有可能发生偏离。为了使两者始终保持一致,防止发生偏离,就需要权力制约,保证权力运用与人民的意志相一致。因而,权力制约是民主的本质要求,制约的程度反映着民主的发达程度。在民主政治体制下,防止权力滥用所依赖的基本原则在于:假如主权者要想有效地掌控权力,则对于一个机构的任何授权,必须同时课以相应的责任。"在广义上,法治是一个限制权力滥用的框架。由此,法治经常与权力分立及下列观念联系在一起:权力一旦行使,就应受法律责任原则的约束。"③不过,按照马克思主义创始人一贯坚持的主张,作为人民主权主体的权力是统一的。因此,国家诸权力之间的相互平衡与制约,不应是对立和"鼎立",而应是科学的分工与合作及有效的监督,使国家权力变成富有活力的"有机体"。

邓小平指出,权力的过分集中,缺乏法治的约束,是"目前我们所特有的官僚主义的一个总祸根"④。此种现象同我国几千年的专制主义,同新中国建立之初奉行的自上而下的计划经济体制和政治上的人治即民主、法治之不足,是密不可分的。因此,要贯彻国家权力的科学分工合作与相互制约原则,必须十分重视对片面的集权主义观念的克服。

三、职权与职责的关系:职权本位抑或职责本位

(一)职权与职责的异同

所有的法律都有一个最核心的东西,即解决权利与义务、职权与职责的问题。私法调整个人之间、个人和法人之间的权利与义务的关系,公法则集中解决国家的职权和职责的问题。长期以来,我们的各种法理学教材没有"职权与职责"这一章,而是将

---

① [法]孟德斯鸠:《论法的精神》(上册),156 页,北京,商务印书馆,1978。
② [美]汉密尔顿等:《联邦党人文集》,264 页,北京,商务印书馆,1980。
③ [英]彼得·莱兰、戈登·安东尼:《英国行政法教科书》,杨伟东译,26 页,北京,北京大学出版社,2007。
④ 《邓小平文选》第 2 卷,328 页,北京,人民出版社,1994。

其置于"权利与义务"的范畴之内。我们认为这二者之间有诸多的区别①：第一，在法律上给予国家机关多少权力也就意味着给予其多少责任，权责一体；虽然权利与义务之间具有统一性即"没有无义务的权利，也没有无权利的义务"②，但权利主体和义务主体经常是分开的，权利属于权利的主体，义务属于义务的主体。第二，国家权力不能随意转让（政治权力有些例外）和放弃，否则就是违法与失职；民权利则可以转让和放弃。第三，国家权力是一种支配力，行使主体之间地位不对等；权利主体之间是平等的。第四，权力的实质是一种权威；权利的实质是一种利益。第五，职权和职责，职责是主要的，是第一位的，"责任政府""服务政府"即由此而来；权利和义务，权利是第一位的，这是由高度发达的市场经济决定的，是独立的个人主体性的法律表现。第六，对政府来说法不授权不得为；对公民来说法不禁止即自由。第七，在现代国家，权力是由公民权利产生的；公民权利是人依据其自然属性和社会属性所应当享有的。第八，国家权力是手段，公民权利是目的。这两者之间的关系告诉我们，法的精髓在于限制权力、保障权利，所以我们说宪法和法律的终极目的就是保障人权。

职权和职责有以下共同点：第一，法定性。任何一个主体的职权和职责都是法定的，而不是自我设定的。换言之，权力主体拥有或行使职权必须通过合法途径，否则便不能成立。而职责是宪法、法律、法规、规章等法律文件所规定的权力主体必须履行的法定义务。第二，公益性。职权的行使与职责的履行旨在谋求和保护国家、集体、社会的公共利益，同时保护公民的合法权益，必须符合法定的公共目的和范围。第三，专属性。职权和职责的归属，在主体上具有专属性，也即只属于特定的主体。第四，伴生性。职权与职责具有相应性、协调性。如果只有职权而无职责，或者只有职责而无职权，都不符合现代法治社会的要求。职责与职权相伴而生，犹如一枚硬币的两面，缺一不可。

职权与职责之间的不同点是：从职权方面来说，其特点主要有：第一，国家权威性。职权是权力的具体化，其行使以国家强制力作后盾，相对一方必须服从。第二，不可处分性。职权不仅表现为法律上的支配力，还包含着法律上的职责要求，因此职权与职责是不可分割的，权力主体对其拥有的职权不得任意转让和放弃。即使权力可以放弃，那么责任是不可放弃的。而从职责方面来说，它一般由法律在赋予职权的同时加以规定，主要有以下特点：第一，义务性。它是行为主体以法定的作为或不作为来保障某种社会管理目标和社会公共利益得以实现的法律约束手段。第二，归责性。职责的强制性表现为通过事后的问责即依法追究行为主体的责任，确保职权的合法行使。权力主体如果不履行职责，将承担由此而产生的消极后果。

---

① 关于"权利与义务"和"职权与职责"这两对概念的区别，李步云教授有过专门的解释。见李步云：《人权与宪法精神》，中国人权网：http://www.humanrights.cn/cn/xsdt/xscg/t20090206-622878.htm。

② 《马克思恩格斯全集》第16卷，16页，北京，人民出版社，1964。

（二）职权本位抑或职责本位

传统行政和行政法的"职权中心主义"或职权本位,强调权力者的行政资格和权力自身的强制力意蕴。这就必然留给权力者以较大的自由裁量行动的空间,不利于对行政权的控制。"职权中心主义"或职权本位与秩序行政模式相适应,单纯强调以强制性的职权来达成秩序目的。随着服务行政模式的拓展,政府权力中的职责或责任成分增加,基于秩序目的的政府权力或职权开始转变为基于福利目的的政府责任或职责,职权本位也开始转变为职责本位。"统治阶级并不享有任何主观性的主权权利。它只拥有一种为了满足组织公共服务的需要而必须的权力。除非是为了实现这一目的,它的行为没有任何效力或法律价值。""可以说公共服务的概念正在取代主权的概念。国家不再是一种发布命令的主权权力。它是由一群个人组成的机构,这些个人必须使用他们所拥有的力量来服务于公众需要。公共服务的概念是现代国家的基础。没有什么概念比这一概念更加深入地根植于社会生活的事实。"①

职权本位模式之下,出于秩序的考虑,法律和统治者强调的是权力的支配力,这种支配力所追求的结果是权力对象的服从。因而,命令—服从关系是该模式下最基本的行政关系类型,与此相适应的行政法也多属于"管理法"或"工具法"。由职权本位模式过渡到职责本位模式,就是要削弱传统权力中支配力的解读,激活和强化权力所蕴涵的协商、合作、说服、影响等理念,变基于职权支配力的管理为基于职责驱动力的服务。当然,这并非说、也不可能是要完全取消国家的管理职能。

职权驱动的约束对象,主要是作为权力对象的行政相对人;职责驱动的约束对象,主要是作为权力行使者的行政主体。职责驱动能够确保权力行使的主动性和积极性,更加适合于服务行政和福利国家模式。

职权本位模式奉行权力至上,强调行政或行政官员的地位与资格、强力、意志等要素及其作用。反之,职责本位模式则强调基于权力所生的义务与责任,推崇义务重于权力、责任重于资格或地位,如此更加贴近责任政府和"限权"的宪政理念②。"在现代社会中,国家活动的每一方面都涉及责任问题。而确立国家责任原则的需要也呈增长之势。"③

建设责任政府是我国政府管理体制和行政改革的目标指向。责任政府的基本特征,在于政府从权力本位转向责任本位。责任政府的核心是,要求政府把维护和实现公民的合法权利和满足公民的正当利益作为政府不可推卸的责任。责任政府力图在政府的公共行政权力与公民权利之间取得一种平衡,把对公权力的限制与对私权利的

---

① [法]莱昂·狄骥:《公法的变迁法律与国家》,郑戈、冷静译,13页,辽宁,辽海出版社、春风文艺出版社,1999。

② 柳砚涛:《论职权职责化及其授益行政领域的展开》,载《山东社会科学》,2009(2)。

③ [法]莱昂·狄骥:《公法的变迁法律与国家》,郑戈、冷静译,179页,辽宁,辽海出版社、春风文艺出版社,1999。

维护统一起来;并运用一套对各种违法违纪、失职、渎职等行为的严厉追究和制裁机制,保障政府实现对民负责、施政为民的宗旨和目标。简言之,责任(职责)需要成为公民和政府之间良性互动的桥梁,因为政府的权力来源于公民的授予,政府的责任即为保障公民的权益并实现公众利益的最大化;同时,也通过这种责任来平衡政府内部结构中的权力关系,避免权力向政府及其人员的私利倾斜甚至过度倾斜。

当前,我国正处于体制转轨和社会变革的特殊历史时期,对国家权力的依赖和制约成为一个问题的两个方面。权力犹如一把双刃剑,如果我们只重视依赖权力推进体制转轨,而不重视规范和制约权力,就可能在这种转轨过程中产生一系列弊端。如已经出现的政府官员超越职权、滥用职权、以权代法、以权谋私、权钱交易、贪污贿赂等现象便是明证。因此,为公共权力设立一套制约、监督的机制和制度,成为当务之急。因此,迫切需要通过职责法律制度建设,加强对权力的制约,实现权责的对称,使国家机关及其工作人员在法律范围内活动,接受人民监督,对人民负责。

第三章 社会、国家、法的价值分析

第一节 法的真善美

我们知道,任何社会都包含着自己的内在的统一性,还包含着自己的否定性。这种否定性的展开就是从肯定到否定,从否定到否定之否定,即经历正反合的运动。这一观点由黑格尔提出,被马克思所发展和完善。法的存在和发展也是这样。法作为一种基本制度性的上层建筑的要素之一,它的正、反、合这样一种三维构造是什么呢?就是真、善、美。当然,在讲这个问题之前,首先要明确法有历史类型的区别,甚至同一种历史类型的法,由于政治及一些其他因素的影响,其含有真善美的多少也会不同。但是笔者觉得,凡是具有历史现实性的法都包含着真善美。这一点是一切法的共性。从法的形成看,社会的发展水平越高,法的真善美成分就越多。资本主义的大规模市场经济要求以民主、自由和法治为原则,所以资本主义法高于野蛮、半野蛮的社会的法。当然,历史发展是不平坦的,有时也会出现一些例外的情况。比如说,20世纪二三十年代到40年代,一些国家出现了例外的、扭曲的法的形态(法西斯化)。但这不是法发展的常态。同样理由,以消灭压迫和剥削,实现自由人联合体为目标的社会主义法,它应当高于资本主义的法。也就是说,它应当是历史上最理想的法。可是,我们清楚地知道,当代中国和其他社会主义国家的法,同这种理想状态还是有很大距离的。尽管如此,我们仍然坚信这种理想状态是可以预期的。

现在,笔者就法的真善美三维构造进行简要的解析,同大家一起探讨。

一、法之真

真,这个字,常常在不同意义上使用。我们在这里同善和美并提的这个真,需要从两个角度来理解,即有两层意思。第一层是从客体的实存上来说的,美学家王朝闻所说的真,就是从世界的运动、变化和发展所表现出来的客观事物自身的规律性,完全属于客观的真。其次,真还有第二层意思,是从主体的认识上来说的,也就是人对客观事实的正确的把握。所以,真理和客观的真是有区别的,真理是客观见之于主观的东西。因此,客观的真是真理的极限,真理只能不断地去接近客观的真,不能够有一天把它穷尽。这里就存在着一个认识论上的绝对真理和相对真理的关系问题。简单来说,真理意义上的真,仅是第二性的真,它来源于并从属于第一性的真。作为我们探求对象的法之真,最终就是第一性的真。在近代法律思想史上,法国孟德斯鸠《论法的精神》和德国古典哲学家黑格尔的《法哲学原理》这两本书,对法之真的研究,作出了杰出的贡献。我们先说《论法的精神》,该书作者认为"法是由事物的性质所产生出来的必然关系"。这一必然关系当然指的是客观规律。根据孟德斯鸠的分析,法取决于一个国家的历史传统、国家政体,以及人口、地理、气候等各种因素,这些因素共同地构成了一个国家的所谓"法的精神"。笔者觉得孟德斯鸠这种观点可贵的地方就在于他不是孤立地就法来谈法,而是把法当作一种特定的社会和自然的产物。但是,所谓法的精神指决定法的性质的各种观念,并不是法本身的规律。尽管孟德斯鸠在表述法的精神的过程中也涉及法的一些外在的形式特征,但是他毕竟不是把这些特征作为法本身的规律提出来的。这显然是孟德斯鸠在这个问题上的局限和不足。再说黑格尔,他运用深刻的辩证法构思出来的、体系严密的法的运行规律,从抽象法到道德法,再到伦理法,所讲的内容大都是实实在在的东西,特别是讲到了不少法的外部形式特征。这的确是孟德斯鸠所不及的。但黑格尔也有他本身的缺点,首先,他否认法的物质根源,把所谓"客观精神"当作法的本体和基准。其次,他把一切社会现象都列入法里面来,这样使人很难真正把握法的自身及其规律是什么。这同黑格尔的客观唯心主义哲学基础是分不开的。无法否认,对法之真这一问题的阐述最明确最科学因而也是最有说服力的,不是别人,正是马克思。他在系统地研究了西方的思想家,如康德、黑格尔等人的法理的基础上,吸收了他们关于法自身规律问题的合理见解,并且给予了创造性的发展。在这里,不妨引用马克思一段非常精彩的话,这段话恰恰是和笔者要讲的这个问题紧密相关的,即:"立法者应该把自己看作一个自然科学家。他不是在制造法律,而仅仅是在表述法律,他把精神关系的内在规律表现在法律当中。"这一见解对研究法之真,至少有这么几点启发:①法的确存在着自身的规律性。法的规律性就是法的自我肯定和自我规定,对于主体、对于立法者来说,这是不以他们的意志为转移的客观的东西。无论你们是否承认,法都有其自身的规律,也就是说,是人们必须服从的东西,否则就会破坏法之真的这个客观属性。②法的规律是精神关系的内在规律。虽然法的自身规律是客观的,但就其性质而言,它是由社会物质关系所派生出来的一种思想关系,即上层建筑关系。所以法的自身规律必然属于精神关系的内在规律,就是说同法受自然和社会规律制约和决定的规律不是一回事,两者是不能混淆的。③法的精神关系的内在规律体现着人类的文化或文明所包含着的人性、人格、自由、权利和理性的要求。也就是说,它是人的法,是一种良法。那么相反,一切抹杀人性、人格、自由、权利和理性的法都是违背法的精神关系内在规律的。用马克思的话讲,那就是"动物的法",即恶法、坏法。④法的自身规律是不能看到、不能直接把握的。我们要通过法的各种外部形式特征才能看到和把握到。正是基于这个原因,所以马克思在他的著作当中反复地讲法的普遍性、公开性、明确性、准确性、权威性、国家意志性、强制性以及程序法是实体法的生命形式,等等。还坚决反对法的人格指向,即反对法指向特定的人,模棱两可,内在矛盾,任意抛弃程序这样一些专制的特权的法律制度。⑤对法之真的研究方法问题。法的真、善、美各有自己的特点,因此对它们进行研究的方法必然也会有所区别。法之真是一个客观的实在，为此就必须着眼于事实，采用实证的方法。从外部经验、感觉入手，由表及里，通过经验才能抓住法自身的规律性。这种方法就是马克思在《资本论》中强调的把个别或具体上升到抽象的方法。在这方面，抽象思维仅具有辅助的作用，主要采取实证(证实或证伪)的、经验的方法。

法之真，大致可以从三个层次上加以把握：①法作为一种精神关系的现象，必须符合它处于其中的客观实际情况和物质规律。这就要求法必须同自然规律和社会规律相符合。例如经济法，它必须体现社会经济制度，并且以建构和维护相关的经济体制为己任，离开这个就谈不上什么经济法。又如环境法，它要体现生态循环的规律，离开生态循环的规律也就谈不上环境法。最后，再看婚姻法，它要体现人际关系和人口繁衍的规律，否则也谈不上什么婚姻法。②法作为文化形态和社会调整手段，也具有它本身的规律，具有其专有的性质、结构和运行机制。而这些都是通过法的各种各样的外部形态特征表现出来的，如果不能认识、把握这些外部形式特征，便不可能真正把握法的自身规律。③在法的运作过程当中，主体要认定那些事实的客观性。这也是一种法之真。如果法背叛了客观事实，那么它同样也是违背了法之真。我们通常所讲的"以事实为根据，以法律为准绳"，这里所指的"事实"就是我所说的第三个层次的法之真。这样一种法的事实，要通过调查取证、刑事侦查、勘验鉴定等技术性的措施和方法获得。我们知道，在广大人民群众中，对这样一个层次的法之真，是非常关心的。因为，他们觉得这第三个层次上的法之真，同自己诉讼上的利益是密切相关的。所以，执法的审判官员和行政官员能不能抛开他私人的偏见和狭隘私利而尊重事实，并且根据事实来决断案件，就成为鉴别清官和赃官的基本标准。我们中国历史上老百姓称颂的包清天、海清天，以及外国小说里所描绘的福尔摩斯、亚森罗平等这些人，都是人们长期崇敬的人，恰恰就是因为这些人在处理案件时，能够以客观事实为根据。显而易见，第一层面上的法之真，它的范围是相当宽泛的，涉及大量的一般的自然科学和社会科学的问题，远远超出了法学的领域，而第三个层次上的法之真又过于具体，它们多属于一些部门法学的重点，所以我们应当把重点放在对第二个层次法之真的研究之上，也就是着重研究法自身的规律，以及它所表现出来的外部形式特征。规律不能直接看到，能看到的是它表现于外部的各种形式特征。所以，对法的各种各样的外部形式特征的研究也是不可或缺的。应当说，在这方面取得巨大成就的是分析实证主义法学派。但是第二次世界大战以来，这个问题已经受到了西方各个法学流派的关注，不再限于分析学派法学家群体。例如，富勒提出了著名的法的八项原则；罗尔斯提出了四项程序正义；菲尼斯提出了法的五大特征；拉兹提出了法治的八项标准；伯尔曼提出了法发展的八点论述；波斯纳提出了法的四个合理性。除此之外，还有贝勒斯在《法律的原则》这本书中，对法的规律和原则所进行的详细的阐述。

根据所列举的这些法学大家和著名学者们的丰富见解，法的规律性所产生出来的诸多外部形式特征，大致可以归为以下几类。①法首先必须符合逻辑理性。其中包括:法的明确性;准确性;符合思维规则(主要是符合形式逻辑);结构严谨;法体系的各个层次以及法律规范各个要素之间的和谐一致。②法必须有巨大的崇高的威严,这一外部形式特征包括:法的普遍性,也就是法律的非人格化,没有特定的人格指向;相对稳定性;极大权威性;与社会其他调整机制(如风俗、道德、礼节、宗教信条)之间的区别性。③法的有效性体现着法对权力运行的限制。这包括:权利对权力的限制;权力对权力的制约;依法立法和行政;司法独立;责罚相称;一案不再审;同等案件同等处理;对国家机关实行"凡法律未授权就是禁止"的原则。④法富有现实的色彩。其中包括:法的公开性;可行性;开放性;继承性和可移植性;对人们的行为动机有强烈的刺激性;拥有职业的法学家和法律家队伍。⑤法必须以保障人权为核心。这其中包括:法的权利和义务的适应性;法无明文规定不为罪;不溯及既往;对公民实行"凡法律不禁止的都可以做"原则。

　　必须强调,表现法的规律的每个外部形式特征之间是互相紧密联系的,往往是牵一发而动全身,抹杀了其中一个特征,就很可能使一整套理想的法律遭到全盘的失落。因此,这些法的每个外部形式特征,都应该加以重视,都需深入地进行研究。这是法理学必须承担的任务。这里所列出的每一个法的外部形式特征,都可以作一篇大文章。

二、法之善

　　善,本身是一个伦理学的基本的和普遍的用语,为中国和外国的思想家关注最多的问题之一。在中国历史上,儒家最讲究善,孔子和孟子都把善看成是人性的精华。《三字经》中"人之初,性本善"几个字,便简要地道出了儒家的性善论。释家认为佛法的真谛就是一个善字。所以,他们逢人便称"善哉,善哉"。在西方,对善的研究似乎更发达一点。柏拉图提倡所谓善的本体论,说善不仅仅是一种社会规范现象,也是万物的本源。一个理想的国家,就在于人人都能遵守本分,这种本分可以指道德上的本分,有时也指法律上的本分。亚里士多德则用中庸的观点看待善。他指出,人的情感过度和不及都是恶的表现,只有适当才是善。因此,政治和法律都应当是中产阶级意志的体现,最终都必须以公共利益为依归。近代西方对善的研究最突出的学者是康德和黑格尔。康德以道德律令为标准来区分善和恶,一个理性的法必须是善的。而黑格尔把善理解为法发展到道德阶段的一个中间环节。按照他的观点,评判一种法是善法还是恶法,关键就在于它是否能节制人的自然冲动,如果能有效地节制自然冲动,这个法就是善法,否则就是恶法。从这些思想家的倡导当中,我们可以得到的主要启发是,善属于道德上的或者是功利上的正面价值。所以,我们不论在什么意义上,都不能把法之善和法的价值看成两种不同的东西。我们讲法的价值,就是法的善。

　　法之善和法之真一样,都是法所具有的相对独立的属性。但是,这两者之间又有明显的区别。法之善所表现的是客观的、外部的、实证的法,也就是法之真的意义上的法向着人的主观的、内部的、形而上的法的转化；是合乎规律的法向着合乎目的的、理想的法的转化；是自在的法向着自为的法转化。为此，法之善能够启发人的主观能动性，从而能够对人的行为起到一种规范的作用。如果没有这样的一种转化，那么，法、法律、法条这些东西，都是毫无意义的。由此可知，由法之真到法之善是法运行过程中的第一次否定或自我扬弃，是法本身的一大发展。

我们说，法之真所揭示的是法的客观规律性及外部形式特征，如果没有人的意志性的参与，它是不可能发挥作用的。古人说"徒法不足以自行"，讲的就是这个道理。但是，与法之真不同，法之善所表现的人的主观能动性可以独立地起作用。例如，作为法精神的那些善的道德或宗教信念、风俗习惯，这些东西在许多场合下都是靠人们的自发性起作用，而法律则靠国家的强制力起作用。从法能够启发主观能动性这个角度上来讲，先秦儒家所倡导的那一套礼加上德的"德治"，比法家的那一套法加以刑的"法治"，有更多的合理性。因为，它更多地强调人们的主观能动性而不是客观被动性，更多地强调自律性而不是他律性。

法之善的这种特质要求人们在把握它的时候，要和把握法之真相区别。这主要是在思维方法上，不能遵循自然科学家在科学发现过程中采用的那种实证考察或经验考察的道路。笔者讲的抽象思维方法，是指本质的分析方法和价值的判断方法。只有这样才能够把握法的善。当然，我并不是说经验的方法对于揭示法之善完全没有意义。在这里，经验方法的作用是间接的、辅助性的。

对于法所体现出来的善，从主体上分，有以下几类：人类的善；一个国家的善；群体的善；个人的善。它们之间有一致的地方，也有不一致的地方。从程度上进行分类有：至善；一般的善；不善（恶）。概括地讲，善作为观念世界的东西，它必然有相对性。亚里士多德认为，善会变成恶，恶也会转化为善。黑格尔则说，唯独人是善的，因为他可能是恶的。恩格斯在《反杜林论》这本书中讲得更明确：善恶的观念从一个民族到另一个民族，从一个时代到另一个时代，变得这样厉害，以至于它们常常是互相直接矛盾的。善不仅因为阶级不同而有区别，甚至因为每个人的不同而有区别。道德上的善是这样，法之善就更是如此了。这一点，我们不应该忽视。法之善的各种具体表现或现实形态，从古到今，人们把它分为正义、公正、公平、平等、权利或人权、民主、法、权力、秩序、安全、效益、效率，等等。对善的这些理解，如果用现代法理念加以概括的话，那么，正义可以涵盖公正、公平、平等；自由可以涵盖权利或人权（因为自由是人权的核心要素，它确实是人所固有的东西）；民主涵盖法治、权力（因为现代法治社会中的权力或人权总是以民主为前提，民主、法治、权力都属于政治之善）；秩序涵盖安全；效率涵盖效益（效益和效率都是功利的善）。所以，笔者认为①正义、②自由、③民主、④秩序、⑤效率这五大法的价值，属于基本的法之善。

三、法之美

法同时具备真和善的属性,是法的内部性和外部性,实证性和形而上性,客观性和主观性,合规律性和合目的性的统一。这种有机的统一就是法之美的根源,同时就是法之美。反过来问,法之美从哪里来的呢?就是来自法之真和法之善的统一。法之美是法的整体属性,它克服了法之真和法之善各自的片面性,而达到了完美无瑕的高度。因此,法之美是通过否定之否定(扬弃了正和反)而实现的合;法之善是对法之真的一种扬弃,是外部法变成人的内部法;再进一步就是,这两者都不得不被扬弃,而达到法之美。法之真强调法的合规律性,法之善强调法的合目的性或合理想性,法之美强调法的审美性和信仰性。

同任何事物一样,法之美也有自己的形式和内容两个层次。第一,我先讲法之美的形式层次。法之美以最生动的理性为基础,并且具有可以由人的感官感受的形式。对于这个问题,美学家王朝闻先生说过:"美的形式存在着特殊的规律性,美的事物一般有合自然规律的性质,但也不违背人的官能的快感,美的事物经常以鲜明的形式,包括色彩、声音、形体等诉诸人们的情感来使人感受各种形式,美更应突出的各种合自然的形式,例如均衡、节奏、音律等,达成一种统一。"我们认为,一个理想的法,完全可以按照美的规律来进行创造。任何时代的法都是一个形式和内容的结合体。不管是静态的法的要素和法的体系,还是动态的法的运行和发展,都是感性和理性的交织。就是说,法既可以成为让人们认识和理解的客体,同时又成为人们感觉的对象。法虽然没有色、音、形等鲜明的外表,但是法映现在人们头脑中的形象却远远超出了这些直接的外观,显得更加丰富、充实和生动。比如说,同为社会规则体系,法比道德更有次序,更有条理,更为整齐,特别是更易于操作,更令人寻味和思索。还需要强调,法之美也及于法学的美。近代以来,蕴涵在深奥的科学殿堂之中的美,越来越得到肯定。像爱因斯坦的相对论,就被学者波尔称为"所有物理理论中最美的一个,是一个被人远远玩赏的艺术品"。法之美除了形式之外,还有极其深刻的内容。中国当代占主导地位的美学叫实践美学,这个学派的学者认为美的规律正是人的本质力量对象化的规律。换句话说,无论是自然美还是社会美都是人化的实存客体。从这个意义上说,法和法文化正是人的本性的一种确证,是外在于人的、不同于人的历史社会向人和人之间的自由的生成。所以,它们是美的。社会主义法作为迄今为止最高历史类型的法,应该是最能体现美的本性的法,是能够真正地实现主体和客体相统一的、对人终极关怀和服务于全人类解放的这样一种理想的法,所以社会主义法应该越来越美,最后走向美的极致。

让我们再分析一下法的真、善、美这三维之间的相互关系。第一,先分析法之美和法之真的关系。法之美和法之真之间有一种紧密的联系。从最终意义上说,美是人类能动地改造世界、创造生活的工具和表现。当客观规律作为一种盲目的支配力量，人还不能有所作为的时候，这个世界对人而言就不可能有任何美感。在我国先秦诸子当中，庄子从根本上肯定了美和真的一致性。他说："法天贵真，不拘于俗。"这样就能获得一种人格的自由，就是美。在西方有美学之父称号的鲍姆加登说："美学是感性认识的科学，艺术作为感性认识，能够提供知识。"虽然鲍姆加登的观点忽略了美的理性基础，但是他的结论却是不无道理的。现代科学证明，美能够启真，很多科学发现和发明都是在对美的追求中获得的。例如，飞机，就是在人类翱翔天空的梦想中发明出来的。同样，法是适应人们追求秩序之美而逐步创造出来的一种特殊的社会规范。当然，真并不等于美，只有真被人创造性地加以掌握和发展的时候，它所拥有的、与人的目的相一致的外部具体形式，才可以成为审美的对象。

第二，法之美与法之善之间的关系应该说更为密切。根据考察，美和善这两者在古代是经常混在一起的，经常表达的是一个意思。苏格拉底说，美即是善，认为："任何一件东西如果它能很好地实现它的功用的目的，它就是善的，同时又是美的，否则它就是恶的，又是丑的。"查数了一下《论语》，那里讲"美"一共有 14 次，其中 10 次指美就是善和好的意思。孔子还通过比较的方法，提出"质胜文则野，文胜质则史，文质彬彬，然后君子"。把美和善结合一起，强调两者的统一，这是中国传统美学的一大特征。在美和善的位次上，无论是儒家还是道家，都把美看成是高于善的。作为一种精神境界，美比善更高尚、更纯粹、更完善。同美和真的关系相比较，美和善的关系更接近。美以善为基础，和人的需要无关的东西就谈不上美。但美与善这两者又有区别。善直接同人的功利或道德相关，而美则是一种鉴赏。法之美是法之真和法之善二者综合的、整体的表现，是二者的一种升华。它具有一种新的质的属性，也就是说我们不能把法之美看成是法之真和法之善简单的相加，而是这两者相结合形成的一种不同于前两者的独立的东西。

我们一时尚不能精练地概括出法之美的一般表现，只能援引若干实例加以说明：①言为心声，法有表达人类理性的、简洁的语言文字之美。例如，司汤达就曾说过，《拿破仑法典》是一部史诗。②法的体系层次井然，各个组成部分之间错落有致，犹如一座大山，有巍峨雄壮、气势恢宏之美。③法的规则对人的作为和不作为表达得斩钉截铁，流露出刚性之美。④法的原则统领一群法的规则，好似纲举目张，有机巧之美。⑤法的强制性虽然有时显得暴虐，但它却常常不失为一种狞厉之美。⑥法把他律和自律构成一体，包含着一种道义之美。⑦法以自由观念为核心，确实是体现人性的自然之美。⑧法使人们能够通过逻辑思维、计算和预期自己的得与失之所在，这就呈现出一种理性之美。⑨法以权利和义务的分配，使复杂的社会关系变得清晰和协调，确实是一种和谐之美。⑩法肯定人的主体地位，人的尊严和价值品性，这是一种人格之美。⑪法的运作程序环环相扣，整齐有序，显示出行云流水之美。⑫法的秩序所实现的自然规律和社会规律的人化，是一种天人合一之美。⑬法的历史类型的变迁，显得惊天动地，悲喜交加,存在着戏剧之美。如此等等。

法的真、善、美是一种具体的、历史的存在,它的发展过程是曲折而复杂的。正如毛泽东所说:"真的、善的、美的东西,总是在同假的、恶的、丑的东西相比较而存在,相斗争而发展。"因此,我们在探讨法的真、善、美的时候,必须批判和清除法中那些假、恶、丑的东西。如果我们的群众,我们的法学家和法律家,我们的政治家,都能建立起浓厚的对法的审美观念,对法的认识、认知和理解,对法的实施,必有很大的好处。简单地说,只有通过对法的审美观念的培养,才能够真正建立起对法律的崇敬,因而才有蓬勃发展的社会主义法治。

第二节　按照美的规律建造法:审美的法思维范式初探

法作为一种社会规范现象,其内涵丰富,具体存在形态和具体运行机制极其复杂。于是人们有广阔的空间来观察、研究、理解和掌握法。并且,在这方面,人们可以而且必然采取多种多样的视角定位和多种多样的方法。

一、传统的法学思维范式

在中国古代,对于法的思考范式影响最大者,莫过于法家学派和儒家学派。法家观点的特征在于把法当作考测行为的度量衡,提倡法的形式下的工具主义,强调法能够"兴功惧暴""定分止争"。"兴功"指生产建设,"定分"指利益分配,意味着以功利为目的;"惧暴"和"止争"意味着营造良好的社会秩序,以充当实现功利的手段。法家推出的法奠定在人性恶的基础上,企图用外部的强横暴力来矫正人性,是扭曲了人性的统治者强加给民众的,因而不可能符合法的实质。儒家观点的特征在于提倡"德主刑辅""以礼入法"的道德主义。可以说,儒家对法的理解的层次是超越法家的。它的主旨是企图启发人的内在觉悟,通过自律,适应人与生俱来的善的本性之要求。但儒家没有真正把人当作相互平等的主体,反之却将人划成三六九等;并且还过分地突出人的义务,淡化实证法的意义。这样一来,它便偏向与法相对立的另一极端去了。

西方人对法的考察视角主要是由自然法学、分析实证主义法学、社会学法学所代表的主流观点。自然法学派洞察到法本源于人的类本质,认为这是"自然"的、自在自为的存在;它紧紧地贴近人和人的需要,乃人与人之间"和平状态"的柱石。所以,实在法必须以法(right)所表达的实践理性为指导,而使之成为"良法"。从自然法的理论中,人类容易看到自己的本性和相互间的应有关系,感受到法的关怀,展现着美好的未来和希望。就此点来说,自然法确实具有永恒性。不过,我们又会油然地想到另方面的问题,即从古代、中世纪到近代都不乏倡导自然法之人,而社会制度却发生了如此巨大的差别,这作何解释呢? 得到的答案均是模糊不清或似是而非的。这恰恰是自然法理论的过于抽象和浪漫所带来的局限性。分析实证主义法学派的产生,虽然依傍着19世纪那种自由主义的大背景,但片面的形式主义方法,使他们有意或无意地忽视甚至简直是藐视人的类本质,抹杀人的自为的能动性,而把人看成在本性上需要加以"命令"才会知道循规蹈矩的动物,因而实证法律变成万能的至上法宝,进而竟至声称"恶法亦法"。诚然,法律实证主义对于近代西方法治的发展作出了值得赞许的贡献。不过,从法律对人的关怀的方面来说,却缺乏人情味。至于作为最后兴起并一路强劲发展的社会学法学,与分析实证主义法学采纳同样的经验论方法,但却是另辟蹊径。该学派实实在在地洞悉人的类本质中的利益关系,从而把法当作调整利益关系的手段,甚至认为取得或付出利益的事实就是法。与此同时,它并不一般地否定,相反地是一般地肯定人的类本质中的道德成分。与自然法学派相比较,它把利益视为道德的核心内容,而道德则置于第二位,反映了现代经济和政治的社会化的大趋势。然而,这个学派在自己的发展途程中偶尔也不乏个别鼓吹实证法虚无主义的论调(如法律现实主义)。引人瞩目的是,第二次世界大战后崛起的综合法学思潮,力图把三大法学主流派分别侧重强调的价值、规范、事实的要素予以整合。这种想法亦是当下法学自身发展的一大走向。但是,就总体而言,在法学研究的视角和方法上,综合法学依然没有对西方传统法学思维范式的框架作出重大的突破。

经过长期的法学生涯,特别是在马克思主义以及一些学者的熏陶和启迪之下,我们逐渐感到而且愈往后愈感到,审美的视角和方法可能提供一种建立不同于传统法学范式的、新的法学思维和研究范式。马克思认为,人对于对象世界是"按照美的规律来建造"[①]。其中包括两个关键环节,一是使法复现人的类本质;二是使表现法规律的诸外在特征和法的内在价值,均具有浓厚的美感。

二、法应当复现人的类本质

人是有意识即意志和自由的存在物,同时也是"类存在物"。这种类关系的证明,就是他们共同地通过实践(劳动),自觉地创造对象世界,主要是人的类生活的对象化。如此一来,人不仅像在意识中那样理智地复现自己,而且能动地、现实地复现自己,从而在他们所创造的世界中直观自己。人以别人存在为自己存在的前提,必然地要"把类看作自己的本质"[②]。

法是人类对象世界的一部分,确切些说,不是物质世界而是精神世界的一部分。从本体论上理解,虽然法是人的意识的外化,却并非先验的存在物。它源自生活的需要,通过实践特别是劳动创造出来的。这就是我们承认"法没有自己的历史"的科学根

---

① 《马克思恩格斯全集》第42卷,97页,北京,人民出版社,1979。
② 《马克思恩格斯全集》第42卷,96页,北京,人民出版社,1979。

据。作为一种特殊的意识形态,法生动而具体地复现人的类本质;透过法,人又能够直接地看到自己的类本质的真实面貌。由此不难得出结论,合理的法,必须是复现人的类本质的法。那么,人的类本质究竟是什么? 那就是以每个人的自由为基础的有机整体。自由是人的天性,但如果不把每个人的自由加以协调而形成有机整体,自由就不会存在。只讲个人的自由而不顾整体,一定导致弱肉强食,其结果就是少数幸运者对自由的垄断。垄断自由的人,实际上也是不自由的。因为他们不仅受到丧失自由者的反对,还会随时被新的垄断者所吞食。反过来,只讲整体而不顾及个人的自由,那样的整体便是铁板一块的无机体,其中,处于上层的人物肯定是独裁者,主宰社会的一切,多数人将沦为他们的奴隶。所以,在近代,走在时代前头的科学巨匠,敏锐地依照这样的思路来理解和定义法。当康德指出法就是"任何人的有意识的行为,按照一条普遍的自由法则,确实能够和其他人的有意识的行为相协调"的时候,他阐发了一个令人洞开茅塞和肃然起敬的真理。更进一步,作为康德这一思想继承者的马克思和恩格斯,他们在《共产党宣言》里把共产主义社会定义为"一个以各个人自由发展为一切人自由发展的条件的联合体"①。这个伟大的命题,不仅说明了理性社会的实质,也指出了法的纯正的实质。

　　法复现人的类本质,复现每个人自由相协调所构成的社会有机整体,复现自由人的联合体,说的是法的终极的理想状态。这种状态作为一种应然性,要历经十分漫长的历史过程,方可变成现实。如同我们已经知道的那样,在原始社会人与人之间的血缘依赖关系中人的类本质集中体现为同质性,互相没有分化,彼此没有差别。在那里,有习惯而没有法,有整体性而没有个体性,有平等而没有自由,是蒙昧和野蛮的社会。从文明时代起,法产生了。但它是作为对人的类本质的异化形态存在的。在法之中,大多数人甚至没有做人的资格,他们或者被当作物(奴隶),或者顶多被当作半个人(农奴)。后来,资本来到世间,提高了人的地位,实现了人的政治解放,自由、平等、权利和法治(rule of law)逐渐地成为法的原则。此时,个人与国家和法的对立、市民社会与国家和法的对立转化为再统一。不过,这种再统一主要是法律形式上的,因而属于虚假的再统一。法改变了人身奴役的异化,却没有改变劳动的异化,反倒是把劳动异化推向前所未有程度。社会主义社会法在复现人的类本质这方面,迈进了空前的一大步。它把狭隘的政治解放转向更宽阔的社会、经济和文化的解放,以国家回归社会为目标。在生产资料公有制领域和人民当家作主这方面,实现了权利、义务的统一。不过,社会主义社会将长期地处于初级阶段,在此阶段除了不断完善民主和法治之外,更核心的任务是以经济建设为中心即大力发展社会主义市场经济,争取创造高度发达的劳动生产率。但需要清醒地看到,市场经济从来不是而且永远也不会是一个自足的体系。反之,它的天然的、必然的缺欠就是劳动异化的存在,两极分化的存在,权利本位(商品经

---

①　《马克思恩格斯全集》第 4 卷,491 页,北京,人民出版社,1958。

济不能不是这样)导致个人自由的扩张而干扰他人自由情况的存在,国家与法同社会相分离的存在。为此,在社会主义的现时代,应该始终牢记邓小平的那个经典的论断,即"社会主义的本质,是解放生产力,发展生产力,消灭剥削,消除两极分化,最终达到共同富裕。"①社会主义社会的本质决定着社会主义法的本质。从历史的大趋势上说,只有社会主义法才能正确反映和最终实现人的类本质。但这依然是漫长的奋斗过程。在我国的现时期,拒绝承认社会主义法的历史地位的观点是非现实的,任何把社会主义法看成"自由平等王国"的化身,同样是非现实的。无论如何,我们强调法要复现人的类本质的命题,是以历史主义的观点做根据的。对此,马克思主义经典作家特别是创始人已经讲得十分透彻了。复现人的类本质,是按照美的规律创造法的最基本的要求。

三、法的形式美和价值美

按照美的规律建造法,还要将反映人的类本质的要求具体落实到法的形式和法的价值上。这个过程就像马克思指出的那样,立法者的使命"就是把精神关系的内在规律表现在有意识的现行法律之中"②。

精神关系的内在规律亦即"美的规律",因为人不是肉体而是精神的存在物,美的规律乃是精神关系内在规律的集中反映。美的规律是人的审美活动法则。它是理性人,通过五官,对客体的体验而感到的精神性享受。人性和人的类本质,是人的最高需要和追求的极限。对人而言,它必然是最美的。因此,复现人的类本质的法,也就含有美。如果说对没有人参与的自然界,人尚可加以人化,赋予其生命力,陶冶人的情操,使人获得美感的话,那么直接复现人的类本质的法,就必然给人提供更为丰富、更深刻的扣人心弦的美感。

(一)正确表达法的外在形式特征

人对于法的审美建造,直接来自法的外在形式,触法而生情。这样,就需要做到下列几点。

第一,法本身体现严格的逻辑性和确定性。法符合严格的形式逻辑才会具有确定性。就是说,有可能通过推理和判断,根据事先规定好了的规则,了解司法当局在什么情况下会怎么办,从而为个人的预期行为作出安排。于是人们很自然地感受到法律中的必然,感受到法和个人思维的一致性。反之,非逻辑的或不确定的法,给人们带来的只能是对执法者专横的恐惧和手足无措。

第二,在法的整合中体现普遍性、稳定性和公开性。法的普遍性包括主体的普遍

---

① 《邓小平文选》第 3 卷,373 页,北京,人民出版社,1993。
② 《马克思恩格斯全集》第 1 卷,183 页,北京,人民出版社,1956。

性和对象的普遍性。具体说,法的主体是每个人,法的调整对象也及于每个人,没有差等。这是人民主权和法律平等的标志,是特权的对立物。法的普遍性表明它有极强的内在关联性,牵一发动全身。所以,法追求稳定,不到非不得已,不能更动。普遍物本身便意味着对全体人公开,被全体人所知晓。这样才能谈得上人的法律自觉性,才会有法律监督。不敢公开的法肯定是恶法,不可能是良法。

第三,在法的社会控制中体现法的极大权威性和适当的强制性。极大权威性显示法的崇高地位和人的一体服从。法仅对于个别不轨的人才被迫动用强制手段使之服从,这是"法的统治"(法治)的应有之义。法的强制是理性人自己对自己的强制,但不论如何强制仅有辅助的意义。从前把法当成单纯的"专政工具"和"刀把子"的观点,是建立在专政性的"权威"基础上,因而不能不大力地突出强制性。然而,在根本上,法的崇高地位则是发自内心的信赖,是心悦诚服,与强迫不相容。

第四,在法的运行中体现正当程序和可诉性。正当程序最初导源于英美法治国家,它泛指对任何人的权利与利益的剥夺,都必须保证受侵害者享有被告知权、陈述权和请求听取权。私法里的契约自由原则和公法里的正当程序原则,构成近代西方法律文化的两大支柱。在当代,特别是正当程序,取得越来越重大的意义,以至于可以说它是民主、法治时代的鲜明标志之一。不仅法学,而且伦理学(程序正义与实质正义、程序道德与实体道德、法律的内在道德与法律的外在道德之划分)、政治学(程序民主与实体民主的划分)等,莫不广泛地开展程序问题的研究。依笔者看来,在法之中不仅诉讼法讲的是程序,而且全部法律莫不是市民社会用来解决自身事务的程序。这一看法同英国法源于诉讼程序的观点有联系。程序思维的发达,是法治进步的强有力的杠杆。法的可诉性指任何人为保护自己的任何权利而进行诉讼的可能性。显然,可诉性属于法的可行性的重要方面,同时也直接与程序性相关。即使法律赋予公民在民商法事项、行政法事项甚至宪法事项以诉讼权,但若无程序上的保障也只能流于一句毫无用处的空话。

第五,在法对权力之间关系的调整中体现权力制约性和司法独立性。西方的法治传统,可以说只有到了美国独立战争时期贡献出权力的制约和平衡制度之后才完善起来。权力的制衡以分权为前提。实践证明,国家权力区分为二权(洛克)、三权(孟德斯鸠)或者五权(孙中山)并非最为重要,关键是对权力进行制约,使之严格地按照宪法、法律来组织和活动,保证权力的正当性。对于维护公民的权力而言,国家权力中的司法占有特殊的地位。它是法院所专有的裁判权利纠纷的权力,因而是权利的不可或缺的屏障。"没有救济就没有权利",司决权正是重要的救济的权力。从发生论说,司法权一开始就具有凌驾于相互冲突的双方当事人之上,以便"定分止争"或避免"战争状态"的中立属性,不许任何外来干涉而进行判断的独立属性,以确保"公正司法"。法官的任何偏颇就意味着牺牲国家的审判权,不免要堕落成为腐败的工具,让私人利益"占了法的上风"①。

第六,在全球化背景和法文化传统中体现法的可移植性和法的继承性。法的可移植性是一个久已存在的历史事实。不过,在当代这件事显得更为迫切和更为普遍。原因在于,这是世界性市场经济的需要,各国法律发展的不平衡性,以及法制现代化(尤其是发展中国家)的客观形势所决定的。它作为世界各国法律趋同性的反映,使当代的法更为蔚然壮观,展现更广阔的发展空间。当然,法的移植必须与各国土壤的适宜程度相符合,才能成功。如果说法的移植表示不同法域的横向关系的话,那么法的继承则表示新法域对过去本国或外国法的纵向承接关系。恩格斯在晚年的历史唯物主义通信中特地指出,法的继承性不仅是可能或有益的,而且是法的相对独立性和法发展的规律之一②。这一点是极易理解的。因为,法作为人类文明成果和智慧的结晶,是不可能被抛弃的。不讲法的继承性,法治就难以形成;讲法的继承性,法治就会快速发达。

上面归纳的法的外在形式特征,由于它们都是自觉或不自觉地按照美的规律或精神关系的内在规律创造出来的对象物。这些外在特征都合乎人的本性和人与人之间的应有关系,因而是一种美的创造。反过来,法的每个外在特征都会给人一种美感,让人细细地咀嚼和品味,我们禁不住为其中蕴涵的卓越智慧而赞叹,为人的天性而自豪。

(二)赋予法以崇高的价值

法的价值是人的类本质直接发出的呼声,而不假外求。虽然经验性的法的外在形式特征也应当表达人的类本质,但这种表达与法的价值,两相比较,至少可以找出如下几个不同点:①法的外在特征,顾名思义是形之于外的东西,可经验的东西。法的价值则属于内在的东西,不能经验的抽象的东西。②法的价值不过是人的价值的一种显现,即通过法所呈示的人的价值。所以,法的外在特征是形式的、流露出来的。法的价值是本质的,潜藏于法的背后。③法的外在特征是直接被人感知的。法的价值是间接的,通过法的特征尤其是法的运行及其结果,被人感知的。④法的外在特征是浅层的,它以法的规律为媒介才能触及法的价值。法的价值是人的类本质或人性自身的流露,是不假外求的。⑤法的外在特征是法价值各个闪亮点的外化,因而是零散的。法价值作为人的类的内求,具有单一性,是齐整的。⑥从本质和规律性的角度上看,法的外部特征是偶然性,在人们的长期实践中,通过经验的积累才发现和确认下来的。法价值,尤其来自人类生存的长远需求的最基本价值,如正义、自由、秩序,对主体来说具有不以其意志为转移的客观性,是同他们形而上的观念无关的存在;人的认识的渐进性,丝毫不影响它的恒久不变性;认识只能不断地趋近它,不能穷尽它;它之于人,总是被反映者,不是反映者;它的存在和运动借助法的规律,进而再借助外在形式特征,现实地

① 《马克思恩格斯全集》第1卷,179页,北京,人民出版社,1956。
② 《马克思恩格斯全集》第39卷,95页,北京,人民出版社,1974。

让人们认识到的。所以，法价值是法必然性的深层根据，而且它本身就是一种必然性。⑦从人这方面说，认识法的特征是为了尽可能充分地发挥法的功能和作用，满足自己的需要和利益。由此观之，它不是人的目的，仅仅是手段；目的是实现法价值。目的总是高于手段，价值则是更令人珍贵的。

上述提到，在终极的意义上，法的价值是人的价值亦即人的类本质所包含的诸成分或要素。这些成分或要素，既是主体性的东西，也是客体性的东西。作为主体性东西，它们是人类的内在规定，是自在的存在；作为客体性的东西，它们反过来成为人类努力追求和实现的对象——在这方面，法正是为此而建造出来的。所以，法价值是人类的自身价值追求的自为存在的表现。那么，这种法价值有哪些呢？近几年，我国学术界对此问题的探讨已取得了许多宝贵的研究成果。但是，彼此在看法上却远非一致。经过长期的思考，我们觉得最基本的价值是：

其一，正义。在一些著作和杂志上发表的论文中，曾多次地读到作者们引用 E. 博登海默的一段话："正义有着一张普罗透斯的脸（a Protean face），变幻无常、随时可呈现不同的形状并具有极不相同的面貌。"①这里讲的是人们对正义的不同理解和说法。其实，仔细琢磨起来，正义的概念是能够界定的。正义乃人的类本质的综合属性，是其他属性（特别是自由、效益、秩序）的总和。脱离这些其他属性，尤其是失去自由、效益、秩序的任何一种，都没有什么正义可谈。正义常常同"公"或"平"（不是整体主义的"公"或"平"，而是共同或类意义上的"公"或"平"）相联系，如公平、公正、平等之类的语词。但此类语词仅是正义在不同场合的运用。

其二，自由。自由是正义在单一人格方面的最重要的体现，是正义链条中的核心环节。如果说自由个人主义者误用了自由字眼的话，那么，整体主义者则惯于漠视个人，进而导致对自由的冷淡。实际上，人类历史的第一个前提无疑是有生命的个人存在。人们的社会历史始终只是他们个体发展的历史。古罗马法学家们非常巧妙地把个人叫做"自然人"，以区别法律上的非人（奴隶）和拟制出来的人（典型的是"法人"）。但从正义观出发，无疑每个"自然人"都是人，都应当享有人的尊严。那么，个人作为人的实体性标志何在？不是他的自然的躯体之属性，而是精神的属性即自由。因此，不言而喻，自由乃人的最高价值之所在。与动物相区别，自由为人所特有和固有的，从而没有自由是人的最大的悲哀和危险。自由从来都存在着，差别仅在于它有时表现为普遍权利，有时表现为特殊权利（特权）罢了。自由存在的最雄辩的证明是：古今中外不曾遇到一个人反对自由，顶多是反对他人的自由，以便为自己谋取更大更多的自由②。当下，国人正在积极张扬人权，这真是天大的好事。不无遗憾的是，我们从中总能听到某种不太协调的音符，一些人对自由或自由权仍存有不小的"戒心"。如同上述，自由

---

① ［美］E. 博登海默：《法理学——法律哲学与法律方法》，邓正来译，252 页，北京，中国政法大学出版社，1999。

② 《马克思恩格斯全集》第 1 卷，63 页，北京，人民出版社，1956。

是一切人的共同追求或共同意志。因为,自由就是权利,也就是法的实体。西方人使用的一个词汇 right,既是权利又是法,展现着非常科学的语境。马克思断言,"法典就是人民自由的圣经"①。的确,全部法律归根到底都是为了实现人的自由的。

其三,效益。这个词本意是功效和利益。如同大家都知道的那样,近代以来的效益概念来源于经济学,指根据数学计算的收入和产出、成本和收益之间的差。法经济学的创始人把它引入法学,当作一种基本的法价值。这不失为对法哲学的巨大贡献。特别是在空前激烈的全球性的经济实力竞争的现时代,其意义尤其显得重要。但是,事实越来越证明,把法的效益价值局限于经济的或物质的范围来解释,确实是片面的。应当肯定,物质条件(尤其生产力的状况)是人类生存的前提,社会发展的基础。这一点,马克思主义创始人早在《德意志意识形态》中做过详尽的论述。此前,马克思本人曾说过,"人们奋斗所争取的一切,都同他们的利益有关"②。其中主要讲的是物质利益,但并没有仅仅限于经济利益。除了经济(物质)效益之外,政治、文化方面也存在着效益问题。建构什么样的政治体制才能为民众提供更多的民主,就属于政治的效益;创造哪些条件才能使社会开发出丰富的智力资源和形成高水平的道德,就属于文化的效益。再如,中央前时期确定的"效益优先,兼顾公平"的方针,其中显然包含着经济和公平两种具体价值成分。法中的效益价值,同样是按照美的规律建造的。法所促进和保障的先进生产力使人们越来越能够有效地征服和改造自然,这种情况本身就是一幅宏伟壮丽的画卷。政治效益亦不例外,当年孟德斯鸠对英国政治制度、托克维尔对美国的民主的描绘,都充满审美的激情。还有精神世界的理想追求,如老子《道德经》、杜甫《茅屋为秋风所破歌》、康有为《大同书》,西方的柏拉图《理想国》、莫尔《乌托邦》、康帕内拉《太阳城》和哈林顿《大洋国》等,这种种理想也内含着法的精神效益的期望。

其四,秩序。同正义一样,秩序也是人的类本质的整体属性。可是,它们之间又有所区别,即:正义是人类共有的内在精神;秩序则是人类共有的外在需要或安全的需要。秩序同自由存在着对应性,是自由的界限和屏障。自由,如前所述,乃是个人的最高存在。但自由也有其相对性,特别是在社会资源稀缺,从而人的觉悟有限的条件下,它有可能被主体绝对化,无限地予以扩张,变成滥用,侵略他人的自由,破坏整体的安全。这时,法的秩序的价值就会显现其必要性和重要性。由此可以明白,法的秩序价值同法的正义(矫正正义)原是相通的。恰恰从这个意义上,休谟认为:"正义这一德性的用途和趋向是通过维护社会的秩序而达致幸福和安全";并认为,法律矫正与惩罚不轨行为是区别于"私人性战争"的"公共性战争"③。其实,自古以来,人们就懂得这个道理。中国先秦法家人物商鞅和韩非先后都讲述过"百人争兔"的故事;西方人则讲述所谓人类"原始状态""国家契约""和平(政治)状态"的系列故事。两种故事的目的,

① 《马克思恩格斯全集》第1卷,71页,北京,人民出版社,1956。
② 《马克思恩格斯全集》第1卷,82页,北京,人民出版社,1956。
③ [英]休谟:《道德原则研究》,37—38页,北京,商务印书馆,2002。

实际上无非都要说明法的秩序的价值。从法的发生论上考察,世界各民族的法形成的直接动因,一般地都是随着生产力的发展导致个人或个体家庭之间财产纠纷的频繁化和激烈化,需要寻找和借用普遍认同的准则作为中立性的裁判人处理案件的依据,来替代每个人自己确定的准则并由自己担当自己案件法官的混乱和无序的状况,以避免使每个人(或每个阶级)与社会在漫无止境的斗争中同归于尽之危险。对此,中国人叫做"定分止争",西方人叫做取代"战争状态"的"和平状态"。千百年来,法的秩序价值能带来的和平或"升平盛世""国泰民安""天下大治"等,一向被老百姓当作美好的憧憬。当然,法的秩序价值的现实化,也常常会发生差异甚至拧曲倒转。那就是统治者盗用法的名义,以暴力的高压而建立专制主义的恐怖秩序。即使在现代,亦出现过像法西斯主义叫卖的所谓"秩序"。这一点是非常值得一切正直人士汲取的教训。

通过外在特征表现出来的法的实证规律和法的内涵价值,两者同是人的类本质的复现。作为真实(民主)的法,对于人而言,不论是法的外在特征,还是法的内在价值,都带有客观规律性。不管哪一方面遭到篡改或否定,法都会顿时失去其实体性。

四、简短的结语

与中国传统的法的工具主义和法的道德主义的二分研究有别,也同西方传统的价值、规范、事实的三分研究有别,我们这里运用的是法之真、善、美的三分研究,亦曰法的真善美三维构造解析。根据我们的界定,法的外在的形式特征及其表现的实证规律叫做法之真;法的内在的、实体性的价值叫做法之善;法之真和法之善的有机统一所形成的整体叫做法之美。法之真和法之善均包含着美的属性,而且是体现法之美的两大基本方面。不过,我们却不能因此而认为法之美就等于法之真与法之善的简单的和。法之美作为一种具有新质属性的整体,又区别于亦即高于真和善两者。

对法的审美研究的新思维范式,完全不是同传统的法学思维范式隔绝开来。相反,它是在传统法学思维范式的基础上,大量地得益于前人和外域已获得的成就,包括哲学、政治学、社会学,特别是科学学、伦理学和美学的成果,构思出来的。以同传统法学的关系为例,法之真借鉴了中国的工具主义法律思想和西方法律实证主义思想的合理成分,以及社会学法学提倡的社会行为的控制诸说;法之善借鉴了中国道德主义法律思想和西方自然法学理论,以及社会学法学的心理主义、"活法"中的一些思路;而法之美则更广泛地借鉴了各家各派法思想所体现的审美因素。今后,坚持这样做下去,才能使已迈出的脚步继续向前。

第三节 法律·秩序·美

一、秩序与法律

秩序是普遍的现象。大到宏观宇宙,星际运行,"对我们周遭的宏观世界所作的观察表明,它并不是由无秩序的和不可预测的事件构成的混乱体,相反它所表现的则是意义重大的组织一致性和模式化。"①小到草木虫鱼,甚至分子原子,无处不有秩序,无物不需秩序。自然界中有秩序,人类社会也有秩序,而且,秩序在人类生活中起着极为重要的作用。"甚至在人们偶然组成的聚集群体中,人们为使该群体免于溃散也会强烈倾向于建立法律控制制度。"②人们已经注意到,自然秩序与社会秩序虽有区别,但更有着内在的一致性。社会秩序是人类社会生存与发展的基本条件。首先,它的意义在于消除混乱、维护安全,从而避免社会失序而崩溃。只有在有序的社会里,生产力才能发展,精神文明才能更快地进步。其次,从个体角度来说,社会秩序使人们对自我和他人的行为可以作出预测。在一个秩序良好的社会里,人们只要根据秩序和规则进行活动,他就不会受到别人的攻击和侵害,所以,秩序带给人们的是安全感。同时,秩序带来的行为的可预测性,也使人与人的合作成为可能③。在自然界,秩序是密切地与规律联系在一起的;等到演化出来社会之后,规律又往往体现为种种的规则。可以说,社会秩序与规则具有内在的因果关系,没有规则就没有社会的秩序。"社会规则是社会秩序的内核。"④因此之故,人们甚至将二者在等意上使用。在原始社会,规则首先表现为习惯,国家出现以后,主要的规则则是法律。这一点,马克思主义经典作家有过深刻的论述:"在社会发展某个很早的阶段,产生了这样的一种需要:把每天重复着的生产、分配和交换产品的行为用一个共同规则概括起来,设法使个人服从生产和交换的一般条件。这个规则首先表现为习惯,后来便成了法律。"⑤

作为一种规则的法律与秩序的联系是非常密切的,在有国家的社会里,甚至可以说没有离得开法律的秩序。秩序被视为法律的基本追求,人们甚至将二者等而同之,历代思想家对此都有不少精彩的论述。亚里士多德就曾说过:"法律(和礼俗)就是某

---

① [美]E.博登海默:《法理学——法律哲学与法律方法》,邓正来译,220 页,北京,中国政法大学出版社,1999。

② [美]E.博登海默:《法理学——法律哲学与法律方法》,邓正来译,224 页,北京,中国政法大学出版社,1999。

③ 吕世伦、文正邦:《法哲学》,568—570 页,北京,中国人民大学出版社,1999。

④ 邢建国:《秩序论》,32 页,北京,人民出版社,1993。

⑤ 《马克思恩格斯选集》第 2 卷,538—539 页,北京,人民出版社,1972。

种秩序,普遍良好的秩序基于普遍遵守的法律(和礼俗)习惯。"①奥古斯丁认为:"无论天国还是地上之国,也无论社会还是个人,一个共同的目标是追求和平和秩序,以便获得社会和个人的心灵安宁,法律正是维护和平和秩序的必要工具。"②"与法律永相伴随的基本价值,便是社会秩序"。③ 博登海默也说:"如果在一个国家的司法中,甚至连最低限度的有序常规性都没有,那么人们就可以认为这个国家没有'法律'。"④我国学者也认为,"一种法律或法律制度可能并不追求所有的法价值,但它却不能不追求秩序。"⑤恩格斯也在评价资本主义法时指出,法"是由社会上的一部分人积极地按照自己的意志规定下来并由另一部分人消极地接受下来的秩序"⑥。

正是由于法律与秩序的至深因缘,法律秩序成了法学中一个重要术语,一个基本的研究领域。那么它的意思到底是什么呢? 让我们首先来看秩序的含义,在此基础上再进一步探析法律秩序何所指。秩序一词在汉语中是"秩"和"序"的合成,古汉语里这两个词都含有常规、次第的意思。《现代汉语字典》把秩序解释为"有条理、不混乱的情况"。"一般地,它用来指在自然进程和社会进程中都存在着某种程度的一致性、连续性和确定性。另一方面,无序概念则表明存在着断裂(或非连续性)和无规则性的现象,亦即缺乏智识所及的模式——这表现为从一个事态到另一个事态的不可预测的突变情形。"⑦英国社会学家科恩总结道,秩序有以下五种规定性:①"秩序"与社会生活中存在一定限制、禁止、控制有关;②它表明在社会生活中存在着一种相互性,每个人的行为不是偶然的和杂乱的,而是相互回答或补充他人的行为的;③它在社会生活中捕捉预言的因素和重复的因素,人们只有在他们知道彼此期待的情况下,才能在社会上进行活动;④它能够表示社会生活各组成部分的某种一致性和不矛盾性;⑤它表示社会生活的某种稳定性,即在某种程度上长期保持这种形式⑧。显然,他的看法聚焦所在,是社会秩序。

如果说对秩序的理解有种种的差异,法律秩序的用法也不是很统一。学者常引用《牛津法律大词典》的解释:"法律秩序是从法律的立场进行观察、从其组织成分的法律职能进行考虑的、存在于特殊社会中的人、机构、关系原则和规则的总体。它被当作是

① [古希腊]亚里士多德:《政治学》,吴寿彭译,353—354 页,北京,商务印书馆,1965。

② 转引自王哲:《西方政治法律学说史》,66 页,北京,北京大学出版社,1988。

③ [英]彼得·斯坦、约翰·香德:《西方社会的法律价值》,38 页,北京,中国人民公安大学出版社,1989。

④ [美]E.博登海默:《法理学——法律哲学与法律方法》,邓正来译,319 页,北京,中国政法大学出版社,1999。

⑤ 邢建国:《秩序论》,572 页,北京,人民出版社,1993。

⑥ 《马克思恩格斯全集》第 2 卷,515 页,北京,人民出版社,1957。

⑦ [美]E.博登海默:《法理学:法律哲学与法律方法》,邓正来译,219—220 页,北京,中国政法大学出版社,1999。

⑧ P. S. Cohen, *The Modern Social Theory*, London, 1968, pp. 18—19. 转引自张文显:《法理学》,227 页,北京,高等教育出版社,1999。

具有法律意义的社会。"①西方学者对该术语的运用,明显地可以划作两类②。第一类是将法律秩序视作法律规范或制度,甚至就是法律本身。如凯尔森把法律与秩序等同,"法律是一种强制性秩序""法是人的行为的一种秩序(order)。一种'秩序'是许多规则的一个体系(system)"③"法律秩序是一个规范体系"④"法律秩序,尤其是国家作为它的人格化的法律秩序,因而就不是一个相互对等的、如同在同一平面上并立的诸规范体系,而是一个不同级的诸规范的等级体系"⑤。将法律秩序与法律制度等而同之的,典型者如美国当代批判法学的代表人物昂格尔。社会学法学大师庞德在对"法"这一歧义百出的术语进行梳理之后也得出一个结论:法学家们现在所指的法律秩序,即"通过有系统有秩序地运用政治上有组织社会的强力来调整人与人之间的关系和安排他们行为的一种制度"⑥。同时,庞德又把法律与社会控制联系起来,认为法律秩序就是国家借助法律程序和技术进行社会控制而产生的秩序。这其实已经属于对法律秩序进行定义的另一个类别了。法律秩序的第二类定义是把法律与社会联系起来,认为法律秩序是在社会中实现的与法律有关的秩序。如前苏联法学家雅维茨就说:"法律秩序是社会关系的这样一种状态,它是法律规范和法制实际实现的结果,保证社会所有成员无阻碍地享受赋予他们的权利并且也履行他们的法律义务。"⑦还有其他一些表述,或把法律秩序看作社会关系体系,或者视之为良性的社会结构,或者着眼于法律实现的结果,或者落脚于法律的运作行为。

鉴于在法律秩序上理解的纷纭,实有加以整合的必要。已有学者认为,法律秩序这一术语实际上应有两层含义,"即法律的内部秩序和外部秩序,或观念形态的法律秩序与客观现实中的法律秩序。所谓法律的内部秩序,是指法律规范和法制在它没有客观化以前的自己内部的联系和关系,而外部秩序,则是在现实的社会生活中实现了的法律和法制。"⑧而这种实现了的法制,既是社会关系体系,又是行为体系;关系是行为的静态表现,行为是关系的动态展开,二者是一而二、二而一的东西。

行文至此,我们也许仍不明白秩序到底是什么——状态是什么样的状态,结果是什么样的结果?秩序到底何所指?总结以上所讲,我们可以认为秩序意味着一致、稳定、顺利、均衡、和谐、协调、有次序、连续性……它既可作为名词也可作为形容词,既可作为事实范畴也可作为价值范畴。

虽然大家对于法律秩序的理解众说纷纭,但都一致认为法律与秩序二者联系非常

① 《牛津法律大词典》,539页,北京,光明日报出版社,1988。
② 参阅吕世伦:《当代西方理论法学研究》,352—373页,北京,中国人民大学出版社,1997。
③ [奥]凯尔森:《法与国家的一般理论》,沈宗灵译,3页,北京,中国大百科全书出版社,1996。
④ [奥]凯尔森:《法与国家的一般理论》,沈宗灵译,124页,北京,中国大百科全书出版社,1996。
⑤ [奥]凯尔森:《法与国家的一般理论》,沈宗灵译,141页,北京,中国大百科全书出版社,1996。
⑥ [美]庞德:《通过法律的社会控制》,沈宗灵等译,22页,北京,商务印书馆,1984。
⑦ [苏]雅维茨:《法的一般理论》,朱景文译,203页,沈阳,辽宁人民出版社,1986。
⑧ 武步云:《马克思主义法哲学引论》,359—360页,西安,陕西人民出版社,1992。

紧密。需要提醒读者注意的是,笔者在本文中并不仅仅在法律秩序的通常意义上来看待法律与秩序的关系,毋宁说我们着意所在,是把秩序视作法律的基本要素和基本特征(如博登海默、亚里士多德、凯尔森那样),也就是说,法律具有"秩序性",这种秩序性既体现于它的静态的规则体系和结构上,也体现于它的运行过程之中,还体现于它的运行结果里;三者都有秩序,三者都具有秩序性,甚至于,三者都是秩序。由此出发,我们将论证法律的秩序属性可以包含美的成分。同时,以下我们将要讲到的法律的秩序之美也就不仅包括法律秩序之美(虽则这是其中很重要的一部分),而且还包括其他的内容。

二、和谐、秩序与美

综观美学史,我们发现,不仅秩序与和谐之间有着高度的一致,而且它们常常被用来解释美的本质,描述美的特征。同时,和谐虽然不能与秩序等同,但秩序总意味着起码的和谐,和谐也总是有秩序的和谐。可以说,没有和谐就谈不上秩序,而没有秩序则也说不上有和谐。前面我们已对秩序做了说明,下面我们再简单地看一看和谐这个概念。和谐是矛盾统一性的表现形式之一,是表示事物发展的协调性、有序性、平衡性、完整性和合乎规律性的哲学范畴①。据著名美学家周来祥先生的看法,"大概中国在王国维、鲁迅以前,西方在康德以前,贯穿整个奴隶制和封建制时代的美的理想就是和谐。"②在古希腊,远在公元前六七世纪的毕达哥拉斯学派就提出美是和谐的概念。他们认为,"和谐是杂多因素的统一,不协调因素的协调。"③"宇宙(cosmos)这个词在希腊就包含着'和谐、数量、秩序'等意义。"④亚里士多德也曾用秩序和和谐来解释美,他一方面说"美的主要形式是秩序、匀称和明确"⑤;另一方面,亚氏又把生物有机体的思想运用到美学中来,释美为和谐,"美与不美,艺术作品与现实事物,分别就在于美的东西和艺术作品里,原来零散的因素结合成为统一体"⑥。中国也一直有以和释美的传统。《尚书·尧典》就说"八音克谐""神人以和"。在春秋时期,"和"已是非常流行的说法,见于典籍的季札、医和、晏子、子产、单穆公、伶州鸠、史伯、伍举等人的言论中,几乎是言必谈"和"⑦。孔子也赞同这样的说法:"礼之用,和为贵,先王之道斯为美。"在考察美学历史的基础上,周来祥先生认为,"美是和谐,是人和自然、主体和客体、理性和感性、自由和必然、实践活动的合目的性和客观世界的规律性的和谐统一"⑧。美学

---

① 张桂芬:《近年来和谐研究综述》,载《哲学动态》,2000(6),30页。
② 周来祥:《再论美是和谐》,189页,桂林,广西师范大学出版社,1996。
③ 周来祥:《论美是和谐》,73—74页,贵阳,贵州人民出版社,1984。
④ 宗白华:《美学与意境》,74页,北京,人民出版社,1987。
⑤ [古希腊]亚里士多德:《形而上学》,吴寿彭译,134页,北京,商务印书馆,1959。
⑥ 北京大学哲学系美学教研室编:《西方美学家论美和美感》,39页,北京,商务印书馆,1980。
⑦ 姚文放:《中国古典美学的思维方式及其现代意义》(上),载《求是学刊》,2001(1),70—75页。
⑧ 周来祥:《论美是和谐》,73页,贵阳,贵州人民出版社,1984。

大家宗白华先生的生命美学认为美是"严整的秩序,圆满的和谐"①。"美是丰富的生命在和谐的形式中。"②"音乐是形式的和谐,也是心灵的律动,一镜的两面是不能分开的。心灵必须表现于形式中,即形式必须是心灵的节奏,就同大宇宙的秩序定律与生命之流动演进不相违背,而同为一体一样。"③人"当以宇宙为模范,求生活中的秩序与和谐,和谐与秩序是宇宙的美,也是人生美的基础。"④他总是将秩序、和谐和美联系在一起。

社会里有秩序,有和谐,所以可以给人带来美,其实这也并不是很难体会得到。比如我们的祖先描述的那个大同社会,便是颇具美感的。《礼记·礼运》篇把这个理想社会形象地展示在我们眼前:"大道之行也,天下为公,选贤与能,讲信修睦。故人不独亲其亲,不独子其子,使老有所终,壮有所用,幼有所长,鳏寡孤独废疾者皆有所养,男有分,女有归。货恶其弃于地也,不必藏于己,力恶其不出于身也,不必为己。是故谋闭不兴,盗窃乱贼而不作,故外户而不闭。是谓大同。"大同社会,物得其宜,人得其安,海晏河清,秩序井然,我们对此一定是禁不住啧啧称道的。又如在《侍坐》一篇中,孔子赞赏曾皙那个理想境界:"暮春者,春服既成,冠者五六人,童子六七人,浴乎沂,风乎舞雩,咏而归。"就既是人生的胜境,也是政治秩序的理想;它与其说是道德境界,不如说是审美境界,而这审美境界又实是由和谐的秩序带来的。再如五柳先生所描绘的世外桃源,天人合一,万物和谐,黄发垂髫,怡然自乐,真是引人无限神往,令人爽然自失,物我两忘。恩格斯也曾赞叹过原始社会的良风美俗:"这种十分单纯质朴的氏族制度是一种多么美妙的制度啊!没有军队、宪兵和警察,没有贵族、国王、总督、地方官和法官,没有监狱,没有诉讼,而一切都是有条理的。"⑤

再引申一下说,政治法律秩序所带给人的美感,也并非那么难于寻找。《诗经·北山》道:"普天之下,莫非王土。率土之滨,莫非王臣。"岂不是用简约而富于韵致的语言,说出了统治秩序的威严、广大、严密。《尚书·洪范》的一段话,同工异曲,可资参照:"无偏无恶,尊王之义。无有作好,尊王之道。无有作恶,尊王之路。无偏无党,王道荡荡。无党无偏,王道平平。无反无侧,王道正直。"在中国美学史上,美不止是和,但和则是一种美。"和"之美体现在政治上,是和政之美。《国语·楚语上》曾讲:"夫美也者,上下、内外、小大、远近皆无害焉,故曰美。若于目观则美,缩于财用制度,是聚民利以自封而瘠民者也,胡美之为?……其有美名也,惟其施令德于远近,而小大安之也。若敛民利以成其私欲,使民皆焉忘其安乐,而有远心,其为恶也甚矣,安用目观?"这是楚国政治家武举在回答灵王新造的章华之台美不美的问题时讲的一段话,里面虽有简单化的毛病,但却清楚地告诉我们,无害为美,政通人和才是美。董仲舒也明确论述过政通人和为美的见解。他说:"世治而民和,志平而气正,则天地之化精,而万物之美起。"①甚至可以说,政和为美构成了中国传统的一个有机成分,比如中国古代的制度性建筑里,殿称太和、雍和、坤宁、银安,地名中含有定平安和宁的不计其数,这里所显示的,正是古人的政治向往和审美理想。正是和谐和秩序,构成了法与美的(一个)交会点。关于此点,先哲也曾隐约地暗示过。柏拉图认为,正义存在于社会有机体各个部分间的和谐关系之中②。在《政治学》中,亚里士多德提出,"把大小和良好秩序结合在一起的国家,应当说是最美的国家。"③"法律的秩序要素还可能具有一种审美成分,该成分在对艺术之匀称美和音乐之节奏美的欣赏中也会得到相应的表现。"④正是均衡对称的形式美感,导引科学巨匠们作出了不少伟大的发现。秩序意味着均衡。均衡是法律秩序得以形成的重要原则,均衡应有两层内涵,其一是对称性,其二是平衡性。当代物理学界有一个普遍的看法,有序就是对称,对称就是有序。自然界中,均衡原则的体现比比皆是;在社会的法律中,"平衡原则或均衡原则的影响丝毫也没有减弱,伦理法中的中庸原则,契约法中的对等、妥协原则、制约抗衡原则均是其直接表现。"⑤诉讼法中两造对抗的结构,公民个人与国家在权利体系中的对应配置,法律体系中实体与程序、公法与私法的对偶,无一不是均衡的体现。假若我们注意到,均衡、对称一直是美尤其是古典美的重要原则,那就会自然地得出法律秩序是美的这样一个结论。法律体系要求内部的协调和统一,要求层次错落分明,不相矛盾,这是一种美。由法律所形成的关系体系和行为体系,井然有序,和而不同,也是一种美。

以下,我们将集中注意周朝的礼制秩序,这曾是孔夫子一心向往并孜孜以求的;这种礼制秩序确乎带给我们丰富的审美享受。我们还将说明,这种礼制秩序,一定程度和意义上也是法律秩序。这既是我们对上述法律中的秩序是美的观点的进一步具体化,也是其进一步论证。

三、礼法之美

至圣先师孔子曾满怀深情地赞叹道:"周监乎二代,郁郁乎文哉! 否从周。"(周朝的礼仪制度是借鉴了夏商两代的礼仪制度后建立起来的,真是丰富多彩、物象昭明呀!

① 《春秋繁露·天地阴阳》。

② [美]E.博登海默:《法理学——法律哲学与法律方法》,邓正来译,253 页,北京,中国政法大学出版社,1999。

③ [古希腊]亚里士多德:《政治学》,吴寿彭译,342 页,北京,商务印书馆,1965。

④ [美]E.博登海默:《法理学——法律哲学与法律方法》,邓正来译,226 页,北京,中国政法大学出版社,1999。

⑤ 江山:《法的自然精神导论》,64 页,北京,法律出版社,1997。

我崇尚周朝的礼仪制度）①孔子所言,指出周朝礼制所呈现出的社会政治文化风貌的特点就是"文",那么,何谓"文"?在先秦,"文"字的含义是相当丰富的。作为美学范畴,它在春秋时代就已提出,指色彩、线条的交叉组合结构所呈现出来的形式的美。有论者指出,"文在先秦有三种含义,一是文身之文,它进而扩展为纹画,即一般的画,再扩展为整个社会修饰美化的基本方法。这个基本方法就是按照中国文化'和'的原则(即两种以上不同因素)组织起来……成为一种美的组织方式和组织结构。二是等级之文,主要体现为朝廷美学体系的文……即用美的规律,服务于社会的等级制度。三是宇宙之文,即文是对中国文化从原始到先秦这一漫长时期中审美对象的总称。文就是美,就是任何事物外在的美的形象。"②在《周易》中,"文"字也出现多次。比如,"物相杂故曰文"(系辞下),这里说的"文"不是单一的,而是由杂多的事物所组成的,按中国思想,基本元素为五,所以五色成文,五音成文。《周易》所说的"文",也常常明显地具有美的含义③。在《周易》中,"文"字经常与"章""炳""蔚"连用,"炳""蔚"则用来形容皮色花纹的多姿多彩,鲜明美丽,所以"文"的总是美的。《周易》的贲卦,对文作了集中的说明:"贲亨。柔来而文刚,故亨;分刚上而文柔,故小利有攸往,天文也。文明以止,人文也。观乎天文以察时变,观乎人文以化成天下。""贲者,饰也。"之所以由贲卦来解释与美密切相关的装饰,大约是由于该卦卦象是"山下有火",火光映照,造成一种鲜明夺目的景象,而原始的素朴观念中,美同光、同色彩的鲜明夺目是密切联系在一起的④。先秦典籍里,光美并称,文明并称,屡见不鲜。这里,我们更关切的是,孔子本人所谓"文",含义是什么?"文"这个概念在《论语》中的含义是宽泛的、多样的。在从"君子"个人修养角度来讲的时候,"文"首先指古代的典籍,"君子博学于文""文之以礼乐",只有通过学习,才能提高包含审美在内的文化教养。从社会方面说,"文"包含所有的文明成果。孔子曾经赞美尧治下的社会:"焕乎!其有文章。"⑤这里的"文章",指的是黄黼黻衣、丹车白马、雕琢刻镂之类的同社会生活有关的感性物质的文饰或文采。所以,这里的"文"也明显地包含有感性形式美的意思。更重要的是,在孔子这里,"文"是与"质"相对应的一个术语,他说,"质胜文则野,文胜质则史。文质彬彬,然后君子。"⑥这里的文质完满统一,本来是针对"君子"的个人修养而讲的,但却体现了孔子对美的一般看法。明显地,孔子所谓的"文",含有美的意思,是与美密相关联的。因此,当孔子心向往之地赞叹周的"文"是多么的繁盛光辉的时候,他是有一种审美的态度在内的。孔子之言告诉我们,周朝礼制所呈现出的社会政治文化风貌的特点就是

---

① 《论语·八佾》。
② 张法:《美学导论》,181页,北京,中国人民大学出版社,1999。
③ 李泽厚、刘纲纪:《中国美学史(先秦两汉编)》,289页,合肥,安徽文艺出版社,1999。
④ 宗白华:《艺境》,332—334页,北京,北京大学出版社,1987。
⑤ 《论语·秦伯》。
⑥ 《论语·雍也》。

"文",是一种深具美感形式的社会存在。战国时期思想家荀子也曾作赋一篇,由衷地赞美礼制所展现出的美文光彩:"爰有大物,非丝非帛,文理成章。非日非月,为天下明。致明而约,甚顺大体,请归之礼。"①太史公司马迁也曾这样赞颂道:"洋洋美德乎!宰制万物,役使群众,岂人力也哉?……观三代损益,乃知缘人情而制礼,依人性而作仪,其所由来尚矣。人道经纬万端,规矩无所不贯,诱进以仁义,束缚以刑罚,故德厚者位尊,禄重者宠荣,所以总一海内而整齐万民也。……是以君臣朝廷尊卑之序,下及黎庶车舆衣服宫室饮食嫁娶丧祭之分,事有宜适,物有节文。"

那么,何为礼? 所谓礼,最初就是"盛玉以奉神人之器谓之若丰。推之而奉神人之酒礼亦谓之礼。又推之而奉神人之事通谓之礼"②。礼的最早含义是为祭祀而举行的仪式,同时又是人们自觉自愿遵循的习惯。不过,随着时间的推移,原始的礼也逐渐演化成阶级社会的法。迄至周,对礼乐加以系统、完善,武王崩,成王年少,周公旦摄政,辅佐成王,"兴正礼乐,度制于是改,而民和睦,颂声兴"③。这就是历史上非常著名的周公制礼作乐。

礼的内容非常广泛,上自国家大事,内政外交,下到夫妻父子,家庭琐事,方方面面,都有具体详细的规定。礼的作用是辨民人、序差等,说穿了,就是要把社会政治生活彻头彻尾彻里彻外地等级化,从而便于管理,以保江山永固。当时的统治者非常重视礼,所以荀子说:"礼者,政之挽也。"④认为国家隆礼而重法则国治。儒家极力崇礼,"克己复礼"即是他们的一个基本主张。

周礼与美的关系极为密切,首先,"礼非乐不履",礼需要乐来体现和实现。其次,周礼从等级制原则出发,对各种视听审美形象都作了规范化、制度化的规定,对各种器物服饰的形制、文饰、色彩的规定,非常细致入微。其三,礼的一大特点就是将任何社会活动、社会行为和社会生存方式都仪式化。这样,整个社会便表现为一个按既定的表演程式进行运作的大舞台,整个社会生活都形式化了;礼要求进退俯仰周旋揖让的表现形式有一种合宜的、能给人以庄严肃穆感的动作姿态,形式美的文化色彩从而得以呈现。整个社会呈现出一种慎守仪表、井然有序的美。周人把社会活动仪式化,同时便将其神圣化了。仪式化、神圣化即是审美化。第四,在周时,天地神人本不相隔,天理人情相互贯通,所有的礼,都处于万物周流之中,必须符合天地人之道,才能通行无碍。比如:"有天地然后有万物,有万物然后有男女。有男女然后有夫妻,有夫妻然后有父子。有父子然后有君臣,有君臣然后有上下。有上下然后礼义有所错。"⑤又如:

①　《荀子·赋》。
②　王国维:《观堂集林·卷六·释礼》。
③　《史记·周本纪》。
④　《荀子·大略》。
⑤　《周易大传·序封》。

"凡礼之大体,体天地,法四时,则阴阳,顺人情。故谓之礼。"①总之,一方面,审美行为制度化、程式化了,同时美的魅力具有了超常的神圣意味和统治功能,另一方面,礼文制度一经产生,就带给世人以强烈的文明感染力和美感冲击力,整然有序,文采华美,恢弘壮丽。《礼记》中描述礼之美道:"言语之美,穆穆皇皇;朝廷之美,济济翔翔;祭祀之美,齐齐皇皇;车马之美,匪匪翼翼;鸾和之美,肃肃雍雍。"②礼何以美? 正如前述,礼是国家制度,是行为规范,是天理人情的表达;这是从内容上来看。而从形式上来看,礼是行为言辞,是金玉钟鼎,是华彩丽章,是象征,是仪式化和神圣化。礼是秩序的体现,是多样性的统一,是"和",这正是它美的原因③。

礼之美,可否说也是法之美呢? 换句话说,礼是否也是法呢? 从起源上说,礼是法的源头之一。从形态上说,礼既以国家强制力为后盾,就应该与法无异。事实上,汉以后,礼不仅是立法司法的指针,而且,比如,唐律中,有些律文几乎是礼典的翻版。礼在西周实际上具有法的性质。西周的礼既是根本大法,又是国家机关的组织法和行政法,以及刑事、民事、经济等方面的立法。由于礼与法的紧密联系,故而合称礼法,成为一大中国特色。基于这些看法,笔者以为,以上礼文之美的结论,同样也可适用于法律。虽然我们着重谈的是周朝的情况,但该结论是应可扩展到整个中国古代法律的。

四、法律秩序之美申论

法律与政治密相关联,政治中有美,有艺术;法律中亦是如此。它们都是人类文化的一部分,都可以成为"理念的感性显现"(黑格尔语),成为"人的本质力量的感性显现"(马克思语)。我们所讲的法律秩序之美即是法律中的秩序之美中很重要的一部分。

法律秩序作为社会秩序的一部分,也完全可以成为审美客体。举例来讲,贞观年间,路不拾遗,夜不闭户,某年秋后处斩竟只有 29 人,可谓是天下大治了。对如此的法律秩序,人们不由自主地称羡和向往,就含有一种审美的心态。又比如在当代,假若我们看到某个社会里,法律得到了很好的实施,结果是经济发展,民风文明,社会和谐,这就可以说是达到了法治状态。这样一种状态也实为我辈心向往之。

法律秩序是法律运作的结果,是实现了的自由的体系,是主体调控社会的优雅艺术的成果。在理想的法律秩序和法律秩序的理想里,良风美俗,社会和谐,天人之间,人法之间形成鱼水般轻柔亲密的关系。这样一种状态,是感性和理性,抽象与具象的统一,实是一种美的境界。

法律秩序的美,在于主体运用法律调控社会关系的合理性及由此形成的社会秩序

---

① 《礼记·丧服四制篇》。
② 《礼记·少仪》。
③ 彭亚非:《郁郁乎文》,1—23 页,郑州,河南人民出版社,2000。

的确定性、一致性、连续性等,而且,这种合理性、确定性、一致性、连续性又可通过可感的社会现象表现出来。谓其合理,指合乎社会之理和法律调整机制本身之理。因其合理,故能体现和实现主体的目的和理想,而这正是自由;这自由又是通过具体的个人、事件、社会关系等社会现实表现出来的,故美。

法律秩序之美,不属于自然美和艺术美,而属于社会美。与其他的美的形态相比较,法律秩序美有自己的特点。其一,由规范性所带来的整齐划一,这是它显得井然有序的原因。其二,由国家强力锤炼所带来的庄重和严峻,甚至有时显得残苛酷烈。其三,这种美有浓厚的理性主义色彩,尤其是近现代以来更是如此,因为此时法律是奉理性为圭臬的。其四,这种美又显得颇为世俗和现实,它不离功利,与伦理、政治紧相缠绕;乍一看去,这种美因俗而浅,因其强烈的现实性而少了超越意味,似乎缺少一种超凡脱俗的气质。其五,也许是由于以上原因吧,法律秩序美不易为人所体会,即使那些深通法律者,倘缺乏美的素养也是难以品味得到此中之美的。

在法律信仰者的心目中,法律是正义和力量的结合,是合理的社会秩序,是刚与柔、疏与密、宽与严的均衡配置,是中道的权衡,是正义的艺术,是执剑的女神,为人所渴慕、所景仰、所赞叹,人对之不免自失自迷。

法律秩序美是多姿多彩的。它随时期、地域、民族的不同而呈现不同的样态,不同的法律秩序有不同的样式,不同的精神,也体现着不同的美学风格。有的峻急,有的舒缓,有的温和,有的冷厉,有的平易,有的严苛。就民族个性而言,东方与西方的法律秩序美各有其特色。中国人崇尚天人合一,所以古代的法律秩序这一人间事物就被认为是上下与天地万物同流,与天地共处一体,相互沟通,这使得古中国法律显得尤为具有感性色彩和神秘性。古代行刑要看天候季节,说到冤狱则认为可以感天动地。相对于古中国天人合一的思维方式,古代希腊则以天人相分的世界观开始其文明之旅,他们的法律由此显得有一种静穆,这与它们的雕塑是同一的气派风度。伊斯兰法宗教性强,显得神圣刚烈。古巴比伦法则质朴天真。在时间之维上,法律秩序之美也不断变换其风格。人类社会早期,法多狞厉,而现代法律秩序则趋于宽缓;早期法律常常简略疏阔,后来则渐趋繁密。法律的强制性逐渐变弱——也许到了社会主义高级阶段,"法律"将成为温柔的絮语和富于弹性的启示吧。

甚至,领袖人物的独特个性也会鲜明地烙在法律秩序之美上,使其具有不同的色调。比如郑国执政子产临终时对其后继者子大叔说:"我死,子必为政。惟有德者能以宽服民,其次莫如猛。夫火烈,民望而畏之,故鲜死焉;水懦弱,民狎而玩之,则多死焉,故宽难。"[①]水柔火刚,判然有分,治道与法律里面很可能就有个性因素的影响。其他的例子如秦始皇的法律繁如秋荼、密如凝脂,而唐太宗李世民时的法则是疏密得宜,轻重适当,拿破仑治下的法律秩序有一种一往无前的冲决力量,而德拉古之法则无比苛酷。

---

① 《左传·昭公二十年》。

历史是具体的,个人的不同性格倾向也是法律秩序美的风格形成的一个因素。

法律秩序有其历史变化。在新旧交替之际,往往会产生一种悲剧性的美。人类跨入阶级社会的过程,也是一个法律秩序取代原始氏族公社秩序的过程,当美妙的历来靠风俗就把一切调整好了的氏族公社秩序终被充满血腥和暴力的国家法所取代时,当历史的车轮将亲密无间、平等互助的人际关系,自然清新、粗犷质朴的原始情调碾得粉碎时,历史就显示出了一种悲剧性。在法的历史发展过程中,当新型的法秩序取代旧的法秩序时,也如"一切伟大的世界历史事件和人物一样""第一次是作为悲剧出现的"①。这种悲剧的本质是"历史的必然要求和这个要求的实际上不可能实现之间的悲剧性的冲突"②所决定的。商鞅车裂,吴起肢解,戊戌变法的失败,都属于这种情况。当近现代法秩序取代传统宗法秩序时,当现代文明和传统田园牧歌式的乡村伦理秩序冲突时,后者作为一种"人生中有价值的东西被撕碎了",生活于其中的人们是会体会到一种深刻的痛楚和哀婉的。在新旧法律秩序递嬗之际,如果新生力量比较强大,它以横扫千军摧枯拉朽之势冲决旧力量,建立新秩序,法律历史也会呈现出酣畅淋漓、轰轰烈烈的声势。这也会给观照者以强烈的美感。

第四节　法治与德治

一、道德与法律关系在中国和西方不同传统社会里的差异

任何一个国家是采用人治(德治)还是采用法治的社会治理模式,有深刻的政治历史背景和经济文化根源,对它们的正确评价及借鉴必须立足该社会的时空坐标。中国传统社会一贯德行天下,德治传统源远流长;西方则一直高举民主法治的大旗,法治模式日臻完善。中国和西方的治国模式在其各自的地理历史范围内并无优劣之别,而这种不同的治世模式和文化传统的分野也绝不是偶然的,取决于它们各自的生产方式和地理环境以及与之相应的观念形态和社会模式。本节拟在对中西德法关系差异的比较基础上,努力通过对其从治世模式到观念形态,再到地理环境分层透视其产生根源,借以得出对当代中国正确认识德法关系的特征,指出它的借鉴意义。

(一)东西德法的符号性解释

中西比较,"西"的范围很广,但古希腊罗马文化最具有代表性。它们一直在整个西方文化中居于母文化的地位,是西方文明尤其是欧洲文明的摇篮。黑格尔曾经自豪地说:"一提到希腊这个名字,在有教养的欧洲人心中,尤其是我们德国人心中,自然会

---

① 《马克思恩格斯选集》第 1 卷,603 页,北京,人民出版社,1972。
② 《马克思恩格斯选集》第 4 卷,346 页,北京,人民出版社,1972。

引起一种家园之感。"①恩格斯则把它们看成是西方文明中的奠基之石,"没有希腊文化和罗马帝国所奠定的基础,也就没有现代的欧洲。"②因而德法关系的中西比较,在很大程度上是中国传统文化与古希腊罗马文化的德治与法治传统比较。

1. 中国"德""法"的语源性解释

汉语的"德",本义为"得"。《说文解字》:"得,行有所得也。""得"古文写作"㝵",该字有三个部分组成:"彳"是"行"的省笔,表示道路或街头,"贝"即货币;"又"是手的象形。一个人外出做生意赚了钱,持币而返,行有所获,这就是"得"。"得"与"失"相对应。"德"字最早出现在商朝、甲骨文字的结构中包括道路或路口、绳索、俯卧的"臣"字几个部分,描绘了战争之后得胜者用绳索将战俘捆绑押解返回情景;此盖因商人尚武,认为只要运用武力,就能获得财产,有了绳索,便可以长久地维系政权。商人之"德"尚未超出财产利益的范围,还不是观念形态的东西。西周金文"德"字的写法,只是比商代多出了一个"心"字,却取得了质的突破,认识到了政权的取得和巩固不是全凭武力和强制,关键在于人心向背,武力征服只是一时之"得",民心归顺才是永久的"得",并开始认识到统治者要获得民心,就必须关心百姓疾苦,"怀保小民"③;德字至此基本定型,而后只是不断被掺入对之进行阐析者(主要是统治者)的主观认识。德作为一种意识形态,首先出现于道学之中,系指"道"这一行为规范丧失后的补救措施,"失道而后德,失德而后仁,失仁而后义,失义而后礼"④,道、德、仁、义、礼的产生乃显示由于人们的行为规范的步步丧失而步步驻守。德这一概念后被引入儒学并加以伦理化,进而演变成儒学的核心内容,并随着儒学在社会意识形态中统治地位的确立和巩固,逐渐在中国传统文化中起着主导和支配作用。汉初儒学杰出代表贾谊融会贯通道家的生命哲学与儒家的伦理学说,提出"德有六美":道,德之本;仁,德之出;义,德之理;忠,德之厚;信,德之固;密,德之高⑤。至此,中国古代之德的意识形态内容完全确定,即彻底实现了儒家伦理化,成为主导中国传统文化两千多年的主流意识形态。

中国古代的法与刑、律基本同义,学术界已成共识。对于"法"的意蕴,我国学者大多采信许慎《说文解字》中的说法,"灋,刑也,平之如水,从水;灋,所以触不直者,从去"。此种见解,在相当程度上揭示了法的词源性意蕴,但考究起来,并非完全如此,至少并不精确和全面。其"氵",有平之如水之意或未为错,但笔者更乐于将"氵"作为循事物本性之意解释。老子所言"人法地,地法天,天法道,道法自然"⑥。最后归结为"道法自然",这是中国数千年的基本哲学信仰,恐怕诸多学者不事斟酌即会同意此一

① [德]黑格尔:《哲学史讲演录》第 1 卷,157 页,北京,商务印书馆,1981。
② [德]恩格斯:《反杜林论》(单行本),178 页,北京,人民出版社,1972。
③ 《尚书·无逸》。
④ 《老子·德经》第三十八章。
⑤ 《贾子新书》卷八,《二十二子》,755 页,上海,上海古籍出版社,1986。
⑥ 《老子·道经》第二十五章。

说法:"道法自然"的哲学命题系由老子提出。但此一哲学思想当在老子时代之前即已萌芽或存在,因而"法自然"的思想可能在法字产生之初即已存在甚至相当成熟,而水的基本属性即在于绵柔无形,因形而化,最能表现"法自然"之哲学意蕴。在法律领域,依照事物的本来面目对之进行规制,按照纠纷的实际起因判明是非,是法自产生以来的基本价值追求。因而,"灋"之"氵"实有循法律调整对象之真相进行裁判之意,用现代语言习惯来说则是实事求是原则。许慎对于"灋"之"廌"的理解也并不全面,中国文字产生之初,先象形后会意,"廌"则兼用了此两种造字方法。蚩尤作五刑,为我国法之开山鼻祖当无异议;在法字产生之初,必然通过某种方式映射出蚩尤的形象;古代野蛮社会或文明之初的普遍存在的动物图腾崇拜给了造字者极大启发。"灋"这种动物及文字符号性意义经我国学者武树臣等考证,很可能就是当初蚩尤部落的图腾物①,那么,"廌"不仅仅是"触不直"的独角兽的象征,更是立法和执法者权威蚩尤的象征。至于"灋"之"去",许慎的解释未免过于简单,其实不是"廌"而正是"去"才真正体现了法的惩罚性。阳具崇拜在文明之初世界范围内普遍存在,而"去"中之"厶"字,最初实乃一阳具符号②,"去"者,乃专指"去势"之除阳物实之术③,实是一种酷刑,以此保障法的实施和实现。综上所述,由"灋"的三个部分,可以分析出法的三个特征:①法或许不仅有"平、正、直"之意,但更有实事求是进行裁判之旨,从"氵";②法由权威机构制定,代表着权威,从"廌";③法者,以刑罚为目的,从"去"。

2.西方"德"(morality)与法(jus)的符号性意义。

西方伦理学中没有一个和中国"德"严格对应的词汇,而只有与此类似的"道德(morality)"、"伦理(morals)"和"道德法律(morals laws)",它们经常在同一层次的意义上使用。英国的戴维·M.沃克对此的解释是:"道德和伦理与惯例、社会习俗、法律、习惯和舆论的含义是重叠的,一般说来,人们可以说,道德是社会所接受的和生活于社会中的阶层所接受的行为准则,这种准则应从接受、承认或否认它们的宗教、道德神学和伦理学或道德哲学观点加以研究;在实践中也可以从接受者们的特殊社会的社会人类学和社会学观点加以研究;法律总的说来是确证并强化社会普遍接受的道德行为;在这个社会中,法律控制并否证和惩罚被认为不道德行为,例如强奸、不诚实和不公正对待,但是,在法律和所承认的道德之间并不是完全符合一致的,所谓道德并不是一部分法律条文或原则性法规,但它毕竟是描绘良心和社会控制良好行为的力量的一种名称,有时它是与自然法同义的。"④西方伦理学与法学把道德准则和行为规范称之为自然法应该是说明了道德的本质。因为,古希腊罗马的思想家和法学家认为自然法是和

---

① 武树臣等:《中国传统法律文化》,124—128页,北京,北京大学出版社,1994年。
② 叶舒宪:《诗经的文化阐释——中国诗歌的发生研究》,448—449页,武汉,湖北人民出版社,1994。
③ 中国科学院考古研究所编:《甲骨文编》,230页,北京,中华书局,1960。
④ [英]戴维·M.沃克尔:《牛津法律指南》,588页,伦敦,牛津大学出版社,1980。

实在法相对的,它是自然界产生的规范的总和。近代思想家卢梭和孟德斯鸠等人则认为自然不仅是人类理性的体现,而且是永恒的自然要求。由此可见,道德不是由国家制定的,也没有实证的强制的效力,只不过是自然形成的个人与个人之间或个人与社会之间的关系准则。

英语中的法(juris)的词根来源于拉丁文中的jus,而jus本身即为正义、权利,强调的是各行其是,各负其责,也许最早来自柏拉图的"正义(公道)"概念,但"正义(公道)"又代表了古希腊柏拉图时代最高的道德伦理范式。柏拉图指出,"如果这个国家里的商人、军人、官吏各做各的事,那就是公道的",所谓公道,是指"每个人都应当只做一件适合他的本性的事情""就是做自己的事情而不干预别人的事情"[①]。柏氏进而把"正义"作为立国的原则,因而又是一个伦理学上的"德"的概念。与jus其相关的有right、legal、law,但right、legal、law强调的是人们的客观外在的行为范式或者说是人们行为所应遵循的标准。再从西方法的象征——复仇女神所蕴含的意义看,这象征物有三个组成部分,分别代表了不同的意义:复仇女神,代表了法是用以惩恶的目的性;达摩克利斯之剑,意指法用以惩罚的工具性;天平,体现了法的不偏不倚的公正性。这就是西方"法"所包含的基本意义。西方传统文化中法与德的区分并不像中国古代那么明显,而是两者相互渗透、互相融合和不可分割。基本上可以说,西方传统文化中德与法关系即是自然法与实在法的关系;德与自然法基本同义,并成为实在法的内在指导思想和价值目标,实在法是自然法的体现和实现方式。当然,这种德是指"善德"而言的,"恶德非德",以恶德作为指导的法不成其为法,西方思想家早就也提出了"恶法非法"的口号。

(二)德法关系在中西传统社会差异之主要体现

1. 法德产生论不同。

中国法为修善治德而生,西方法为惩恶防恶而设。

中国特殊的地理环境和社会组织结构,决定了在文明之初即带有浓厚的血缘宗族情感,把德摆在与天(天德)同等的地位上,并以之作为调整社会关系的主要规范。人类社会之初也,对德的依赖主要表现为以习惯的道德范式对社会关系进行调整,是普遍存在的正常现象。正如恩格斯所说的,"一切问题,都由当事人自己解决,在大多数情况下,历来的习俗就把一切都调整好了。"[②]正是道德的因素才把社会关系调整得井井有条。中国的德是人们外在的和内心的最高行为规范,但中国的特殊国情使得这种道德范式随着社会发展继续发扬光大,而不是像西方社会刚进入文明时代即开始将与血缘紧密相关的道德范式打碎重建。中国法的产生尤其体现了"惟敬五刑,以成三德"的目的性。可以说,中国的法是为了主动迎合德的需要而产生的,并以之作为指导思

---

① 参见[古希腊]柏拉图:《理想国》,31页,北京,商务印书馆,1986。

② 《马克思恩格斯选集》第4卷,92—93页,北京,人民出版社,1972。

想和实践目的。《吕刑》有言，"乃命三后，恤功于民，伯夷降典，折民惟刑"，周朝则命臣工"惟敬五刑，以成三德"，使法（刑）变成了为完成"三德"的摆渡物①，尔后中国逐渐形成了"修身齐家治国平天下"，重德轻法，以法作为德的补充。由此可见，中国法是修善治德的工具。

中国法在德的需要的基础上，应其需要而主动产生，这在西方是不可思议的。正如修昔底德说的，在希腊民主政治中，"党派关系比血缘关系更为牢靠"②。西方法截然相反，基本上是为惩恶或是防恶而设的，一开始就带有浓厚的君民互相制约、法律面前平等的民主政治色彩。从荷马时代的军事民主制到早期希腊的贵族政治（非君主个人专制），纵然是僭主政治（tyrannis），都至少体现了等级范围内的平等选举、轮流执政、民主监督的和互相制约的色彩；在从中世纪后期至今的市民社会，更是公认的民主政治的典范；即使是在黑暗的皇权教权联合专制的中世纪，都长期存在对皇权进行审议和制约的元老院、议院，况且自基督教依据公元 313 年的《米兰敕令》成为国教以来，就一直充当了与皇权分庭抗礼的角色，这种观念和制度本身就是法的表现或内化成了法的内容和特点。作为西方民主政治和法理基础的"社会契约论"，无论是霍布斯的"人与人是狼对狼的自然状态"，还是洛克和卢梭的"人与人和谐相处的自然状态"，最终都认为法是为防恶（防止权利滥用）、惩恶而设的，而绝不是像中国一样为修善而立。

2. 法与德在治世中的地位不同。

中国是德主刑辅，西方是法主德辅。

中国的"德主刑辅"的政治法律模式，来源于中国的以家庭家族为基本单位的社会结构所决定伦理文化背景，中国传统文化中的伦理宗法情结使得传统中国人都崇尚"修身""自省"以求德行天下。中国德主刑辅的思想应当源起于西周的"敬德""明德"观念，此种观念把天德视为社会的最高圭臬，力主以德服人，以德治世，而不主张通过法这一外在范式规制人们的行为。作为儒学的集大成者的董仲舒，吸收和借鉴了传统社会的德治观念，尤其是孔孟的儒家道德伦理学说。为迎合西汉中央专制集权需要，把儒家政治法律观予以系统化和理论化，一直在中国长达 2000 多年封建社会居于统治地位。辑其要者有两点：一是"天人合一"的君权神授说。它宣扬天子是天之子，天之圣明，通过天子之德得以体现和发挥作用，天子秉承天意以治天下，若天子治国失当，滥施刑罚，则天必降灾异以遣告之，反之则龙凤呈祥，太平盛世。这样既满足了封建帝王追求神化君权和强化中央集权政体的需要，又照顾了儒家限制君主专断的传统主张，其根本的积极意义在于，借助"天"来诱导和威慑君主以其善德治世。在此基础上，董仲舒又提出了第二个观点——"大德小刑"说。宣称天道有阴阳，阳为主而阴为辅，阳为德而阴为刑。故治理国家应当以德为主而刑为辅。这样既神化了儒家"重德轻

---

① 杨鸿烈：《中国法律思想史》，31—32 页，北京，商务印书馆，1998。
② 参见约翰·H. 小劳利：《修昔底德》卷三，3 页。

刑"的传统见解,又暗中把刑法提高到了天道之一翼的神圣地位①。对于中国传统文化中的德主刑辅的法制模式,程树德所著《九朝律考》中有精辟概括,"中国法律有所列特殊之点:①新中国成立之基础,以道德、礼教、伦常而不以法律;故法律仅立于补助地位,为手段不为目的……②立法之根据,以道德、礼教、伦常而不以权利。各国宪法以保障人权为要,民法则以物权、债权为先,而亲族继承次之,此法律建筑于权利之上,我国则反是……③法律既立于辅助道德、礼教、伦常之地位,故其法常简,历久不变。"②西周至春秋此一段宗法统治时期自不必说,春秋而后的君统时期③,由于儒学占据了社会的主导地位,而儒学正是从周礼发展而来,因而同样体现了浓厚的德治和人治意识。实际上,在中国传统的法制中,客观的"正义和公平"观念是没有的,如果说有,也只是某一事物的处理时所依凭的德,符合了某种客观的正义和公平标准,而也绝非本来就有正义和公平的客观标准。所谓德治,指把"贤君明相"的个人意旨假定为"德"(正义或公平)的统治。

西方在德法关系孰主孰次的问题上,要数柏拉图最早阐述,也从此奠定了西方文化传统中德法的基本模式。从柏拉图早期的"哲学治国"理念中,不难看出柏拉图信奉人治观,推崇贤人政治,轻视法律功能,并将其与孔子的"德主刑辅"的理论相提并论④,而实际上,这只是柏拉图论述的三种国家形态中最理想的一种。但在这种"理想国"到处碰壁之后,柏拉图的观点发生了转变:他认识到了"哲学王"是千年难遇且靠不住的,不得不转而求诸最现实可行的"法",指出"依法治国,就是要求包括统治者在内的所有人都绝对地服从法律权威……",确立了法治在社会中的基本地位。造成这种状况的一个最为重要的原因乃在于,西方商品经济的高度发达,必然产生大量的经济民事法律关系,决定了它不可能像中国一样依赖于"德"来调整并不发达的商品经济关系,而只能求助于"法"来调整。正如古代中国"君子羞于言利",其根本原因乃在于商品经济不发达,由商品经济所决定的"利"不会像西方一样左右人们的生活。

3. 德法历史使命的不同。

中国德以教化,法以成三德;西方法以防专制,德是法之上或之外的理想形态。

中国法的历史使命在于"以成三德",在法的适用过程中,特别注重法的教化性。《尚书·酒诰》有言:"勿庸杀之,姑且教之"。孔子则主张,"道(导)之以政,齐之以刑,民免而无耻;道之以德,齐之以礼,有耻且格",注重从物质生活和精神生活两方面入手,"富而后教""以德去刑"。董仲舒则在"刑"尚未完全体现儒家的精神、不能大肆宣扬的前提之下,提出了"德主刑辅"理论。至于朱熹的"严本宽济"的司法原则,并不是德的地位的下降,乃在于儒家思想至唐代已基本上法典化,执法"以严为本",正是捍卫

---

① 参见《汉书·董仲舒传》及《春秋繁露》诸篇。
② 程树德:《九朝律考》卷十五卷第四章,12—13 页,北京,商务印书馆,1925。
③ "宗统"与"君统"概念由王国维在其《殷周制度论》中提出。
④ 张乃根:《西方法哲学史纲》修订版,15 页,北京,中国政法大学出版社,1997。

儒家的纲常名教,同时也反映出,封建社会后期统治者在人民反抗越来越激烈,传统的道德、教化手段越来越难于奏效的情况下,不能不比前代更多地乞灵于刑罚的暴力手段①,其最终目的在于维护封建的"三纲五常"。这与中国传统文化对于人性的理解有密切联系,孔孟注重教化自不必说,即使是主张"人性恶"的荀子,也坚信对性恶之人可以教化,"赏不用而民劝,罚不用而民服"②。并指出:"以德兼人者王,以力兼人者弱。"③"君者舟也,庶人者水也,水则载舟,水则覆舟。"④

在法的教化性上,中西文化有着截然的区别。西方以"人性恶"论著称于世,自一开始就主张"以牙还牙,以眼还眼",法的适用目的并不教化,而在于报应和惩罚。西方文明社会一开始"性恶论"就占据了主导地位。而柏拉图的"正义"概念,即人的本性是不可逾越的(人的金、银、铜三种特质不可改变)。这可以推出一个合乎逻辑的结论,即人如果作恶,这是由他的本性决定的,而本性的不可改变性也就决定了他的不可教化性。因此西方传统社会法的适用不是把教化而是把报应和惩罚、"以恶去恶"作为法的基本目的。西方哲学家在论述有关治世问题时援引古希腊医药学的一句名言,"药不能治者,以火治之,火不能治者,以铁治之",颇带有浓厚的血腥味和火药味,充满报复和惩罚色彩。至于后来实证法学派的犯罪学创始人之一的龙勃罗梭提出"天生犯罪人"理论,认为此种人是不可教化的。西方早期社会人们,至少有相当一部分人认为犯罪是不可教化的,因而他们的法不可能像中国传统法制一样体现出浓厚的重教化的宗法伦理色彩。西方早期法的这一特点不仅可以从刑法中得到反映,也可以从其民事、经济法律制度中得到反映:在民事、经济交往支配人们基本生活的西方社会,民事、经济侵权的法律后果如果只是教化,而不对已受损害之权利进行补偿和惩罚,显然是行不通的。

4.德法的心理崇拜不同。

中国倡德息讼,西方法追求通过法实现权利和正义。

由于中西传统文化对于德法的崇拜不同,也就形成不同的法律心理。中国本于其儒家伦理道德,鄙视争讼,倡导"无讼""贱讼"。这至少体现在两个方面:一是戒讼。所谓戒讼,体现在家庭成员之间禁讼,认为诉讼有悖宗法伦理,"骨肉争讼,既伤风化"⑤。中国传统法律独有的"亲告罪"的规定可以充分说明这一点。体现在与他人之间的戒讼,则是害怕有损自己的品格和形象,因为诉讼既起,"失邻里之欢,且亏廉耻之齐"⑥。此外,中国传统社会把律师贬斥为"讼棍",可以反映人们对诉讼的排斥和厌恶心理。

---

① 武树臣等:《中国传统法律文化》,386—387页,北京,北京大学出版社,1994。
② 《荀子·君道》。
③ 《荀子·议兵》。
④ 《荀子·王制》。
⑤ 《汉书·韩延寿》。
⑥ 《朱文公集》。

二是调解。孔子曾言，"听讼吾犹人也，必也使无讼乎。"①即使纠纷出现，人们也总是力争在家族家庭内部调解结案，迫不得已才提交政府司法机关裁判，而法官也唯求调解结案。因为按照孔孟儒家学说的理解，争讼纷起，不是别的原因，而是道德沦丧之所由。法官不能息讼，也通常被社会认为是品行欠缺、道德教化不力之反映。历史上，法官在处理案件过程中，因为法律与儒家道德传统发生冲突无从裁判或无法说服争讼双方撤诉挂冠而去者，时有出现。

西方传统社会一开始就信奉司法裁判，人们总是力图求以法律来调整一切社会关系，以法律保证自己的正当利益，在自己权利受到侵犯时则诉诸法律来惩罚侵犯者，伸张正义。无论是人们反抗封建领主和君主对其权利的侵犯，还是封建领主或君主对人们的镇压，都打着"法律与秩序"的旗号，并力求通过"正当的"司法途径实现其政治、经济、社会、文化要求。同时，也正如前述所论及到的，这种法律崇拜与西方社会的民事、经济法律关系的相对发达分不开。显而易见，对于民事、经济纠纷，是不可能借助带有浓厚主观色彩的德来处理的，因而西方传统社会尚法好诉也就具有某种必然性。

（三）中西德法关系在中西传统社会中差异的分层透视

第一层透视：人（德）治或法治的政治模式是德法关系在中西传统社会中差异的直接表象原因。

中国早期国家是在血缘关系尚未解体的情况下，通过部落融合形成的，不仅保留了原始共同体的外壳，而且其政治组织、经济结构与宗法血缘关系也紧密结合在一起。从夏禹开始就建立了以"家天下"为特征的宗教统治。在西周，周天子则借助"受（授）民受（授）疆土"的"封土建国"的方式确立和巩固自己的政治统治，不仅确立了天子与诸侯、卿大夫、士之间的君臣上下隶属制度，而且使得"大宗率小宗"的宗法制度像血管一样渗透了整个中国古代文化传统。后来，虽然历经春秋战国到秦汉时期完成了奴隶制度向封建制度的转型，西东周分封制度日渐式微，但"天下之本在国，国之本在家"的政治信仰却不断得到强化，借助宗统维护君统、强化王权，援引家规补充国法，成了中国传统社会的基本政治模式。在此政治模式之下，国家治理的好坏，完全取决于君主的圣明和贵族官僚的忠君恤民，也就是说依赖统治者之贤德治理国家的人（德）治。统治者信奉善德是治世的基础，"其身正，不令而行，其身不正，虽令不从"②。与此同时，政治与人（统治者）共兴亡，"为政在人，其人存则其政举，其人亡则其政息"③。"人"的作用远远大于"法"的作用，这不仅是儒家的政治信仰，即使是重耕战讲实用的法家，也坚信"礼义廉耻，国之四维，四维不张，国乃灭亡"④。人（德）治自此在中国传统社会中占据两千多年的主导地位。

① 《论语·颜渊》。
② 《论语·子路》。
③ 《礼记·中庸》。
④ 《管子·经法》。

　　中西国家起源的不同,决定了西方采用的是一种完全不同于中国"人(德)治"的"法治"模式。中国氏族的解体和国家的产生借助了部落联盟的方式,血缘关系并没有打破,而是直接在家长和族长权威基础之上建立了国家。但在古希腊,一方面受地理环境和生产条件的制约,人们为了生计不得不四处奔波,或狩猎,或捕鱼,或经商,或进行海盗行为,家庭和家庭的血缘关系本身就不密切,再加上在部落征服过程中,地域关系取代了血缘关系,一开始就丧失了温情脉脉的面纱。另一方面,古希腊城邦之间彼此完全独立,虽然也不时结成各种同盟,但从没有形成一个管理或统一全希腊的集权组织或国家。反映在法治观念上,西方古典哲学杰出代表亚里士多德认为,"任何人即使是最伟大最贤明的人,也会受个人感情这种主观因素的影响,从而作出一些不利于民众,不利于国家的事。而法律却是不受主观愿望影响的理性。"[1]在此基础上,他科学界定了至今都无人超越的法治定义,并区分政体的议事、行政和司法三大要素之职责与权能,把议事权交由全体公民或部分公民行使,行政权和司法权分别由政府和法院行使。这种理论经过霍布斯、洛克、卢梭等人的发展的完善,形成了西方民主政治基础的"社会契约论",确立了三权分立的政治理念,成为现代宪政制度的原型;在实践中,从古希腊的奴隶主贵族体制下的轮流执政,到中世纪的罗马的元老院和议院,都不同程度地体现了民主法治色彩。尤其是资本主义制度建立以来,带有专制色彩的君主或被杀死,或被废黜,至少也被议会或首相架空,形同虚设,这就为法治提供了良好的政治环境,人(德)治作为基本的治国方略则失去其赖以生存的根本基础。

　　第二层透视:中西哲学思辨方式与宗教信仰的不同是其德法关系差异的理性根源。

　　中国古代哲学流派众多,也出现了许多宗教,但最终皆被儒教或儒学吸附。西方哲学源起于古希腊,定型于罗马时代,但各哲学流派却始终百花齐放,并无优劣势之别,基督教在精神信仰领域独占鳌头。中西传统文化的此种悬殊差异是中西德法关系彼此各异的理性根源。这两种不同的理性文化传统及其对各自德法关系影响的不同主要体现在三个方面。

　　第一,本体论和认识论不同。就中西哲学的本体论而言,我国现代儒学宗师牟宗三指出,中国的圣人,必由德性的实践,以达政治理想的实践……从德性的实践态度出发,是以自己的生命本身为对象,绝不是如希腊哲人之以自己的生命以外的自然为对象[2]。注重对自己的生命的关注必然加强对自身的修养与自律,从"自我"而不是"非我"出发约束和规范自己的行为,依赖"自我"的德主张"内圣外王";注重对生命之外的自然的研究必然导致对外界"非我"的排斥与否定,行为人之行为要符合社会范式,主要借助"非我"的法律。就中西哲学的方法论而言,中国哲学注重整体和整合,因而

---

① 转引自[美]萨拜因:《政治学说史》(上册),盛葵阳、崔妙因译,126页,北京,商务印书馆,1986。

② 牟宗三:《中国哲学的特性》,11页,上海,上海古籍出版社,1998。

法律注重人与人之间关系的协调和个人与社会之间的整合，主张"修身齐家治国平天下"，由己及人，最终把自己融于社会整体之中。"天人合一"是中国哲学的最高境界。反映在政治法律领域就是君主从于天，而臣民则从于喻为天之子的君主。天子和其属臣以其主观善德治理天下，中国的宗法结构正是在此基础上建立起来并与之相适应的。西方哲学以自然为本体，注重分析和实证，西方哲学形成伊始对矛盾的对立便产生了浓厚的兴趣。从德谟克里特的原子分散对立理论，到赫拉克利特的正义斗争理论，都孕育着此一命题，法是人与人之间斗争的手段，也是民对君的斗争手段。尤其是柏拉图在其《国家篇》中提出"公道"和"正义"的立国原则，更能充分说明西方文化传统的尚法尚权利的必然性。柏拉图指出，"如果这个国家里的商人、军人、官吏各做各的事，那就是公道，国家就是公道。"所谓公道，就是"每个人应当只做一件适合他的本性的事情""就是做自己的事情而不干预别人的事情"。西方哲学总体说来，莫不如此。它并不像中国哲学那样注重整体和整合，强调个人为家为国无条件牺牲是至高美德，而只奉行"各行其是，各尽其责"的原则。这就决定了中国传统文化注重个人对国家的付出和义务，缺乏权利观念。由下而上的社会阶层都朝着和谐一致的方向努力，因而德也就占据了支配地位；反之，西方传统文化中，权利观念相当发达，法治模式有其良好的生存土壤，也结出了丰硕的法治果实。

　　第二，本性论的不同。德法关系模式也在相当程度上取决于社会对人本性或善或恶的普遍认同和人与人之间的相互信赖程度。就中西文化传统对于人本性的整体认识来说，中国信奉性善论，注重自省和修善；西方信奉性恶论，重在防恶和惩恶。"人皆可以为尧舜""人之初，性本善。性相近，习相远"，这是中国几千年来儒家学说的普遍信仰，也是中国传统文化的根基所在，中国的历史上重德治、轻法治总体特征也由此而来。春秋时期，荀子的性恶论曾一度向孔子为代表的性善论发难，却只是昙花一现。战国时期采信性恶论的法家虽然显赫一时，但自秦朝15年而亡后，再也无人敢蹈亡秦之迹去信奉与力倡性恶论的法家学说①；而汉武帝"罢黜百家，独尊儒术"，确立了性善说在中国传统文化中的绝对主导地位；经过魏晋南北朝时期的儒、佛、道三教融合，至宋代理学产生，性善论在中国传统文化中的绝对地位又在不断地巩固和完善。西方性恶论的哲学根基，至少可以上溯至毕达哥拉斯的奇数和偶数理念和德谟克里特的原子对立状态理论，它们一开始即为本性善恶的区分奠定了哲学基础②。赫拉克利特则把善恶相互转化的辩证法引入本性论，最后由亚里士多德予以系统化。在中世纪的欧洲，性恶论是无可争议的主流思想。自资本主义萌芽以来，作为自然法学派其代表的霍布斯坚信人类社会之初，人对人就像狼对狼一样。洛克则在明确反对"天赋道德论"基础之上不断发展其性本恶理论。实证的功利主义法学派则声称趋利避害、追求个人

---

　　①　郝铁川：《"性善论"对中国法治的若干消极影响》，载《法学评论》，2001（2）。
　　②　倪愫襄：《善恶论》，9—10页，武汉，武汉大学出版社，2001。

利益最大化乃人之本性。理性主义的代表莱布尼茨则认为善由恶而起，由恶而获得。事实上，西方商品经济的高度发达，也为人天性所具有占有欲这种"恶"的释放提供了机会；并且这种"恶"越是随着经济交往的日益频繁而表现得日益充分，并造成了另一种"恶"——人与人之间的互相不信任也由此增加。德的产生和维系的根本基础是人与人之间的互相信任，而西方的经济关系则使人们之间的相互信任丧失了，为防止这种"恶"而不得不求助于法。通观西方思想史，哲学家和思想家们的争论并不在于人本性的或善或恶，而在于如何对这种恶本性作出解释。

第三，宗教观的不同。马克思指出，"宗教把人的本质变成幻想的现实性，因为人的本质没有真实的现实性""宗教是这个世界总的理论，是它的包罗万象的纲领"①。因而中西宗教观的不同，不仅是社会现存制度的反映，更是影响其流变的因素，客观上也对中西传统文化中德法关系的差异产生了重大影响。对于中西德法关系产生不同影响的中西宗教观，体现在两个方面：一是中国克欲修德，这是典型的东方文化情结。释迦牟尼宣称人生有六大苦难，人活着就是受罪，借以清洗自己的罪孽，强调人自省和禁欲，人们的禁欲是人主动的内在因使然；基督教则宣称人到世间，乃是人类祖先夏娃和亚当偷吃禁果使然，因而上帝对之进行惩罚，人们的禁欲是上帝这一他动的外在因使然。另一方面乃在于人与上天（帝）沟通要否中介，导出了中西文化的差异。中国以儒（佛）教立国，西方以基督教立国。古代社会，人们的宗教信仰是精神支柱，因而不同的宗教观也就必然影响和产生不同的社会观和德法观。中国儒（佛）教与西方基督教都有一个绝对的权威——天或上帝，但再下来两者就截然分野了：中国儒（佛）教导人们天是通过他的儿子——天子（皇帝）来统治国家的，而天子（皇帝）又依赖于其金字塔般级差的官员来实现对人们的统治，依靠的是天子与官员的品德来治世；西方基督教则不然，他主张除上帝而外，人人平等，甚至包括君主在内，俗世人与上帝的沟通并不需要借助一个世俗的中介——王或皇帝，自然也不需要仰仗这个中介的"德"而罗织一张严密的防范之网，防止统治者对自己的肆意侵犯。

第三层透视：不同地理环境所产生的不同民族特性及其生产方式，是中西德法关系差异的自然根源。

人类的本性是乐于安逸的。这在人类文明之初，东西方并没有什么区别，美国学者罗伯特·麦金托什和夏希肯特·格波特指出，"从旧石器时代的遗址中，我们可以发现，那些有了良好环境的人类是不愿迁徙辗转的，而愿意定居一地。在过去的一百万年中，只有当气候变化异常，食物短缺，好战者侵袭，人类才不得不离开他们的居住地。"②正是东西方地理条件的不同才引起了中西文化传统的不同。过去的长时期内，普遍的观点都反对"地理环境决定论"，不承认地理环境对社会政治模式和传统文化的

① 《马克思恩格斯选集》第1卷，11页，北京，人民出版社，1972。
② ［美］罗伯特·麦金托什、夏希肯特·格波特：《旅游学》，14页，上海，上海文化出版社，1985。

决定性意义。而在讨论德法关系差异与地理环境差异之间的关系问题上,仍可能遭到非议。但笔者认为,根据存在决定意识的哲学观点,人类社会的一切现实都离不开其赖以组成和存在的物质基础,某一社会的生产方式、社会模式、民族心理、传统文化的决定因素,最终不得不追寻到地理环境这一人类社会赖以存在和发展的物质根源。"助成民族精神的产生的那种自然的联系,就是地理的基础。……这地方的自然类型和生长在这土地的人民的类型和性格有着密切的关系""历史本身就是自然史的一个真正的部分。"①恩格斯在《反杜林论》也强调过地理环境是社会物质生活条件的重要组成部分。社会越落后,地理环境的影响越大。中西德法关系之差异的表层决定因素在于文化传统的不同,但其深层和根本的原因则在于地理环境这一物质条件不同。所以,不对中西文化赖以产生和发展的地理环境进行分析,就不可能准确地把握中西德法关系的差异。

中国的古代文化基本上是一种"黄土文化"。② 中国文明最早起源于黄河流域的黄土高原,对此学界已无原则性争议。首先,黄土的垂直肌理和雨水冲刷形成的峡谷,又便于开掘窑洞,促成了定居和生产性经济;再加上黄河流域的肥沃土壤和便利的灌溉条件,人们并不要花费太多精力即可获得自己所需的生活资料,从而使得农业构成了中国社会的自然的经济基础。其次,中国属于大陆国家,东南临茫茫大海,西耸巍巍高山,北面漫漫草原或原始森林,在古代都是不可逾越的天然屏障,封闭的地理环境,使得古代中国不可能有发达的海上交通和海上贸易,也就没有发达的商品经济。与外界交往少,视野不开阔易于形成保守、中庸的文化传统。再次,原始公社末期部落之间的征服与战争,不仅没有打破原有的氏族血缘关系,相反把它完整地保留了下来。部落联盟首领也是最大家长,而夏启则直接完成了"家天下"的政治转型,历经长期发展,形成了中国传统的宗法社会。中国早期国家自产生起就走上了君主专制的道路。这就为德在社会生活和国家统治中居于主导地位奠定了良好的基础,并进而形成了现代颇具争议的重人(德)治轻法治的历史传统。

与此相反,古希腊罗马文化是一种典型的"海洋文化",希腊是典型的多山邻海地区且土地贫瘠,使得古希腊人们不可能像古代中国人一样依赖发达的农业轻而获得自己的生活资料,而不得不从事耕种、打猎、捕鱼等多种生产方式。同时,海上贸易和海盗行为也成为希腊人获得生活资料的重要来源。"海上贸易以及附带的有时仍然进行的海上掠夺,使得贵族们发财致富,并使货币财富集中在他们手中。由此日益发展的货币经济,就像腐蚀性的酸类一样,渗入了以自然经济为基础的传统的生活方式,氏族制度同货币经济绝对不相容,阿提卡小农的破产是与他们的旧的氏族联系的松弛同时发生的。"③希腊城邦国家是在血缘关系被彻底打破、氏族部落组织完全解体基础之上

---

① [德]黑格尔著:《历史哲学》,王造时译,131页,北京,商务印书馆,1937。
② 详见萧兵:《中庸的文化省察——一个字的思想史》,159页,武汉,湖北人民出版社,1997。
③ 《马克思恩格斯选集》第4卷,107页,北京,人民出版社,1972。

建立起来的。古希腊由其地理环境所决定的生产方式和由此而建立的社会组织模式，易于产生那种古希腊以自然为本体、重分析的哲学思想，排斥古东方型的威严的专制主义思维模式，而在自由人之间建立了民主政治的模型。这在法律领域必然表现为传统的至今仍颇具推崇价值的法治理念。

(四)嬗变与启示："依法治国，以德导法"——中国德法关系的当代框定

1. 中西传统社会中的德治与法治评价。

中国古代社会的德治传统植根于中国传统的自给自足的农业经济基础，与中国传统的宗法社会结构和专制政治体制相适应。它以儒家思想作为自己的基本指导思想，倡导"修身齐家治国平天下"的社会道德范式和社会政治目标。在那里，人治与"法治"基本同义。李大钊曾经深刻指出，所谓"修身齐家治国平天下"在道德修养方面强调"修身养性"，从根本上来说无非是牺牲人的个性，以成"孝"成"忠"来迎合专制的社会(包括家和国)秩序需要①。从根本上言之，中国传统社会的人治应当被摈弃。但中国传统文化一开始即立足社会整体，以"天人合一"作为最高的哲学境界。这种高度国家主义的整合精神，是西方传统哲学望尘莫及的。中国的德治文化传统注重从整体利益和个人的自觉修善治德出发，注重人与人之间、个人与集体、个人与国家、个人与社会之间关系的协调。这种道德行为范式作为克服经济模式转型、政治体制改革过程中道德普遍失范的有效手段，确有积极的意义。

西方传统社会的法治模式植根于商品经济，发达于市场经济，与西方市民社会结构和民主政治体制相适应，强调对个人人性的尊重与维护，权利观念极其发达，这与其重分析和实证的哲学方法论是分不开的。坚持认为社会由个人组成，以个人为目的，如康德的"人是目的而不仅仅是手段"的哲学命题的意蕴，在西方哲学史和法律思想史中源远流长，并日益成为人们的基本价值信仰。于此理论基础之上建立的民主与法治模式，更成为近现代世界各国的治理典范。然而，西方此种法治模式的最大不足在于，它对人们行为的调整是一种典型的外在型规制，而不是人们内心自省自察的结果，法的遵守与否是人们对利益追逐最大化的结果。这种治世模式只能说是对恶的最小限制，而不是中国传统社会的对善的最低要求。

2. 由德治模式向法治模式转变的必然性。

德法关系具体模式，可以归纳为四种：①德主法辅模式。也就是中国传统的人治模式。这种理论认为，"人"的作用是第一位的，而法的作用是第二位的。在政治领域内"人存"则"政举"，作为最高统治者的王或皇帝决定一切，"其身正，不令而行，其身不正，虽令不从"②"为政在人，其人存则其政举，其人亡则其政息"③。在法律领域则不

---

① 参见李大钊：《守常文集》，50页，上海，上海北新书局，1950。
② 《论语·子路》。
③ 《礼记·中庸》。

仅认为依赖人来立法和执法,而且法律不可能预先包罗无遗,需要德才兼备的法官灵活运用。这种模式的最大的缺陷在于政策与法的不稳定性和立法执法的随意主观性,社会的治与乱全系于统治者一"德"之念。柏拉图早在 2000 多年前就指出,"哲学王"不仅千年难遇,而且即使有,也是靠不住的。②西方传统的法治模式。它以"天赋人权"为理论根据,极力推崇人的自由平等理念,强调权力之间的相互制约,其现实形式即西方的三权分立的政治制度,法在整个社会生活中占据主导地位。但也正如前面所提到的,法律对某些社会失范行为是无能为力的。这种状况在现代化的过程中尤为突出,如法律在环境污染、网络犯罪等新型犯罪中明显力不从心。③德法并重模式。此种模式下,德与法在整个社会管理过程中居于同等重要地位,同等地发挥社会规范和调整功能,但并不具有切实可行性,历史上和现实中几乎没有此种政治法律的现实模式。④"依法治国,以德导法"模式。此种模式既以法治作为治世的基本方略,符合社会历史在近现代社会以来的发展趋势,也符合人们的当代政治信念,同时又吸收了中国传统的德治的合理性精华,有利于克服德治模式之下,把社会的治与乱系于统治者的主观善恶一念之间,易流于擅断的弊端。

我国确立"依法治国,以德导法"的政治法律模式,实质上就是借鉴吸收中国文化与西方文化的优良传统并实现中国传统文化转型。郁龙余先生指出,人类的交际天性和远方崇拜以及文化本身具有传播性使得中西文化的融合是一个确定不变的趋势①,"谈论文化,通行的理解是中国文化的发展前途,既不是固守本土文化,也不是所谓全盘西化,而是走中西交流,中西融合之路。"②我国确立"依法治国,以德导法"方针的必然性在于:首先,全世界范围内文化融合的加速,克服原有的地域限制,使得原来适合中国国情的"德主法辅"的治世模式不能再适应现实需要。各国和各区的地域限制越来越为日益发展的生产力所克服,民族的交往和交流日益密切带来各民族的原始文化特性日渐丧失,并呈现出统一融合的趋势。其次,自由、平等、民主观念的扩散打破了中国长期以来的人治和德治文化传统。应当说在近代以前,东方文化传统较能适应当时社会发展总的趋势,东方文化的灿烂映衬了同时期西方文化的黯淡。我们无须预测很远的将来到底是西方文化传统还是东方文化传统更能适应社会发展要求。但我们以为,近代社会以来到今乃至今后相当长的一个时期,西方文化传统更能适应社会的发展要求。当然,这个说法仅有相对的意义。很可能有一天,由于法治搞得过滥,道德在治国中的地位还会突现出来。但这不完全是传统中的德治,而是民主制之下的新道德的作用。再次,我国几千年来的自给自足农业经济是中国人(德)治传统的经济基础,新中国成立初期几十年的计划经济体制则是新中国几十年的人(德)治的经济基础。这两种经济形式的共同特点是商品经济不发达带来了人们中庸封闭的文化心态

---

① 郁龙余编:《中西文化异同论》,17 页,北京,生活·读书·新知三联书店,1989。

② 郁龙余编:《中西文化异同论》,21 页,北京,生活·读书·新知三联书店,1989。

和尚德残法的民众心理。然后,这两种经济模式正在被彻底打破。人们不仅在经济上不再依赖等级制官僚式的社会资源分配,开始形成一种人人平等、依法追求和实现权利的法治心理。由此可见,民主政治体制和法治模式是有中国特色的社会主义的根本立足点。

3. "依法治国,以德导法"的正确内涵。

江泽民在1997年党的十五大上,明确提出"依法治国,建设社会主义法治国家"的基本治国方略。2000年又讲到"以德治国"的问题。就是说,为了适应市场经济对法治的必然要求,国家确立了依法治国的基本方略;为了克服市场经济的必然缺陷,国家确立了以德治国的方针作为依法治国的辅助。我们提出的"依法治国,以德导法"的基本社会政治法治模式,不仅是从中西文化传统对比中得出建设有中国特色的社会主义的应然途径,也不失为对中央提出的法治与德治实质内涵及其相互关系的准确把握。

对于依法治国,在十五大报告中有明确的定义,"依法治国,就是广大人民群众在党的领导下,依照宪法和法律规定,通过各种途径和形式管理国家事务,管理经济文化事业,管理社会事务,保证国家各项工作都依法进行,逐步实现社会主义民主的制度化、法律化,使这种制度和法律不因领导人的改变而改变,不因领导人的看法和注意力的改变而改变。"①对于以德治国,要求我们在坚持不懈地贯彻执行依法治国方针的同时,"也要坚持不懈地加强社会主义道德建设,以德治国"②。对于依法治国与以德治国方针两者的辩证关系,报告亦给出准确的界定:第一,法治与德治是社会治理的两种基本手段。"法律和道德作为上层建筑的组成部分,都是维护社会秩序、规范人们思想和行为的重要手段,它们互相联系、相互补充。……道德规范和法律规范应该相互结合,统一发挥作用。"③"对一个国家的治理来说,法治与德治,从来都是相辅相成、相互促进的,二者都缺一不可,也不可偏废。"④就笔者所称"依法治国,以德导法"的治世模式来说,本身即蕴含了法治与德治的不可或缺性。第二,道德是法治的价值基础。"法治属于政治建设、属于政治文明,德治属于思想文明建设、属于精神文明,二者范畴不同。"⑤但这并不意味着德治可以越俎代庖,直接对人们的行为或社会关系进行与法一样的外在规制与调整。正是在此种意义基础之上,所谓"依法治国,以德导法"突出道德的基础地位与法律的实证的规制作用。第三,法治与道德是相互促进的。社会主义法治与社会主义道德的相互促进,不仅体现在内容上相互吸收,功能上相辅相成,对人们行为规范上相互支撑,而且体现在社会主义道德与社会主义法治的发展依赖于对方的发展,而其本身的发展又带来对方新的发展。这样才能真正展现出社会主义法治与社会

---

① 江泽民:《在中国共产党第十五次全国代表大会上的报告》。
② 江泽民:《在全国宣传部长会议上的重要讲话》,2001年1月10日。
③ 江泽民:《在中央思想政治工作会议上的重要讲话》,2000年6月28日。
④ 江泽民:《在全国宣传部长会议上的重要讲话》,2001年1月10日。
⑤ 江泽民:《在全国宣传部长会议上的重要讲话》,2001年1月10日。

主义道德的蓬勃生命力。总之,既要十分重视道德在治国中的意义,又要明确道德不是代替法治或同法治平行的另一个基本治国方略。任何用"以德治国"来冲击"依法治国"都是不正确的。

4."依法治国,以德导法"的社会治理模式的当代价值。

现代中国是传统中国的继承和发展。我们在迎奉民主法治的世界时代潮流的同时,必须更好地继承和发扬中国传统文化的国粹和精华,充分发挥我国文化传统崇尚德治的积极因素,更好地为社会主义建设服务。这是我们"依法治国"的同时倡导"以德导法"的根本原因。但其更直接和更现实的原因,则在于力图从根本上消除我国当前普遍存在的有法不依、执法不严、违法不究,特别是钱权交易的腐败现象。关于此一现象的产生根源及其流毒已经引起党和国家的高度重视,也为人民大众广为关切。在这里,我们只想从司法信念的角度窥其一斑。司法信念的丧失,确实是法治生命的绞索。我国百姓由于传统的厌讼心理或受经济条件的限制很少诉讼,这在 20 年前是一个决定性的因素。但现在的情况发生了巨大的变化。老百姓很少与讼的最重要的原因,乃在于对司法公正的基本信仰的动摇。

当人们在耗费巨大精力等到一纸判决的时候,才发现司法裁决对自己的打击并不亚于案件起因对于自己的打击;国家的司法裁判似乎不再全是正义与邪恶的较量,而不时散发着某种活脱脱的铜臭与庸俗人情的气息。道德的沦丧给社会稳定带来极大不稳定因素。正是在此现实情况之下,强调用道德来支持法治,就是非常迫切的。

对于"依法治国,以德导法"予以正确全面地理解,即在法治前提之下,以"善德"导法,以法去"恶德"。在以"善德"导法方面,一是以德立法,即立法要真正体现社会主义民主和代表最广大人民的根本利益,实现最大限度的社会正义观念;二是以德执法,既要以"善德"执法,又要把依法办事、严格自律作为执法者的职业道德而严格遵守;三是以德监督,努力造就一个公平、公开、公正和合理的法治秩序,为法治的贯彻和实行创造一个良好的社会环境。在以法去"恶德"方面,则不仅要加大对"恶德"之人打击力度,更重要的乃在于肃整司法秩序,重构人们的司法公正信赖和崇敬。

由中西德法关系的差异及其产生原因的比较分析,我们可以清晰地看出,民主法治是当今世界不可逆转的时代潮流。我国实现由传统社会人治向现代法治的转型,并不是所谓的全盘西化,而是顺应时代要求,使借鉴西方法治的经验与中国传统"德治"中的合理成分相结合,保证健康地沿着"依法治国,建设社会主义法治国家"的伟大目标前进。

二、"德治"的历史与理论诠释

(一)"德治"与"人治"

在古代奴隶制的希腊,毕达哥拉斯、赫拉克利特等人就提出要由少数有德性的贤人治理国家。后来,柏拉图在《理想国》一书中把这种贵族主义理论予以系统化,叫做"哲学家政治"。这不妨称作洋式的"为政以德"。但同中国古代思想家们相比,这些主张便逊色得多了。

众所周知,中国几千年封建君主专制的政治统治秩序,一直是建立在伦理规范的基础之上的。那时,法律从属于道德,同道德相比,仅是统治阶级手中第二等的工具。法律被纳入"礼治"的体系,道德被赋予法律所应当具有的权威性与公正性,反之法律却失去了它的特质而表现为"刑"的形式。人们的行为出"礼"才会入"刑",才谈得上法律。但是,尽管君主"口含天宪",出言为法,点头为律,从总体上讲,法律到底是对君主有制约的东西。商鞅提出的"刑无等级",虽不适用于君主,但对"刑不上大夫"是一个有力的否定。君主处罚用刑时,也要"不失疏远,不违亲近"①。法家甚至提出"君臣上下贵贱皆从法"②。反之,道德是无固定的外在形式的和富于弹性的,它不会像法律那样冲击君主的权威,又能令臣民在"礼治"的体系中对君主唯命是从。于是,法律仅仅是确立和推行道德准则的辅助手段,"德"才是治国的根本之策。要以德行政,必然要求有能以身作则、充分发挥德化作用的官吏,重视官吏个人的作用,提倡由"圣人"来治国。因此,在君主专制制度下,只有君主及其官吏的尊严,而不会有法律的崇高权威;君主和官吏的德性左右法律的存废和国家的兴衰治乱。一句话,中国历史生动地证明,德治必然是人治。

古代儒学家派的思想家都认为"为政以德"的立足点是"为政在人"。孔子说:"文武之政,布在方策。其人存,则其政举;其人亡,则其政息……故为政在人。"③意思是,文王和武王的为政之道已经以法典形式载于文书。如果有德性高尚的人主政,先王的为政之道就能得到推行和发扬;如果没有德性高尚的人主政,先王的为政之道就会阻塞、湮灭。所以,能否实行先王之政的关键在人。荀子也强调"人"在治理国家方面所起的作用,提出"有治人,无治法"的著名论断。这些能将国家治理好的人,必须是以"仁"为己任的贤能人士,就是所谓的"贤人""仁人""圣人",即有高尚品德的人。因此,治理国家应当任人和任德,即"为政以德",君主要"身正"④,"先慎乎德"⑤。正是针对这一点,法家学派提出"不务德而务法"的另一个片面性的口号⑥。很容易看出,儒家鼓吹的"为政以德"是特定社会历史时期的产物,并且只能适应那个历史时期的需要,于今已成为陈旧的东西了,它同人民主权论和现代的法治论是全然对立的。

不可否认"不以德就乱"也是一个事实。秦的统治者可谓是法家"法治"理论的实

---

① 《商君书·修权》。
② 《管子·法法》。
③ 《礼记·中庸》。
④ 《论语·子路》。
⑤ 《礼记·大学》。
⑥ 《韩非子·显学》。

践者,竭力推行"法治"和"事决于法"的"法治"理想。但是,他们主要用的是刑法,使法变成赤裸裸的暴力,对臣民深督轻罪,施以严刑峻罚,使官吏和百姓时时刻刻都处于严刑的恐怖之中。即令统治阶级内部也感受到了这种严刑峻罚的重压。正如当时蒯通过范阳令所说的:"秦法重,足为范阳令十年矣,杀人之父,孤人之子,断人之足,黥人之首,不可胜数。"①统治者之间也常刑戮妄加,如秦始皇死后,赵高和李斯伪造秦始皇诏书,立胡亥为太子,给公子扶苏和大将蒙恬定罪,处死②。严刑酷法可能令臣民暂时服从,获得一时的"治",但潜伏着"民免而无耻"的危机。西方历史上,也不乏这种暴政导致亡国的前车之鉴。马基雅弗利强调法律、放弃道德的理论,也受到人们的普遍抨击。实际上,道德在很大程度上,决定着法的内容。法律产生前,宗教、习俗、道德等规范维系着社会的秩序;国家和法产生后,统治者也常常从道德中寻求法律的基础,不断吸收一些道德规范,赋予法律的效力,力求法律与道德内容上的一致,获得社会的广泛支持。可是,这并不意味着,道德可以取代法律。道德仅是"国治"的一个必要条件,有了道德不一定会有国治民安。

(二)"德治"未必能治

尽管在历史上和逻辑上,道德都先于法律而存在,对人素质的要求和启发人的主观能动性方面也高于法律,治国不可没有道德,但是它也有一定的局限性。首先,道德的约束是"软约束"。因为道德实质上是处于同一社会或同一生活环境里的人们,在长期共同生活过程中,逐渐积累形成的秩序和理想,只有在人们真心诚意地接受它,并转化为自己的情感、意志和信念时,才能发挥作用。所以,道德不像法律那样以强制手段为自己开辟道路,对人的约束靠的是行为主体的内心信念和外部舆论,对那些没有道德的人,它无能为力;对那些有意破坏道德的人,也常常束手无策。

其次,道德的规范性程度低。主要表现在,道德常对行为主体提出一定的倾向性要求,行为主体的选择余地较大。而且,道德评价的根据是行为动机与效果的统一,实践中很难确认这种具有较强主观性的动机,更不容易以严格的量的规定确定行为的责任。所以,道德规范不便于人们准确选择自己的行为方式和评价他人行为。

再者,不同民族、地域、阶级、阶层的人之间,道德观念也会有很大差异,难以用统一的道德准则要求国家的全体成员。即使有了统一的道德标准,每个人受到民族、地域、信仰、个人修养和利益关系等因素的影响,对同一道德会有不同程度的理解,甚至相反的认识。尤其是剥削阶级的道德不一定为被剥削阶级适用,被剥削阶级一般也不会自觉服从统治阶级的某些道德要求。

最后,统治阶级成员中的某个人有德,其他成员或后继者不一定表现出同样的道德水准。其他社会成员也一样。人免不了受情感影响,道德会随主体及场合而变化。

---

① 《史记·张耳陈余列传》。
② 《史记·秦始皇本纪》。

以这种缺乏足够权威性、统一性和稳定性以及缺乏足够强制力保证的道德治理国家，真的会导致"人存政举，人亡政息"了。法在治国中的作用如此明显，以至于连孔子和孟子也要求人们严格遵守他们所维护的礼治或德治下的法制，纠正各种违反等级名分的现象，因为"徒善不足以为政"①。荀子更重视法律，承认"法者，治之端也"②。没有法律，曾经具备了高尚道德水准的人，也会在各种利益的诱惑面前逐步变质，失去原有的道德。

这个道理对于一个社会主义国家也是适用的。所有中国人都不应忘记的"文化大革命"就是一个典型的例证。正如邓小平深刻指出的，这些大大小小的错误，"固然与某些领导人的思想、作风有关，但是组织制度、工作制度方面的问题更重要。这些方面的制度好可以使坏人无法任意横行，制度不好可以使好人无法充分做好事，甚至会走向反面。即使像毛泽东同志这样伟大的人物，也受到一些不好制度的严重影响，以致对党对国家对他个人都造成了很大的不幸。"③一位人民领袖人物尚且如此，普通的官员、黎民百姓离开了法制制度的约束，又将如何，可想而知。

因此，"为政"不能不用道德。法律离开道德，就会变成与人的血肉之情分离的异物，成为恶法。"为政"也不能不用法律，单纯的道德在不可调和的社会群体，尤其在阶级对立面前形同虚设。因此，不能把道德与法律二者对立起来，在实践中采取非此即彼的做法。它们之间的真正关系是，道德总是不断地向法律渗透，依赖法律的帮助；法律也在接纳道德的要求，寻求道德的支持。中国历史上的盛世，不仅是为政以德，更是修明法令，才获得人心的。在正常情况下，统治者总是使法律与道德相辅相成，相得益彰。"为政应当以德"，但是，作为制度化的法律对于治国有更大、更直接、更现实的作用。

(三)关键是依法治国

从法律与道德的一般关系看，法治并不排斥道德，依法治国本身就蕴涵着道德的要求。在这个意义上，法律是最低限度的道德。但是，二者相比较，法律还有以下突出特征：第一，法律具有国家强制性，国家强制力是法律的后盾。这种终极意义上的保障虽常常备而不用，但又必不可少。第二，法律具有统一性和稳定性。它有全体公民必须遵守的效力，任何人都不能超越于法律之上，也不能游离于法律之外，它不因个别人或某些人的意志而改变，也不受各种偶然性因素的左右。第三，法律具有系统性。不同效力层次和不同内容的法律相互协调、相互配合，构成一个严密的体系，并以规范的形式公布，为人们熟知，便于遵守。这些特征，使法律既能预防和制止一些危害社会的行为，又能为人们提供一种较为客观和普遍的评价标尺，通过权利义务的规定和责任

---

① 《孟子·离娄上》。

② 《荀子·君道》。

③ 《邓小平文选》第2卷(第二版),333页,北京,人民出版社,1994。

的归结指引人们的行为,便于人们合理安排自己的行为;既能有效调节不同阶级、阶层或社会力量之间的对抗性利益冲突,维持政治统治,又能有效管理社会公共事务,维持公共生活基本秩序。因此,依法治国是国家统一、民族团结、经济繁荣和社会发展的决定性因素。就道德本身来说,法律是维护和推行统治阶级道德和普遍道德的有效手段。

(1)道德通过法律才能发挥足够的作用,道德建设本身离不开法的保障作用。道德的形成和发展,既需要个体的自觉,又需要外部强制。道德发展的动力是人与人客观的交往关系和社会关系所不断提出的新的要求,这些要求在阶级社会不可能离开国家强制力而存在。没有法律,统治阶级无法在全社会推行有利于其统治的道德。法律有助于维护社会秩序,为道德建设创造良好的环境。此外,法律在制裁违法行为时实际上也阻止了违法者对道德的冲击。中国封建社会就长期把"三纲五常"等道德规范列为法律条款。《汉谟拉比法典》《摩奴法典》以及《拿破仑法典》都集中地反映了统治阶级的思想道德观念,使之在整个国家得以有效推行。

(2)法律有助于培养、巩固和发展道德风尚。在法律所表达的支持什么、反对什么的价值取向中,内含着统治阶级的道德要求。法制通过制裁违法行为,保护合法行为,支持和奖励一些高尚行为,不仅对当事人,而且对社会上的所有人都发挥着道德的宣传教育功效。人们法制观念和法律意识的增强,也是道德水准的提高。人们的守法行为,多数都是一种道德行为。所以,法律和教育一样,都是灌输道德观念的有效方法,同时还能在人们的行为关系中促使道德的自发产生。人们的行为受到法律的规范和利益制约,不断地重复守法行为,加上内在的自觉意识,最后会把一些含有道德内容的法律规范要求的行为内化为自律行为,法律规范也自然而然地成为道德习惯。

(3)道德要通过法律得到明确、系统的表现。道德准则在现实生活中没有自己特定的规范表现形式,往往体现在传统、舆论和学说当中,表现在人的言行之上,深藏于人的品格、习性之中,靠行为主体自己去体验、感受和概括。在很多场合,道德要求通过法律、习惯、宗教等规范形式表现出来。法律是表现统治阶级道德体系的主要形式。道德规范不仅蕴涵在法律规范中,而且有的道德规范直接借助法律规范的形式表达。如我国宪法规定:国家提倡爱祖国、爱人民、爱劳动、爱科学、爱社会主义的公德,在人民中进行爱国主义、集体主义和国际主义、共产主义的教育,进行辩证唯物主义和历史唯物主义的教育,反对资本主义的、封建主义的和其他的腐朽思想。这里就明确规定了我国礼会主义思想道德建设的基本内容。从国外经验看,许多国家也以法律制度促进社会道德的进步。如英国政府规定了中立、公正、无私、缄默的文官道德原则;新加坡在社会公德、家庭伦理、国家公务员职业道德等方面都建立了相应的法律制度,用法律化、制度化的形式促进和保障社会道德建设,提高公民素质,收到良好的效果。近年来,美国国会也先后通过了《政府工作人员道德准则》《美国政府行为道德法》等多部道德性法律,目的在于使政府工作严格而富有成效。根据这些经验,我国采取法律制度的形式制止社会道德滑坡,促进社会道德水平的提高,是社会主义精神文明建设的当务之急。当然,法律并不是万能的。但是,治理一个泱泱大国,不用法律或轻视法律也是万万不能的。我们确实需要在法律发展模式、法律调整与道德调整的关系、法律发展的本土化等方面进行深入研究。不过,前提是我们必须有完备的、切实可行的法律。

就社会主义法制的性质而言,它理所当然地包含着这样两方面意思:一是它与民主必不可分,发扬社会民主就是要充分实现人民当家作主,使人民广泛而真实地参加国家管理,而不是由少数"贤人""圣人"管理国家。相反,他们要以人民公仆的身份为人民服务,代表人民行使权力。所以社会主义民主本质上要消除"人治",内在地要求社会主义法制。我国现阶段的经济、政治、文化和社会发展水平也不允许我们企图把人的行为全部维系在道德规范的基础上,更不能主要靠道德来约束行使国家权力的为政者。而是"必须使民主制度化、法律化,使这种制度和法律不因领导人的改变而改变,不因领导人的看法和注意力的改变而改变"①,保证其连续性、稳定性和权威性,实现国家的长治久安和持续稳定发展。其二,社会法制必须纳"德"入法。剥削阶级的法律尚且离不开道德的支持,社会主义法更不能与社会主义道德背道而驰。要把法律和道德紧密结合起来,对人民和他们的公仆"导之以德,齐之以法",用道德来弥补法律作用的局限性,充分发挥社会主义法制的优越性。

我国正致力于改革开放,建设有中国特色的社会主义,发展社会主义市场经济。这是史无前例的开拓性事业,是一场深刻的革命,时间虽短,变化巨大。从观念到体制,从经济领域到政治、文化领域,都发生了根本性的转变。转变过程中,某些丑恶现象必然沉渣泛起,腐朽的东西也会乘虚而入。所有的人都要经受改革开放的洗礼,面临时代浪潮的涤荡。诚然,多数人能顺应主流,沿着社会主义方向开拓进取。与此同时,也会有一些人或固守陈规,或腐化堕落。毕竟,"每一个社会的经济关系首先是作为利益表现出来"②,人们所要争取的,都不免同他们的利益有关。我们不能指望人们都能自觉合理合法地追求利益,不能指望人民的公仆都能奉公守法率先垂范、不以权谋私滥用职权。中央和地方、地方之间、各部门及至个人之间都有利益的差异与矛盾,地方保护主义、官僚主义、贪污腐化都说明了冲突的现实性。在这样一个特殊的历史时期,单纯道德的约束,是远远不够的。在变化了的环境里,新的道德规范需要经过漫长而耐心的育成。靠说服和教导,让人们在新的环境里即刻服从道德的指示,当然不切实际。而不顾人的传统意识和情感,用僵化的法律条文禁锢有血有肉的人,也是愚钝之举。法律和道德分别是社会规范系统中的"硬件"和"软件",对于维护社会发展和国家稳定都不可或缺。但是,正如中央最近一再强调的,发扬社会主义民主,依法治国,建设社会主义法治国家,是在上层建筑领域内保障建设有中国特色社会主义伟大

---

① 《邓小平文选》第 2 卷(第二版),146 页,北京,人民出版社,1994。
② 《马克思恩格斯选集》第 2 卷,537 页,北京,人民出版社,1972。

事业的根本大计。为此就必须用利益机制引导人的行为,用法律制度规范人的行为,辅之以道德教育,才可能有国家的长治久安。

笔者的本来宗旨在于强调:社会主义道德建设非常重要,但它不能取代"依法治国"的基本方略,也不能认为有并行的"法治"与"德治"的两个基本治国方略。否则,"基本治国方略"就不成其为"基本"的了。

第五节　法的合理性

一、法的合理性之内涵及其意义

近年来,法学界越来越关注法和法治的合理性问题。在法学研究中,这个问题正逐渐提高到研究主题的地位。为什么出现这种对法治合理性问题的偏好?根本原因是,法治合理性问题不是纯理论问题,而首先是一个实践问题。在我们加强依法治国的今天,进一步研究法治合理性的内涵、判断标准,以及实现法治合理化的途径,无疑有重要的现实意义。

(一) 理性与合理性

合理性(德文为 rationalitat,英文为 rationality)是用以评价人的认识、行为及其产生的一个概念。从词义上讲,合理性就是"合乎理性"和"合理的特性"。对合理性的理解,不能脱离对理性的把握。理性包含有多重意义,从哲学角度看,理性的形式主要有本体理性、认知理性、价值理性和工具理性等。

本体理性是伴随着人类认知世界的渴望出现的。当人类开始追问世界本原,表现出认知世界渴求的时候,本体理性就形成了。按照唯物主义的观点,本体理性是指理性具有合乎客观世界的本性。它是被一定秩序、逻辑支配着的整体。当我们沿着现象世界进行追究时就可发现,世界的终极表现为一种在理智上令人满足的体系或伦理上可接受的观念,使之能够成为自然的操纵者,支配着千变万化的现象世界。在唯心主义思想家中,本体理性以柏拉图的宇宙理性和黑格尔的绝对理念为代表。其特征有二:一是预设性,即预先设定某种神圣的终极存在,以不变应万变。二是超验性,即预先确立一个无法证实的超验本体,陷入了不可知论。

认知理性是指人们借以认识和把握客观事物的本质和规律的判断、推理等逻辑思维形式和抽象思维能力,即指人们一种独特的认识能力和认识手段。就认识功能而言,认知理性的最终意义是对客体因果必然性联系的反映。认知理性既是一种功能,又是一个实体。所说的功能是指,认知理性把理性作为一种认知工具看待,认为理性是人的一种认知能力,人凭借理性就可以认识世界。所说的实体性是指,理性是人的本质属性,人的理性能力是天赋的,与生俱来的,人身上先天具有一种追求理性的内驱力和动力,人的理性与具体的历史的活动是没有联系的。认知理性内含实用性和功利性,讲求科学认知的功用效能,特别推崇技术和知识,将科技知识视为人类改造自然的强有力的手段和工具。认知理性有两个特征:一是批判性,它怀疑一切和对现实持否定态度;二是非完备性,它认为理性的认识能力是有限的,所把握的对象也是有限的。

价值理性则是强调理性的价值理想目标和价值评判的标准,它把价值取向作为理性的重要内容,着重从道德理想、正义真理层面加以规定。古希腊的理性观把理性与至善结为一体,强调理性的道德层面的意义,认为理性与德性同一。柏拉图偏重于改善理性,认为"善理念"是最高等级的理念,是理念世界的太阳。西方近代启蒙理性主义的价值理性内涵包括了人性论(人性、人道、人权)、精神价值目标(自由、平等、正义、真理、至善)和社会政治理想(资产阶级的"理性的王国")——这些都显示了理性的价值取向。价值理性把价值取向和终极理想目标作为理性的基本内容,从道德原则、伦理规范、生活信念、人生理想、道义责任、正义真理、公正至善等方面加以规定,并从价值意义和理想目标判断人的本性和存在权利。价值理性重视个人的社会义务和责任意识,强调个人的行为选择服从于社会规范、伦理准则和公德标准,服从于道德的感召和良心的呼唤。价值理性以绝对的普遍理性为基础来确立某种普遍性价值,是人合目的性活动的意义和目标取向。它坚信人类道德观念的发展是趋向于理性的,理性生活本身也是一种道德生活和理想生活。价值理性具有两个基本特征:一是非功利性。它以人类生存和发展的终极价值目标为旗帜和导向,只讲求伦理意义、价值取向和理想目标,而不是以功利效益为绝对的取舍标准,反对急功近利。二是抽象性,价值理性表现出对价值的绝对普遍的要求,以抽象的形式出现,并赋予它永恒不变的绝对权威。

工具理性是对理性思辨的扬弃和反叛。它不再把理性作为一种认知功能和终极本性,理性被放在具体事物的实际流程之中,仅仅是作为实现目的的工具或手段,所谓的终极意义、目的一类概念是不能进入实用理性范围的,无论是为功利而来的目的,还是由道德信念而来的目的,都与理性无关。理性的主要价值和目的是寻求手段和目的之间的最有效的连接。工具理性是随着西方近代科学的发展而突现出来的。英国经验主义确立经验归纳法,欧洲大陆唯理主义确立演绎法。黑格尔则以理念辩证法作为普遍认识方法,克服了康德的批判方法论的先验化倾向。西方现代科技革命的辉煌胜利促进了现代工具理性观的发展。工具理性的基本特征是把理性作为方法论意义上的中介性手段和工具,不再把理性视为一种终极存在和认知功能,不过问功利目的或价值目标取向,只注意方法、工具本身,强调理性的特性和功能价值在于作为最有效的工具、手段去实现主体所要追求的任何目的。

从本体理性、认知理性、价值理性和工具理性的共性来看,理性的意义有二:①它是人类特有的一种价值标准和评价尺度,体现着人对外部世界的合理性、真理性、完善性以及平等、正义、人权等要求。②它又是一种理性方法,作为一种认识方法,它与逻辑化、规范化、条理化、系统化等相联系;作为一种评价方法,它与合理化、完善化、理想化相联系。运用理性方法去认识对象,则意味着从人的内在本性要求出发,运用人类所特有的思维能力去认识和评价对象。

由于"理性"一词的用法很多,含义很抽象很复杂,因而"合理性"一词的含义和用法也极不统一。黑格尔对"合理性"一词的解释就是合乎规律。他说:"抽象地说,合理性一般是普遍性和单一性相互渗透的统一。具体地说,这里合理性按其内容是客观自由(即普遍的实体性意志)与主观自由(即个人知识和他追求特殊目的意志)两者的统一。因此,合理性按其形式就是根据被思考的即普遍的规律和原则而规定自己的行为。"①韦伯继承和发展了这一思想,使之更具体化和通俗化。韦伯认为,"合理性"意味着把可支配的周围世界转变为一种根据合理的计划、方法以及合理的利用而建造起来的组织,这种组织是包容一切的。韦伯说合理性意味着人排除了神秘感和盲目性,摆脱了迷信和愚昧,一切经过认真的思考和计算,可以清楚地预测结果和理智地控制客观事物。他说:"这只意味着,在任何时候人如果想知道或相信某些东西,他就能学到这些东西。就是说,原则上这里没有神秘的、不可计算的力量在起作用,原则上可以通过计算支配一切事物。这就意味着世界是祛除巫魅的,人不必再像野蛮人那样相信有这种神秘的力量存在。不必诉诸巫术手段去支配或祈求神灵。技术手段和计算可以为人效力。这就是理智化的要义。"②韦伯还对合理性的相对性作了阐述。在他看来事物本身是无所谓合理与不合理的,人们只是从某种角度去看事物时,事物才被认为是合理的或不合理的。用韦伯的例子来说,从业绩(成就)的目的角度上看,一个禁欲的生活方式是合理性的,而从一个快乐至上的目的的角度上说,它就是非理性的。

从西方学者对合理性的论述看,我们可以这样来确定合理性研究的前提和把握合理性的方式。对合理性的研究必须考虑三个必要的前提:①合理性不是一种实体基础,也不是事物的属性,而是一种合理化过程,总是以特定的社会历史形式,借助某种有历史局限的观念体系来实现的。②作为观念形态的东西,合理性是人类反思和评价自身活动的范畴。既然是自身反思或自我评价,就超不出自身的尺度,也就是说,人类总是按照自己所达到的高度或水平来铸刻合理性的尺度。③合理性是一个相关概念,只有从一个特定角度上看,事物才被认为是合理的或非理性的,而事物本身无所谓合理性或非理性。对合理性的理解方式,现在主要有两种模式:一是以理性为基础,将合理性理解为合乎理性,这时不同的理性可以产生出不同的合理性概念。如本体理性可演化为本体的合理性,价值理性形成价值的合理性,等等。二是将合理性理解为合理的特性,其重点在于追问什么是合理的。它是对事物的存在或人的活动及其结果是否"应当""正当""可取"的认识和评价,是对对象的正当性、应当性、正常性、可接受性的认识和评判,由此而决定主体对客体的取舍态度。在第二种意义上,所谓合理性,就是合乎理智而被认为是正常的,合乎规范而被认为是正当的,有根据而被认为是应当的,

---

① [德]黑格尔:《法哲学原理》,254 页,北京,商务印书馆,1979。
② H. H. 格斯、C. W. 米尔斯编:《韦伯社会学文选》,153 页,伦敦,1946。

有理由而被认为是可以理解的,有价值而被认为是可接受的,有证据而被认为是可信的,有目标而被认为是自觉的,有效用而被认为是可采纳的,等等。现代合理性的研究更多是在第二种意义上谈合理性。

在现代社会的结构中存在着两种基本的合理性类型,一种是形式合理性,一种是非形式合理性。在韦伯看来,形式合理性是手段和程度的可计算性,是一种客观的合理性,非形式合理性具有价值的性质,属于目的和后果的价值评价,是一种主观的合理性。从纯粹形式的、客观的行动最大可计算的角度看,韦伯认为,科学、技术、资本主义、现代法律体系和行政管理(官僚制)是高度合理性的。但是,这种合理性是纯粹形式的,它与非形式合理性即从某种特殊的实质目的上看的价值合理性处于对立关系中。形式合理性是近代以来西方社会秩序中所"独特的和专有的"。这里,我们且不管韦伯所下的结论是否正确。但是,他对合理性类型的划分,以及将形式合理性看作是现代社会的重要特征,无疑是有启迪意义的。

(二)西方法治合理性思想的演进

法治作为一种治国方略,它是指一个国家在多种社会控制手段面前,选择以法律为主的手段,而不是选择其他手段。这就是我们讲的依法治国。法治除了被作为一种治国方略来理解外,它还有其他重要的含义,即法治的内容或精神的正义性和合理性。对于法治合理性的内涵,古往今来言人人殊。自古希腊至今,西方许多思想家都作出了自己的界定。

在西方法律思想史上,最早涉足法和法治合理性的是自然法学派。古希腊和古罗马的思想家从理性的角度来分析法和法治的合理性。在古希腊思想家看来,万事万物都是有规则和秩序的,不仅自然界存在规则,社会之间、民族之间、个人之间的关系也存在着整合秩序。这个整合秩序就叫做"自然法",或者叫做"理性"。从公元前5世纪开始,前苏格拉底哲学家就试图发现支配宇宙的自然法,其中有些人还把自然法同人定法对立。例如,赫拉克利特把法律看作"神的法则"的体现,认为人类制定的法律的内容来自神的法则,按照神的法则来制定的法律就是合理的,否则就是不合理的。之后,苏格拉底、柏拉图和亚里士多德也都确信存在着实在法的某些不变的标准,并断言通过理性的运用,可以发现这些不变的标准。但是,理性、合理性、理性法作为一个比较明确的概念,却始于斯多葛学派。斯多葛学派是在希腊的政治结构和社会结构瓦解和由此引起的城邦国家衰落的时期出现的一种社会思潮。斯多葛学派的创始人芝诺及其追随者把"理性"这一概念置于他们的思想体系中。他们认为,人的理性是自然的一部分,理性支配宇宙,人作为宇宙的一部分也受理性的支配。理性是适用于所有的人并使所有的人能平等地、协调地生活在一起的支配原则。因此,按照理性去生活,就是自然地生活。自然法因而就是理性法,合乎人的理性的法,就是最好的法,它构成了现实法和正义的基础。古罗马的法学家则进一步发挥了这些思想。他们认为,法和法治的合理性表现为三种意义:其一是域内法规则谋求理性的出路,用理性方式替代暴力方式,如诸多土著社会所盛行的用财产赔偿代替血亲复仇或同态复仇,以及人身伤害、通奸或强奸的受害家庭接受财物补偿。其二是域外法被合理地援用,罗马法学家盖尤斯告诉人们:"所有的文明人治理自己时,一方面透过普遍适合于各民族的法律,另一方面用特别适合于自己民族的法律。当一个国家创造自己的法律,它就专属于国家的市民法,然而由自然理智创造的法律是行于各民族的,被称为万民法,变成为各国的义务。"①作为一种调整国际民事关系的准则,万民法或许有些激进或太过理想,以致后世的世界难以再适用它的规则,但它所留下的真实财富——理性精神却长存不息。其三是人类共有的理性价值被开发出来。西赛罗说:"真正的法是符合自然的理性。它永恒不变,并具有普遍的适用性。"②在西赛罗看来,符合自然理性的法就是合理的法。中世纪自然法学派,特别是神学主义的自然法理论也对法治的合理性作了阐述。教会的思想权威、最大的经院哲学家托马斯·阿奎那以自然法为核心,构造了基督教的合理性思想。在托马斯·阿奎那的法哲学中,法依据效力等级分为永恒法、自然法、神法和人法。永恒法代表上帝的理性、智慧和意志,是支配宇宙万事万物的法,也是一切法的渊源。自然法是上帝统治人类,指引人类达到至善的理性命令。判断法、法治是否合理,就是看其是否符合上帝的理性。

　　到了近代,法和法治出现了理性化的趋势。许多自然法学家和思想家力图把从罗马法中延伸出来的理性原则同久远以来的哲学思考统一起来。17世纪的法学伟人格劳秀斯被看作这种统一运动的先驱和现代国际法、理性法的宗师。格劳秀斯在其巨著《战争与和平法》中,首先评论了人类的本性是自私的欲望和维系社会秩序的向往。然后,他认为,法律就是此二者的一致,即权利和义务的对等与协调。在这一协调过程中,法律包含了行为人的辨别能力和理智力。人能够对自己的行为负责并按自己的意愿去建立债的关系,而债和协议是人的能力的一种显示。所以它是自然法,故遵守契约就是遵守自然法。这样,人性化的理性便进入法的领域,并且构成现代法的核心精神。在16—18世纪,格劳秀斯不是孤立的法学家,在他之外,更为著名和更有影响的人物要数霍布斯、洛克、孟德斯鸠、卢梭,这些人被认为是那个时代的理性化身。他们对人的权利、自由、平等以及社会的政治、法治含义和权力结构等古老的问题,重新进行了理性的解释,并构筑了各自的学说体系。例如,霍布斯指出,自然法来自人的理性,是每一个人基于理性就可以理解和同意的。洛克说,自然法就是理性,它天然合理,教导着遵从理性的人类。所谓理性,在他们那里指人类的一种自然的能力,是行为或信仰的正当理由,是评判善恶是非的根本标准。把自然法视为理性的建构,意味着自然法是绝对有效的、不证自明的、一贯的和必然的,即使上帝也不能改变。近代西方自然法学的思想家对法治合理性作出的最大贡献是:他们为法治的确立,设定一套理性规

① 引自《观念史大辞典》(中译文),184页,台北,台湾幼狮文化事业公司,1987。
② [古罗马]西赛罗:《国家篇》,转引自 E. Bodenheimer, *Jurisprudence*, Harvard University Press, 1974, p. 13.

则。这些理性规则突破了种族、宗教、文化领域的局限,使民主、自由、人权、平等、幸福等人类共有的、平等的价值成为判断法治是否合理的标准。从这个意义上说,近代的自然法学说比古代自然法要大大前进了一步。恩格斯在评价法国启蒙思想家的理性主义时指出:"在法国为行将到来的革命启发过人们头脑的那些伟大人物,本身都是非常革命的。他们不承认任何外界的权威,不管这种权威是什么样的。宗教、自然、社会、国家制度,一切都受到了最无情的批判;一切都必须在理性的法庭面前为自己的存在作辩护或放弃存在的权利。"①

同自然法学派相比,社会学法学是最晚出现的法哲学派别。但是,在现代西方法哲学思潮中,它却是对法和法治合理性作了比较全面系统研究的学派。社会学法学是将法与合理性的关系放到社会现实中作考察,研究法和法治合理性中的社会因素,运用社会学的理论和方法,来解释法治的合理性。比较有代表性的理论有:庞德的利益合理性、韦伯的目的—工具合理性以及哈贝马斯的交往合理性。

庞德是把社会学引入美国法学的前导,也是世界法学运动中最杰出的代表。他认为,法的目的是尽可能合理地建筑社会结构,以有效地控制由于人的本性而不可避免地出现的社会矛盾和冲突,以最小的阻力和最大限度地满足社会中人类的利益。利益是衡量法的合理性的最重要因素。庞德重点研究了利益、利益分配和在对利益进行平衡时所涉及的价值问题。庞德认为,法律或法治的任务并不是创造利益,而只是承认、确定、实现和保护利益。法律秩序(法治)通过以下办法实现自己的目的:①承认某些利益,个人的、公共的和社会的利益。②确定应予承认的利益,并通过司法和行政活动加以实现。③力求保障在划定范围内所承认的利益。在庞德看来,法和法治是否合理,就是看法和法治是否承认和保障人们的利益。

韦伯是当代著名的法社会学家。他从现代化的角度,系统阐述了法和法治的合理性。韦伯认为,法治的合理性有四种含义:第一,法治的合理性通常表示法律或法规支配事物的状况。在这个意义中,事物的实质内容和程序状态是合理的。在这种合理的法律秩序中,个人的权利和义务是由某种普遍的并能被证实的原则所决定的。取消合法秩序的裁决判定,或使这些判定只适用于特殊场合,都被看作非理性的。韦伯说:"一种法可能在极为不同的意义上是'理性的',可以根据法律思想的发展采取什么样的理性化的方向来确定。首先,在(似乎是)最基本的思想控制即概括化的意义上,在这种情况下意味着:把对判决个案有决定性意义的原因归纳为一条或若干条原则,这就是'法律原则'。这种归纳一般是受一项先前的或者同时的事实分析所制约的,即分析在法律判断上可以加以考虑的最后那些组成部分的事实。反过来,阐明越来越多的法的原则,又对划分事实的各种可能很重要的特征产生影响:阐明是建立在决疑论的

---

① 《马克思恩格斯选集》第 3 卷,56 页,北京,人民出版社,1972。

基础上的,并反过来促进决疑论的发展。"①第二,法治合理性的第二种含义是指法律关系的体系化特征。韦伯认为,法律关系的体系化是法律思想成熟阶段才出现的现象,"体系化意味着:建立所有由分析所获得的法的原则的联系,使它们相互之间组成一个逻辑上清楚的、本身逻辑上毫无矛盾的和首先是原则上没有缺漏的规则体系,也就是说,这种体系要求,一切可以想象的事实在逻辑上都必须能够归纳到它的准则之一的名下,否则,它们的秩序就失去法的保障。"②这种法律体系的概念是一种特殊的法律思想模式,它特指受到罗马法的形式法律原则影响而发展起来的现代西方的法律体系。韦伯认为,公元 6 世纪罗马皇帝查士丁尼下令汇编的《国法大全》,为现代西方法律的体系化提供了蓝本。虽然罗马法并非是近代西方合理性的社会组织发展的尽善尽美的基础,但仅就形式法而言,罗马法在近代欧洲的复兴中具有决定意义。第三,法治的合理性是指法逻辑的分析方法。韦伯认为,要使法律体系化、规范化,必须使用逻辑的分析方法。"通过逻辑的手段,让各种得到承认适用的法的规则,结合成为抽象的法律原则的一种本身毫无矛盾的相互联系,并使之理性化。"③这就是说,只有通过逻辑分析、解释的法律概念,才能成为体系化形式中的法律规范。这种创造和发现法律概念的方法是合理的。第四,法治的合理性被理解为统治的合法性。韦伯认为,合法统治有三种类型,即合法型统治、传统型统治和魅力型统治。在合法型统治中,合法性基于合理的性质。这种合理的性质是指"建立在相信统治者的章程所规定的制度和指令权利的合法性之上,他们是合法授权进行统治的"④。

　　韦伯用合理性和不合理性、形式和实质这两组概念,把法律和法治划分为四种类型。第一,形式不合理性的法律和法治。这种法治有严格的程序,但没有明确的规定和原则可循。它主要表现为人类社会早期所采用的根据神谕处理纠纷的原始程序。它的立法不受理性支持而是由非理性的因素来决定;其执行则受严格的吹毛求疵的过程控制。在这种程序中,一方诉讼当事人的任何一个微小的程序上的失误都会带来整个案件的失败。第二,实质不合理性的法律和法治。它的不合理性表现为不按法律处理案件,而是建立在具体案件具体处理的基础之上。它的实质性表现在处理纠纷所依据的是把法律、道德、情感和政治因素混杂在一起的不确定的标准。其典型形式为卡迪法律和古希腊雅典的城邦民众法庭。第三,实质合理性的法律和法治。合理性是指它严格执行确定的原则。其实质性体现在这种原则是由家族头领或统治者按照某种政治、经济或道德的实质原则制定的,特点是不区分法律和道德规范,所遵循的是理性化而非形式化的原则。它的典型形式是家长制社会中的法律制度。第四,形式合理性的法律和法治。这类法律和法治的类型不仅逻辑清晰、内容一致、严谨完整,而且能在

　　① [德]马克斯·韦伯:《经济与社会》(下卷),15 页,北京,商务印书馆,1997。
　　② [德]马克斯·韦伯:《经济与社会》(下卷),16 页,北京,商务印书馆,1997。
　　③ [德]马克斯·韦伯:《经济与社会》(下卷),18 页,北京,商务印书馆,1997。
　　④ [德]马克斯·韦伯:《经济与社会》(下卷),241 页,北京,商务印书馆,1997。

现实中有效地实施。其主要形式是"逻辑形式"的法律。在韦伯看来,"逻辑形式"的法律是西方资本主义法律的典型形式,是与"目的合理性"的社会行为相一致的,也是韦伯最欣赏的法律形式,其法律特征是:①每项具体判决都通过把抽象的法律规范适用于具体事实而得出。②适用法律的过程中要采用法律逻辑推理的手段。③法律必须在实际上形成一套由法律规范组成的毫无漏洞的体系。④凡不能在法律意义上合理地得到解释的因素都是与法律无关的因素。⑤法律规范调整所有的社会行为,因此可以认为,一项行为不是对法律的适用即是对法律的违反。

韦伯还分析了合理性法治的基本特征。他认为,在现代社会,法理性的统治是占主导地位的统治形式。这种法理性的统治是合理的,其基本的面貌是:①法律具有至高无上的地位,这是一种以法律为根据进行管理的社会。②法律规范是基于有利于权衡或价值合理性经由协议或强制来建立,它要求这种统治类型的组织成员都要服从其权力。③法律实体基本上是由一些抽象的规则组成的协调体系,通常是人们有意制定的。④依法强行的行政管理,就是将这些抽象规则运用于实际事例。⑤服从统治的人是以自觉加入协议的组织的成员身份而服从命令,而他服从的只是这一组织的法律,只是一种非人格的秩序,而不是服从统治者本人,因而,个人对执掌权力者的服从义务,也限于法律秩序所承认的范围以内,亦即理性所界定的范围以内。⑥无论领袖、官员抑或普通民众,在法律面前人人平等,都要受到法律的制约或束缚。领袖和官员一方面自身要服从法律,另一方面他们的任何决策和命令,也要受到这一秩序的控制。

哈贝马斯是当代德国著名的哲学家和社会学家、西方马克思主义思想家。他对韦伯的法治合理性思想进行剖析,提出交往合理性的概念。他认为,在韦伯的合理化理论中,法律发展既具有突出的地位,也具有双重意义的地位。法律合理化的双重意义在于,法律合理化同时表现为目的合理性和道德实践合理性。这种双重意义反映了韦伯法律合理化的内在矛盾:"一方面,现代法律,以类似于基督教伦理学的方式,体现传统后的意识结构,就是说,法律体系是一种从属于道德实践合理性形式的生活秩序。另一方面,韦伯试图把法律的合理化,完全置于目的合理性方面,并把法律合理化构思为体现经济和国家行政管理中认识的工具性的合理性的一种平行状况。"①在处理这种矛盾时,"韦伯把法律同化为一种目的合理的行动的组织手段所依据的途径,把法律合理化与道德实践合理性复合体相脱离,以及把法律化归结为一种纯粹目的——手段关系的合理化所依据的途径。"②哈贝马斯认为,韦伯的法律合理性理论有两重性:一方面,韦伯积极提出了现代法律的形式特征,使现代法律成了目的合理行动下属体系的组织手段。另一方面,韦伯又从实证主义方面限制了法律概念,忽视了法律的道德实践方面的合理性。造成这种结果的原因有二:一是韦伯的行动理论仅限于单独行动者

① [德]哈贝马斯:《交往行动理论》第 1 卷,324 页,重庆,重庆出版社,1994。
② [德]哈贝马斯:《交往行动理论》第 1 卷,334 页,重庆,重庆出版社,1994。

自动的行动模式,而忽视促使个人之间建立联系的行动合作化的前提;二是在一种行动理论的界限内,根本不可能正确地理解法律合理化的意义。为了克服韦伯法律合理性的缺陷,哈贝马斯提出了交往合理性的概念。他认为交往行动的理论"可以使最初由韦伯进行研究的社会合理化的难题,得到令人充满希望的成果(最后的考察)"①。哈贝马斯认为,法治的过程,就是一个行动交往的过程,理解法和法治的合理性,就是要明确交往的合理性。按照哈贝马斯的理论,交往合理性可以从三个方面加以确定:一是从一般理论角度说明基本行动的合理性。二是从方法论角度说明交往合理性是人参与客观外界的入门。三是从经验问题角度说明社会现代化(包括法制现代化)就是社会合理化(含法制合理化)。哈贝马斯用交往合理性理论来补充和完善韦伯的合理性思想。他从两方面修正了韦伯的合理性:一是将法治的目的合理性变成法治的交往合理性。哈贝马斯认为,韦伯只按照目的合理性的观点,来考察法治合理化的过程是狭隘的,因为人们的法律行为单有目的和手段是不够的,这种行为必须在人们的交往中才能落实。二是将合理性的研究与语言研究结合起来。在哈贝马斯看来,脱离语言研究人类的法律行为,势必把人的行为同社会上其他行为主体相割裂,将行为主体的行为变为孤立状态下的研究对象。为了克服韦伯的理论缺陷,必须在范式上作一转换:从意识哲学转向语言哲学。由此可见,哈贝马斯所讲的法治合理性,是指一种语言性的、内在于法律交往行为之中,与法律主体相对应的、程序性的合理性。

　　与自然法学和社会学法学不同,分析主义法学派对法和法治的合理性作了不同的探讨。根据《不列颠百科全书》的解释,法律实证主义或分析实证主义法学的主要意义和基本特征是,"如何将法自身和法应当怎样二者区分开来,着重分析法概念;概念逻辑推理来寻求可行的法;并否认道德判断有可能建立在观察和理性证明的基础之上"②。有的法学家把法律实证主义归纳为两项主张:"第一,任何道德价值因素都不可进入法律的定义。第二,法的规定是由经验上可观察到的标准(如立法、判例和习惯)确认的。他们的观点是,存在的只有实在法,而根本没有'自然法'这种东西。不管是否存在我们据以评价实在法优点的道德或正义标准,法是什么是一回事,其善恶是另一回事。"③分析实证主义法学对法的理性与合理性的基本态度是:第一,怀疑和否定理性的作用。特别是早期实证主义的思想家,认为哲学或形而上学的理论(理智)对于经验性科学实践基本上是无意义的。正如马克思所说的"在大陆文献中,'实证主义'用语常被用来一般地排斥以下主张:人类行为的某些原则或规则唯靠理性才能发现"。第二,区分法的合理性和道德的合理性。纯粹法学的代表人物凯尔逊使用"应当性"的概念来表述"合理性"。他认为"应当性"有两种:法律的应当性和道德的应当性。法律的应当性是实在的应当,它是由国家主权者实际制定和事实上存在的。而道德的应当

---

① [德]哈贝马斯:《交往行动理论》第 1 卷,345 页,重庆,重庆出版社,1994。
② *Encyclopedia Britannica*(15 th edition),Vol. 1977,p. 718.
③ Harris,*Legal Philosophies*,Butlerworths,1980,p. 16.

性则是道德家向人们提出来的,不具有法律的那样的客观性。这是两种不同的"应当"。凯尔逊主张,在法学领域必须区别主权者向在其治下的人们所规定的"应当"和道德家向立法者和法官提出的"应当",即必须把法的合理性与道德的合理性严格分离。

第三,强调法的形式合理性。分析实证主义法学忽视法的实质合理性,即看不到道德、价值、人类的理想对法的作用。但是,它比较注重法的形式合理性,强调法的规范性、体系化和程序化。奥斯丁认为,法是主权者的命令。凯尔逊要求法律内部要完全合理化,具有分析的、概念的、严格推论的等纯粹的法律形式。哈特则强调,法律的概念要清楚,内涵要明确,语言表达要规范,法律原理体系化,法律条文固定化。这些都表明分析实证主义法学对法的形式合理性有独特的见解。

除了三大法学派以外,西方其他的法学流派也都或多或少地涉及法的合理性问题。其中比较有影响的是制度法学。制度法学是当代分析主义法学的重要分支,是从分析主义法学中产生出来的一种综合性的法理学。有的学者把其归入分析法学,有的学者则认为它是一个独立的综合法学流派。这个学派的最重要的代表人物是英国的尼尔·麦考密克。麦考密克把合理性区分为思想的合理性和实践的合理性,他侧重于后一种合理性。他认为"合理性"不等于"正确性"。"正确性"讲的是真,不包括对事物的评价;"合理性"正好相异,侧重点是评价问题,讲的是好的,而且是诸种理由中最好的理由。他说:"对行动的合理性的最根本的要求是:每一项行为或对行为的抑制都应当是根据某种行动的理由证明是合理的。这个要求可以用以下两种一目了然的方式予以满足:或者一项行为或抑制可被认为其本身是对的或其本身是好的(在这种情况下它就是'价值上合理的'),而不考虑任何进一步的目标;或者是一项行为或抑制可被认为倾向于达到某种期待的目的或后果(在这种情况下它就是'目的合理性的')。"①这样,他就把合理性作了进一步的区分,即价值合理性和目的合理性。麦考密克认为,合理性要求诸种理由中有最好的理由。这是因为,理由是分等级的,而且各种理由往往互相矛盾,所以有理由不一定就具有合理性,还必须对各种理由进行比较,看它是否好,是否充足。"在这两种情况下,理由必须是好的理由。行动或信念的充足理由应当是足以驳倒任何对手的好理由。"②"因此,从逻辑上把合理性分为两个或更多的推理层次或思考层次必定是正确的。"③这样第二个层次的理由就可以充当第一个层次理由的评价标准,"价值合理性必然至少是第二序列的合理性"④。在论述了"合理性"的一般涵义后,麦考密克进一步论述了法律制度的合理性。他认为合理性对法律制度是非常重要的。他说:"我们在构筑我们的法律制度和执行这些制度的程序中

---

① [英]麦考密克等:《制度法论》,中译本,229、234 页,北京,中国政法大学出版社,1994。
② [英]麦考密克等:《制度法论》,中译本,229、234 页,北京,中国政法大学出版社,1994。
③ [英]麦考密克等:《制度法论》,中译本,229、234 页,北京,中国政法大学出版社,1994。
④ [英]麦考密克等:《制度法论》,中译本,229、234 页,北京,中国政法大学出版社,1994。

都需要高度的合理性。法律推理不仅是由实践合理性所支配,而且是实践合理性的一种形式。我们不应当低估合理性在法律推理中的广泛运用……在法律和法律程序中,合理性是首要的优点。"①他认为合理的法律制度不仅要有一套能普遍适用的、始终如一、没有矛盾的规范体系,而且要有相应的立法机构和执法、司法机构,从而使这套规范能真正地落实和不断地修改和完善。他说:"一项合理的法律程序要求有旨在支配一群人的行为的规范,以给这种行为提供严格的评价标准的意义上的规范。根据这些规范,某些形式的行为被认为是'错误的'而受到排斥,某些用来合法地执行旨在达到个人目的安排的方法是'有效的',别的方法是'无效的',等等。这些规范的主旨应该是无处不在的(但可能只是或多或少地普遍适用)而且它们应该是一致的,即没有相互的矛盾或冲突。为了保证把这些规范经常和持久地适用个别的情况,就必须在有关的社会内任命一些人担任司法职务。对有争论的进行裁决的过程必须包括一个合理的机构进行实地调查的过程。修改或修正整套规范的持续的过程,要求存在一个立法者或立法机构,有一个由训练有素的法律工作者组成的专家团体供他们咨询。"②麦考密克这里所强调的是法律制度的形式合理性,并不是一个完全合理的法律制度。但是,他认为,法律体系上的形式合理性对于一个真正合理的法律体系而言是必要条件,他说:"原则性理由优于从简单的规则进行的推理,实质性理由胜过法学论述中的'权威性理由。'"③他认为不能仅仅追求形式上的合理性,还必须追求实质上的合理性。"我们必须从特殊目的的领域而进入那些普遍化的价值领域",即进入道德领域,用智慧、同情和正义感等来判断它是否真的合理,否则仅有形式上的"合理性就似乎可能让我们有理由去做真正无理的事。"④

任何一种思想都是时代的产物,都带有时代的烙印,上述各种法治合理性的思想都有其自身的局限,但是,它们都或多或少为我们提供了一些有价值的东西,这就是我们必须进一步研究的问题。

(三)法治合理性的内涵和标准

考察西方思想家,对法治合理性内涵和标准的论述,我们可以发现,虽然他们从不同角度对合理性作了不同的分析,得出了各自不同的结论,但是,他们还是有不少共同思想的。这些共同思想是:①在人的主观意志所能决定的范围以外某个神秘的地方(宇宙、上帝之城、自然状态、价值领域或客观理念等)早就存在着人类社会生活的最公正、最科学的合理法则,并且一直存在着,尽管我们并没有明确地认识。②人类与生俱来的理性享有这种合理法则,它指导人类作出合理的自由意志的选择,而且包括享有是神或自然或理念决定的,是自然而然不假外求的。③实然法是人所制定的,它必须

① [英]麦考密克等:《制度法论》,中译本,248、243、254 页,北京,中国政法大学出版社,1994。
② [英]麦考密克等:《制度法论》,中译本,248、243、254 页,北京,中国政法大学出版社,1994。
③ [英]麦考密克等:《制度法论》,中译本,248、243、254 页,北京,中国政法大学出版社,1994。
④ [英]麦考密克等:《制度法论》,中译本,248 页,北京,中国政法大学出版社,1994。

依据这种合理法则,否则就不能算是真正的法律。但实然法并不天然地符合这种合理法则,所以实然法与应然法之间有距离甚至相对立。④这种合理法则就是正义和道德自身。用西塞罗的话说,它与"正义"同义,符合这种合理性法则的实在法才是公正合理的。从这些分析中,我们可以发现一些闪光的东西。首先,西方法学家、思想家以实然法与应然法二者的关系为思想中轴,抓住了人类法治实践的根本矛盾,这是法治合理性的实质所在。其次,作为法治合理性之基础的应然性法则,无论是精神的还是物质的,都具有一种客观必然的性质。再次,作为法治合理性的基础的应然法既是客观必然,又是最高善德,这暗含一个重要的思想,即法治合理性的基础乃是合规律与合价值的统一。然而,西方思想家的分析,也有共同的弊病,这就是:第一,离开历史的发展和社会制度的性质去抽象地探讨一般意义上的合理,因而不能得出科学的结论。第二,把自然法、理念、上帝意志这些本身就尚待推论和证明的东西假定为事实,然后以此来说明法和法治的合理性标准,没能找出法治合理性的真实基础。一言以蔽之,是先验主义的。

考查法治合理性的内涵和标准,从其最一般的意义上说,源于以下事实:第一,法和法治是实现人的价值需要的工具。任何客观事物,如果不与人的价值需要相联系,就无所谓好坏、优劣、善恶,也就不存在合理不合理的问题。人的需要有很多,如生存的需要、安全的需要、归属的需要、发展的需要,等等,法治必须能满足人的这些需要,包括直接的或间接的满足,才能体现其价值和合理性。当然,各个阶层、各个人的需要是不同的,我们只能将法治满足需要定位为社会的共同需要(主要是阶级的需要),并以此作为衡量、判断法治是否合理的依据。正如英国当代的法理学家拉兹所说,法治尊重人的尊严,为人们提供选择生活的方式、确定长期目标,并有效地保证人们的生活走向这些目标。因此,法治的合理性的第一个相关因素是人的价值需要。第二,社会发展规律即社会发展的必然趋势。从人类的发展历史看,法治有两种状态:依良法治国(严格意义上的法治)和依恶法治国(非严格意义上的法治)。区别良法和恶法的标准,除了善的主观准则外,还有一个真的客观标准问题,即这种方法是否适应社会历史发展的潮流。有的法,例如法西斯的法,是逆历史潮流而动的,必然为历史所淘汰。即使是同一类型的法治,如资产阶级的法治,由于所处的历史时期不同,其合理性的表现程度是不同的。在自由资本主义时期,法治与资本主义的自由竞争,资产阶级民主制的确立,法律至上观念的形成相联系,法治的合理呈上升趋势。而在垄断资本主义时期,在一定情况(如不正义国家)下,法治合理化又在某种程度上出现倒退。因此,法治合理性的第二个相关因素是社会发展规律。第三,法治自身的发展规律。法治的形成、发展有其内在的规律,从立体网络的结构看,法治的构成要素,既有精神要件,也有实体要件和形式要件。法治的发展,既表现为法治与社会经济状况的相互作用,也表现为它自身内部诸要素之间的协调一致,相互促进。人们分析和研究法治的合理性,离不开对这些要件的作用、相互关系以及发展规律的分析。判断某种法治模式是否合理,除了看其是否符合人的需要和社会发展规律之外,还要看其是否符合法治自身发展的规律。第四,人的主观意志。法治和人的主观意志紧密联系。在阶级社会里,法律主要是统治阶级意志的体现。立法的过程,就是一个将人的主观世界转化为法律内容的过程。法律制度的形成也可看作是人的意志的物化或对象化。至于执法和司法的实践,更受到执法者的法治观念、法律意识、法律文化素质的影响。

综合上述分析,我们可以看出,与法治合理性内涵和标准有关的因素有四:价值需要、客观必然、自身规律、主观意志。由这四个因素相组合,形成了判断法治合理性的两条标准,即法治的合乎需要性与法治的合乎规律性。合乎需要,是指合乎作为历史创造主体的人民群众的需要;合乎规律,即合乎生产力及其决定的社会关系的发展规律和法治自身运行的规律。所以,法治的合理性是法治的价值性与真理性的统一。判断法治是否合理的客观标准就是看法治是否满足作为社会主体的人民群众的需要,以及法治是否符合社会发展的客观规律及其自身的发展规律。

为了更好地了解法治合理性的内涵和标准,我们有必要进一步探讨法治合理性的几种具体表现形态。根据法治的运行状态,我们可将法治分为三个层次:其一,法治的理想状态,指法治的价值观,包括法治的原理、原则与基本观念;其二,法治的规范状态,指法治理想的法律表现形态,具体地说就是依据法治原理制定的各种法律、法规;其三,法治的现实状态,指法治理想、法治规范的实现程度。法治的这三个理论层次的内容互有交叉,但并不重合。依据法治的这三个层次,我们可将法治的合理性分为三种:法治的实质合理性、法治的形式合理性和法治的实践合理性。

法治的实质合理性,在观念层面表现为法治本身蕴含的基本精神、信念与准则,也即法治主体所要追求的理想或目的,其价值的倾向与价值量的大小直接规定着法治的方向和实现程度。从本质意义上说,法治的实质合理性是整个法治系统的坐标和归宿点。在现代社会中,衡量法治是否合理,首先是看它能否满足社会主体对社会正义和法治秩序的需要。作为法治实质合理性的正义价值是一个领域广泛的概念,它不仅仅局限于人们一般意识中的正义观念,而且也与自由、安全、平等等范畴相联系。作为法治所维护的对象——社会秩序,则是法律制度在社会生活中发挥作用的结果,也可以说是法治价值在社会生活中的实现。要维护正义和秩序,达到法治所要实现的目标,就必须尽可能地把道德、国家政策、政治目标和社会事实等因素考虑进去。如法制是否达到预期的效果和目的,法官的一项判决是否符合公认的道德原则,政府的行政行为是否符合国策,等等,这些都是法治实质合理性的具体体现。

法治的形式合理性,是作为调整社会关系或治理国家的工具的法治与被调整的具体社会关系以及治理国家的结果之间外在的合理性。换言之,即法治在选择具体调整方式,以及具体法治程序的合理性。对这种合理性的确认,不考虑法治的根本目的或最终的后果和意义,要考虑的主要是法治运行的具体环境和条件,法治所选择的治国的方式对被治理的对象的适当性,以及法治可以合理地预计的结果。只要符合这几方面的要求,法治就具备形式合理性。形式的合理性具体表现为:①法制的统一性。法治统一性的含义是:避免法律中的矛盾,使法律普遍得到遵守。②法律的一般性。一般性的含义是,法律规则是在较大规模上支配人们的行为的,它所针对的不是某个人,而是所有的人,即非人格化;一般性也意味着同样的情况应同样的对待。具体表现为法律对社会生活的一般性调整,法律内容的一般表述和法律实施中的一般性适用。③规范的有效性。有效性的含义有两层:一是指在全部法律规范中,保有一个规范具有最高效力,这就是宪法中的人权规范。合乎最高规范的立法是有效的,否则是无效的。有效性的另一层含义是法律规范的实效。它是指有效的规范在多大程度上实际产生了约束力。按法治的要求,所有生效规范都应具有约束力,但事实并非如此,生效的规范有时候效力只限在纸上。无效规范越多,法治合理性的程度就越低。④司法的独立性。司法的独立性表现为:在司法体制上,要求排拒传统的司法与行政合一的体制,真正实现司法与行政彻底分立,这是实现司法独立和司法程序合理化的前提。在司法活动中,司法工作人员只服从非人格化的法律。因为"服从法律"是司法独立的内在精神,司法越是服从法律,其过程就越具有程序合理性。在审判活动中,司法组织独立行使职权,不受行政机关、社会团体和个人干涉。⑤法律工作的职业性。法律工作的职业化是指法律工作日益分化为某种专门性的职业,并为经过专门的法律培训的人员来完成。该职业的组成部分为法官、检察官和律师。他们的职业特点是:有基础相同的法学修养和运用法律的艺术;有共同的为社会大众服从的精神和追求;有利益相关的社会同一阶层的意识及与阶层意识相符的语言特点、思维方式和行为气度。这些特点决定了法律职业在主体上的专家化和在工作上的专业化。

法治实践的合理性,是指法治运作过程中的合理性,即法律如何合理地进行并实现统治。这种合理性可以看作是从实质合理性和形式合理性生出的一种新的和更高的合理性。它将法治活动的目的与手段、活动与结果、长远与近期、理论与实际统一起来进行的理性规范。最终实现了从法治理念到法治规范再到法治实践的转化。法治的运作涉及诸多环节和要素,但最主要的是法治的主体和法治的机制。人是法治的主体;人的行为,主要是公民、官员、法官的行为,是实现法治的必备条件。人的法律行为是否合理,直接影响法治运作的合理性。另一方面,法治的本质在于法的权威必须高于人的权威,法治的运作机制是一种客观机制,该机制的理性过程是:民主(人民当家作主,即多数人的统治)→创制法律→规范权力和政府行为→法律对人和国家的统治→人在法治运作中的能动作用→法治的发展与完善→以民主创制新法,依此不断地循环,使法治日臻完善。这一过程的完成,就是法治实践合理性得以实现的过程。由此可见,法治的实践合理性包含了实质合理性和形式合理性,它是法治合理性中的最高形式。

(四)法治合理化的障碍分析

法治的合理化,是指法治的结构、属性、状态趋向同目标相适应的过程,具体表现为法的普遍平等约束力的确立,依照良法来治理国家,取得积极的法律效果。法治合理化的直接目的是建立一个现代化的法治社会,最终目的是提高人民的生活水平,促进人的全面发展。然而,在法治合理化的进程中,往往出现种种障碍,它们打断了法治合理化的进程。这些障碍主要有:目的性的错位、法律规范的滞后、程序的局限和非理性因素。

1. 目的性的错位。

人性是影响法和法治的性质和效用的重要因素之一。人们制定法律,依法治国是要给人类带来福音,使人类得到发展,这应该是立法者和执法者的最基本的目的性。可是,在历史上,也有不少的立法者和执法者出于自身私利的考虑,随意践踏人性,把法律变成推行专制、维护特权和一小撮人的狭隘利益的工具,甚至成为实行法西斯专政的手段。在这种"法治"下,多少真善美被斩得鲜血淋漓,多少假恶丑通过法律的权威狰狞得势、飞扬跋扈。法治成为人类酿就的灾难。"德国人民在第三帝国时期也许曾处于法律制度统治下,然而,这是一种很多德国人和其他国家的人认为在许多方面令人憎恶的法律。"①前南非推行种族隔离而适用未经审判即定罪的一些条款,都是以"法治"的名义进行的。我国"文化大革命"时发生的许多暴行,则是依据臭名昭著的"公安六条"施行的②。历史证明,人的理智一旦完全背离人的立法目的,在这种情况下形成的法律和法治是没有合理性可言的。换言之,就是冷酷的人治。

2. 法律规范的滞后。

法律规范的相对滞后,是阻碍法治合理化的另一因素。法治的合理化,要求法律规范及其适用必须与日新月异的社会变化相适应。但是,法律规范的相对稳定,又不免会使法治与社会变化之间发生冲突。社会生产力是最活跃的因素,它总是要不断向前发展的。与之相应,由它所决定的社会关系及其运行法则也是不断向前发展的。但是,法律和法治则是稳定的,尤其是"社会上占统治地位那部分人的利益,总是要把现状作为法律加以神圣化,并且要把习惯和传统的现状造成的各种限制,用法律固定下来"③。这样,反映和维护原有社会关系的法律和法律制度,便要随原有的社会关系一起与新的生产力水平及其决定的新的社会关系发生矛盾,最终,这些法律和法律制度便由生产力的发展形式变成生产力的桎梏,原来合理的法律和法律制度因此而日渐丧失其自身的合理性。这方面的例子很多,在计划经济体制下,我们制定一些曾使我们引以为自豪的重要基本法律。而现在相当一些法律已不适应市场经济改革和法制建设的需要。例如,我们制定了民法通则,但是它却不能恰当地解决最基本的民事纠纷——债务问题。在计划经济体制下制定的合同法,由于以遵守国家计划为准则,其

---

① 《牛津法律大辞典》,791 页,北京,光明日报出版社,1988。
② 参见刘海年、李步云、李林主编:《依法治国,建设社会主义法治国家》,242 页,北京,中国法制出版社,1996。
③ 《马克思恩格斯全集》第 25 卷,894 页,北京,人民出版社,1974。

调整范围主要限于国营和集体企业等缺陷，严重不适应市场经济的需要，在市场经济体制改革之初就被脱胎换骨了。1982年的宪法，没有规定私有经济，但1982年制定宪法时，中国已经出现了私有经济，随后几年，私有经济获得了很大发展，直到1988年，通过宪法修正案，才肯定了私有经济的合法地位①。

3. 程序的局限。

民主的时代是程序的时代。法治的核心是依法治国，它需要严格的程序制度予以保障，法治的合理化要通过程序的合理化来实现。而在法治的运作中，程序本身的局限表现为两种情况：一种情况是程序的不完备，程序本身有缺陷，这种情况在我国法治实践中随处可见。比如，依法行政是法治的重要环节，而行政权力的行使是几乎可以说唯一不需要借助程序就能行使的权力，所以它有极大的随意性和偶然性的空间。对行政权缺乏程序的控制，使滥用权力"有权不用，过期作废"成为我们当今社会的一大通病。又如，中国的宪政多注意国体政体、权利义务等实体部分，对程序问题则十分忽视。对权利义务有明确的法条规定，而对于侵权行为在什么场合以及按照什么方式进行追究等程序性前提的规定，却一直残缺不全。另一种情况是即使程序比较完善，它也有自身的局限，不一定能保证合理性结果的出现。罗尔斯在谈到程序性正义时说到这种情况。他将程序正义分为三种类型：纯粹程序正义、完善程序正义和不完善的程序正义。在不完善程序正义的场合，程序不一定每次都导致正当的结果，程序之外的标准便具有较重要的意义。其典型事例为刑事审判，无论程序要件如何完备，也不能避免错案和冤案。为了弥补不能确保正当结果的缺陷，便需要借助于正义的正当作用，追加一种所谓半纯粹的程序，例如陪审制度，当事人主义的参与等保障制度。但这些也不是绝对可靠的。

4. 非理性因素的影响。

按照韦伯对法律合理化的解释，法律合理化有四种含义：①由法规支配的；②体系化的；③基于逻辑分析的；④由理智控制的。用这种理论来分析法治，我们可以说，法治的合理化应该是一个理智化的过程，理性的因素（例如概念、判断、推理）对法治的合理化起着重要的作用。但是在法治的运作中，许多非理性因素也在发挥作用，如情感、兴趣、爱好、情绪、个性等因素影响着立法、执法和司法过程。例如，执法者的功利偏好直接影响其执法结果；基于自我功利的实现，执法者易于徇私舞弊；基于社会责任和社会利益，执法者则能秉公执法。再如，属于胆汁质的法官易冲动，具有强烈的爱憎感；而属于黏液质的法官则沉稳或趋于保守。法官的情绪好坏，有时也直接影响法院的判决结果。对此，美国实在主义法学家曾作过生动的阐述。非理性因素在法治中的作用具有两重性：从总体看，非理性因素不利于法治的合理化，依法治国，应该尽量减少非理性因素对法治的干扰。另一方面，非理性因素在法治的存在和运作中是不可避免

---

① 参见郝铁川：《温柔的抵抗》，载《法学》，1997（5）。

的,我们应当因势利导,尽可能地将非理性因素引导到法治的轨道上来。

上述分析表明,制约法治合理化的因素是多种多样的,对于有些人为的因素,如目的性的错位,我们应该坚决予以扫除;对于有些主观因素,如非理性因素,我们应因势利导,利用其合理的作用,克服其不利影响;对于客观的因素,如法律规范的滞后和程序的局限,我们应根据法治外部环境的变化而采取相应的行动,使法律和法治与社会发展的趋势相一致。这样,才能避免法治的偏差,使之向合理化方向迈进。

5.研究法治合理性的意义。

研究法治合理性的内涵,探讨实现法治合理性的途径,对于依法治国,建立社会主义的法治国是非常必要的。

首先,分析法治的合理性,解决什么样的法治是合理的问题,可以使我们在众多的法治模式中,选择最适合中国国情的政治模式。在法律日益全球化的今天,学习、借鉴甚至移植别国的法治模式是不可避免的。问题在于选择什么样的法治模式是最合理的。如同世界之多样化一样,法治模式亦多种多样,例如有资本主义法治、社会主义法治和伊斯兰法治等。在每一大类中,又可以分为若干小类,甚至形成了有多少个主权国家就有多少种法治模式的局面。当我们借鉴和移植外国的法治模式时,首先必须确定什么样的法治模式是最合理的,才能进一步确定是否移植这种法治模式。这方面的研究工作已经开始,并取得了初步成果,但还是很不够的。

其次,研究法治的合理性,阐明法治达到合理性的途径,可以使我们认清中国法治建设中存在的问题,采取相应的措施和步骤,加速中国法治合理化和现代化的进程。中国法治的合理化,既有法治实体要件的合理化问题,如权力和权利的合理配置,控权制度和权利保障制度的建立;也有法治形式要件的合理化问题,如法治的程序合理化,法制的统一性和独立性,司法的中立性等问题。只有大力推进法治的合理化进程,使法治既要符合人民的需要,又能与社会发展趋势保持一致,才能实现法治的目标:建立一个社会主义的法治国家,使人民安居乐业、生活幸福。

再次,研究法治合理化问题,对于处理法治实践中合理性与合法性的矛盾,具有重要的实践意义。在法治实践过程中,合理性与合法性是贯穿始终的一对矛盾,合理不合法,合法不合理的现象随处可见,《秋菊打官司》中秋菊的困惑以及《被告山杠爷》中山杠爷的悲剧都说明了这一点。正确阐述法治的合理性,就必须分析合理性与合法性的关系,并作出科学的界定,这些问题有待于我们进一步研究。

最后,研究法治合理性对于推进我国法制的现代化具有重要的现实意义。当代中国法制正处于从传统型向现代型的历史更替过程中。这一转变的重要标志就在于它是一个从人治社会向现代法治社会的转变过程,是人治型的价值规范体系向法治型的价值规范体系的变革过程。在这一过程中,如何确立法制现代化的价值目标以及如何完善法治的形式,直接影响和决定法制现代化的方向和进程。对法制现代化价值目标的确立,我们必须考虑种种实质合理的因素,如道德、政策、社会目标,在立法和确立法律制度时,使法律制度与社会目标相一致。对于法制的形式,我们更注重法制的自身品质,比如,立法是否适宜,法官是否严格遵循法律规则进行审判,政府是否有超越法律的行为,法律的程序是否能够保障法定的权利,等等。我们认为,在传统的人治社会中,人们偏重于实质合理性,而在现代法治社会中,形式合理性居于主导地位。在某种意义上说,法制的现代化过程,就是法治的形式化过程,研究和探讨这两者的关系,无疑是很有益处的。

二、法的必然、实然与应然

法的价值是法和法律制度的重要因素和特质之一,也是法学理论中一个重要而又困难的问题。正因为如此,不同国家、不同时代的法学家们,不论是法价值的肯定论者还是否定论者,大都对法的价值问题表现过极大的关注,进行了许多富于启发性的研究。

在西方,价值、法的价值通常是作为具有客观精神性与主观特性相结合的,并且具有使用性的概念加以把握的。它表示可能对立法、政策适用和司法判决等行为产生影响的超实证法律的因素。这种因素的载体成为一些观念或成为普遍的原则,在现实中往往体现为对法律应当是什么、法律的理想和目的等所进行的理性判断。法的价值问题可以说构成了西方法学和实质性法律思维的一个重要内容和方面。正如庞德所说:"在法律史的各个经典时期,无论在古代和近代世界里,对价值准则的论证、批判或合乎逻辑的适用,都曾是法学家们的主要活动。"①古希腊哲学家柏拉图在《法律篇》中率先使用"法律的价值"的概念,而他的弟子亚里士多德则客观地阐发了价值体系,把价值分为经济价值、政治价值、伦理价值、美学价值和法律价值等若干类。根据西方法学对价值问题的重视程度,我们可以把西方法学价值论的发展,分为三个阶段:①从古希腊到17—18世纪的古典自然法的思想传统。这个时期,法学家们借助自然法理论揭示法的正义基础和判断法价值的标准。因此,自然法学就是一种"价值法学"。②19世纪分析主义法学和20世纪初社会学法学的兴起至第二次世界大战。分析主义法学强调对实在法的逻辑分析,社会学法学强调对法的社会作用的研究,其中许多学者忽视法的价值准则。有些极端的学说如分析主义法学中的纯粹法学和社会学法学中的实在主义法学,干脆主张把价值因素清除出法学研究的领域。③二战以后自然法学的复兴。适应形势的变化,法学家们开始重新强调法的价值因素,并在有些问题上逐渐与社会学法学和分析主义法学相互融合和靠近。在当代西方社会,除自然法学派以外,许多其他法学流派如存在主义法学、统一法学、多元论法学、修辞学法学等也注重研究法的价值问题。如芮克斯认为法是用来实现一定价值的规范体系;J. 哈尔认为法律是

---

① [美]庞德:《通过法律的社会控制》,55页,北京,商务印书馆,1984。

形式、事实和价值的一种特殊结合;菲力普·塞尔兹尼克提出法律社会学应当关注法律制度的价值目标,考察法对于人类福利所具有的潜在作用。最值得注意的,像当代分析主义法学大师哈特,竟然也承认存在"最低限度的自然法"。此间,在西方的思想家、法学家中,涌现出大量的作者,从不同的侧面阐述了法的价值的观点。

在我国,法的价值研究起步较晚,在改革开放以前,法的价值研究是禁区,认为平等、自由、正义等理论是资产阶级学说,只能批判和扫除。中共十一届三中全会以后,随着社会主义民主和法制建设的发展,人们在反思和总结我国法制建设发展的经验教训的同时,陆续介绍、研究西方关于法的价值理论。我国法学界关于法价值的研究在中共十一届三中全会以后,大致经历了这样几个阶段:①20世纪80年代初到1986年。这一时期是我国的法学界研究法价值的起步阶段,表现为在我国的法学论著中开始使用"法的价值""法的价值观念"等概念,法的价值问题逐渐成为法学家思考的问题。②1986年到1992年。这一时期是法价值研究的发展时期。随着我国法制建设的发展和国内哲学界对价值论研究的深入,越来越多的人开始着手研究法价值问题。这一时期,学者们运用哲学的价值分析方法,对法价值的基本理论展开较为全面和较为系统的研究,涉及法价值的概念、法价值的分类、法价值观、法的负价值等问题。先后出版了严存生先生的《法律的价值》(陕西人民出版社1991年);杜飞进等先生的《法律价值论》(陕西人民出版社1992年);乔克裕、黎晓平先生的《法律价值论》(中国政法大学出版社1991年);武步云先生的《马克思主义法哲学引论》(陕西人民出版社1992年)一书中,也有很大篇幅讲法价值论。一些学术刊物陆续刊登了一些学术论文,如孙国华先生的《论法的价值》等,共有10多篇论文。法价值研究取得一批初步成果。③1992年到现在。随着社会主义市场经济理论的提出,我国改革开放的发展,法制建设的进一步完善,法学界在探讨所谓"市场经济是法治经济",建立与社会主义市场经济相适应的法律体系的过程中,进一步加深了对法律价值的研究。现在,除了继续进行总体上研究之外,更侧重于对法价值的各种形式的研究,如法与公平和效率、法与自由和秩序,以及法律诸价值之间的关系。围绕这些问题,法学界发表了不少论文和专著。如卓泽渊的《法律的价值》(重庆大学出版社1994年)、严存生的《论法与正义的关系》(陕西人民出版社1997年)等。从现在来看,尽管法价值的研究取得一定的成果,但仍然有许多问题有待于我们作进一步的探讨和研究。

值得欣慰的,在法价值的研究成果中,笔者的博士研究生周世中教授和他的同事黄竹胜教授一起撰写了《法的价值及其实现》[①]。该书系统地阐述了法律价值的概念、本质、特征、表现形式等问题。作者在吸取国内外既有成就的基础上,提出自己的一些创造性的独立见解。这些见解主要有:

(1)将法价值问题作为法哲学的一个有机组成部分来进行研究。作者认为,完整

---

① 周世中、黄竹胜:《法的价值及其实现》,桂林,广西师范大学出版社,1998。

意义的法哲学研究包括三个方面的内容：第一，对法的必然性的研究，即主要揭示法产生、发展、消亡的一般规律、条件、制约机制和具体途径；第二，对法的实然性的研究，即主要分析实证法的本质，法的创制，法的构成要素、结构、层次，法的实施与实效等；第三，对法的应然性的研究，即主要研究法的价值，揭示法的价值取向，法的理想和价值目标，法价值评判的标准。这三方面在法哲学研究中是有机统一，缺一不可的基本内容。研究法的价值，必须将其置入宏观的法哲学的内涵结构中加以把握，才能期望得出科学的结论。

（2）对法价值的定义作了有新意的探讨。作者在分析法学家们已经给出的法价值的定义时，剖析四种有代表性的观点，即作用论、意义论、评价论和相关论，指出这些定义的局限性，还深入地指出构成法价值的三大要素：法的属性与功能、法律实践、法律主体的需要。阐述了法价值的定义：法价值是指法固有的属性和功能，在主体的法律实践中，与主体需要的一致性。同各种法价值定义相比，不难看出，这个定义更为全面和深刻一些。

（3）对法价值的类型问题，有新的建树。法价值分类是法价值体系的一个基本范畴。法学界从不同的角度和立场出发，提出了各种分类理论，其中最具有代表性的有主体说、客体说和结合说，但它们均存在着各自的缺陷。作者运用与众不同的观点，从动态的角度上探析法价值的两大基本类型，即法的手段性价值和目的性价值，并对这两大类价值展开有层次的分析和考察。

（4）在法价值评价和法价值观的问题上做了有益的探讨。传统的研究，往往把法律评价等同于法价值评价，其实这是不准确的。法律评价既包括对法价值的评价，也包括对法律本身的评价。严格来说，法价值评价，只能指前者，而不能包括后者。作者对法价值评价和法律评价的区别和联系予以界定。在法价值观问题上，作者花了较多的笔墨来分析法价值观的内涵、结构、特征，以及研究法价值观的意义，这些都是富有启迪意义的。

（5）把法的价值与法价值的实现结合起来进行研究。通过对法价值的认同或接受，以及法价值的转化过程等问题的探讨，来建立理论框架，这一尝试也是值得肯定的。

当然，作者在探讨法价值理论时，难免有某些不足之处，这些不足有的是受研究材料的限制，有的是现有条件不成熟所造成的。但是，该书的出版，无论在法学理论上还是在建设社会主义法治国的实践中，都具有现实意义。

第六节　程序正义与司法

一、程序正义在司法公正中的地位和价值

司法公正是人类进入文明社会以来,为解决各类社会冲突而追求或持有的一种法律理想和法律评价。它是指国家司法机关在处理各类案件的过程中,既能运用体现公平原则的实体规范确认和分配具体的权利义务,又能使这种确认和分配的过程与方式体现公平性。理论上一般把前者归纳为实体正义(substantive justice),把后者称作程序正义(procedural justice)。社会主义法律制度的建立,使司法公正的真正实现成为可能,而要使司法公正在整个国家的法律实践中成为一种普遍履行的价值准则,尚需不断推进司法改革的进程。

通过市场配置社会资源的经济运行方式,在很大程度上成为当代中国司法制度改革的内在动力。以民事审判方式的改革和刑事诉讼法的修改为标志,中国的司法制度改革已进入一个全新的阶段。与此同时,诉讼立法前置与司法实践落伍之间所形成的巨大差距,使司法机关和广大的诉讼主体因缺乏系统、全面的观念文化准备而颇显被动。因此,如何正确分析程序正义在确保司法公正中的地位和价值,是完成上述观念转变的认识基础。

(一)程序正义的概念和意义

程序正义(procedural justice)一词最早导源于英美法中的"正当程序"(due process)①思想。它泛指对任何个体权益的剥夺,均需保证其享有被告知权、陈述权和请求听取权。显然,程序正义的最初内涵是与司法专断相对立的。随着自由资本主义的进一步发展,私法领域里的契约自由原则和公法领域中重视程序正义的法治原则成为近代资本主义法律文化的两大基石。

程序正义与实体正义的辩证关系,应该放在不同的法律文化背景去考察和阐释。对实体与程序的不同态度是大陆法系与英美法系一大重要差异。这种差异在很大程度上取决于两大法系各自不同的法律传统,且这种传统均有其各自不同的发展规律和内在合理性。应该看到,在程序与实体孰重孰轻的争议中,由于厚重的中国传统法文化之影响,使当代中国人在观念上仍将实体正义置于程序正义之上,并在诉讼实践中常常忽略程序正义在司法公正中的价值。这是因为,中国自晚清修律丌始,在历经礼教派与法理派围绕"个人本位"与"家族本位"的论争之后,程序法才第一次从诸法合体中独立出来。在漫长的封建法制的发展历程中,由于诉讼主体的诉讼权利得不到法律

---

① 参见[日]谷口安平:《程序的正义与诉讼》,王亚新、刘荣军译,4页,北京,中国政法大学出版社,1996。

的完全确认,因此,以诉讼主体之间权利义务关系为主要内容的程序法就得不到发展。其次,中国法律的近代化与大陆法系的引进和移植是同步进行的,而大陆法系一直保留着轻视程序法的传统①。所以,近代中西法律文化的冲突与融合,并未确立程序正义原则的应有地位。此外,我国社会主义法制自身所走过的曲折历程,也在一定程度上弱化了程序正义的意识。只有把法由原来的单纯阶级专政的工具转化为社会综合调整器之后,才有可能从科学和理性的角度去理解程序正义的基本内涵。总之,正确分析和评估程序正义原则在当前司法实践和大众法律观念中的地位和价值,是我们进一步改革和完善司法体制的必要准备。

当代中国的司法制度通过"以事实为根据,以法律为准绳"和"法律面前人人平等"等原则,将司法公正中所要求的实体正义与程序正义合二为一,使司法制度在较大程序上保证了其自身的公正性。然而,随着市场经济体制的确立和社会主义法律体系的不断完善,社会冲突的种类、性质、数量也在不断变化,这就在客观上对司法程序自身的科学性、合理性和可操作性提出了更为严格的要求。这是因为:第一,经济的市场化必然将大量计划经济时代由政府直接调整的纠纷转入诉讼领域。此外,政府的具体行政行为也可以通过行政诉讼纳入司法管辖之内,这就使最终解决社会纠纷的途径逐步走向司法的单一化。面对如此繁杂的任务,司法制度自身的公平性就成为一切诉讼主体普遍的要求。第二,随着司法民主化的不断推进,诉讼领域中部分制度开始由职权主义向当事人主义转变,由此而带来的诉讼主体在程序中所享有的各种请求权、处分权以及所承担的举证责任等都开始产生巨大的转变。在此背景下,突出和强调程序正义的重要性,有助于建立公正的司法体系。第三,经济的市场化必然要求诉讼的效益化。诉讼主体将自己的争讼投入诉讼,其目的在于尽快收回自己的权益。而高度科学的程序是提高诉讼效益的理想手段。

(二)程序正义的基本结构

程序正义的基本结构,是由法官的态度的中立性、诉讼主体的主动性和证明规则的科学性三部分组成的。

法官的态度是指法官在诉讼过程中的立场和看法。一般根据其干预诉讼主体诉讼权的方式和程度可分为积极的态度和消极的态度。在奉行职权主义的大陆法系国家,法官是整个诉讼活动的中心,无论是收集证据或询问证人,都必须在法官严格的控制下进行。这种完全以法官为中心的诉讼程序,极易导致司法专断。因为,其一,法官在开庭前,已经通过调查取证的方式形成了对案件的刻板印象,容易导致先入为主。其二,法官在庭审中对调集证据的选择性,很难保证案件事实的客观公正性。其三,法官在开庭前的提前介入,使开庭本身流于形式。这就使法官权力极易摆脱庭审过程的制约,最终促成法官权力的任意性。在奉行当事人主义的英美法系,由于当事人是整

①　参见[法]勒内·达维德:《当代主要法律体系》,漆竹生译,333页,上海,上海译文出版社,1984。

个诉讼活动的中心,法官的审判活动在很大程度上受制于当事人的举证活动,法官常常是一个"消极和中立的裁判者"。我国的司法体制改革,应该吸取和借鉴两大法系在法官问题上的合理因素,既保留法官在审判中一定的主动性和权威性,同时对其权力作必要的限制,对其所承担的职责作科学、合理的分担。我国民事诉讼法试行阶段曾规定:"人民法院应当按照法定程序,全面地客观地收采和调查证据。"新民事诉讼法修改为:"人民法院应当按照法定程序,全面地、客观地审查核实证据。"这在很大程度上反映了法官职能转变的趋势。

诉讼主体的地位是构成程序正义原则的一个重要组成部分。它是指诉讼主体在诉讼过程中所享有和承担的诉讼权利和诉讼义务的总和。在奉行职权主义的诉讼模式中,诉讼主体只能充当被调查的对象,在整个诉讼过程中处于从属和被支配的地位,无法发挥其主体的参讼积极性。在奉行当事人主义的诉讼模式中,整个诉讼活动围绕诉讼主体的主张和举证而进行,法官处于消极地位。当代中国的司法改革应该充分吸取诉讼法律文化中既有的合理成分,通过确立诉讼主体的法律地位,全力推进司法民主化的进程。这种方式的合理性在于:第一,充分发挥诉讼主体在诉讼中的主动性,有利于还原案件的客观事实。诉讼主体必然是与案件有一定利害关系的人。由他们去为自己的诉讼主张寻找证据,必然在最大程度上穷尽证据的可能性。第二,诉讼主体一般都是实体权利和实体义务的享有者和承受者。他们较第三者更加熟悉和了解争议的事实,便于全面、系统地提供证据。第三,诉讼主体在诉讼中通过举证、质证、辩论等环节,能够充分了解控辩双方的证据内容。便于他们从内心接受最终裁判的结果,提高诉讼本身的质量。同时我们应该承认,诉讼主体在诉讼中所处的地位还应受制于一国经济、文化的整体发展水平。当前,在中国现有的条件下完全照搬英美法中当事人主义的原则,不仅不能保证程序正义的原则,反而会在一定程度上破坏司法公正的原则。

证明规则是指诉讼过程中关于证明责任分配和证据推演方法的法则。它是程序正义中极为重要的一个组成部分。举证责任与审判职能的分离,是司法民主化和诉讼效益化的必然要求。"谁主张谁举证"是自古罗马以来一直被司法实践所沿用的原则。社会主义司法制度建立之初,由于将人民法院裁判的公正性放在一个不容置疑的高度去看待,故将诉讼中大量本应由诉讼主体承担的举证责任划归人民法院分担。数年来的司法实践表明,这不仅降低了审判机关的审判效率,而且成为大量错案发生的重要原因之一。举证责任的合理分担是诉讼民主化和理性化的重要标志。诉讼主体如果对自己的主张不能提供证据去证明,他就应该承担举证不力或败诉的后果。此外,证据推演的法则是诉讼程序中还原案件事实的重要手段。在一切诉讼过程中,通过现有的证据去百分之百还原纠纷的原始过程是不可能的,这是人类认识的内在规律。因此,确定科学的证据推演法则是实现司法公正的重要条件。当前,刑事诉讼实践中的无罪推定原则和民事诉讼理论上提倡的高度盖然性原则①都是证据推演上的重大革新和有益尝试。

程序正义的三个组成部分在具体的诉讼过程中是有机统一的。它常常通过三个阶段呈现出来。第一,受案的公正。诉讼活动的发起首先要解决立案和管辖的问题。因此,诉讼发起人的资格和受案法院是否拥有管辖权,常常成为诉讼主体之间争辩的首要问题。当前司法实践中"争管辖"的地方保护主义都是严重危及司法公正的问题。第二,过程的公正。诉讼主体所享有的诉讼权利,如管辖异议权、请求回避权,诉讼保全请求权、请求重新鉴定权等一系列诉讼权利能否在诉讼实践中实现,往往是现代社会评价司法公正的重要标准。第三,结果的公正。诉讼主体发起诉讼的目的就是通过国家强制力来帮助其实现它所期望的正当权益。因此,公正的裁决和该裁决所确认的权利义务关系得到实现,是人们判断司法公正的又一标准。现阶段司法实践中"执行难"的问题已经成为全社会普遍关注的热点问题,这也是当前司法改革过程中亟待规范的一大实际问题。

(三)程序正义的原则

程序正义作为当代中国司法制度改革进程中应当确立的一条原则,我们有必要对其内涵和性质作进一步的限制和阐释。

首先,程序正义原则应该服从合法性原则。一切诉讼活动的开始与终结,都应该在法律规范许可的范围内进行。离开法律规范的制约,单纯强调程序正义原则就不能推进司法改革的进程。强调法官的独立性是诉讼法律文化进步的重要成果之一,但英美法系由于其判例法传统而片面强调"法官创造法"的做法,显然不适合当代中国的司法实践。程序正义应以合法性为前提,主要是因为:其一,程序正义原则是针对我国司法实践中片面推崇实体正义的观念而特别强调的,它不是对我国现有诉讼制度的检讨和批判,因此不需要突破合法性原则去追求程序正义。其二,程序正义原则是与社会经济、政治、文化发展相适应的一个内涵不断变化的动态概念。随着大众法律观念的不断进步和司法制度的进一步改革,程序正义的原则也会成为全社会普遍奉行的价值准则。因此,程序正义作为司法改革过程中应当确立的价值标准,不能突破现有的立法制度和司法解释。

其次,程序正义原则应当体现公平性精神。公平属于一个历史和阶级的概念。在不同的社会,不同的阶级对其总有不同的解释。但是,把诉讼与公平联为一体,却是人类自法律出现以来形成的一种共识。当代中国司法制度中的程序正义原则应该体现公平精神。这是因为:第一,社会主义司法制度的性质决定了司法改革进程中必须体现公平精神。社会主义法在人类历史上第一次实现人民性与阶级性的统一,因此,公平性在法律实践中的实现程度直接关系到社会主义法律作用实现程度。第二,社会主

---

① 详见陈响荣等:《诉讼效益与证明要求》,载《法学研究》,1995(5)。

义司法实践的现状和水平决定了程度正义原则必须体现公平性精神。受生产力发展水平的制约，我国各地区经济、文化发展的水平尚有较大差距，全社会的法律意识和司法质量也有明显差异。因此，在诉讼程序中完全照搬英美法中抗辩式的诉讼模式，就会使大多数诉讼主体因经济和文化因素难以履行举证责任和充分行使辩护权。正是虑及上述因素，修改后的刑事诉讼法保留了相当的职权主义因素，赋予法官相当的证据调查权和审判控制权。同时，律师法中也确立了法律援助制度，以便于在贯彻程序正义的原则中更好地体现公平性精神。总之，在诉讼程序中充分体现公平精神，是当代中国司法改革的价值基础。

最后，程序正义原则应该包含效益化思想。效益极大化是市场经济主体奉行的最高法则。"与市场一样，法律（尤其是普通法）也用等同于机会成本的代价来引导人们促成效率最大化。"[①]现代司法制度将效益思想列入程序正义原则之中，其积极意义在于：第一，将效益化思想引入程序正义原则之中，可以使诉讼主体的诉讼行为更趋理性化。诉讼成本与诉讼结果的比率是诉讼效益的最直接反映。因此，正确地分析引起诉讼的法律事实和全面了解诉讼程序中的每一个环节，是诉讼主体获取公正结果的必要前提。第二，将效益化思想引入程序正义的原则之中，可以进一步提高人民法院的审判效率。诉讼周期过长不仅直接影响当事人的诉讼效益，也是对国家制度性资源的一种浪费。缩短诉讼周期，提高审判效率，是市场经济条件下司法制度改革的近期目标之一。

合法、公平、效益，是正确理解和全面把握程序正义原则的三个基本尺度。片面地强调或无视其中任何一个方面，都有损于程序正义原则的完整性和科学性。

二、公正司法，必须突出程序正义

司法公正，是法律正义在司法环节中的体现。它是一种法律理想和价值判断。法律正义包括实质正义和程序正义。相应地，司法公正也有实质正义和程序正义之分。实质正义，指司法人员以特定的道德、政治、政策等价值观念作为裁判的直接根据。程序正义，指司法人员以公开的、明文的法律作为裁判的直接根据。

历史和现实的通例是：专制主义司法制度常常强调实质正义。这是因为，专制主义者总把自己当作正义的化身，而程序则不过是一种可有可无的附加物甚至束缚手足的累赘。相反，民主制度强调程序正义。因为，民主以法治为保障，而法治首先关心的是人人平等的形式合理性。这是由于，在民主制度下，形式法律不仅体现实质正义，而且具有准确性和可操作性。

我们认为，司法中的实质正义和程序正义均有其合理的成分。只有二者结合起

---

① ［美］理查德·A.波斯纳:《法律的经济分析》,677页,北京,中国大百科全书出版社,1997。

来,才能导致真正的司法公正。不过,对于现代市场经济及同它相适应的法治而言,首要的问题在于保证法律起点或前提的公正,而不是结果的公正。并且,必须一般地假定,只要司法的过程和方式公正,其实质和结果就是公正的。这就要求在司法中必须大力地突出程序正义性。

我国封建时代的司法制度,一贯奉行实质正义原则。新中国成立后,由于受强调主体间不平等的上下行政职权关系的影响,在司法中仍然没有摆脱突出实质公正的传统观念的束缚。具体说,只要法官自信是在贯彻党的政策,或者只要能够听从首长的讲话,就必然得到公正的结果。后来,提出了"以事实为根据,以法律为准绳"和"法律面前人人平等",但片面的实质正义观念依然没有得到克服。

在当前,随着我国社会主义市场经济及民主和法治国家建设的发展,对司法中程序正义的呼唤,必然越来越强烈。

(1)突出程序正义,是现代市场经济的客观要求。首先,现代市场经济产生了新的社会纠纷,特别是需要把以往属于行政调整的纠纷纳入司法管辖。对于这些为数极多的案件,唯有用统一的法律标准才能公正地加以解决。如果直接按照法官的价值信仰,是绝对办不到的。其次,现代市场经济关系要求当事人的意志自由、地位平等以及应有的权利义务。这些同样需要法律的明确规定。而靠法官个人的决断,就免不了会失之偏颇。最后,现代市场经济要求高度的社会效益。遵循法律的规定去办案成本最低,而单纯根据法官个人的价值尺度来裁度,就一定造成诸多失误,使社会付出的成本大为增加,从而"效益"便无从谈起。

(2)突出程序正义,是现代民主制的客观要求。在现代民主制度下,不论对经济性案件还是对刑事性案件来说,都要借助法律明确地承认并保障当事人的主体地位和人格的独立性,赋予其应有的权利与义务。但是,这样一些内容远不是法官个人价值头脑所能全面涵盖的。

不难看出,在当前的司法改革中,从价值的角度上说,最为迫切的,并不在于解决实质正义问题,而在于解决程序正义问题。

第七节 "小政府、大社会"与廉政建设

在当前,反腐败已是一个世界性的重大课题。不论西方国家还是东方国家,不论发达国家还是发展中国家,不论外国还是中国,都在反腐败。作为社会主义的中国,也面临腐败的严重威胁。我国解决腐败的根本出路在哪里?笔者认为,最重要的是坚持马克思主义经典作家有关社会与国家关系问题的理论,走"小政府、大社会"的发展道路。

一、马克思主义关于国家与社会关系的理论

国家与社会的关系是历史唯物主义的基本问题,也是探讨和解决社会主义廉政建设的一个最重要的出发点和归宿点。

早在1843年至1844年马克思批判黑格尔法哲学的时候就指出:社会是国家的基础,社会决定国家①。从而把黑格尔所颠倒的社会与国家的关系颠倒过来。与此同时,马克思也考察和论述了国家对社会的积极的反作用。正是这种反作用,同国家(主要是政府)的廉洁和腐败有十分密切的关系。恩格斯说,社会主义国家是无产阶级在革命过程中不得不"暂时地"加以利用的"祸害"。"不得不"利用,指社会主义国家对于社会主义社会的重要性、必要性和现实性;"祸害",指它本身包含着腐败的现实可能性和历史局限性。

从发生论上说,国家是源自社会又凌驾于社会之上的特殊公共权力,即国家是社会的异化,公民是市民的异化。国家的集中表现就是政府即行政权。国家与政府的政治功能,一是保护少数剥削者的狭隘私利,一是奴役和压迫作为社会主体的广大劳动群众,两者相辅相成。因此,对人民群众而言,国家和政府本身就是一种异己的力量,是一切政治腐败的渊薮,而廉政只在极有限、极相对的范围内才存在。

在历史的演进过程中,随着斗争的激化和生产力发展带来的社会的复杂化,政治腐败不断蔓延。这主要是因为:第一,官僚机构和军事机构的不断膨胀,使其愈益变成社会躯体的寄生赘瘤和吮吸社会膏脂的蟒蛇②。如同马克思一再指出的那样,到1851年路易·波拿巴第二帝国时代,仅拥有3000余万人口的法兰西,就已形成50万官吏和50万军队的庞大的政治机器,整个社会被压抑得无法发展和繁荣。第二,官吏的特权与贪欲心的猛烈增长。恩格斯比喻说,一个微不足道的小警察所拥有的权力都较原始社会酋长大得不可比拟。特权与贪欲的结合,便是升官与发财之间的不解之缘。于是,国家越来越脱离社会并与之对立,而走向腐败。

与封建社会不同,在发达的资本主义制度下,由于实行所谓人民主权原则及代议制和普选制,取消政治上的财产统治,实行法律面前人人平等,从而出现国家与社会之间的"再统一"③。但是,这种再统一是虚假现象。恩格斯在《家庭、私有制和国家的起源》一书中指出,现在财产的统治是以间接形式代替了直接形式。其主要办法,一是政府同交易所建立联盟;一是资本家用金钱收买官吏④。因此,尽管政府和官吏的腐败有政治制度和法律的掩饰,形式上不是那么露骨和凶恶,但事实上更为厉害。其规模之

---

① 参见《马克思恩格斯全集》第1卷,259页,北京,人民出版社,1956。
② 参见《马克思恩格斯全集》第2卷,372页,北京,人民出版社,1957。
③ 参见《马克思恩格斯全集》第1卷,46页,北京,人民出版社,1956。
④ 参见《马克思恩格斯全集》第21卷,197页,北京,人民出版社,1965。

大和程度之甚,都是前资本主义制度时代所不敢想象的。当然,情况还有它的另一面,即在日益觉醒的强大社会力量逼迫之下,为资本主义统治的长远利益着想,当代资本主义国家某些有作为的当权者也在有意识地采取一定遏制腐败的措施,甚至比较有力的措施。这于社会的进步是有益的。但腐败作为资本统治的痼疾,则是不能医治的。

从社会主义到共产主义的过渡时期,国家与社会的关系发生了质的变化。社会以生产资料公有制为基础,国家由全体人民当家作主。如果说本来意义上的、传统的国家是少数剥削者压迫和奴役占人口绝大多数的人民群众的工具,那么,按照恩格斯和列宁的说法,社会主义国家已不是国家了,而仅仅是"半国家"或"消亡之中的国家"①,即"组织得能立刻开始消亡而且最后不能不消亡的国家"②。既然政权属于95%以上的居民,那就意味着国家与社会关系的运行改变了方向:国家对社会的异化转化为同化,国家开始逐渐地融解于社会之中,国家变得愈来愈小,社会则变得愈来愈大,国家把吞食了的社会力量重新归还社会。国家的根本使命在于全心全意地为社会服务,也就是为组织在政权之中的全体人民服务。与此相应,政府机构十分精简,效能大大提高,不再成为社会的沉重负担。由此可知,"小政府、大社会"是社会发展的必然历史趋势。唯有走这条路,才能从根本上摆脱国家的寄生性,防止政府官吏的腐败,实现马克思在总结巴黎公社的经验时提出的"廉价政府"③。

显而易见,马克思主义关于社会主义的国家与社会关系、政府与人民关系的学说提出的是一种理想的模式,但从终极的意义上看又是社会主义制度发展的客观规律。的确,社会主义制度的实践经验证明,实现这种理想是非常艰巨的。其基本原因何在?第一,传统国家的影响。国家(本来意义上的国家)有几千年漫长的历史,形成了顽固的习惯力量。以至于不论什么时候,人们一提起国家,立即就会想到它如何同庞大的官僚和军事队伍联系在一起,如何同这些人的优越的地位和丰厚的利禄联系在一起。即使社会主义国家里,有些经过长期革命磨炼过的干部也被这种传统力量推着走,而滑向腐败的泥沼。第二,权力自身特性的影响。如同孟德斯鸠所指出的,一切权力都蕴含着追求更大的权力和滥用权力的属性或可能性④。社会主义国家虽然与传统国家有本质的区别,但也不能完全消除权力的这种特性。特别是在缺乏足够的自我约束机制尤其强有力的社会监督机制的情况下,社会主义权力也不能避免腐败现象的滋长。这就是当年马克思主义经典作家所担心的那种国家重新由社会公仆变成社会主人而凌驾于社会之上的危险趋向⑤。所以,摆正社会主义制度下国家与社会的关系,大刀阔斧地精简机构,雷厉风行地同种种腐败现象作斗争,才能实现廉政。

---

① 参见《列宁选集》第3卷,185页,北京,人民出版社,1972。
② 参见《列宁选集》第3卷,190页,北京,人民出版社,1972。
③ 参见《马克思恩格斯选集》第2卷,377页,北京,人民出版社,1972。
④ [法]孟德斯鸠:《论法的精神》上册,154页,北京,商务印书馆,1987。
⑤ 参见《马克思恩格斯选集》第2卷,334—335页,北京,人民出版社,1972。

经验已生动地证明,政府"小"(机构和权力小),社会"大"(对政府的约束力大),廉政倡;反之,政府"大",社会"小",腐败狷。当然,这里所讲的"小"与"大"并没有一个确定的和不变的比例。它应当严格地以社会的实际需要为依据,以尽可能地减轻社会的负担,强化对社会的服务,从而最大限度地推动社会的发展为准则。

二、"小政府、大社会"与权力腐败的社会控制

"小政府、大社会"作为现代社会与国家关系的模式,所要求的是:第一,要以提高政府工作效率为目标,从社会主义市场经济和民主政治建设的要求出发,转变政府职能,改变过去政府包办一切,事无巨细由政府统一控制的管理模式,而代之以为社会服务的现代宏观干预和管理的模式。根据现代政府"小"职能进行国家机构的精简,形成"小"机构。邓小平同志早在 1986 年就明确指出:"进行政治体制改革的目的,总的来讲是要消除官僚主义,发展社会主义民主,调动人民和基层单位的积极性。"①而克服官僚主义的目标就是始终保持党和国家的活力,就是提高工作效率。"效率不高同机构臃肿、人浮于事、作风拖拉有关",同"党和政府很多机构重复"有关②。因此,防止权力腐败,克服官僚主义,必须精简国家机构,建立"小"(精小)的政府机构。第二,在建立"小政府"的同时,必须扩大社会权力,推动广泛的社会自治,调动各种社会力量的积极性,以形成"大社会"③。列宁曾几次指出,无产阶级专政必须同高度的地方自治相结合;或者说,中央的无产阶级专政必须同广泛的真正的地方自治相结合。所谓大社会,是指社会自治权力的广泛性,社会主体自治范围的扩大,社会主体参与经营管理、民主管理的范围扩大。同时,也意味着社会对政府权力控制和监督能力的增强。因此,在"大社会、小政府"的社会与国家关系的架构内,由于社会力量的广泛性和自治能力的普遍增大,从根本上制约了国家权力的运作范围和方式,有力地防止和监控了国家权力的滥用,从而在根本上保证了社会主义廉政建设和防治腐败的顺利开展。具体论之,"大社会"有利于对权力腐败的控制,主要体现在下列四个方面:

第一,"大社会、小政府"限制了国家权力的运作范围,从而也就将权力的滥用和腐败控制在较小的范围之内。现代市场经济的发展要求政府只能在有限的范围之内进行管理,而社会的广泛领域成为独立于国家、不受国家直接干涉的社会自治领域。因之,它对国家权力功能的要求同时又构成国家权力干预的合法限度,即国家权力对社

---

① 《邓小平文选》第 3 卷,177 页,北京,人民出版社,1993。

② 《邓小平文选》第 3 卷,179 页,北京,人民出版社,1993。

③ 邓小平指出:政治体制改革的"第三个目标是调动基层和工人、农民、知识分子的积极性。这些年来搞改革的一条经验,就是首先调动农民的积极性,把生产经营的自主权力下放给农民。农村改革是权力下放,城市经济体制改革也要权力下放,下放给企业,下放给基层,同时广泛调动工人和知识分子的积极性,让他们参与管理,实现管理民主化"。参见《邓小平文选》第 3 卷,180 页,北京,人民出版社,1993。

会的渗透和干预只能限制在不侵害社会自治权和有关法律明文规定的范围之内,超出这个范围,政府就无权干涉,否则就是滥用权力。因此,从这个意义上说,社会本身及其发展壮大就是社会主义廉政建设最根本的保证和最终的力量源泉。

第二,在"大社会、小政府"的格局下,社会各种组织和利益集团的独立、发展和壮大,可以对权力腐败现象形成强大的社会利益集团的压力。社会利益集团是社会基本力量。马克思在分析资本主义市民社会时明确指出:市民社会"这一名称始终标志着从生产和交往中发展起来的社会组织,这种社会组织在一切时代都构成国家的基础以及其他观念的上层建筑的基础"①。因之,"大社会"的重要标志就是社会形成多元利益集团。随着这些利益集团经济实力的增强和社会影响的扩大,它们将通过各种途径和方法维护自己的政治利益,对国家的立法、政策的制定和法律的执行形成强大的社会压力,发挥重要影响。在反腐倡廉方面也具有重要的功能:即一方面,他们可以运用其强大的经济实力和社会影响力对权力滥用、官僚主义形成压力,进行多种形式的监督和控制;另一方面,对国家权力的非法干预和法外要求进行有力的抵制,诉诸拒绝的权力。

第三,"大社会"可以通过各种社会传媒和公民权利的行使对权力滥用进行广泛的舆论监督。与现代资本主义社会并存的社会主义社会具有两方面的功能特质,其一,它是在生产资料公有制占主导地位的条件下,人们独立地组织生产经营,进行自我管理和自我服务的集体和个人利益实现的领域;其二,它是以地域、行业及各种社会结合体为基础,以自愿为前提,以自治为条件进行参政议政,形成社会主义民主的非官方的领域。在参政议政方面,现代社会可以通过电视、广播、报纸、刊物、书籍等传媒表达自己的政治意见和观点,在各种讨论会和集会中零散地、面对面地或集中地交换想法和看法,形成广泛的、为民众普遍认同的社会意见,形成"公众舆论"。这种社会舆论可以对国家权力的活动进行议论和评判,对权力的腐败现象进行批评、抗议、谴责和控诉,从而将权力滥用和官僚主义等权力腐败现象暴露在阳光之下,保证政府的清正廉洁。

第四,社会主义国家的权威根源于其深厚的民主的社会基础。社会控制和管理国家的法定的、集中的、直接的形式是通过自己的代表行使国家权力,直接对权力进行法律控制,从而直接保证国家机关的廉洁。在我国,国家主权属于全体人民,人民或直接或间接即通过他们的代表行使国家权力。在基层政权,人民通过自己直接选举决定国家权力的运用者,通过选举权、监督权和罢免权的行使,直接保证基层国家机关的权力不被滥用,直接质询、罢免、撤换不称职或腐败的国家机关工作人员。在中央和较高层次的地方国家机关,人民通过自己的代表行使权力。如果说在国家权力过于庞大的情况下,由于人民的各种生产资料和生活资料都受控于国家,这种制度的优越性难以体现,人民对国家权力的监控也难以实现,因而即使具有这种民主政治的外观,也不能避

① 《马克思恩格斯全集》第3卷,41页,北京,人民出版社,1960。

免政治民主的形式主义的现象,那么,在"大社会、小政府"的社会与国家关系的格局下,社会结构的分化和高度发达,每个阶层、地方、利益集团均有自己的代表在国家权力机关中表达自己的意志,形成各种社会利益在法律上的平衡,从而在根本上保证了人民民主权利的实现不受国家的非法干预,保证和实现了人民的主权地位,人民代表可以理直气壮地依据宪法和法律来监督法律的执行情况,质询、弹劾和罢免腐败的及不称职的官员。我们认为,我国的人民代表大会制度是现行民主政治条件下直接联系社会与国家的纽带,也是社会监控国家权力的最重要、最直接、最正规的途径。因此,怎样在党的领导下,彻底摆脱人民代表大会的"橡皮图章"的形象,切实发挥其代表社会的应有作用,是一个非常迫切的问题。

三、"小政府、大社会"是廉政建设的必由之路

马克思主义关于社会与国家关系的理论和社会主义的政治实践表明,在社会主义初级阶段,社会主义的国家机关从性质上已经完全不同于以前一切社会国家的压迫性质。但由于我国社会主义生产力发展水平还不高,社会主义不仅存在着市场经济,而且社会主义市场经济在相当长的时期内还要大力发展,加之旧国家的传统观念还将长期存在等,所必然带来的负面的消极的影响。因而,国家作为为社会和人民服务的机关仍有被异化成为社会统治力量的危险,国家机关中的工作人员,特别是那些握有重要权力的国家公职人员还可能蜕化变质,利用手中的权力谋取私利,由人民的公仆变为人民的主人。因此,在当代的中国,反腐败斗争和社会主义廉政建设,将成为我国社会主义市场经济和民主政治建设过程中一项长期的任务。正如邓小平所指出的:"实现我们的战略目标,不惩治腐败,特别是党内的高层的腐败现象,确实有失败的危险。"[1]中央多次指出,惩治腐败是关系到我们党和社会主义生死存亡的问题。在党的十五大报告中,江泽民明确强调:"我们的权力是人民赋予的,一切干部都是人民的公仆,必须受到人民和法律的监督";必须"加强对各级干部特别是领导干部的监督,防止滥用权力,严惩执法犯法,贪赃枉法"[2]。

当然,反腐倡廉是一项庞大的社会系统工程。我们认为,中央确立的"教育是基础,法制是保证,监督是关键"的廉政方针是正确的。但是,从根本意义上来说,要彻底消除权力腐败现象,就必须大力发展社会主义市场经济和民主政治,提高人民精神素质,为国家的消亡创造坚实的物质基础、政治基础和精神条件。在社会主义初级阶段,现在来谈国家消亡问题为时尚早。因之,理性的选择只有在承认权力存在的现实合理性的基础上,从社会主义市场经济发展、民主政治建设和提高人民精神素质水平的实

---

① 《邓小平文选》第 3 卷,313 页,北京,人民出版社,1993。

② 江泽民:《高举邓小平理论伟大旗帜,把建设有中国特色的社会主义事业全面推向二十一世纪》,38、36 页,北京,人民出版社,1997。

际需要出发,逐步缩小和控制政府权力的运作范围,进一步扩大基层民主和社会自治范围,从而把权力腐败现象控制在最小的范围之内。正是在这个意义上,中央提出:"扩大基层民主,保证人民群众直接行使民主权利,依法管理自己的事情,创造自己的幸福生活,是社会主义民主最广泛的实践。"因此,"小政府、大社会"是社会主义廉政建设的根本保证和必由之路。而为了实现"小政府、大社会"的国家与社会的关系格局,实现马克思提出的"廉价政府"的目标,从根本上保证反腐倡廉的社会法律机制,在处理国家和社会关系时,应注意遵循下列三个原则。

第一,在社会与国家的关系中,坚持社会本位。从社会主义市场经济和民主政治的实际出发,逐步培育社会的独立性,尽量扩大社会自治的范围,相应缩小国家权力对社会的控制和干预。社会主义是国家主义的天然对立物,在社会与国家的关系方面,其基本价值取向是社会本位。这是我们的社会制度称之为"社会主义"而不是"国家主义"的基本根据。因之,从社会主义市场经济和民主政治建设的时代要求出发,依法确立和保障社会的应有的独立性,不断扩大社会自治范围,有效防止国家权力非法侵害社会自治权力,既体现了社会主义本质的要求,也是防止国家权力的滥用和腐败的必然趋势,从而形成"大社会、小政府"的社会与国家之间的基本关系。

第二,树立为社会服务的观念,建构保障和促进为社会服务的法律机制。在社会主义初级阶段,国家的存在是有其客观现实性的,在相当长的时期内还谈不到国家的消亡问题。但是,这并不意味着国家仍是统治人民的御民之器。相反,它应该彻底抛弃旧的治民观念或"为民作主"的观念,而确立为民服务和"人民作主"的现代政治理念。作为规范国家权力、维护人民和社会自由权利的法律,必须在制度上切实保障国家为社会服务的理念贯穿于国家权力运作的全过程,严防国家再度异化为统治人民、统治社会的工具。为此,法律必须废除长时期以来的国家的高度集权、国家与社会的过分一体化(国家吞食社会)以及国家包办社会的一切,乃至控制社会的一切,包括对各种社会的物质资源和精神资源的全部国家独占和支配的现象。同时,法律还必须消除社会对国家公权力极少制约和国家对社会私权力与社会自主、自治、自由的权利过多干预乃至侵犯的情形。

第三,确立国家对社会的适度干预和宏观调控的观念,依法保障和控制国家宏观干预的权力。从本性上说,近代市民社会(即自由资本主义)是以人们的特殊私人利益的满足为目的的社会领域。这就是黑格尔所说的"私利的战场""人和人斗争的舞台"。在这里,人们所追求的只是满足个人的需要和欲望,"人们只顾自己,谁也不管别人",每个人都以自己为目的,以他人为手段。所以,"在市民社会中,人作为私人进行活动。市民就是私人,他把别人作为工具,也把自己降低为工具。"①由于市民社会的主体利益驱动的本性,不会自然地通过契约自由而实现社会公正,相反只能导致社会的两极分

---

① 《马克思恩格斯全集》第 23 卷,199 页,北京,人民出版社,1972。

化。因此,市民社会不是一个自满自足的体系,它的建设性与破坏性并在。认识到这一点就不难理解:狭义的市民社会,绝不是社会主义市场经济条件下的社会主义社会发展的前途。相反,这是一种历史的倒退。笔者认为,这是目前研究国家与社会的关系、研究市民社会问题中出现的一种不可取的观点。可是也不得不承认,尽管社会主义社会已经与古典市场经济条件下的市民社会有了本质的不同,但是由于我国社会生产力发展水平较低,市场经济还将长期存在,人们的社会主义道德水平还不高,尚远未实现对个人利益追求的超越。因此,在社会主义初级阶段,资本主义市民社会的某些缺陷还会长期存在下去。在这样的时代条件下,列宁所说的"没有资产阶级的资产阶级国家"还是绝对必须的,国家对社会的适当干预不但不能废除,相反还要加强。当然,社会需要国家的宏观调控和干预,不是指国家权力可以任意进入社会的任何领域。在现代市场经济条件下,这种干预是有限度的、有条件的。所以,法律的一项重要职能就是从社会的内在要求出发,既确认适度的国家权力干预的合理性和合法性,又要有效防范宏观调控权的滥用、腐败和异化。

第四章　以人为本的和谐社会与法

第一节　社会主义和谐社会与以人为本的法治精神

30 余年的经济体制改革使中国的面貌发生了巨大的变化,也带来了一系列的新问题和新矛盾,以至转型期的中国社会面临严峻的挑战。中共十六届三中全会提出"以人为本"的科学发展观以及十六届四中全会提出"社会主义和谐社会"的目标,正是中国共产党和中央人民政府做出的理论和政治上的应对。这里自然引出一系列问题值得我们深思:究竟何为"以人为本",什么样的社会才能谓之"和谐","社会主义和谐社会"的意蕴何在,"和谐社会"究竟是一种现实的存在抑或某种人类可遇而不可求的理想,"和谐社会"是一种静态的存在还是某种动态的、辩证的过程。就法学研究与法律发展而言,则有必要进一步思考"民主与法治"在这种存在或过程中究竟处于何种地位。

一、"空想主义和谐社会"思潮的启示

近几年来,空想主义思潮已成为学术界有意或无意地予以遗忘的角落。然而,不可回避的事实是,这些思潮所蕴涵的许多观念和价值标准已深深地渗透到中国社会群体心理结构之中。从法哲学视角对中外历史上"空想主义和谐社会"思潮所包含的"和谐社会"理念进行比较与反思,对于我们当下所致力的"'以人为本'的社会主义和谐社会"目标应该是有益的。

(一) 中外思想史上"空想主义和谐社会"思潮

"和谐社会"这一用语由 19 世纪的空想社会主义者傅立叶首次提出。他认为现代社会中分散的个体相互间不断的斗争是造成贫富悬殊、道德沦丧和阶级压迫的根本原因。他主张在未来的和谐社会中,通过由富人捐资组织的"试验性"股份公司和协作社,把对抗性的资本主义社会改造成为和谐社会;所有国家的人们都联合在若干个"法郎吉"中,城乡对立消灭了,国家也不复存在①。其实,傅立叶的"和谐社会"理想,前有远久的渊源,后有不间断的来者。例如,古希腊柏拉图的"哲学王之治的理想国",16

---

① [苏]约安尼相·阿·鲁:《傅立叶传》,汪裕苏译,1—28 页,北京,商务印书馆,1961。

世纪英国人道主义者莫尔的"乌托邦",基督教原初思想中的"在上帝面前人人平等、教会兄弟姐妹互帮互爱的人间天国",民主主义启蒙思想家卢梭所向往的自然状态下没有压迫、没有剥削和人人平等的"黄金时代",以及19世纪中期空想社会主义者威廉·魏特林的"所有人的自由与和谐"的美妙世界①。

中国古代至近现代的"大同世界"思潮亦可谓薪火相传。比较典型的有:春秋时期孔子以"仁"为核心倡导的"爱有差等"——具有浓郁原始人道主义和民主主义色彩的"大同世界";墨子以"普遍的爱"为指南主张的无阶级差别,充满和谐秩序的"兼爱"社会;老子"鸡犬相闻,老死不相往来""无为则无不为"的自给自足的田园社会;太平天国追求的"凡天下田,天下人耕……无处不均匀,无人不保暖""人无私财,逆者问罪"的绝对平均主义的"理想天国";康有为"天下为公,无阶级,一切平等""太平之世不立刑"的资产阶级改良主义"大同世界";中国资产阶级革命的先行者孙中山自认为超越西方资本主义自由、平等、博爱理念,坚信"举政治革命、社会革命毕其功于一役"的资产阶级民生主义和"全民政治"理想②。《礼记·礼运》所描绘的"大同世界"是,"天下为公,选贤与能,讲信修睦。故人不独亲其亲,不独子其子,使老有所终,壮有所用,幼有所长……是故谋闭不兴,盗窃乱贼而不作,故外户而不闭"。这种和谐社会观的精神实质是流传于中国传统文化数千年的"中庸之道"。

(二)对各种"空想主义"和谐观的比较与反思

上述各种"空想主义"和谐观不但在精神本质上具有跨越时空的惊人的相似一面,而且有着类似的社会背景、类似的困惑与企盼以及类似的误区。

1. 相似的社会背景。

中外各种空想主义和谐思潮的产生总是与社会转型、社会矛盾激化的现实密不可分的。孔子的大同观和墨家的兼爱社会,勃兴于以血缘和宗法制度为核心的奴隶社会后期向封建社会转型的"礼崩乐坏"、兼并战争此起彼伏、民不聊生的大变革时期。清朝后期,政治腐败、外国列强横行、人民生活于水深火热之中的社会现实,正是太平天国运动、康有为的"大同世界"和孙中山的民生主义、"五权宪制"理想得以产生的根本原因。16—19世纪各个阶段的西方空想社会主义思潮也与残酷的"资本原始积累"、无序的"自由竞争"、有其形而无其实的"平等、博爱、宪政"制度以及贫富极度悬殊的社会现实直接相关。同样,古希腊柏拉图的"理想国"在很大程度上起因于雅典民主共和国"有民主之形而无自由之实",因而欲维持一个由贵族掌权的斯巴达式城邦社会的幻想。古往今来,人人都幻想幸福美好的生活,但当这种幻想与现实发生激烈冲突乃至

---

① [古希腊]柏拉图:《理想国》,郭斌和、张竹明译,北京,商务印书馆,1986;[德]威廉·魏特林:《和谐与自由的保证》,孙则明译,北京,商务印书馆,1960;[法]卢梭:《社会契约论》,北京,商务印书馆,1982。

② 参见张国华、饶鑫贤:《中国法律思想史纲》,126—140页,兰州,甘肃人民出版社,1984;张国华:《中国法律思想史新编》,249—257页,302—309页,332—335页,北京,北京大学出版社,1998;李泽厚:《中国古代思想史论》,27—28页,合肥,安徽文艺出版社,1994。

基本的生存条件都无法保障时,这些困惑与企盼必然会在处于边缘状态的群体中形成一种解构社会现状、追求理想生活的思潮。受这些思潮影响而又有切肤之痛的群体,自然就会寻求打破旧有的秩序、建立新秩序的出路。

2. 相似的和谐社会理想和基本相似的和谐社会法律观。

"和谐为美"的思想是"天人合一"的中国文化传统的体现。"和自然相一致的生活"也是古希腊思想家们倡导的理想生活。"天人合一"或者"和自然相一致的生活"的和谐观念由来已久,源远流长。它既与新石器时代人们顺应自然而生存与发展密不可分,又与奴隶制统治建立前的原始体制下氏族、部落内部维持着的某种自然和谐关系(即原始的人道、民主关系)一脉相承[①]。即使是马克思主义的创始人也充分肯定对这种和谐社会的憧憬,"这种十分单纯质朴的氏族制度是一种多么美妙的制度啊!没有军队、宪兵和警察。没有贵族、国王、总督、地方官和法官,没有监狱、没有诉讼,而一切都是有条理的。"[②]

在对待私有财产方面,许多空想主义者都认定"私有财产是万恶之源"。康有为指出,贫富之悬殊所导致的"阶级之苦"和"犯罪之源"正是一个"私"字,有了"私"才有了阶级、国家、家庭和人己之分。因此,只有去九界,进入无家、无国、无己之分的"太平之世",消除"触犯刑法"之根源,才能达到"刑措不用,囹狱不设"的"无讼"境界。威廉·魏特林一针见血地指出,"在今天社会里维护私有财产这个概念,这就是屠杀大量的劳动者。……私有财产是一切罪恶的根源。"[③]

在对待社会治理方面,空想主义者均主张实现"哲学王"或"贤人"之治。威廉·魏特林认为,现行的所谓宪政、共和制、选举制等怪物,令人生厌,属于动听的欺人之谈。为了实现社会和谐和保障一切人的自由,哲学必须至上。这里的哲学包含一切崇高、善良、有益、美好的观念和思想。社会管理最高层由最伟大的哲学家组成,他们同时也是在医学、物理学和机械学方面的最优秀的天才。魏特林的这种思想基本上就是柏拉图"哲学王"之治的翻版,也即《礼记·中庸》里的"为政在人"的"圣人之治"思想的写照。

在对待法律方面,空想主义者均持法律虚无主义的态度,强调法律在"和谐社会"中已丧失了它的阶级压迫与维护私有财产制的功能。在一个为了自由而一切财产都是共有共享的地方,社会也就根本不用去禁止盗窃。魏特林认为,自由与和谐的社会只需要不损害全体人的自由、起着"卫生条例"作用的法律。这些法律应当视犯法之人为病人。一切法律,凡是以处罚犯罪行为为目的,都是对个人自由的侵犯。在和谐与自由的社会里再没有要处罚的人,而只有要治疗的人;警察和宪兵在这种制度里自然完全无用。不过墨家的法律观与前者有所不同。墨家期望将其"兼爱观"贯彻于国家

---

① 李泽厚:《中国古代思想史论》,315—316 页,合肥,安徽文艺出版社,1994。

② 《马克思恩格斯选集》第 2 卷,92 页,北京,人民出版社,1972。

③ [德]威廉·魏特林:《和谐与自由的保证》,孙则明译,73—74 页,北京,商务印书馆,1960。

法律之中,以使其获得国家强制力的保障;在立法上,提出"壹同天下之义",以使国法贯彻"兼爱"原则。欲实现这些理想,在当时的历史条件下也只能求助于宇宙之神的威慑力以及代天行道的人间圣君。

3.在认识论和人性论上,均存在着相似的误区。

进入私有制和阶级社会以来,人类就处于不平等的历史枷锁之中。伴随生产力的发展,社会形态由低级向高级不断迈进。社会在发生质的飞跃性转型时,代表文明进步的社会力量往往以摧枯拉朽之势冲破旧有社会秩序的桎梏,用血与火的抗争与既得利益者作顽强的斗争。其中,必然会出现黑格尔所总结的历史悲剧性二律背反:一方面,社会文明迈向质的飞跃;另一方面,流血、争纷、礼崩乐坏、强势者称雄与弱势者尊严受践踏等伦理秩序的破坏和沦丧难以避免。中外历史上的空想主义者囿于历史的局限性,认识不到社会发展的基本规律,必然会幻想旧有秩序的维系乃至憧憬原始时代那种和平、安宁、有序的生活。即使如傅立叶或者魏特林等人本着向前看的世界观,也难以割舍那种对原始平等主义的眷恋。例如,一谈"和谐社会"的理想构图,空想主义大师们就离不开这种或者那种形式的"公共食堂"情结。在一定程度上,正是这种认识论上的误区导致对社会实践主体"人"本身的认识趋于简单化、极权化与等级序列化。欲消除个体心中的"私心杂念",以实现"绝对平均主义""安贫乐道""兼相爱交相利""全体人的和谐与自由"等理想,必然需要一个拥有绝对权威的人格神来作为最高主宰,使这些美好的原则和信仰建立在绝对服从的基础上。

老子的"无为"思想在客观上有利于下层受压迫阶级休养生息,减轻经济剥削与政治压迫的强度,但是"虚其心,实其腹,强其骨,常使民无知无欲"的论断则彰显了老子思想的政治倾向。有学者研究指出,《老子》全书绝不是一个在野圣人探索自然奥秘或者人怎样达于至善的哲学,而是不折不扣的政治哲学、统治哲学。老子的无为政治、愚民政治,是为王侯既得利益得到切实保障而出谋划策的结果。从历史进步的观点来说,都是开倒车的、落后的①。尽管孟子在人性说与天命观上使人独立于天地万物之外,以和谐的社会秩序和独立完善的人格作为其基本价值取向,从而肯定了人的地位,但是这种超越于常人的"至善"要求又在事实上否定人的类本质。从而自荀况始,主流意识形态既从"内圣外王"的道德视角来高扬人的本性,又必然会为维护封建等级秩序而为个体自由发展设置种种障碍和枷锁。

柏拉图建立"理想国"的目的"并不是为了某一个阶级的单独突出的幸福,而是为了全体公民的最大幸福"。即使,全体公民"幸福"了,作为有着人格尊严和基本自由的"个体"的人却消失了,有的只是道德的强制:①等级森严的社会分层——"最佳的一种人是黄金做成的,适合做统治者;次一种人是银子做的,适合做士兵;其余的人是铁或铜做的,只适合做农民或匠人"。②人的尊严尽失——"这些女人应该归这些男人公

---

① 顾准:《顾准文稿》,409—417 页,北京,中国青年出版社,2002。

有，任何人都不得与任何人组成一夫一妻的小家庭"。③思想自由的扼杀——"（理想国中）要审查故事的编者，接受他们编得好的故事，而拒绝那些编得坏的故事"①。

16世纪西方各种空想主义和谐社会思潮，也躲不开柏拉图式的"和谐社会"影子②。

简而言之，中外空想主义和谐思潮在人性问题上存在一个共同点：在理想的"和谐世界"作为个体的"人"消失了，而且社会矛盾和人的异化也没有了；与此同时，人之所以为人的尊严不见了，有的只是那种"时代的智慧、荣誉和良心"在统治着芸芸众生③。如果当社会物质文明达到我们所难以想象的丰富程度，这种"和谐社会"方有可能实现的话，那么将这种模式的"和谐社会"当作我们今天的目标，当作我们不久就可以实现的愿望，权威主义或者极权主义的社会格局必定难以避免，以"肯定人的尊严"和"平等的关怀与尊重"为核心要素的现代民主与法治理想和实践，肯定只能被再次搁置于一边。诚如先哲所言，历史重复两次，而第二次往往是悲剧④。

二、"社会主义和谐社会"的基本特征⑤

（一）既体现为相对静态的存在，又体现为动态的、辩证的过程

人类数千年可记载的文明发展，从整体上来说，是朝着"自由、平等"的大方向迈进的。即使是社会道德观念也随着文明的发展越来越多地体现人性中共同的东西。从奴隶社会到封建社会再到资本主义社会，个体的权利与自由的内涵与外延乃至享有权利与自由的主体的范围都在不断扩展。社会主义社会的产生，无疑为实现人的自由与解放从而使人类从必然王国走上自由王国提供了一种全新的、可选择的实现途径。十月革命以来，资本主义和社会主义两种意识形态和社会制度一直在交互地影响着人类

---

① ［古希腊］柏拉图：《理想国》，郭斌和、张竹明译，133、71页，北京，商务印书馆1986。

② 少有学者注重对西方空想社会主义思潮所体现的"人性观"作深入的分析，这可能与长期以来教条主义地理解西方人性论有关。参见［苏］维·彼·沃尔金等：《论空想社会主义（中、下卷）》，北京，商务印书馆，1980、1982。

③ 空想主义和谐社会论者出于善意的"公共食堂"情结，在事实上忽视乃至剥夺平常家庭中应当有的"家人围坐一团其乐融融"的伦理常情。不管一个社会如何进步，为了"大家"而牺牲"小家"绝不是我们所追求的"和谐社会"的目标。

④ 中西方空想主义和谐社会思潮在历史地位与作用上是不同的。整体而言，中国历史上的空想主义和谐社会理念与自给自足的封建农业社会有着千丝万缕的联系。因此，西汉董仲舒的"新儒学"、南宋朱熹的"理学"、明朝王守仁的"心学"能够融合这些空想主义和谐观并加以改造，以服务于封建特权阶层，并且在历史演进中渗透于中国民众的社会心理结构。而西方空想主义思潮，尤其是16世纪以来的空想社会主义思潮则与西方文艺复兴时期的人文精神和人道主义思潮密不可分。因此，它既可以孕育西方的社会民主主义思潮，又可以成为科学社会主义的主要思想渊源之一。

⑤ 从不同的视角出发，可以归纳出"社会主义和谐社会"的不同特征，如人与自然的和谐理当为社会主义和谐社会的基本特征之一。在此仅从法治精神角度，阐述社会主义和谐社会应当包含的一些基本特征。

文明的发展。西方资本主义日益摆脱自由商品竞争所带来的尖锐社会矛盾,逐渐(或已然)迈向福利国家。那些曾经以高度集权、高度计划为本位的社会主义国家也开始迈向政治经济改革和对外开放的征途。这两股文明形态的相互借鉴、相互渗透,对人类文明向着更美好的生活迈进起着重要的推动作用。进而言之,历史上的空想社会主义者所憧憬的"无阶级、无剥削、人人平等"的和谐社会蓝图,并非可遇而不可求的虚幻目标。不同之处在于,资本主义制度是自发地发展的,而社会主义制度则体现为自觉的发展进程,这是其自身承担的历史使命所决定的。

然而,各国社会经济与人权事业的发展囿于国情、传统、文化等差异,在迈向和谐社会的历史过程中必然会存在着这样或者那样的差异。"一刀切"的模式,将"应然"等同于"实然"或者"目标"与"手段"发生历史的错位(比如简单地用计划经济代替市场经济),只能再次落入乌托邦梦想。正如马克思所言:"权利永远不能超出经济结构以及由经济结构所制约的社会文化发展。"①原始社会的氏族生活是和谐的,但在本质上是落后的、没有发展前途的,它必然会被更为发达的社会形态所突破。新中国成立初期的"战时共产主义"也是不长久的,因为它不符合生产关系必然要适应生产力发展之客观规律。"社会主义和谐社会"既体现为某种当下的生活与实践,又体现为社会主义中国不断追求的目标和理想。将这种范式的和谐社会观视为"某种当下的生活与实践"意味着,我们必须充分挖掘现有的制度资源以解决目前社会、政治、经济和法律实践中存在的各种尖锐矛盾和问题。矛盾推动着社会物质文明、精神文明和制度文明从量变向质变的转变。资本主义社会如此,社会主义社会也是如此。因此,"社会主义和谐社会"又体现为"社会主义中国不断追求的目标和理想"。社会主义中国发展的不同历史阶段,必然会存在质与量方面的差异。也就是说,在本质意义上只有"不断进步、日益和谐"的社会,而没有尽善尽美、绝对的社会主义和谐社会。诚如恩格斯在《费尔巴哈论》(1888年)中指出的,"并没有什么永远确定的、绝对的、神圣的东西……除了无穷的低级进到高级的上升过程之外,没有任何东西是永存的。"正是在此意义上,"社会主义和谐社会"既体现为相对静态的存在,又体现为动态的、辩证的过程。

(二)渗透着以物质文明发展为前提条件的"以人为本"精神

建立社会主义和谐社会的根本目的并非为某个政党、某个集团或者某些阶层的利益服务。它的整个发展过程都是为"人"服务的,为实践主体服务的。它的出发点和归属点都应当是着眼于作为"个体"的人。党的十六届三中全会通过的《中共中央关于完善社会主义市场经济体制若干问题的决定》倡导的科学发展观——"坚持以人为本,树立全面、协调、可持续的发展观,促进经济社会和人的全面发展",体现了经典马克思主义学说中的重要思想,即以物质文明发展为前提条件的"以人为本"精神。这种精神应当渗透到社会主义建设的始终,成为追求社会主义和谐社会的精神动力。

---

① 《马克思恩格斯全集》第19卷,22页,北京,人民出版社,1963。

将中西空想主义和谐思潮与西方自文艺复兴始的主流人文主义思潮相比较，西方的主流形态的人文精神更加注重实现个体的自由、平等、独立和人权。中西空想主义和谐社会观体现为某种压抑个性的整体主义进路。西方的人文主义多从人性出发，强调人的独立性和自由意志；从法律价值角度来看，更注重从法的目的和终极意义来体现人文理念，从而更具价值理性和人文底蕴。西方许多国家目前呈强势状态的社会民主主义思潮，在一定意义上正是抛弃空想社会主义和谐思潮中的整体主义观念，吸收其合理的内核并与西方人文主义相结合的产物。反观中国传统文化，即使是倡导大同世界的和谐社会思潮，注重的也是群体精神和社会整体人格的塑造，缺乏对个体价值的真切关怀。它弘扬的"人"不是作为社会主体的人，而是社会政治工具的人、非个体的人。新中国成立以后接踵而至的公社化、反右倾运动、"文化大革命"等所体现出来的思想渊源，其实既有中国传统封建文化流毒的影响，也离不开空想社会主义尤其是西方空想社会主义和谐思潮中许多观念的影响。中国历史乃至社会主义国家建立后的很长一段时期都是将道德与政治紧密相连；在社会政治制度和经济结构的运行过程中，人们不是遵循某种普遍性的、以权利为主导的法律，而是遵从某位（或某些）体现着道德理想的领袖。历史证明，将国家之安危、民族之振兴、人权之发展寄托于"哲学王"或者"圣人"之上，是非常可怕的，也是没有前途的。各种空想社会主义思潮就其本质而言，是产生不出"以人为本"精神的。其实，马克思主义创始人一向重视人在国家和社会发展中的主体作用。当年，在对黑格尔关于国家与个人之间统一性的论题加以唯物主义改造时，马克思就批判地继承了近代人文思潮，尤其是卢梭和康德自然法思想中突出人的价值与尊严、强调人的权利的精神。他明确指出，"人是人的最高本质"[1]"人的根本就是人本身"[2]。所以，欲使社会主义和谐社会体现为某种"动"与"静"相结合、充满活力与朝气的秩序，那么这种秩序一定是作为有血有肉、有情感有欲望、有理性亦有感性的人的"合力"的实践。在中国当代，唯有将作为"个体"的人从旧有羁绊中逐渐解放出来，方能使社会主义和谐社会真正成为以自然的"人"为本而不是以高度"异化"、人性扭曲的抽象整体的"人"为本的社会。30多年前中国的改革开放正是将作为"个体"的人从整体主义的羁绊中逐渐解放出来的过程。但是，人的解放、个体的解放，必须有必要的、发达的物质基础。缺乏这个物质前提，所谓的和谐社会只可能是"不患寡而患不均"的普遍贫困的社会。邓小平说，"贫困不是社会主义"；同样，和谐社会也不可能建立在贫困的基础之上。

（三）存在能有效衡平或解决社会各种矛盾与冲突的多元机制

良好的衡平与解决纠纷的机制在本质上就是"和谐社会"内在生命力的体现。事实表明，一国在社会转型时期和社会各项制度趋于稳定化的时期，面对的问题和矛盾

---

① 《马克思恩格斯选集》第2卷，88页，北京，人民出版社，1972。
② 《马克思恩格斯选集》第1卷，9页，北京，人民出版社，1972。

在性质和程度上是不尽相同的。基于不同的历史、文化和社会政治传统，即使是同一种政治制度下的不同国家，面对的问题也是共性与个性并存的。因此，在解决问题的进路和制度安排上也会有所不同。

就中国目前的现实状况而言，从理论上来说，"以人为本"的社会主义和谐社会就是全体人民各尽其能、各得其所而又和谐相处的社会，即良性运行和协调发展的社会。从制度层面上说，构建和谐社会，需要从人际关系、资源配置、社会结构，即个人、群体、社会等方面来研究具体的条件和机制。从社会结构以及社会与自然关系的结构层面来说，构建社会主义和谐社会，必须针对我国城乡差距、区域差距、贫富差距较大，农业人口比重较大，对自然生态环境破坏极其严重等特殊国情，构建城乡结构、区域结构、社会阶层结构、就业结构和代际结构以及人与自然结构的和谐。社团组织是联系政府和人民群众的桥梁与纽带，是维护社会稳定的"安全阀"，是政府职能转移的载体。从"以人为本"的视角出发，就是要将作为"个体"的人从整体主义和家长主义的治国模式中解脱出来，充分发挥个体的伦理、道德和社会责任的自觉性、自我选择能力和解决纠纷能力，使本不应该由国家管理和控制的问题还原给"个体"的人或由基于共同信念和目的自发组织起来的社团来解决，从而逐渐实现"大社会、小政府"格局。从垂直社会流动的角度看，和谐社会应该具备两个基本条件——为人们提供更多的上升机会，人们地位的变化应该是公平合理的；从横向社会流动的角度看，鼓励社会流动，推进城镇化进程和户籍改革，是实现我国社会长治久安和社会和谐的基本途径。促进社会公平和正义，是构建社会主义和谐社会的一个重要基础，应当确立保障机制，坚持机会平等、按贡献分配和社会调剂的原则①。

西方当代主流法哲学和政治哲学日益关注弱势群体的保障问题，并将之视为实现社会正义的主要目标之一。罗尔斯写作《正义论》的目的就在于"解决社会所面临的基本问题，特别是协调、有效和稳定这三大难题"。他批驳了功利主义社会政策，即把效率放在第一位，只要能促进社会整体利益，就允许不平等地对待少数人或者牺牲他们的利益。他提出第二大正义原则，即"一切社会、经济的不平等只有在对待所有人，特别是对处于最不利条件下的人来说有利的情况下才是合理的"。② 德沃金在《认真对待权利》中明确提出，对待每一个人的"平等的关怀和平等的尊重"应当成为政府的首要政治道德责任。在《至上的美德：平等的理论与实践》一书里，他进一步论证了社会医疗保障和其他社会福利政策的理论基础和现实意义，认为国家对国民收入的再分配政策及其制度构建的目的在于，保障弱势群体的基本生存权、自由选择权和发展权，避免贫富的过度悬殊，维护一个相对公正、稳定、有序的社会秩序。西方社会尚且已有这样的认识，"以人为本"的社会主义中国更应当主动、自觉地关注社会中的每一个人，尤

---

① http://www.people.com.cn/GB/shehui/1063/3024298.html，2004-12-01。
② 吕世伦：《现代西方法学流派》，76—92页，北京，中国大百科全书出版社，2000。

其是社会中的妇、幼、老、残疾人、农民、在城市中的打工者、下岗职工等事实上的弱势群体。政府应当结合本国经济发展的状况，有的放矢、循序渐进地建立和加强各项社会福利保障制度和弱势群体合法权益的法律救济制度。这既是社会主义的本质所决定的，也是建设社会主义和谐社会的必然要求。

可见，构建社会主义和谐社会的目标涉及社会政治经济文化生活方方面面的诸多矛盾和问题。正是这种复杂性、多样性、交错性决定了解决机制上的多元化。一般而言，依据调整的对象性质和调整的手段而言，主要有包括政治、法律和道德在内的三种调整方式。每种调整方式都在构建社会主义和谐社会中起着重要的、不可替代的作用。每种调整方式所固有的内在的规律及其可能产生的不同社会效果昭示，必须加强对"问题"的研究，树立"问题意识"，而不能仅仅局限于"主义"之争。

（四）存在着以"民主与法治"为制度核心的生机勃勃的政治环境

西方资本主义商品经济的萌芽和发展乃至福利国家的形成，整体而言，是一种自发的过程，其中所产生的许多矛盾和问题是通过对"血与火"的激烈社会革命和残酷的"恶法"的反思和政治斗争而逐步解决的，带有明显的"非主动性"特征，发展过程中的社会道德成本也是巨大的。相对而言，当代民主国家能够在多元话语的对话格局中反思并消解这些矛盾，使社会在相对和谐的环境中求得进步与发展。中国的社会主义改革开放事业就建立于对过去的教训反思的基础上，具有明显的"自觉"意识。中国的国情决定了我们不可能超越市场经济高度发达这道门槛。但是，我们在培育和发展市场经济的过程中，并非不能有意识地通过各种渠道和深化各领域的改革将社会转型过程中所应付出的道德代价降低到最低限度①。社会转型阶段同时也是社会主义初级阶段的必经途径，社会转型时期的长期性决定了社会主义初级阶段的长期性。从宏观上说，在社会转型时期出现的一些重大问题，如三农问题、国有资产流失问题、上访剧增问题、经济体制改革中的"瓶颈"问题、腐败问题等愈演愈烈，无不体现为生产力的不断发展与社会政治上层建筑的滞后性之间的矛盾。解决这个矛盾的主要方式只能是民主与法治。

民主制度是现代政治文明的核心要素之一，也是社会主义和谐社会的真正意义所在。社会矛盾的出现与解决依赖于社会中的每一个有着人格尊严和平等地位的人的积极参与。虽然我国宪法庄严宣告人民当家作主，但人民如何参政、议政，如何实现人民的选举、人民的议决、人民的管理和人民的监督，仍然是我国必须直面的重大问题。言论自由是民主制度的基础和必要前提。没有"百花齐放、百家争鸣"的社会局面，就不可能通过思想交流，在观念的"市场"中找到切合既存问题的解决路径。社会主义和

---

① 大中型国有企业体制的根本性变革是给社会生产力"松绑"的必由之路，但是在改革过程中产生的各种问题和矛盾（如国有资产流失问题），各级政府则不应"睁一只眼，闭一只眼"，这是政府所秉持的政治道德责任所决定的。

谐社会存在一种主流意识形态、一种主流的指导思想，但是，在一个信息技术高度发达、客观上已处于利益多元化状态下的社会格局中，如果这种主流指导思想或者意识形态不能采取与时俱进、兼容吸纳的科学态度，那么建设社会主义和谐社会的目标只能陷入空想之中。

言论自由、利益多元、民主勃兴等社会现象的出现，必然会带来新的问题、新的冲突。世间没有哪种事物存在着绝对的"善"①。"有利必有弊"的客观存在昭示我们，没有一套稳定的、具有普遍约束力的、不依领导者个人意志为转移的规则来协调、处理这些矛盾，是行不通的。这套规则在观念上和实践中体现为"以保障人权为核心，以合理和公正地确定人与人之间、人与国家之间的权利义务关系为内容，以独立的司法制度为最终救济手段、以'以人为本'为终极价值追求"的依法治国的理念和制度。

西方许多国家之所以能从阶级矛盾激烈的自由资本主义阶段相对平稳地过渡到福利国家阶段，其中的一个重要原因是存在着能够协调各集团、各阶层利益冲突与对立的政治与法律机制和以思想表达自由为基石的民主对话机制。不可否认，这些机制的产生是资本主义经济发展客观要求的产物，也是广大民众通过革命或和平的方式不断争取来的结果。然而，社会主义建设在本质上是广大人民群众自己的事业，它能够激发社会成员的自觉性和创造性。新中国成立之初的第一个五年计划所取得的成果就是一个很好的证明，而中国的第一部宪法正是这种成功的经验在制度上的体现。可惜的是，随后的近20年我们偏离了这个轨道，已有的良好制度被打破，"百家争鸣"的局面被压制，各个领域充斥的是一轮又一轮的阶级斗争和路线斗争。客观地说，这是与当时的计划经济体制相一致的。今天，在社会物质生活状况和人们的精神状况已有新的飞跃、国际大背景也发生了重大变化的情势下，欲构建社会主义和谐社会，就必须充分发挥法治在衡平矛盾、解决纠纷、保障社会稳定与发展方面的重要作用。实行法治，就是要将社会政治经济生活的重要方面纳入到法律所调整的轨道上来，使多元的利益诉求、形形色色的权利主张，通过法言法语的方式，遵循法定的程序，由相对中立的机构（如法院、仲裁机构）予以解决。中国近年来建立的法律援助制度，就体现了对弱势群体的"权利"关怀。但是从制度学意义上来看，则意味着将中国社会中大量存在的这类矛盾纳入到法律程序轨道中来，由专门机构使用普遍性规则予以解决。然而，上访人数和次数的剧增，尤其是越级上访的趋势愈演愈烈，又凸现了中国目前制度建设中的诸多缺陷。如行政机关滥用公权力的历史惯性，信访制度严重滞后，司法机关缺乏公信力和权威性，各级人民代表大会在表达民意和监督各级政府部门依法行政等方面缺乏制度性保障和主流政治意识形态的强力支撑，执政党依法执政能力欠缺（尤

---

① "国家安全"研究专家巴瑞·布赞教授亦有类似观点："言论自由是民主的必备要件，但言论自由同时也为反民主的鼓吹者提供了通行证。"参见 Brry, *People*, *State and Fear*, 2ed, Harvestre Wheatsheaf, 1991.

其是对党政干部腐败之风的遏制乏力）等①。这些社会政治制度上的缺陷不能很好地解决，"建设社会主义和谐社会"的目标就会沦为"雷声大雨点小"的运动式口号。正是在此意义上，我们应当不折不扣地致力于党在十五大中提出的"建设社会主义法治国家"的宏伟目标的实现，在各项制度建设中体现以普遍人性为本、以个体为本、以自由为本、以权利为本的价值理念②。因为不管是民主、法治或者宪政制度在本质上都是一种手段，一种"以人为终极性目的"的手段。只有目的与手段的历史与逻辑的统一，才能真正实现社会的和谐，并将这种和谐不断地推向更高的水平。

三、弘扬以人为本的社会主义法治精神

法治的出发点和最终目的都必须立足于关怀人自身。重构"以人为本"的社会主义法治精神，既是当代我国法治建设之需要，也是社会主义和谐社会自身性质所决定的。当下亟待重构"以人为本"的法治观念、立法精神和执法司法理念。

（一）"以人为本"的法治观念

适应社会主义和谐社会需要的"以人为本"的法治观念的内涵很广泛，在此仅强调以下三个方面：第一，"以人为本"的秩序观念。秩序与和谐之间有着紧密的关联——秩序往往意味着起码的和谐，和谐也总是有秩序的和谐。社会秩序是人类社会生存与发展的基本条件。只有在有序的社会里，生产力才能顺利地发展，精神文明才能更快地进步。西方中世纪的神学主义者奥古斯丁也承认："无论天国还是地上之国，也无论社会还是个人，一个共同的目标是追求和平与秩序，以便获得社会和个人的心灵安宁，法律正是维护和平和秩序的必要工具。"③秩序是法律产生的初始动因和直接的价值追求。

在现代法治社会中，秩序的维持应着眼于作为个体的"人"的不断解放与全面发展，而不是为某个（某些）阶层、政党、团体的既得利益服务，否则这样的秩序只能是一种家长主义、权威主义或者极权主义的秩序。就中国而言，在社会主义发展的不同历史阶段可能存在着破坏或者颠覆秩序的不同因素。但是，在维护社会法律秩序方面，应当遵循"依法惩治秩序破坏者与尊重其基本人权并重、保障秩序与弘扬人的自由相

---

① 由中国社会科学院提交的一份题为《信访的制度性缺失及其政治后果》的调查报告，引起了高层重视。报告认为，信访制度已经到了非改不可的地步。调查显示，实际上通过上访解决的问题只有2‰，而92.5%是为了"让中央知道情况"，88.5%是为了"给地方政府施加压力"。另据官方统计，中国去年全年信访超过1000万件。国家信访局局长周占顺在去年接受《半月谈》采访时也坦陈：信访活动目前相对活跃，自1993年群众来信来访总量开始回升以来，信访数量上升现象已持续十年。参见赵凌：《中国信访制度实行50多年，走到制度变迁关口》，载《南方周末》。

② 吕世伦、蔡宝刚：《"以人为本"的法哲学思考——马克思的理论阐释》，载《法学家》，2004（6），43—49页。

③ 王哲：《西方政治法律学说史》，66页，北京，北京大学出版社，1988。

统一"的"以人为本"的原则。只有这样的法律秩序,才能真正为社会主义和谐社会的形成奠定牢固的、生机勃勃的基础。

第二,"个人权利"的观念。"以人为本"的发展观,客观上要求对个人的权利观念予以特别的关注和培育,因为法治常态下的社会主义和谐社会需要的不仅仅是一系列良法,更要有能够正确理解法的精神的人文基础和权利观念。公民对法治精神的理解并内化于日常行为和思考之中,对于法治建设和社会的和谐秩序具有关键性的意义。个人权利意识包括公民个体对自身及他人权利的认知;强调个人权利的目的主要针对的是"义务""权力"以及集体权利而言的优先性。法治观念之所以在中国难以形成固然存在着多方面的因素,但是个人权利观念的薄弱无疑是不可忽视的主要原因之一。在一个强调集体本位、国家本位的政治环境和文化传统中,个人无法真正复归自我,为个人权利而斗争的观念难以形成。事实证明,法治状态的形成在一定意义上正是源于社会中的各个个体为争取个人合法的权益而不懈斗争的合力。在中国社会,为了使自己的权利或他人的权利得以维护而在司法救济和政治救济的漫漫长路上的求索者,正是中国"依法治国"方略得以实现、"社会主义和谐社会"得以形成的社会脊梁①。

第三,"主体性"的观念。在法治社会中,人首先要认识自己是有着独立的人格尊严的人,是主体的存在;同时,尊重他人作为人的这种主体性。日本著名法学家川岛武宜指出,"近代法意识的最根本的基础因素是主体性的意识"。其内容包括:"第一,人要认识自己作为人的价值,是有独立价值的存在,是不隶属于任何人的独立存在者;第二,这种意识在社会范围内,同时是'社会性'的存在,大家互相将他人也作为这种主体人来意识并尊重其主体性。"②公民的主体意识表现在政治经济领域,就是对政治生活、经济生活的广泛参与。在很大程度上,正是公民参与意识的提高,才奠定了现代法治国家"以限定政府权力、保护公民权利"为宗旨的宪政基础。"在所有国家,政府不过是人民教养程度的另外一种表现而已。"(马克思语)该论断的意蕴是,公民通过参与国家政治而获得的体验和积累,有利于提高公民的宪政素养;而法治国家又需要通过广大公民的各种参与,达到其成员的心理认同,维持政治系统的良性运作。正是在此意义上,"最大多数人的利益和全社会全民族的积极性创造性,对党和国家事业的发展始终是具有决定性的因素……把一切积极因素充分调动和凝聚起来,至关紧要。"③可见,社会主义和谐社会应当是弘扬公民主体意识、使之成为公民内心诉求并见诸实践的社会。

---

① 例如,《讨薪农妇熊德明为民工维权续:相信总理会支持》,载《重庆时报》,2004 年 11 月 29 日;河南宜阳农民王幸福自费秘密调查 230 起暴力征税事件(75 名群众被打伤),无一例是真正抗税的"钉子户",参见孟亮《秘密调查显示 230 起暴力征税无一农民真抗税》,凤凰网 2004 年 7 月 1 日;央视国际"新闻会客厅"栏目:"刺儿头警察"办维权网站,专和政府"过不去"》,2004 年 7 月 1 日;邵道生:《嘉禾拆迁与权力性暴力》,人民网 2004 年 5 月 25 日;王幼华:《孙志刚案写入〈广州年鉴〉属罕见编入历史个案》,人民网 2004 年 10 月 23 日。

② [日]川岛武宜:《现代化与法》,王志安等译,53 页,北京,中国政法大学出版社,1994。

③ 江泽民:《全面建设小康社会,开创中国特色社会主义事业新局面》,人民日报,2002 – 11 – 8。

(二)"以人为本"的立法精神

社会主义法治的实现与和谐社会的形成需要良法,而"以人为本"的人文精神是良法的精神和价值取向所在。只有这样的法律才能保障和促进人的自由、体现人的尊严、实现人的价值并获得公众的情感认同,才能将客观的行为标准转化为人们主观行为的模式,从而获得社会大众的崇信和自觉遵循。

目前中国的立法应当着眼于尊重人的自由与正当权益。中国正在大力深化社会主义经济体制改革并逐步推行政治体制改革,如何在通过立法保障公民经济自由的同时,又逐渐扩大并保障公民的政治自由是摆在我们面前的重大课题,也是执政党在执政能力上所面临的最大挑战[1]。中国到目前为止,已签署或加入了 22 个国际公约。其中的《经济、社会和文化权利国际公约》和《公民权利和政治权利国际公约》都明确规定:"对人类家庭所有成员的固有尊严及其平等的、不可移转的权利的承认,乃是世界自由、正义与和平的基础。""国家尊重和保障人权"先后出现在中共的"十五大""十六大"报告中,并于 2004 年载入宪法修正案中。与此同时,宪法还正式赋予合法的私有财产以和公有财产同等的保障地位。2003 年《行政许可法》的制定与实施的宗旨是更好地保证行政相对人的权利和利益,避免行政权的滥用。《治安管理处罚法》在制度上更加完备、更加具有现实针对性,与此同时也进一步严格规范了公安机关实施治安管理处罚的执法行为和执法程序,尊重和保障人权、防止警察滥用职权[2]。新中国第一部《物权法》于 2007 年通过。物权法草案明确规定私有财产权是公民的基本权利,其宗旨在于构建完善的私有财产保护法律制度,依法保护私有财产,最终促使一切创造社会财富的源泉充分涌流。2004 年 11 月 14 日《最高人民法院关于人民法院民事执行中查封、扣押、冻结财产的规定》向社会公布,并于 2005 年 1 月 1 日正式施行,尊重和保障人权成为法院执行的一项基本原则。2012 年新《中华人民共和国刑事诉讼法》通过,突出保障人权精神,赢得社会的普遍支持。所有这些变化都意味着国家立法和针对法律适用的司法解释正在实现由"政府本位"立法向"个人本位"立法、由"义务本位"立法向"权利本位"立法的转型。这标志着国家权力的运作、执政党的执政理念正朝着"信守国际人权公约""以人为本"和构建社会主义和谐社会方向迈进。另外必须指出的是,在一个"权利话语"多元的时代,"以多数者至上"为表决原则的立法机关应当倾听

---

① 在中国语境下也是一个执政党的执政安全课题。参见徐晨光:《执政党执政安全研究》,北京,红旗出版社,2003。笔者认为,从民主政治建设视角来看,也涉及一个党内民主与党外民主的问题。中共中央在 2004 年颁布的《中国共产党党员权利保障条例》可视为执政理念上的重大转变。一般而言,在中国传统话语中"权利"属于纯粹的法言法语。在党的重要文件中突出"权利"一词,具有不同寻常的重要意义。条例强调,坚持在党的纪律面前人人平等,不允许任何党员享有特权;坚持权利与义务相统一;党员应当正确行使党章规定的各项权利,并在宪法和法律的范围内活动,同时必须履行党章规定的义务,不得侵犯其他党员的权利。究其实,这就是一种"以人为本"的法治观念的体现。当然,"徒法不足以自行",实然状态下的制度保障是第一要义。

② 参见《治安管理处罚制度将"变脸",草案首次提请审议》,新华网,2004 年 10 月 22 日。

来自不同利益阶层的声音,通过各种对话途径给予不同的利益诉求以表达的机会,否则所立之法也难以真正体现"以人为本"的精神①。

(三)"以人为本"的执法和司法理念

近年来国家执法机关在执法工作中取得的成效有目共睹,但执法中仍存在许多问题。上访问题的严重性日益凸现无不与地方政府"违法拆迁"大搞形象工程,为了"净化"市容而在对行政相对人无正当救济保障的前提下肆意武断执法和野蛮执法,执法"应作为"而"不作为",执法权力寻租,滥用刑事强制措施,蔑视犯罪嫌疑人的合法权益,行政执法重实体轻程序等问题密不可分。这说明,"以人为本"的执法理念欲在行动中得以体现,仍然任重道远。

司法权是化解社会纠纷和平息社会矛盾的一道重要关口。如果在任何一个国家,行政权的滥用本质上难以避免,最终的救济渠道——司法救济不能担当起"纠枉扶正"、尊重人权、保障人权、"弘扬社会正义"之职责,那么矛盾、冲突和不和谐的因素将很难应对。这些缘于社会经济生活中的问题和矛盾,在法治社会中本应通过法定的程序由司法机关作出权威性的判定,以维护社会正常秩序。但是,司法实践中存在的腐败现象,行政机关横加干预现象,司法与行政职能混同错位的尴尬局面,以及淤积愈多的裁判文书"执行难"的现象等,使得本应解决的矛盾和冲突冲破了司法救济这道安全防线,而延伸至政治领域并成为不折不扣地、影响社会稳定与和谐的"政治问题"。而政治救济手段所固有的随意性、非常态性、非程序性、易受社会舆论影响的不确定性,以及中国传统的盼望"清官为民作主"的崇拜权威的"人治"情结,更使得矛盾愈演愈烈:中央政府疲于应付,而各级基层政府则花大力气做"防漏堵塞"的工作。这种恶性循环局面的产生纵然有多种原因,但是缺乏一个建立在"以人为本"的执法理念下的整体与部分相互协调、相互独立与监督、运行有序和稳定的法律制度构架,则是问题症结之所在。

如果说先前提出的"效率优先,兼顾公平"是特定阶段的社会经济方针,那么"公正优先、保障人权"的社会和谐发展和"以司法正义为本位"的司法审判则应当成为法律适用过程中的核心理念。社会主义法治国家的建立和社会主义和谐社会的形成是社会各成员"合力"的结果。体制欲变,旧体制中的人的观念和行为模式首先得变。这里的"人"既包括立法者、政府官员、法官、执政党成员,也包括参与社会实践的所有其他角色。行政执法相对人和司法审判的当事人之"权利意识""主体意识""尊严意识"的缺乏,执法和司法理念的真正转变并"生根发芽"是不可能的。正是在此意义上,"以人为本"的法治精神的"启蒙"是一个不竭的永恒过程;启蒙的对象也必然包括被启蒙者和启蒙者本身,否则又会落入空想主义和谐社会思潮所构建的整体主义的藩篱。

美国当代杰出法官伦尼德·汉德说:"'自由'存在于男人和女人的心里。内心的

---

① 高中:《后现代法学与批判法学关于"权利话语"论争的启示》,载《法治论丛》,2005(1),43—54页。

自由枯竭殆尽,任何宪法、法律或法庭都将无法挽救它。内心中的'自由'依在,那么,它将不需要任何法律、宪法、法庭来挽救它、扶持它。如果人民选择了某条不归路,没有什么宪法、法律或法院能真正挽救自由权利的丧失。"①归根结底地说,"以人为本"乃是本于人心,"和谐社会"源于人心的和谐。"人同此心,心同此理",才是建设"以人为本"的社会主义和谐社会的可靠保证。

第二节 以人为本的法哲学思考:马克思的理论阐释

人们以往对马克思法哲学思想的研究,主要注重于经济基础决定法律上层建筑的本体论方面,而相对忽视了马克思法哲学思想中的另一重要内容即法价值论方面的探求②,造成了如博登海默所说的"法律似乎是经济作用的结果而不具有任何独立性"③的片面理解。随着我国科学发展观的提出,加大对马克思法价值论的研究并指导我国的法治建设显得尤为必要和重要。笔者认为马克思法价值观的思想主旨是"以人为本","人"是法律发展和法治建设的出发点和依归点。马克思以人为本的法哲学思想主要体现在以下几方面。

一、以人性为本

任何人都无法否认人性的存在。在人性问题上的不同认识导致了不同法律学说的产生和发展,并对法律的发展形成重大的影响作用。正如休谟所说:"一切科学对于人性总是或多或少地有些联系,任何科学不论似乎与人性离得多远,它们总是通过这样或那样的途径回到人性。"④马克思之前思想家的关于人性的一般观点无非是人性善和人性恶的两个极端,而且几乎都是建立在抽象的玄虚论的基础上的。马克思也不回避对人性问题的研究和重视,只是将人性问题的考察融入历史唯物主义的科学体系中。马克思的历史唯物主义法律观中始终注重对人的关注和以人为法律发展的出发

---

① L. Hand, *The Spirit of Liberty: Papers and Addresses of Learned Hand*. Irving Dilliarded. ,3d ed. 1960, pp. 189—190.

② "传统哲学解释框架由于仅仅只是关注马克思社会历史观的一个侧面,即历史唯物主义的基础性原则,而极大地忽略了马克思同样十分重视的研究社会历史过程的主导因素的历史辩证法的向度这一深层理论逻辑。历史辩证法不是抽象的历史过程中的客体辩证法的矛盾运动,而是立足于人类主体的现实具体的历史地位的实践辩证法。……不能科学地理解马克思科学历史观中这两种不同理论逻辑视角的辩证关系,是导致错误地理解马克思科学历史观本质的关键。"张一兵:《马克思历史辩证法的主体向度》(自序),12 页,南京,南京大学出版社,2002。

③ [美]E.博登海默:《法理学——法哲学及其方法》,邓正来、姬敬武译,93 页,北京,华夏出版社,1987。

④ [英]休谟:《人性论》(上册),6 页,北京,商务印书馆,1980。

点和归宿点，认为"创造这一切、拥有这一切并为这一切而斗争的，不是'历史'，而正是人，现实的、活生生的人。'历史并不是把人当作达到自己目的的工具来利用的某种特殊的人格。历史不过是追求着自己的目的的人的活动而已'。"①尽管人的个性复杂多变，但仍然存在着共同性的方面，即人的共同本质或类本质，人要生存就必须坚持人的类本质，否弃人的类本质人就无法存在。因此可以说，"在许多曾经风靡一时的理论昙花一现并都成了历史的匆匆过客的情况下，是什么使得马克思主义保持了生命的旺盛和永驻的？我们认为，马克思主义说到底是一种关于人的学说，它表现了对人的生存境况的深层关切和终极眷注。"②

马克思不是抽象和简单地谈论人性的善还是恶，而是对人性进行客观和辩证的分析，认为人性是历史文化的产物，人性是十分复杂和变化发展的，尤其是充分揭示了人性是自然性和社会性相互交织的复合体。人首先直接地是自然存在物，"而且作为有生命的自然存在物"③，人与其他动物一样，"为了生活，首先就需要衣、食、住以及其他东西"④，因此人具有自私性、野蛮性、排他性、放纵性等兽性或恶性的一面。由于人具有这些自然属性，人就必须首先满足自己的物质生活的需要，但人不可能像普通动物那样弱肉强食，如果人的恶性的一面得不到控制，人类就会在相互争斗中毁灭。因此如何满足自己的需要就有一个正当性的问题。这就需要一定相互遵守的规则，将人的需要及其获得手段和途径控制在秩序的状态下。而法律正是这些规则中的佼佼者，或者说人类设计法律的动机和目的首先就是为了更好地满足人对物质生活条件的需要。任何法律必须首先是以人的物质需要为本，赋予人对物质财富的所有权是法律的首要准则。但作为人的根本属性是社会性，人是在一定的社会关系中满足自身的需要的，这是人与其他动物的根本区别，"人的本质并不是单个人所固有的抽象物。在其现实性上，它是一切社会关系的总和"⑤。人们之间在生产生活中所产生各种社会关系，既可能是合作、交换的良性互助关系，也可能是冲突、矛盾的恶性对立关系。

因此，法律应是人类满足自身需要和建立良好社会关系的重要规则。"如果没有这种规则性，我们就会生活在一个疯狂混乱的世界里，我们会被反复无常、完全失控的命运折腾得翻来覆去，似同木偶一般。"⑥法律的价值应该是以人的这种自然性和社会性为本，既考虑控制人的本性中的恶性，也注重发扬人的本性中的善性，使得人类在有序和谐的状态下生存。正如邓小平所说："制度好可以使坏人无法任意横行，制度不好

① 《马克思恩格斯全集》第2卷，118—119页，北京，人民出版社，1957。
② 陶渝苏、徐圻：《人的解读与重塑——马克思学说与东西方文化》，41页，重庆，重庆出版社，2002。
③ 《马克思恩格斯全集》第42卷，167页，北京，人民出版社，1979。
④ 《马克思恩格斯全集》第3卷，31页，北京，人民出版社，1960。
⑤ 《马克思恩格斯全集》第3卷，7页，北京，人民出版社，1960。
⑥ ［美］E.博登海默：《法理学——法哲学及其方法》，邓正来、姬敬武译，209页，北京，华夏出版社，1987。

可以使好人无法充分做好事,甚至会走向反面。"①马克思作为一位理想主义者,他是宁可相信人性是善良的,但这种性善存在于应然的理想王国之中;可人的现实性却背离了"应然本质",人们必须通过自己的历史活动去扬弃其现实存在,使之朝着理想本性复归。虽然阶段社会中的法具有阶段性,但是法作为人类文明发展的产物,法还具有普遍性和社会性,阶级本质与人的类本质最终应该统一。随着人类社会的不断进步和发展,法的阶级性应该逐步退缩,法一定要越来越体现人的类本质,未来社会的法应该是越来越体现人的类本性的良法。由于人的自然性,社会性的本性中蕴涵对利益、自由、权利甚至是爱的需要,法应该是满足最大多数人的最大限度的这些出自于人的本性的需求。在现代社会的法治建设中尤其应关注和尊重人性的因素,以人的本性作为法治的基础。"认真看待法治的人性论基础,对法治的性质及其建构才能有更深入的把握"②,轻视和忽视人的本性便会违背了法的初衷,关注和重视人的本性是法的目的。

二、以自由为本

自由是人的本性中一个十分重要的组成部分,"人的类特征恰恰就是自由和自觉的活动。……有意识的生命活动把人同动物的生命活动直接区别开来。"③人具有其他动物所不具备的主观能动性。人的意识是客观世界的产物,同样也可以通过对客观世界规律的把握来反作用于客观世界。"马克思的科学历史观应该有两个重要的逻辑层面:既科学地说明了人类主体的能动性和主导地位,又坚持了社会历史发展的一般物质生产基础和客观必然性,是历史地肯定人类主体作用的历史辩证法与坚持从现实物质生产出发的历史唯物主义的完整统一。"④

马克思反对那种不受限制的绝对自由,坚持自由是对必然性的认识的基本观点。"这个自由王国只有在建立在必然王国的基础上才能繁荣起来。"⑤经济领域的自由是人们对经济规律的正确认识的基础上形成的,人们必须尊重经济领域的客观经济规律才能获得经济活动的自由。他指出:"流通中发展起来的交换价值过程中,不但尊重自由和平等,而且自由和平等是它的产物;它是自由和平等的现实基础。作为纯粹的观念,自由和平等是交换价值过程的各种要素的意志理想化的表现;作为法律的、政治的和社会的关系发展了的东西,自由和平等不过是另一次方的生产而已。"⑥人们通过长期的商品经济的交往活动,商品生产者逐渐地认识和掌握了经济领域的基本规律,从

① 《邓小平文选》第 2 卷,333 页,北京,人民出版社,1994。
② 叶传星:《论法治的人性基础》,载《天津社会科学》,1997(2)。
③ 《马克思恩格斯全集》第 42 卷,96 页,北京,人民出版社,1979。
④ 张一兵:《马克思历史辩证法的主体向度》,序言,2 页,南京大学出版社,2002。
⑤ 《马克思恩格斯全集》第 25 卷,926—927 页,北京,人民出版社,1974。
⑥ 《马克思恩格斯全集》第 46 卷(下册),477 页,北京,人民出版社,1980。

而可能获得商品流通领域的自由,商品生产者能够按照自己的自由意志进行活动。对商品经济的交换活动来说,要使商品的交换成为可能就必须在商品所有者自愿的基础上得以进行。对商品的买者和卖者来说,从表面上看只取决于自由的自由意志,即买卖双方是完全自由的,没有谁强迫你买,也没有谁强迫你卖,你可以买也可以卖,通过商品生产者的自由交换,各自的需要得到了满足。"每个主体都作为全过程的最终目的,作为支配一切的主体而从交换行为本身中返回到自身。因而就实现了主体的完全自由。"①由于社会主体在商品经济活动中享有充分的自由,可以进行自由地表达自己的意思,谁都不能通过暴力强行占有他人的财产,经济主体的商品交换的行为是建立在价值规律的基础上,以生产商品的社会必要劳动时间所决定的价值量为标准,以等价交换为原则进行的。也就是说,人的自由是商品经济发展的需要,是不以人的意志为转移的必然产物。

在商品经济社会中,这种自由是通过法律所确定的契约形式所保障的,通过体现自己自由意志的契约形式从事经济活动。"他们起初在交换行为中作为这样的人相对立:互相承认对方是所有者,是指自己的意志渗透到自己的商品中去的人,并且只是按照他们共同的意志,就是说实质上是以契约为媒介,通过互相转让而互相占有。这里边已有人的法律因素以及其中包含的自由因素。"②从自然经济到商品经济的过渡,伴随着由身份到契约的发展,"在契约关系中,当事人以充分认识到自己得到独立存在及其价值,对自己的行为在不受外来干涉的条件下加以选择,懂得这种选择的内容和意义。为了进行商品交换,交换主体在交换行为中必须默默地彼此当作被让渡物的所有者。"③因此,只有法律保护下通过契约的形式,才能最终保证自由的实现,马克思说:"自由就是从事一切对别人没有害处的活动的权利。每个人所能进行的对别人没有害处的活动的界限是由法律规定的,正像地界是由界标确定的一样。"④所以,法律并不是限制个人自由,只是指导人们沿着正确的方向在允许的范围内去追求自由,离开这种指导,势必使个人之间相互冲突,互相妨碍自由,最终丧失自由。市民社会中的商品经济活动是以牟利为目的的,每个人都以自己利益的最大化的营利活动为目标,所以必然产生矛盾和冲突,这就需要在人们之间建立一定的法律上的契约关系,来对人们的行为进行限制,使得人们在行使自己自由权利的同时并不危害他人的自由,从而真正实现自由交往的目的,促进商品经济活动的顺利进行。

因此,马克思始终将自由作为法的重要价值目标,限制人们自由的资本主义法是一种恶法。在马克思看来,凡是反映自由的法律才是真正的法律,否定自由的法律是专制的法律,是形式上的法律。马克思认为:"法律不是压制自由的手段,正如重力定

① 《马克思恩格斯全集》第46卷(下册),473页,北京,人民出版社,1980。
② 《马克思恩格斯全集》第46卷(下册),472页,北京,人民出版社,1980。
③ 公丕祥:《权利现象的逻辑》,366—367页,济南,山东人民出版社,2002。
④ 《马克思恩格斯全集》第1卷,438页,北京,人民出版社,1956。

律不是阻止运动的手段一样""恰恰相反,法律是肯定的、明确的、普遍的规范,在这些规范中自由的存在具有普遍的、理论的、不取决于个别人的任性的性质"①。真正的法律应是对人们自由的普遍维护,"法典就是人民自由的圣经"②。因此,自由观念是商品交换的基本要求,自由是重要的法权观念,也是良法所追求的重要价值。未来社会中的人们应该享受着充分的自由,人们"不仅摆脱了人的依赖性,也摆脱了物的依赖性,社会生活'表现为自由结合、自觉活动并控制自己的社会活动的人们的产物'。它根除了那种表现为与个人隔离的虚幻共同体的传统权力,建立起尊重人的价值,维护人的尊严、确认人个性的价值机制。这是'人类社会主义结构',是'一个自由人的联合体'"③。只有在共产主义社会中,才能反映自由扩展到亿万劳动人民手中,社会生活"表现为自由结合、自觉活动并且控制自己的社会活动的人们的产物"④。因此,法律以人的自由为本是社会发展的必然要求和趋势,也是法律发展的必然归属。

三、以权利为本

权利是法哲学中的核心问题,权利是法的本体,法即权利。利益和自由的实现必须转化为法律上的权利。马克思对权利问题的考察不是停留在逻辑的推理和抽象的设定上,而是围绕着经济发展与人的权利之间的内在逻辑联系,展示了一幅人类随着社会经济关系的发展而体现出来的权利演进历程的整体与宏观图景。马克思指出:"人的依赖关系(起初完全是自然发生的),是最初的社会形态。在这种状态下,人的生产能力只是在狭窄的范围内和孤立的地点上发展着。以物的依赖性为基础的人的独立性,是第二大形态。在这种状态下,才形成普遍的社会物质交换、全面的关系、多方面的需求以及全面的能力体系。建立在个人全面发展和他们共同的社会生产能力成为他们的社会财富这一基础上的自由个性,是第三阶段。第二阶段要为第三阶段创造条件。"⑤马克思对人类权利现象发展规律的揭示,是建立在对其所赖以存在的社会经济基础的科学分析的基石上的。

在原始社会,由于生产力水平的极端低下,刚从动物分化出来的原始人还只是一种自然成长的结构,可以说,那时人在一切本质方面是和动物一样是不自由的,更没有什么权利可言,人处处受到大自然的摆布,人的行为方式带有自然的必然性,人在自然的必然性面前几乎是无能为力的,人的生活都在依赖大自然的恩赐。但随着原始社会生产力水平的提高,逐步地创造了人奴役人的物质条件,越来越多的战俘和无力清偿

---

① 《马克思恩格斯全集》第 1 卷,71 页,北京,人民出版社,1956。
② 《马克思恩格斯全集》第 1 卷,71 页,北京,人民出版社,1956。
③ 公丕祥:《马克思法哲学思想述论》,159—160 页,郑州,河南人民出版社,1992。
④ 《马克思恩格斯全集》第 49 卷,195 页,北京,人民出版社,1982。
⑤ 《马克思恩格斯全集》第 46 卷(上),104 页,北京,人民出版社,1979。

债务的人沦为奴隶,人类社会从此步入了奴隶社会。奴隶社会中的奴隶在经济上、政治上是没有任何权利的,只不过是当作与其他牲畜一样的"会说话的工具",是商品交换的客体而非主体,奴隶主对奴隶拥有生杀予夺的大权,奴隶是完全依赖于奴隶主而几乎无任何权利。到了封建社会,生产者的自由权利有了一定的进步,地主阶级占有生产资料和半占有生产者——农奴,统治者不能随意地处置农奴,有时农奴也可以成为法律关系的主体,有些农奴还可以拥有自己的小块土地,并可进行简单的商品交换。"封建时代的所有制的主要形式,一方面是地产和束缚于地产上的农奴劳动,另一方面是拥有少量资本并支配着帮工劳动的自身劳动。"①但总体来看封建社会是充满人身依附和等级特权的社会,生产者的权利范围还十分有限,尤其是黑暗的欧洲中世纪,"我们看到的,不再是一个独立的人了,人都是互相依赖的:农奴和领主、陪臣和诸侯、俗人和牧师。物质生产的社会关系以及建立在这种生产的基础上的生活领域,都是以人身依附为特征的。"②总之,在前资本主义社会,虽然存在一定的商品交换活动和商品交换关系,但只是个别的、附带的地域性的,并未触及整个社会生活,因此,人与人之间的关系"只是以自然血缘关系和统治服从关系为基础的地方性联系"③,因而个人的自由和权利是很有限的。

　　到了"以物的依赖关系"为基础的资本主义社会,商品经济得以充分发展,商品交换频繁和大范围地进行,市民社会成员作为经济活动的主体的地位和力量不断壮大,成为经济活动的主宰,从而不断摆脱政治国家的控制而逐渐成为一支独立的阶级;人与人的关系最充分地体现于最普遍的商品交换的物化形态,人们在物与物的相互交换中发生关系。"资本主义发达的交换制度,事实上打破了人的依赖纽带、血统差别、教育差别,各个人看起来似乎是独立地自由地互相接触并进行自由地互相交换。资本主义社会把人与人之间的关系变成了金钱关系、交换关系,人与人的关系通过这种人与物的关系表现出来,表现为生产关系和交换关系的纯粹产物。"④与前资本主义的封建等级关系制约下的人的依赖关系相比,人的独立性和自由度有了很大的发展,他们不再被束缚在土地上或者依附于他人。"生产者可以自由地出卖自己的劳动力,工人有出卖或不出卖自己的劳动力的自由,也有出卖给这个资本家或那个资本家的自由。"⑤在劳动力市场上,工人和资本家的地位在形式上是平等的。在商品交换的过程中,体现着自由和平等的交换法则,每个人都可以按照价值规律的要求自由表达自己的意志,谁都不能用暴力的手段占有他人的商品,人们通过物的交换为媒介,把社会成

　　① 《马克思恩格斯全集》第 3 卷,28 页,北京,人民出版社,1960。
　　② 《马克思恩格斯全集》第 23 卷,94 页,北京,人民出版社,1972。
　　③ 《马克思恩格斯全集》第 46 卷(上),108 页,北京,人民出版社,1979。
　　④ 李光灿、吕世伦主编:《马克思、恩格斯法律思想史》,500 页,法律出版社,2001。
　　⑤ 吕世伦、彭汉英:《略论法治的经济起点》,载《法制现代化研究》(第 2 卷),9 页,南京,南京师范大学出版社,1996。

员在社会的范围内结合起来,从而摆脱了人的依赖关系而受物的关系的支配。"这种强制关系并不是建立在任何人身统治关系和人身依赖关系之上的,而是单纯从不同经济职能中产生出来的。"①这无疑是一种权利的扩展和历史的进步,起码"形式变得比较自由了"②。正如马克思所总结的那样,"美好和伟大之处,正是建立在这种自发的、不以个人的知识和意志为转移的、恰恰以个人互相独立和毫不相干为前提的联系即物质的精神的新陈代谢上。毫无疑问,这种物的联系比单个人之间没有联系要好,或者比只是以自然血缘关系和统治服从关系为基础的地方性联系要好。"③当然,这种资本主义商品经济社会条件下的自由权利主要是形式上的,而且正是这种形式上的自由和平等掩盖了资本主义社会人们在实质上的不自由和不平等。这也就是人们在财产上的不平等,财产上的差异和悬殊决定了人们在社会现实生活中不可能有真正的自由和平等可言。

只有到了未来的共产主义社会,这种自由和平等才能真正得以实现,"建立在个人全面发展和他们共同的社会生产能力成为他们的社会财富这一基础上的自由个性。"④在共产主义社会中,"代替那存在着各种阶级以及阶级对立的资产阶级旧社会的,将是一个以各个人自由发展为一切人自由发展的条件的联合体。"⑤在共产主义社会中,生产力得到了极大提高,社会物质产品和精神产品极大丰富,劳动成了人们乐生的手段,产品实行"各尽所能,按需分配"的原则。人们生活在这样的社会中享受着充分的自由、拥有十分广泛的权利。

总之,马克思在分析权利的形成和发展时,认为权利观念的形成和法律对人们权利的保护是商品经济发展的必然产物。商品交换活动是商品经济社会基本的经济活动。随着商品交换的不断重复进行,人们逐渐按照一定的规则意识进行交易活动;这种人的意志关系的"法律因素"渗透进商品中逐渐成为商品交换者行为的规范。因此,马克思认为所有权最初表现为对公有财产中一部分的"观念上的要求权"⑥。仅仅是有意识地把生产条件看作是自己所有这样一种关系,"对于单个人来说,这种关系是由共同体造成、在共同体中宣布为法律并由共同体保证的"⑦。因此,"法律的精神就是所有权"⑧。虽然从根本上说权利关系源于经济关系,但一旦权利关系形成以后,"过去表现为实际过程的东西,在这里表现为法律关系,也就是说,被承认为生产的一般条件,

① 公丕祥:《法制现代化的理论逻辑》,58 页,北京,中国政法大学出版社,1999。
② 《马克思恩格斯全集》第 49 卷,88 页,北京,人民出版社,1982。
③ 《马克思恩格斯全集》第 46 卷(上),108 页,北京,人民出版社,1979。
④ 《马克思恩格斯全集》第 46 卷(上),104 页,北京,人民出版社,1979。
⑤ 《马克思恩格斯全集》第 4 卷,491 页,北京,人民出版社,1958。
⑥ 《马克思恩格斯全集》第 46 卷(上),489 页,北京,人民出版社,1979。
⑦ 《马克思恩格斯全集》第 46 卷(上),493 页,北京,人民出版社,1979。
⑧ 《马克思恩格斯全集》第 26 卷(Ⅱ),368 页,北京,人民出版社,1973。

因而也就在法律上被承认,成为一般意志的表现"①。因此,"从法律上看这种交换的唯一前提是每个人对自己产品的所有权和自由支配权"②;对他人劳动的所有权是通过对自己的劳动的所有权取得的。总之,商品交换的一个法权前提是,交换主体在交换之前就存在着对自己的商品所有权,这种法律所确定的所有权关系是商品经济发展的前提条件。因此,法律的重要任务和价值就是确认和维护权利,法律应以人的权利为本,维护所有权和人的基本权利。

四、以个体(人格)为本

利益在很大程度上是个体利益,个体利益是主体行为的决定性因素。如果没有个体利益就不可能激发起创造性和主动性。因为,"个人总是并且也不可能不是从自己本身出发的。"③个体利益是现实的和客观的存在的。在商品经济社会中,利益更多地表现为交换主体各自的个人利益,当事人都是为了实现其个人利益的人。所以,个体利益成为主体行为和活动的动因,表明权利首先是个体利益的固定化。"应有权利作为相互稳定的形式,一个重要的功用,就是它确证个人追求利益满足活动的合理性,意味着个体利益获得了社会的意义。"④在商品经济活动中,如果说交换当事人之间存在着共同利益,那么这种共同利益恰恰存在于主体各方的独立之中,一般利益就是各种个体利益的一般性。"任何人类历史的第一个前提无疑是有生命的个人存在。"⑤马克思十分重视个体的存在价值,在个人与集体的关系方面他提出了"真正的集体"的概念,认为在这种集体中,"个人是作为个人参加的。他是个人的这样一种联合,这种联合把个人的自由发展和运动的条件置于他们的控制之下"⑥。这就是说,"真正的集体"应当认可每个参与者的个人主体性,因而它自身并不能具有独立性;除了成全有个性和独立性的个人之外,不再有任何借以自重的价值。因此,马克思说:"应当避免重新把'社会'当作抽象的东西同个人对立起来。"⑦没有孤立存在的社会和社会生活,个人是社会的存在物,离开个人就没有社会,离开个人丰富多彩的生活就无所谓社会生活。因此,"社会不是高悬和凌驾于个人之上的对立物或统治者,它的唯一功能就是对个人的自由发展创造条件"⑧,即,马克思所说的集体应该是一个以各个人的自由发展作为一切人自由发展的条件的联合体。因此,在马克思看来,除了维护公共利益之外,

---

① 《马克思恩格斯全集》第46卷(上),519页,北京,人民出版社,1979。
② 《马克思恩格斯全集》第48卷,161页,北京,人民出版社,1985。
③ 《马克思恩格斯全集》第3卷,274页,北京,人民出版社,1960。
④ 公丕祥:《权利现象的逻辑》,15页,济南,山东人民出版社,2002。
⑤ 《马克思恩格斯全集》第3卷,23页,北京,人民出版社,1960。
⑥ 《马克思恩格斯全集》第3卷,85页,北京,人民出版社,1960。
⑦ 《马克思恩格斯全集》第42卷,122页,北京,人民出版社,1979。
⑧ 陶渝苏、徐圻:《人的解读与重塑——马克思学说与东西方文化》,74页,重庆,重庆出版社,2002。

社会或国家权力对个人生活无端干涉都是无理的和危险的,马克思坚决反对用社会的强制性手段去摧残个人的特殊才能,去否定个人的个性;个性自由和人格独立对于社会发展具有深远意义。当然,马克思并不否定人是社会的存在物,人的一切活动都与他人、社会相关联,个人的行为和活动离不开一定的集体环境。"只有在集体中,个人才能获得全面发展其才能的手段,也就是说,只有在集体中才能有个人自由。"①但是,马克思的总体理路是个人的价值优于集体的价值,集体是为个人而服务的;扼杀个体自由的集体对于个人来说,不仅是虚幻的而且是应该推翻的。马克思指出:"从前各个个人所结成的那种虚构的集体,总是作为某种独立的东西而使自己与各个个人对立起来;由于这种集体是一个阶级反对另一个阶级的联合,因此对于被支配阶级说来,它不仅是虚幻的集体,而且是新的桎梏。"②

　　法律作为一种制度安排首先应该尊重和注重个体的利益,那种扼杀人的个性和自由的法律就是恶法。正如马克思对普鲁士法律所评价的那样:"法律允许我写作,但是我不应当用自己的风格去写,而应当用另一种风格去写。我有权利表露自己的精神面貌。但首先应当给它一种指定的表达方式!——我是一个幽默家,可是法律却命令我用严肃的笔调。我是一个激情的人,可是法律却指定我用谦逊的风格。没有色彩就是这种自由唯一许可的色彩。"③因此,这种扼杀人的个性的法律是应该加以废除的,任何借口维护集体的利益而牺牲个体利益的法律都是不足可取的。罗尔斯认为:"每个人都拥有一种基于正义的不可侵犯性,这种不可侵犯性即使以社会整体利益之名也不能逾越。因此,正义否认为了一些人分享更大利益而剥夺另一些人的自由是正当的,不承认许多人享受的较大利益能绰绰有余地补偿少数人的牺牲。所以,在一个正义的社会里,平等的公民自由是确定不移的,由正义所保障的权利决不受制于政治的交易或社会利益的权衡。"④根据罗尔斯的理论,无论我们以什么样的理由来否定任何一个公民的自由都是不正义的,不管是因为维护秩序还是提高效率。因此,所谓的人权首先应该是每个个体的权利,法律对人权的维护首先是对人的个性的关注,而传统的"作为一种无论何时何地都属于全体人类的人权概念,它不仅忽视了文化的多样性,而且忽视了人的个性的社会基础"⑤。这在我国以往的理念和制度中表现得尤为明显,那就是过于强调集体而相对忽视个体,主张一切为了集体的"集体主义",个人在集体中没有什么地位可言,个人成为集体的附属,使得人变成了没有什么个性的机器一般。其实,马克思主义追求的人是被解放出来的人,使个人真正成为社会关系的主体,使得个人要从压制性的群体、社会和国家中解放出来,使其富有个性并得到全面发展。集体应

①《马克思恩格斯全集》第42卷,122页,北京,人民出版社,1979。
②《马克思恩格斯全集》第3卷,85页,北京,人民出版社,1960。
③《马克思恩格斯全集》第1卷,7页,北京,人民出版社,1956。
④ [美]罗尔斯:《正义论》,何怀宏等译,1—2页,北京,中国社会科学出版社,1988。
⑤ [英]米尔恩:《人的权利与人的多样性》,6页,北京,中国大百科全书出版社,1995。

该是自由人的联合体。因此,法的创设、实施和遵守应该首先以人的个体为本,赋予每个人充分的自由和权利,那种为了城市的秩序而牺牲个人的基本人权的法律及在此前提下发生的诸如孙志刚等的案件应该一去不复返,那种借口经济的发展强行拆迁公民的住宅而又不能给予合理补偿的法律和案件等也不应该再行发生。

以人为本是马克思法哲学思想的核心。随着我国科学发展观逐步深入人心,马克思的这一重要思想应该在法治建设中得到普遍重视和得以充分弘扬,法律的发展和依法治国的实施,应该时刻遵从以人的人性、自由、权利和个体为本。

第三节　以人为本与社会主义法治

"依法治国"与"以人为本",是协调统一的。如果说,"依法治国"解决了治理国家是"依人"还是"依法"这一关涉一国文明程度的重大问题的话,那么,现今党中央提出的"以人为本"的发展观,则是"依法治国"这一基本治国方略的重要补充和价值升华。因为,只有坚持"以人为本",才能牢固地奠定法治大厦的人文根基,才能彰显出法治的终极目标和价值关怀。

一、"以人为本"的发展观与依法治国的价值基础

党的十六届三中全会通过的《中共中央关于完善社会主义市场经济体制若干问题的决定》(以下简称《决定》)指出:"坚持以人为本,树立全面、协调、可持续的发展观,促进经济社会和人的全面发展。"[1]这一重要思想和指导方针,生动体现了马克思主义相关的重要思想,同时成为我国"依法治国,建设社会主义法治国家"治国方略的重要补充和发展。"依法治国"解决的主要是治理国家所必需的规范问题、制度问题和程序问题,而"以人为本"的发展观则进一步明确和解决了"依法治国"的价值取向和目的性价值之基础。从法哲学的角度上说,法治承担的直接任务在于要保证实现人的"权利"和"自由",即体现着"以人为本"。韦伯认为:"任何一项事业的背后都存在某种决定该项事业发展方向和命运的精神力量。"[2]法治是源于人类对自身的存在、价值和命运的一种制度安排,"以人为本"则是深藏在它背后决定其发展方向和命运的最高的精神力量。

(一)"以人为本"的概念及其历史渊源

1. "以人为本"的概念阐释。

西方社会在表述"以人为本"的意思时,往往更多地以"人文精神"表述。"人文精

---

① 《中共中央关于完善社会主义市场经济体制若干问题的决定》,北京,人民出版社,2003。

② [德]马克斯·韦伯:《新教伦理与资本主义精神》,于晓、陈维纲译,98 页,北京,生活·读书·新知三联书店,1997。

神"一词来源于Humanism,又译作"人道主义""人本主义""人文主义"①。这里,我们很难给"以人为本"下一个确切的定义,学界在此问题上也是仁智可见。主要列举如下:第一,"以人为本"指的是人们处理和解决一个问题时的态度、方式、方法,即人们抱着以人为根本的态度、方式、方法来处理问题,而所谓"根本"乃指最后的根据或者最高的出发点和最后的落脚点。例如我们抱着以人为本的态度来处理人与自然的关系,来追求天人关系的和谐,也就是以人的根本利益为最后依归,以是否符合人的整体利益和长远利益为最高准则。第二,"以人为本"是将"人本身为最高价值从而主张善待一切人、爱一切人、把一切人都当作人来看待的思想体系"②。第三,"以人为本"的价值理念与人文主义精神的实质内涵是一致的,或者说,"人文精神的实质是以人为本"③。第四,"以人为本"包含着对个人价值的尊重。它意味着对任何个人的合法权利都应给予合理的尊重:也意味着对人的活动所面临的对象,都应注入人性化的理念;它要求我们对现实社会中一切违背人性发展的合理要求的不尊重人的现象进行反思和超越,不断推进人的全面发展。第五,"以人为本"的发展观,坚持以人为主体,以人为前提,以人为动力,以人为目的。它充分肯定人在经济社会发展中的主体地位和作用;经济社会发展必须坚持尊重人、解放人和塑造人;在研究和解决经济社会发展问题时,既要坚持并运用历史的尺度,又要坚持并运用人的尺度,真正着眼于依靠人、为了人④。

上述学者关于"以人为本"的表述虽不尽相同,但他们都直接或间接承认"以人为本"包含如下内容,即尊重人的生命和价值,强调人的主体地位,要求以人为中心对社会的政治、经济和文化进行全方位的改造,建立起充分肯定人的价值和尊严的新的社会秩序。按照我们的见解,不论是西方的人文主义、人道主义、人本主义,还是中国传统的民本主义,均可视为"以人为本"思想的渊源,均同"以人为本"有着密切联系,即程度不等地包含着"以人为本"的精神。但是,它们相互之间又有所区别。民本主义突出统治者(尤其帝王)同被统治者"民"的协调,人道主义侧重于人与人之间的同情与互助,人本主义则抽象地从物体的人(自然人)的观点出发强调对人的关怀;比较之下,人文主义既重视人的外部存在(生命、生存),也重视内部存在(自由、权利),因而能更全

① 周国平教授对西方的"人文精神"一词作了广义与狭义的区分:"狭义是指文艺复兴时期的一种思潮,其核心思想为:一、关心人,以人为本,重视人的价值,反对神学对人性的压抑;二、张扬人的理性,反对神学对理性的贬低;三、主张灵肉和谐、立足于尘世生活的超越性精神追求,反对神学的灵肉对立、用天国生活否定尘世生活。广义则指欧洲始于古希腊的一种文化传统。按照我对这一传统的理解,我把人文精神的基本内涵确定为三个层次:一、人性,对人的幸福和尊严的追求,是广义的人道主义精神;二、理性,对真理的追求,是广义的科学精神;三、超越性,对生活意义的追求。简单地说,就是关心人,尤其是关心人的精神生活;尊重人的价值,尤其是尊重人作为精神存在的价值。"参见《人文精神的哲学思考——周国平教授在国家行政学院的讲演》,载《人民日报》,2002年12月1日。
② 王海明:《公平、平等、人道》,126页,北京,北京大学出版社,2000。
③ 樊崇义:《人文精神与刑事诉讼法的修改》,载《政法论坛》,2004(3)。
④ 许晓平:《以人为本:科学发展观的基本价值取向》,http://www.wutnews.net,2003-10-15。

面地关注人,体现"以人为本"。马克思主义经典作家正是直接批判地继承人文主义传统观点,而提出实现"人的全面发展""解放全人类"和最终实现"自由人联合体"一套完整的"以人为本"的科学观念体系。

2. 西方和中国"以人为本"思想的历史发展。

"以人为本"观念是历史的产物。无论是在西方还是中国的文化中,以"以人为本"为核心(或精髓)的人文主义精神都有其深远的历史渊源。早期人类社会由于生产力的落后,人类征服自然的能力低下,在人与外部世界关系上,总是处于被动从属地位。早期的唯物主义认识到外部世界不以人的意志为转移的客观实在性,但偏颇于将外部世界看成与自己的内在世界全然无关,"对事物、现实、感性,只是从客体的或者直观的形式去理解,而不是把它们当作人的感性活动,当作实践去理解,不是从主观方面去理解。"①那时,人只能处于被动的地位。在西方,从渊源上讲,公元前5世纪,以普罗泰戈拉为代表的古希腊智者学派,已经将人的活动和创造性,人的认识和活动的社会意义、性质置于视野之内,从对自然和"神"的研究转向对人和社会的研究。他们提出的"人是万物的尺度,存在时万物存在,不存在时万物不存在"的著名论断,已经把人看作万物的核心和衡量万物的标准,无疑是对人的尊重和地位的提升。古希腊的城邦文明更是孕育了"以人为本"的思想,正如有学者指出:"古希腊思想最吸引人的地方之一是,它是以人为中心,而不是以上帝为中心的。"②柏拉图和亚里士多德的法治学说,也表明希腊哲学的主流已经由自然哲学转变为人的哲学。在柏拉图的政治哲学中,人即是它的出发点,也是它的最终归属。不过,这些思想大师所讲的"人"指自由人,广大奴隶是排除在外的。只是古希腊时期的斯多葛学派,才认为一切人在上帝面前是平等的,他们作为上帝的子民都被当作人而拥有精神上平等的地位。至15世纪文艺复兴时期,人文主义思潮得以更多张扬。它要求冲破受神权和王权压抑人的主体性和藐视人的尊严、价值、生命、权利的状况:从人本身出发,关注人的本质及人与自然的关系,并强调人的地位、尊严、作用和价值;恢复和维护人的本真的存在,强调人的主体性、意志自由性。总之,文艺复兴倡导的人文主义,是"以人自身为中心,提出有关人的最终本性的问题,并试图在人自身的范围内来解决这些问题,就此而言,人道主义思想意味着人的修养,人的自我培育、自我发展丰富的人性"③。德国古典哲学家康德崇尚人格的内在尊严。他指出,任何人都没有权利仅把他人作为实现自己主观目的的工具。每个个人都应当永远被视为目的本身④。就是说,人永远是目的而不是工具。"这样行动,无

---

① 《马克思恩格斯选集》第1卷,16页,北京,人民出版社,1972。

② [英]阿伦·布洛克:《西方人文主义传统》,董乐山译,14页,北京,生活·读书·新知三联书店,1997。

③ [英]大卫·戈伊科奇等:《人道主义问题》,杜丽燕等译,109页,北京,东方出版社,1997。

④ [美]E. 博登海默:《法理学——法律哲学与法律方法》,邓正来译,77页,北京,中国政法大学出版社,2001。

论是对你自己或对别人,在任何情况下把人当作目的,决不只当作工具。"①费尔巴哈把人当作其哲学的中心点,从而形成人本学唯物主义体系。如果说,西方文化传统中体现了"以人为本"的精神的话,那么,近代以来西方国家的法律实践也充分印证了他们对人文精神的笃信。无论是英国的《权利法案》、法国的《人权宣言》,还是美国的《独立宣言》和1787年宪法,都是对长期存在的对人的平等、自由权利、正义的不懈追求的结晶。西方社会确立的"私有财产神圣不可侵犯""契约自由""罪刑法定""无罪推定""司法独立"等法律原则和制度,无不是以"以人为本"为精髓的人文精神的重要体现。

在中国,"以人为本"的文化精神最早可推至殷末周初,那时人们已经能从宗教观念中分离出"人德"的观念。先秦时期管仲首先提出"以人为本",目的是保护"耕战"的人力资源。以后,以孔孟为代表的儒家学说推崇重视人的"仁"学思想,提出"民贵君轻"的"民本"思想。西汉出现了大一统的儒家文化,具有民本主义因素的德治思想取得了统治地位,对人及社会的关怀提高到一个新的高度。魏晋时期的思想家比较重视人的个性发展和情感生活。汉唐比较强调人的气质、修养,重视奋发有为的社会意识。宋明时期则稍有不同,它以人的品格的具体抽象化,用真心真性去概括,并与无心无理相聚合,使人文精神从人间飞到天上。明末清初,由于西方文明的输入拓宽人们的眼界,出现了一股反礼制规范的人文潮流。但是纵观中国传统文化,尽管包含了一定的人文精神,却出于这一精神总是与忠君、与封建专制浑然一体,因而使"儒学的人文精神不可避免地带有很深的封建主义烙印,大大损害了儒学人文精神的积极作用,从而不利于社会发展与文明进步"②。之后,自清代严复提出"主权在民"的思想以来,中国的人文主义有了进一步发展。尤其是"五四"新文化运动中提出的"民主"和"科学"思想,其核心就在于要打碎封建礼教和封建枷锁,争取人性的解放和个性发展,争取个人独立自主的权利。

由上可见,尽管西方和中国传统文化中都不乏人文精神,但二者产生的时代背景及具体表现却大不相同。西方的人文精神更加注重实现个体的自由、平等、独立、人权的精神;中国传统的人文主义更多弘扬个人的道德修养和人际关系的和谐,彰显人的社会性和群体性③。换言之,西方是从人性出发、强调人的独立个体和自由意志的人文精神,注重从法的目的和终极意义的角度注重法的人文理念,从而更具价值理性和人本底蕴。而中国传统文化中的人文主义精神更加注重群体精神和社会整体人格的塑造,缺乏对个体价值的关注。它讲的人不是作为社会主体的人,而是社会政治工具的

---

① 康德:《道德形而上学探本》,43页,北京,商务印书馆,1959。

② 樊崇义:《人文精神与刑事诉讼法的修改》,载《政法论坛》,2004(3)。

③ 如中国传统文化中的"内圣外王"观,就是主张探讨理想人格与理想世界,这种人文精神的终极关怀在于追求圣贤与大同世界,其目的是唤起一种崇高的伦理觉醒和道德自律,陶冶出"圣人"般的道德人格。这种精神导致的是重内在而轻外在,重长远而轻眼前,重义务轻权利,重德轻法。参见庞朴:《中国文明的人文精神(论纲)》,载《光明日报》,1986年1月6日。

人,非个体的人,而是群体的人①。即把人看成全体的分子,不是个体,得出人是具有群体生存需要、有伦理道德自觉的互动个体的结论,并把仁爱、正义、宽容、和谐、义务、贡献之类纳入这种认识中,认为每个人都是他所属关系的派生物,他的命运同群体息息相关。这样一种文化特征造成社会生活与国家生活中重集体轻个人、重义务轻权利、重德轻法的基本价值取向,导致社会主体没有任何选择性思维,其应有潜能受到严重压抑。

(二)"以人为本"的发展观,是对马克思主义人文观的继承和推进

马克思主义者一向重视人在国家和社会发展中的主体作用。当年在对黑格尔关于国家与个人之间统一性的论题加以唯物主义的改造时,马克思就批判地继承近代启蒙运动,尤其是卢梭和康德自然法的突出人的价值与尊严、强调人的权利的精神。他对黑格尔颠倒人与国家和法的关系的观点,进行了强烈的批判②。马克思还指出:"主体是人,客体是自然"③"人是人的最高本质""人的根本就是人本身"④。即人作为主体不能不把自身作为衡量一切事物的尺度和标准,视自己类的需求为一切活动的出发点。具体到国家和法,理应是"以人为本",从人的需要出发,为人的需要而存在,而不是相反。马克思批判德国古典哲学的非科学性,吸收其合理的因素,阐述了人的存在和发展本质规律的历史唯物主义观念。在《论犹太人问题》中,马克思对此作了进一步的升华。论文中首次使用了"政治解放"和"人类解放"的概念,认为只有当现实的个人同时也是抽象的公民,并且作为个人,在自己的经验生活,自己的个人劳动,自己的个人关系中,成为类存在物的时候,只有当人认识到自己的原有力量并把这种力量组织成为社会力量因而不再把社会力量当作政治力量跟自己分开的时候,只有到了那时候,人类解放才能完成⑤。这就使"以人为本"观念同共产主义紧密联系在一起了。

在我国社会主义建设新时期,党和国家领导人继承和发展了马克思主义人文观的精神,并创造性地将人的发展融入社会主义物质文明、政治文明、精神文明协调发展的战略高度来认识。"促进人的全面发展,同推进经济、政治、文化的发展和改善人民物质文化生活,是互为前提和基础的。人越全面发展,社会的物质文化财富就会创造得越多,人民的生活就越能得到改善,而物质文化条件越充分,又越能推进人的全面发

---

① 汪太贤、艾明:《法治的理念与方略》,163 页,北京,中国检察出版社,2001。

② 在黑格尔看来,国家本身是目的,个人是为国家而存在的。所以,个人的自由、权利、利益及一切,只有符合实现国家这一最高目的时才有地位和意义,成为国家成员乃是单个人的最高义务。显然,在黑格尔这里,国家已不仅是中心,而且是个人生命的本质与生存意义之所在。这里,黑格尔将绝对主义国家观加以更理论化的言语表达了对国家的崇拜。当然,不能忘记,在抽象的意义上,黑格尔(和康德一样)是把国家和法当作"自由的定在"物。

③ 《马克思恩格斯选集》第 2 卷,88 页,北京,人民出版社,1972。

④ 《马克思恩格斯选集》第 1 卷,9 页,北京,人民出版社,1972。

⑤ 《马克思恩格斯选集》第 1 卷,443 页,北京,人民出版社,1972。

展。"①在十五大报告中,江泽民指出:"共产党执政就是领导和支持人民掌握国家的权力,实行民主选举、民主决策、民主监督,保证人民依法享有广泛的权利和自由,尊重和保障人权。"在党成立八十周年纪念大会上,他又讲道:"共产主义社会将是'每个人自由而全面发展的社会'。我们建设有中国特色的社会主义的各项事业,我们进行的一切工作,既要着眼于人民现实的物质文化生活需要,同时又要促进人民素质的提高,也就是要促进人的全面发展。这是马克思主义关于建设社会主义新社会的本质要求。"人的全面发展是社会主义新社会的本质要求,社会主义不只是简单地提供一个生活模式,更为重要的任务是促进人民素质的提高,促进人的全面发展。十六大报告指出要把建设政治文明同发展社会主义民主联系起来,这就表明了民主政治和政治文明的构建以自由、平等、民主、法治为核心,应着眼于人的权利,集中体现"以人为本"。总之,"政治文明说到底是有利于人的各种权利的实现和全面发展。"②

党的十六届三中全会《决定》则进一步从全面建设小康社会的新阶段、新任务、新要求的高度,系统地提出了"以人为本"同经济和社会发展这一不可分割的有机整体全面发展的指导方针。从法治角度讲,人的全面发展的价值,应是法的最高目的价值。社会主义的诞生是对人的自由的充分肯定,是每个人享有充分的自由及发展权利。社会的发展必然推动法律的普遍化和理性化,使之逐渐地充分展示其服务特性,融入人的发展环境之中。此时,人的全面自由发展成为全社会的普遍价值,人成为自己的主人即自由的人。可以说,《决定》确立的"以人为本"的全面、协调、可持续的人文发展观,反映了我们党在人对经济、社会发展的重要作用有了思想认识上的飞跃,同时表明我国的法律价值观已发生历史性变革。

(三)"以人为本":"依法治国"的价值定位

"以人为本"的发展观是对人的存在的思考,对人的价值、人的生存意义的关注,以及对人类命运的把握与探索;相应的,法治是这种思考、关注和把握过程中的产物。就是说,人本身理应成为法治的逻辑起点和最终逻辑归宿。法治作为一种人类的制度安排,法治史便是人类对自己认识的历史,是追求自我解放和价值的历史。

现代西方法治的理想,就是使人文主义成为法律发展运动的价值终极关怀③。西方的法治文明在精神层面上获得了崭新的符合时代需要的内容,主要表现为法治文明对人的尊严、自由、平等和权利的张扬与保障。在我国建设依法治国的治国方略中,"以人为本"的发展观就是要坚持以人为主体,以人为前提,以人为动力,以人为目的。从这个角度讲,《决定》不仅是经济、社会和人的全面发展的理论创新,更是尊重人的权利和自由、保证人的个性的真实弘扬与人类全面发展的创新,从而明确了法治的终极

---

① 中共中央宣传部:《"三个代表"重要思想学习纲要》,北京,学习出版社,2003。
② 郑惠:《政治文明:涵义、特征与战略目标》,载《政治学研究》,2002(3)。
③ 李龙:《依法治国方略实施问题研究》,158 页,武汉,武汉大学出版社,2002。

价值关怀及所在①。可见，人类可以发明许多通向法治的机制或制度，也可能采用很多实现法治的策略与方式，尽管其表现形式有较大差异，但无一例外地应该是以人的尊严、自由和人的权利为价值依托和最终归属的。

"以人为本"与"依法治国"之间的紧密联系，基于两个方面的思考：其一，确定法治的目的性价值；其二，"以人为本"才能真正推动法治的实现。

1. "以人为本"表现了法治的终极价值追求。

"法治表现为制度，却生成于精神。"②就是说，法治国家的实质标准在于人民大众是否形成了根深蒂固的法治观念和浓厚的人文精神。从深层次上理解，"以人为本"是法治的核心和灵魂。如果没有人文精神对法治的支撑，法治就只会是空洞的外壳，而失去实际意义，甚至可能导致"恶法亦法"。法治的实现诚然需要法律制度的强制保障，但更主要的还要靠社会成员的内心自觉。而这种主观的自觉情感往往仰仗于法治与社会内在的亲和力。因此，法治要善于有效地调动每一个体运用自己的知识并采取有效行动，促成人们之间的相互合作，形成、发展、选择人们乐于趋向的秩序。因为，人都有实现其人格潜力的强烈欲望。正如霍金所讲的："一个人应当发挥其潜力，而不管是什么能力，这从客观上来讲是'正确'的。"③我们说，法治社会的形成和发展的根本原因，正在于它对人的关注。

长期以来，尤其"极左"的年代，我国法律更多地是为了强化而不是制约国家权力，缺乏依法治国、人民主权、制约权力、保障权利等法治理念或法律崇信，不谈"以人为本，一切为了人"和漠视自由、平等、人权等人文思想的传播和弘扬，因而理想的"法治"状态是无从言及的。今天尽管我国明确提出将"依法治国，建设社会主义法治国家"作为治国基本方略，并庄严地载入宪法，但无论从理论研究还是法制建设实践来看，法治建设似乎更偏重于法律的形式化方面，即更加强调"依法治国"的规范、制度、程序及其运行机制本身，即关注的主要是法制在稳定社会秩序方面的工具性意义。其结果很可能引致法律万能论、法律至上论乃至于唯法律论。因为，对于法治来说，人文精神所包含的社会秩序和社会文化以及习惯、风俗等，从来就是社会秩序和制度不可缺少的一部分。任何制度性安排和设计都不能不考虑这些非正式的制度，否则就难以形成普遍

---

① 按照学者杜宴林的理解，终极关怀从其内容来看，通常表征的是一种形而上的超验因素或载体，体现着至善、至真、至美等人文价值诉求。见杜宴林：《论中国法制现代化的现实关切与终极关怀》，《法制与社会发展》2003 年第 3 期。朱德生先生认为，终极关怀"主要追索的是人生最深刻的意义和价值，寻求的是的这种意义和价值的实现"，它"更多地被看作是一种至上、至本的精神感悟与洞察。它主要提升人们的精神境界，并通过这种提升帮助人们寻找自己的精神寄托与精神归属"，并进而铸就人之为人的精神家园及安身立命之寓所。简言之，终极关怀应以现实为根，并超越于现实生活，它"既不是已经给定了的存在，也不是永远处在彼岸世界的、实现不了的抽象存在，而是由人们经过实践不断实现，又不断否定的理想中的存在"。见朱德生：《形而上学的召唤》，载《江淮论坛》，1995(3)。

② 尹焕富：《论中国法治的人文基础》，江苏警官学院学报，2004(2)。

③ William E. Hocking, *Present Status of the Philosophy of Law and of Rights*, New Haven, 1926.

的和长期的法律秩序。正如有学者所言:"中国现代法治不可能只是一套细密的文字法规加一套严格的司法体系……不仅仅是几位熟悉法律理论或外国法律的学者、专家的设计和规划,或全国人大常委会的立法规划。"①更何况,"一种不可能唤起民众对法律不可动摇的忠诚的东西,怎么可能有能力使民众愿意服从法律?"②简言之,只有充溢"以人为本"精神的法律,方能成为活在人们心中的,倍感亲切的,耳熟能详的,从而竞相趋之的法。

2."以人为本"有助于培育人们对法律的崇信。

"法律必须被信仰,否则它将形同虚设。"③所谓对法治的信仰是西方社会的特征和根基,苏格拉底以生命的代价换取对法治的尊重即是明证。西方法治社会的建构和形成,有其一系列法治的原则和制度的形式要素,然更为关键的是有赖于人们对法的普遍崇信。如果将制度比喻为法治这棵大树的枝叶的话,那么对法的普遍尊重和崇信则是支撑这棵大树的根。崇信作为人的一种绝对精神,处于人类意识的内心层面,它的形成往往必须凭借或依赖多种因素的辅助,包括政治、经济、文化等。根据经验的考察,在很大程度上,西方社会法律崇信的形成得益于人文精神的崛起。正是在资产阶级启蒙运动中,人文精神所包含的自由、平等、人权、博爱和民主情结唤起了人们对法治的追求,并成为民主基础上的法律和"法律下的自由"的思想渊源,以及建立法律统治的正当理由。因此,西方人们对法的信仰在很大程度上不是由对法的直接认识造成的,人文理性的支持不能不说是它产生的重要根源之一④。

在我国法制建设中,仅从实证方面强调加强立法、司法和执法是远不够的,更主要的是要赢得人们对所制定的"良法"的信任、认同,进而对法律产生发自内心的真诚信赖,并自觉将法律作为值得信赖的价值标准和目标追求。而这一状态的生成,就要求承认人是伟大的,人是自由的,从而将法治建立在尊重人的价值和尊严,体现"以人为本"理念的基础之上。这样,就能在客观上增强人们对法的信任和依赖,使人们能在法的实现中,看到、找到并实现自己的尊严和自身的价值。据此,有学者认为"法律的宗教情怀和信仰,是全部法治建立、存在和发展的根本前提和保障。"⑤确实,目前中国法

---

① 苏力:《变法、法治及其本土资源》,19 页,北京,中国政法大学出版社,1996。

② [美]哈罗德·J.伯尔曼:《法律与宗教》,梁治平译,28 页,北京,生活·读书·新知三联书店,1991。

③ [美]哈罗德·J.伯尔曼:《法律与宗教》,梁治平译,28 页,北京,生活·读书·新知三联书店,1991。

④ 有学者指出,西方人对法的信仰主要源于两个外部因素的促成:一是源于宗教信仰的支持,二是人文理性的支持。参见汪太贤、艾明:《法治的理念与方略》,北京,中国检察出版社,2001。在西方法律文化里,基督教的"气息"虽然在法律制度里被逐步清除,但在民众的意识中却是根深蒂固的。人们在对上帝的普遍信仰中,获得了法律的神圣性和至上性的理念。伯尔曼指出:西方法律至上的理念来自于超现实的宗教信仰,即基督教信仰的帮助。昂格尔也认为,法治秩序产生的一个条件就是"存在一种广泛流传的信念,在不那么严格的意义上,可称其为自然法观念"而自然法观念首先来自于罗马法学家在人性基础上发展起来的万民法和商品交换的支持,"对自然法观念的另一支持来自超验性的宗教"。见[美]昂格尔:《现代社会中的法律》,吴玉章、周汉华译,68—69 页,北京,中国政法大学出版社,1994。

⑤ 姚建宗:《法律与发展研究导论》,458 页,长春,吉林大学出版社,1998。

治建设侧重点已经到了从规范制度转向"以人为本"的时候了。

二、法如何体现"以人为本"的发展观

(一)法"以人为本"应是以"人的类本质"即普遍的人性为本

在谈到法及法律时,理论上一般认为,法与法律属于一国上层建筑的范畴,其本质体现以统治阶级为主导的利益关系和意志关系;二者共同根源于并受制于一定的经济关系。就是说,法和法律都具有强烈的阶级性。法的这一特性在经济不发达的社会中表现得尤为明显。

但另一方面,马克思主义又承认人的"类本质"的存在。认为,类本质指人在社会生活中互相分工合作实现共同发展的本性①。如果从"人"的类本质出发,一个不容置疑的事实就是,法还具有普遍性和公共性。法所包含的人的类本质,随着社会经济的发展和相应的文明的进步而愈加突出,尤其是自二战后。当今,由于经济、规则乃至观念文化渐趋一体化、全球化,人类面临越来越多的需要一同关注的"共性"问题。这种背景下,法的阶级性、具体性、特殊性、差异性因素必然在逐渐缩小或减弱,代之而起的是人们开始了对表现人的类本质、更大普遍性和一般性的全球化法的思考。

早年,就资本主义生产方式的世界化问题,马克思曾指出,近代资本主义生产方式的迅速扩张,使生产、销售、市场都日益市场化、世界化。这种扩展形成了世界资本主义普遍的经济、政治、文化交往,随着交往的世界化,历史也就转变为世界历史。这样,历史上曾为各民族独有的政治、经济、精神、文化、艺术、哲学的方式都逐步式微,使"民族的片面性和局限性日益成为不可能"②。在此基础上,"各民族的精神产品成了公共的财产",从而形成了"世界性的精神产品"③。据此,马克思预言道:必然会出现这样的时代,那时,哲学不再是同其他各特定体系相对的特定体系,而变成面对世界的一般哲学,变成当代世界的哲学④。在东西方法律文化的交融中,实际上也形成了一种超越国家边界的、具有世界性的法律机制与文化,包括表现人的类本质、具有普遍性的法观

---

① 关于"类本质"这一概念,并非马克思的发明。德国古典哲学家费尔巴哈的人本主义也正是从"类"这个基础概念出发的,并由此引申产生了诸如"类本质""类本能""类生活""类存在"等概念。此外,他从人的精神生活、精神行为中引申人的类本质,把人的类本质界定为"理性、爱和意志"或"理性、意志、心"。参见[德]路德维希·费尔巴哈:《费尔巴哈哲学著作选集》(下卷),荣震华译,27—28 页,北京,商务印书馆,1984。

② 《马克思恩格斯选集》第 1 卷,254 页,北京,人民出版社,1972。

③ 《马克思恩格斯选集》第 1 卷,254 页,北京,人民出版社,1972。

④ 《马克思恩格斯选集》第 1 卷,22 页,北京,人民出版社,1972。

念:反映经济一体化趋势的世界性法治①。正如有学者所言:随着全球化进程的加快,法治已成为解决诸多全球公共问题的有效机制②。在国际政治和国际关系学界,人们从过去强调大国或大国集团解决全球公共问题的能力和责任,开始转向强调各国依据国际制度共同管理和解决全球公共问题。前者是一种人治的思路,后者是一种法治的思路③。1945 年《联合国宪章》的签订与联合国的建立,表明世界各国越来越自觉地协同,以条约形式确立国际关系和全球社会的规则,建立国际性的治理组织。因此,如果说联合国的诞生表达了人们对一种世界政府的美好愿望,那么法律全球化,或者随之全球化的发展,这种愿望可能有一天会成为现实④。与此同时,世界贸易组织的成立,《欧盟基本权利宪章》《公民权利与政治权利国际公约》《世界人权宣言》《欧盟法》等跨国界法律制度的建立,更加表明国际社会对普遍的人性给予了越来越多的关注⑤。所有这些现实,对传统的法律观不能不说是个巨大的挑战。英国法理学家麦考密克在分析欧盟对传统的主权观和法律观的冲击时指出:"只有摆脱所有的法律必须来源于某个单一的权力中心(如主权)的观念,才有可能采取一种更宽泛、更开放的法律观。一种新的路径是体系中心的法律观,即强调法律的本质是一种规范体系,而不是某类特定的或排他性的权力关系。"⑥这无疑对我们的传统法律观提出了新的要求:对法的本质的理解应逐渐摆脱主权国家对法律的制约(限制)的封闭性框架,转向法所具有的世界普遍性属性,包括普遍形式属性、过程属性和效力属性。

马克思认为,人类解放应作为无产阶级的共产主义革命的历史使命。他指出:"只有当现实的人同时也是抽象的公民并且作为个人,在自己的经验生活、自己的个人劳动、自己的个人关系中间,成为类存在物的时候,只有当人认识到自己的'原有力量'并把这种力量组织成为社会力量因而不再把社会力量跟自己分开的时候,只有到了那个

---

① 今天,法治已被普遍公认为治理国家的基本模式和文明国家的根本标志。与此相适应的是法治观念的更新,一方面,国际社会确立的一些规则、政策大体反映了现代民主、自由、平等、公平、正义的理念;另一方面,人们开始超越民族界限,对诸如正义、民主、平等、权利、自由等具有全球普遍性的法治理念给予主动的接受和认同。因为所有这些理念是全人类共同追求的崇高价值,也是人的自然本性在人类共同体中的必然要求。

② 事实上,全球公共问题是随着不断推进的全球化进程而产生的。如地球环境污染、全球气候恶化、国际恐怖主义、世界金融风暴、南北差距扩大等。这些问题的解决只能靠全球各国共同遵守的、长期稳定有效的法律制度。参见黄文艺:《全球化和法理学的变革与更新》,载朱景文主编:《法律与全球化》,54—55 页,北京,法律出版社,2004。

③ 苏长和:《全球公共总是与国际合作:一种制度的分析》,301 页,上海,上海人民出版社,2000。

④ 於兴中:《自由主义法律价值与法律全球化》,载朱景文主编:《法律与全球化》,8 页,北京,法律出版社,2004。

⑤ 建立保证"人的全面而自由的发展"的社会是法治追求的核心目标。以《世界人权宣言》为例,它是"作为所有人民和所有国家努力实现的共同标准";宣称"鉴于对人类家庭所有成员的固有尊严及其平等的和不移的权利的承认,乃是世界自由、正义与和平的基础",从而表明它将全人类融于一体,它的价值追求在于对具有共同性一面的人的自然属性的普遍尊重。

⑥ N. Mac Cormick, *Beyond the Sovereign State*, Modem Law Review, Vol. 56, 1993.

时候,人类解放才能完成。"①就是说,要真正使人获得解放,必须超出"政治解放"的狭隘框框,必须废除政治国家和市民社会之间的二元性。共产主义社会就是这样一种社会。马克思主义关于人的全面发展、解放全人类,以便迈入实现人的类本质之大同世界理想,揭示了人类社会发展的历史大趋势。它是千百年来,无数先进智慧的结晶和深化,是颠扑不破的真理。环顾今日的世界,无不或先或后地沿着这样一条光明大道运行着。差别仅在于,西方国家是自发地、曲折地这样走,社会主义国家(至少从应然上)是自觉地、径直地(但也常常因违背客观规律而出现反复)这样走。

我们清楚地知道,话说到这儿,就难免要碰到"法的阶级性"这种"敏感"问题。不可否认,发现法的阶级性确实是马克思主义法学的重大新贡献。在剥削类型的社会乃至在社会主义政权初创时期,这都是不争的事实。但是若认为在马克思主义法的本质论中只包含阶级性,那就是一种片面的理解了。事实情况是,马克思和恩格斯不止一次地强调过法还包含社会性和公共性,而且说这种社会性和公共性是阶级性(阶级统治)的基础。特别是马克思,一直坚持人是按照美的规律创造对象的,其中包括创造法。在美的规律中,最重要的莫过于"人的类本质"。法包含人的类本质要素越多,越是美的法。从历史的进程的观点出发,社会主义法是最高类型的法,因而也必然体现更多的人的类本质。因为这种法开始就不是传统的法,而是由百分之九十五以上居民所创造和掌握的法。经过不长时期的激烈阶级斗争消灭了剥削阶级之后,法的阶级性必然走向不断的弱化,普遍人性或社会公共性(人的类本质)不断地强化。由此可知,在法本质结构中,存在着阶级性和公共社会性两个因素的对立统一。其运行的前景便是阶级性逐渐向着公共社会性转化,使法更多地体现人的类本质,直至共产主义的到来和法的消亡。既然马克思主义经典作家把实现人的类本质作为社会主义国家和法的、具有极其深远意义的指导思想,并把国家和法当成推动社会主义—共产主义建设的手段;那么,社会主义法的本质中有决定性意义的就不是阶级性,而是人的类本质。只有人的类本质才能全面地体现社会主义法的历史地位和伟大的使命。这就是我们强调在法的阶级性和普遍人性对立中,应以普遍人性(人的类本质)为本的基本根据。

(二)法"以人为本",应是以自由为本

自由一词源于西方。英语为 freedom、liberty,希腊文为 elentheros。国内外学者对自由的定义很多。如霍布斯就指出:自由这个词,按照其确切的意义说来,就是外界障碍不存在的状态②。海德格尔则从哲学的角度对自由进行释义,认为从超越主客观关系的真理观来看,自由是人的存在状态;自由即"自由"③;人与世界是融为一体的,自由在于人同世界合一的整体中与其他一切"协调一致",还讲道:"自由乃是使人的一切行为

① 《马克思恩格斯全集》第1卷,433页,北京,人民出版社,1956。
② [英]霍布斯:《利维坦》,黎思复、黎廷弼译,164—165页,北京,商务印书馆,1985。
③ 熊伟:《海德格尔论自由》,载谢龙主编:《中西哲学与文化比较新论》,127页,北京,人民出版社,1995。

协调于存在者整体。"此种意义下的"自由"不能被理解为人的属性,相反地倒是自由使人成为人①。丹宁的法律哲学也非常重视自由问题,他将法律的作用分为三种:实现公正;法律下的自由(freedom under the law);相信上帝(put your trust in God)。其中法律下的自由即是每一个守法的自然人在合法的时候不受任何其他人的干涉,想其所愿想,说其所愿说,做其所愿做的自由②。就是说,法律充分尊重自然人自决的自由,而不是强迫他接受法律以代替他自身作出的选择,哪怕是选择牺牲生命的自由。尽管不同时代人们对自由的解释有别,但自由基本涵义是:在人与自然、人与社会的关系中,人是有其相对独立性和或自主地位的。

自由观念是西方法治的基石,这种法治又总是把人置于中心位置,以个人的自由和社会的平等作为追求的价值目标。亚里士多德认为法律的使命就在于对自由的保护。"公民们都应遵守一邦所定的生活规则,让各人的行为有所约束,法律不应该看作(和自由相对的)奴役,法律毋宁是拯救。"③洛克和卢梭继承了这一观点,并进行了更深入的发挥。特别是卢梭对自由的推崇影响颇大。他在《社会契约论》中开宗明义地宣布:"人是生而自由的,但却无往不在枷锁之中。"④这一思想先是为美国《独立宣言》和法国《人权宣言》所吸收,并直接成为法国1789年大革命的旗帜。康德将自由作为其道德和法哲学的核心。在康德看来,作为理性的主体的人都根据意志行事,而意志总是自由的。他宣称,自由乃是"每个人据其人性所拥有的一项唯一的和原始的权利"⑤。黑格尔已指出,在纷繁复杂且多种多样的历史运动的背后,存在一种伟大的理想,即实现自由。自由的实现是一个漫长而艰难的过程。在这个进程中,历史上的每个民族都承担着一项特殊的任务,任务一旦完成,这个民族也就失去了其在历史上的意义:"世界精神"(world spirit)超越了它的理想和制度,并被迫将智慧的火炬传给一个更年轻更有生气的民族。世界精神就是以这种方式实现普遍自由这一终极目标的⑥。尽管康德和黑格尔之间存在着自由主义和国家主义的重大分歧,但他们作为卢梭的继承者都承认自由是国家和法的实体,国家和法是自由的定在。自由是维护人的内在价值与独立人格所不可缺少的,是人类生来就有的不可剥夺的权利。博登海默就此强调:"在一个正义的法律制度所必须予以充分考虑的人的需要中,自由占有一个显要的位置。要求自由的欲望乃是人类根深蒂固的一种欲望。"⑦

---

① 张世英:《进入澄明之境:哲学的新方向》,81—82页,北京,商务印书馆,1999。
② [英]阿尔弗雷德·汤普森·丹宁:《法律的训诫》,刘庸安、丁健译,2页,北京,人民出版社,2000。
③ [古希腊]亚里士多德:《政治学》,吴寿彭译,276页,北京,商务印书馆,1965。
④ [法]卢梭:《社会契约论》,其林译,8页,北京,商务印书馆,1980。
⑤ [美]E.博登海默:《法理学——法律哲学与法律方法》,邓正来译,279页,北京,中国政法大学出版社,2001。
⑥ 《马克思恩格斯全集》第1卷,80—81页,北京,人民出版社,1956。
⑦ [美]E.博登海默:《法理学——法律哲学与法律方法》,邓正来译,77页,北京,中国政法大学出版社,2001。

"自由"是马克思主义法哲学中的一个核心范畴。马克思在继承了近代启蒙思想家和康德、黑格尔关于自由是人性最重要、最突出的观念的基础上,将自由看成人的天性,并以此作为探讨法和自由关系的理论基石。他指出:"自由确实是人所固有的东西"①,表达了人的本质在于自由的观点。他认为:"自由是全部精神存在的类的本质"②"自由不仅包括我靠什么生存,而且也包括我怎样生存,不仅包括我实现着自由,而且也包括我在自由地实现自由"③"没有自由对人来说就是一种真正的致命的危险"④"没有一个人反对自由,如果有的话,最多也只是反对别人的自由。可见各种自由向来就是存在的,不过有时表现为特权,有时表现为普遍权利而已"⑤。总之,"法典就是人民自由的圣经。"⑥这些都表明,马克思强调自由是人类的本质之体现,真正的法律是以自由为基础并且是自由的保护神。同时,马克思主义始终将人的自由作为人之所以成为人的必要条件,"人终于成为自己的社会结合的主人,从而也就成为自然界的主人,成为自身的主人——自由的人。"⑦在《共产党宣言》中,马克思、恩格斯明确指出:"代替那存在着阶级和阶级对立的资产阶级旧社会的,将是这样一个联合体,在那里,每个人的自由发展是一切人的自由发展的条件。"⑧马克思在描述"自由人的联合体"时所说的"每个人的自由发展",指的是每个人摆脱由资本主义私有制而造成的物支配人的社会关系。这样,它才构成"一切人的自由发展的条件",也因此才需要以真正的共同体的建立为前提,从而使他的自由学说与消灭私有制、消灭阶级并最终实现国家消亡的学说联系了起来。

确实,就人应享有的权利的位阶而言,自由优于其他一切权利。宪法和法律必须把自由权作为权利之本位,即不允许以牺牲自由权来换取其他权利。因为,第一,自由是基于人类的生物本性所拥有的人权或自然权利。人之异于禽兽者,在于最初的原始人类能直立行走,解放了双手,而获得劳动和制造工具、战胜自然力、免受自然的侵害的相对自由。这种自由,可以说是人类与生俱来的自然本性。卢梭说:对人而言,"自由乃是他们以人的资格从自然中所获得的禀赋"⑨。第二,自由是人存在的充分条件,是人的完整性的一个重要组成部分。追求自由是人类的本性之一。马克思曾说过:"一个种的全部特性、种的类特性就在于生命活动的性质,而人的类特征恰恰就是自由

① 《马克思恩格斯全集》第1卷,63页,北京,人民出版社,1956。
② 《马克思恩格斯全集》第1卷,67页,北京,人民出版社,1956。
③ 《马克思恩格斯全集》第1卷,77页,北京,人民出版社,1956。
④ 《马克思恩格斯全集》第1卷,74页,北京,人民出版社,1956。
⑤ 《马克思恩格斯全集》第1卷,63页,北京,人民出版社,1956。
⑥ 《马克思恩格斯全集》第1卷,71页,北京,人民出版社,1956。
⑦ 《马克思恩格斯选集》第3卷,760页,北京,人民出版社,1995。
⑧ 《马克思恩格斯选集》第1卷,294页,北京,人民出版社,1972。
⑨ [法]卢梭:《论人类不平等的起源和基础》,李常山译,137页,北京,商务印书馆,1986。

的自觉的活动。"①人类的发展史就是一个从不自由到自由、从较少的自由到较多的和较高级的自由的历史。第三,自由使人成为真正的人格独立的主体,从而是无限地激发人的主观能动性和创造力的必要前提。换言之,只有当人的能力不受压制性的桎梏束缚时,一种有助益于尽可能多的人的高度文明才能得以建立。正如哈耶克所讲:"自由理想激发起了现代西方文明的发展,而且这一理想的部分实现,亦使得现代西方文明取得了当下的成就。""在西方历史上,恰恰是对这种自由的信奉,使得西方世界得以完全充分地利用了那些每个导致文明之发展的力量,并使西方文明获得了史无前例的迅速发展。"②简言之,无论是从法治的制度方面还是从精神方面而言,自由既是它产生的根源,又是它始终关怀的目标。

当前国内有的学者提出"生存权是首要的人权"。这是一个非常容易引起误解的命题。的确,生命(生存)是一个人的全部价值的载体和总和,失去生命就不会有任何人的价值(包括自由)。所以,生存是价值的严格必需的前提条件。但人并非为了活着才活着,而是追求更高尚的东西,那首先就是自由。把生存权置于价值的第一位,就无法把人与动物相区分。当一个社会尚未解决多数人的温饱问题时,人们必须将生存权看得畸重,可是一旦他们一个个富裕起来,情况还可能是这样吗?正如郭道晖先生所指出的:"没有自由权(特别是人身自由和思想言论自由),就只会是像动物般、奴隶般的生存。"③显然把生存看作首要人权的观点是浅近的,缺乏整体性和长远性。

我国自改革开放以来,人民生活水平得以较大提高,但与发达国家相比我们经济发展还较落后,但我们不能据此就片面夸大生存权,否则势必导致荒谬的结论。拿见义勇为来讲,尽管生命对人来说是重要的,但当人们认识到个人的生命利益与他人、公共利益相比,后者具有更高的社会价值的时候,权利人为了实现自身的价值,换取更大的自由,就有权自由处分自己的生命,从而使他的生命价值在更高层次上得以升华。这种以生命来"舍生取义",保卫和实现普遍人权的做法,难道不值得我们褒扬和提倡吗?

如同马克思所说,自由总是包含着内在和外在的限制。需要特别指出的,在政治社会中,自由通常是法律范围内的自由。这不仅表现在自由是做法律所许可的事情,而且表现在确认和维护自由也恰恰是法律本身的特性。法律总是意味着或蕴涵着某种自由。正如洛克所说:"法律的目的不是废除或限制自由,而是保护和扩大自由。"④卢梭认为,强迫一个人遵守法律,就是强迫他实现自由。在法的诸价值(生存、正义、平等、秩序、效益)中,唯有自由是最高的。

---

① 《马克思恩格斯全集》第1卷,42、96页,北京,人民出版社,1956。

② [英]哈耶克:《自由秩序原理》(上),邓正来译,1—2页,北京,生活·读书·新知三联书店,1997。

③ 郭道晖:《人权的本性与价值位阶》,载《政法论坛》,2004(2)。

④ [英]洛克:《政府论》(下篇),瞿菊农、叶启芳译,36页,北京,商务印书馆,1996。

（三）法"以人为本"，应是以个体（人格）为本

理论上讲，权利是由利益的差别和冲突所导向的利益主体的选择活动与外部客观可能性相联结的一种社会关系①。根据权利主体的不同，权利又可划分为个体（人）权利、集体权利、阶级权利、国家权利、国家组织权利等。如果将这些主体重要性作一排序的话，最为主要的权利主体应是个体。因为个体总是集体的基础，现实的社会就是由个体和人群按一定方式构成的有机整体。"任何人类历史的第一个前提无疑是有生命的个人的存在。"②人类的历史"始终是他们的个体发展的历史"③。在马克思看来，生产力、生产关系、社会、国家等都只不过是人的个体发展、个体借以实现的形式，它们是从人的个体发展那里获得了存在意义和价值的认可。同时，"个人总是并且也不可能不是从自己本身出发的"，任何个体都必然追求和实现一定的个人利益才能生存和发展④。而法人、社会群体特别是国家属于抽象人格，并非真实人格。正是基于对个体的珍视，马克思指出：无产者"为了保持自己的个性，就应当消灭他们至今所面临的生产条件，消灭这个同时也是整个旧社会生存的条件……他们应当推翻国家，使自己作为个性的个人确立下来。"⑤马克思将在旧的分工和雇佣劳动下各个个人所结成的集体称为"虚构的集体"。在这个集体中，个人是与集体相对立的，个人的自由只是就那些在统治阶级范围内发展的个人而言的。所以，理想中的未来社会应该是这样一种"真实的集体：在这个集体中个人是作为个人参加的"⑥。

我国历来有重集体轻个体的文化传统。先秦儒家倡导的"仁"的含义就是克己为人的利他行为，即"仁者爱人"。"他的'仁道'实在是为大众的行为。"⑦传统中国，个人在任何场合下都隶属于一定的群体，个人作为群体的一分子，依附于群体，且无条件地服从于群体，这个群体或为家庭、家族，或为社会，或为国家。这种群体主义的文化氛围，有利于培育人们的集体道德观和形成以道德统治的社会秩序，但随之也产生了压抑人的个性的群体本位观，即强调群体价值作为主要的价值评判尺度；强调个人服从社会、整体权利重于个人权利的观念；个体的自由、自主、自尊得不到应有的尊重和保障。正如梁漱溟先生所说："在中国没有个人观念，一个中国人从不为自己而存在。然而在西洋，则正好相反。"⑧中国传统的整体主义现象，都程度不等地反映着人对群体的"异化"，特别是国家为市民社会的异化，而公民则是市民的异化。群体由个体所组成，

①　程燎原、王人博：《赢得神圣：权利及其救济通论》，62 页，济南，山东人民出版社，1998。
②　《马克思恩格斯选集》第 1 卷，24 页，北京，人民出版社，1972。
③　《马克思恩格斯选集》第 1 卷，321 页，北京，人民出版社，1972。
④　《马克思恩格斯选集》第 3 卷，274 页，北京，人民出版社，1995。
⑤　《马克思恩格斯选集》第 1 卷，85 页，北京，人民出版社，1972。
⑥　《马克思恩格斯选集》第 1 卷，83 页，北京，人民出版社，1972。
⑦　郭沫若：《十批判》，88—89 页，北京，东方书店，1996。
⑧　梁漱溟：《中国文化要义》，90 页，上海，学林出版社，1987。

反过来又成为个体的压抑者。群体越落后,这种压抑会越严重。

群体主义的人文精神牺牲了人的独立性和自由,进而阻碍了以关心具体个人、保障人权自由地位为宗旨的法治的诞生。正如西方法学家歇斯代克指出的那样:集体要经常转变为反对个人权利为结局。新中国成立后,由于特殊的历史条件与前苏联的影响,大力加强国家对社会的控制、社会国家化的过程。表现在集体与个人的关系上,就是片面强调集体权利,使个人权利受到极大压抑,甚至像邓小平所说,在党和国家干部中间也存在着下级的"人身依附"关系。十一届三中全会后,国家慢慢退出一些领域,一个国家—社会的二元格局正在形成。尤其是1998年以后,我国渐渐扭转对集体人权的片面强调,相应地缩小集体人权的范围,使之适用于特殊社会群体的利益范畴,逐步加强对个人权利的保护,但集体权利仍是人权保护的一个中心议题①。正是基于对个人权利重要性的认知,我们要反对那些抹杀或者是掩盖个人权利的集体主义,批判"唯群体论"。要主张把个人从传统的家族社会特别是国家的压抑性的群体中解放出来,使每个个体都得以充分发展,形成鲜明个性,使每个人都能真正成为各种社会关系的主体。只有这种人,才能算是真正自由的人。

诚然,我们这样讲,并非提倡无政府主义和反对任何形式的集体主义,鼓吹孤立的个人主义。我们只是认为,只有每个人成为一个独立的人,获得全面解放,突出主体化才能使整体成为不带压制性的、生动活泼、具有旺盛生命力的整体,即黑格尔讲的"有机的整体"或马克思讲的"真实的集体",以实现"自由人联合体"的终极目标。

(四)法"以人为本",应是以权利为本

权利与权力、权利与义务的关系问题,不但是法学的基本问题,而且是政治学的重要概念。说它重要,是因为法哲学的许多问题都是围绕这两对范畴展开的。它们是法哲学研究中的举足轻重的理论问题②。对这两对范畴,有各种界说,但"以人为本"要求在处理它们的关系时,都应以权利为本位。

---

① 这一现象的突出表现,就是每当谈起中国传统的自由与权利理论的特点时,往往涉及个人与集体的关系,而这种关系的重心仍在强调集体的重要性上。有一种观点甚至认为,把个人解放看作是社会解放的前提,就是把个人自由的绝对化,进而说,"这种自始至终以个人为出发点和中心的学说,必然导致绝对的个人意志自由和无政府主义的政治理想。"这一观点有失偏颇。我们强调,人权的个人性才能使人权概念本身有意义,如果个人不以人权为理由主张权利并最终获得利益的话,人权的全部理论就失去存在的必要。

② 在权利与义务、权利与权力何者为法学的中心范畴的问题上,学界有不同的观点。张文显教授认为,权利和义务构成现代法哲学的中心范畴。这是他在对"中心(核心)范畴"作了明确界定,并在充分的理论依据及实践依据的基础上得出的重要结论。参见张文显:《法哲学范畴研究》,324—333页,北京,中国政法大学出版社,2001。童之伟教授则提出了"法权最有理由成为法学的核心范畴"的观点。在他看来,权利权力统一体的客观属性表明,将标志它的法权概念认定为法学的核心范畴"有非常充分的根据",同时列举充足的理由对这一结论予以明证。参见童之伟:《法权与宪政》,207—211页,山东人民出版社,2001。但是,无论权利义务,还是权利权力,都以"权利"为先。可见,权利是较之其他法学范畴而言的重要性。

1. 权利与权力关系中,以权利为本位。

这是因为:第一,权利衍生权力。马克思主义认为,权利和权力都属于社会上层建筑,归根到底根源于并决定于社会经济关系及其矛盾运动。"每种生产形式都产生出它特有的法权关系,统治形式等等。"①马克思反对把权利归结为纯粹意志的幻想②,同时反对把权力作为国家和法的基础,认为生产方式才是国家的现实基础,这些现实的关系绝不是国家政权创造出来的,相反地,它们本身就创造国家政权的力量③。就是说,国家权力不是凭空产生的,是以公民的权利为中介对社会经济关系的集中反映④。这在现代民主国家中,表现得更为明显。第二,国家权力的目标在于保障社会主体的权利。马克思在反对黑格尔对人民权利的轻蔑态度时,阐发了一个非常重要的观点。他指出:既然国家是和"国家的个人"发生联系的,是和"个人的国家特质发生联系的",那么,"国家的职能和活动是和个人有联系的""国家只有通过个人,才能发生作用"⑤,个人是真正现实的主体,也是国家的基础。就是说,国家权力的存在是以维护一定阶级、集团和人们的权利为前提的。只有为了社会的普遍权利,个别阶级才能要求普遍统治⑥。恩格斯在谈到国家的产生时指出,国家是一种行使公共权力的组织,是从"社会中产生但又自居于社会之上并且日益同社会脱离的力量"⑦;"随着法律的产生,就必然产生出以维护法律为职责的机关——公共权力,即国家。"⑧概言之,公共权力的存在基点与运行的终极目标,就是保障市民社会的私人领域以及私法主体的自由,并最终确保全部社会主体的自由与安全。西方政治学说中的天赋权利带有一定的虚构成分,但它阐明了这样一个重要原则:即国家的一切权力都是为了权利而设定的。

2. 法的本位是权利,而不是义务。

辩证的观点认为,作为法学的基本范畴,权利与义务这对矛盾的双方是对立统一的关系。将法的本位归结为权利,是因为在市场经济条件下,法本身就是商品交换关系和其他社会关系的意志化形态,即按照社会主体的意愿对一定利益及其获取方式的认可和规定,这实际就是权利。在欧洲的传统用语中,"法"和"权利"常用一个词来表示(recht,droit,diritto 等)。"即'法'与'权利'只是从不同侧面来观察同一社会现象而已。……法以'权利'为单位而构成、而适用。从这个意义上讲,法是权利的体系,且法当然地又应该是'权利本位'。"⑨也就是说,权利是法律大厦的基本构件。德国法学家

---

① 《马克思恩格斯全集》第 21 卷,738 页,北京,人民出版社,1965。
② 《马克思恩格斯选集》第 3 卷,72 页,北京,人民出版社,1995。
③ 《马克思恩格斯选集》第 3 卷,277—278 页,北京,人民出版社,1995。
④ 吕世伦、文正邦:《法哲学论》,560 页,北京,中国人民大学出版社,1999。
⑤ 《马克思恩格斯全集》第 1 卷,270 页,北京,人民出版社,1956。
⑥ 《马克思恩格斯全集》第 1 卷,12 页,北京,人民出版社,1956。
⑦ 《马克思恩格斯全集》第 2 卷,194 页,北京,人民出版社,1957。
⑧ 《马克思恩格斯全集》第 2 卷,539 页,北京,人民出版社,1957。
⑨ [日]川岛武宜:《现代化与法》,申政武等译,148 页,北京,中国政法大学出版社,1994。

耶林则将个人的权利视为主观法,讲道:"众所周知,法这一概念在客观的主观的双重意义上被应用。所谓客观意义的法(recht)是由国家适用的法原则的总体、生活的社会秩序,所谓主观意义的法即……对抽象规则加以具体化而形成的个人的具体权利。"①这就为权利在西方法学研究中占据核心地位奠定了理论基础。权利本位是特定历史形态的产物。在原始社会,基本上是一种权利义务未分化的状态,那时,"在氏族制度内部,还没有权利和义务的分别"②。奴隶社会和封建社会,是义务本位制,这是由当时经济关系建立在人身依附的基础上以及政治领域中实行的专制制度决定的。资本主义社会强调权利本位制,但这种本位实质上是维护"资本奴役劳动"的权利。社会主义社会,只在生产资料公有制和人民当家作主的范围是权利义务相统一的;而在市场经济领域(这将存在很长时期)中,依然是权利本位的。"以人为本"就是强调重视每个个人的权利。意在弘扬人的自主意识和主体精神,认可与扩充人们活动的自由空间,同时也是繁荣社会主义市场经济所绝对必须的。

需要指出的是,主张"权利本位",并不是要一般地反对权力,也并非否定国家权力在社会生活中的重要作用③。相反,马克思主义反对否认国家权力的无政府主义,并竭力坚持和实现无产阶级专政。同样,坚持"权利本位",并不是一般地反对义务,不是排斥个人对他人、国家和社会应尽的义务。如同马克思所说:"没有无义务的权利,也没有无权利的义务。"只是说,搞市场经济就不能排斥权利本位。至于权利、义务的彻底统一,那是遥远的共产主义社会才能做到的。

三、"以人为本"的法治精神重构

我国自20世纪70年代末至80年代初以来,"法治"概念在中国重新提起,尤其是我国"依法治国"基本方略确立后,学界围绕法的合理性、法的价值、法制与法治、良法等问题予以广泛的关注和理论探讨。在法制的人文精神建设方面也取得了一定进步:如,取消刑事类推制度,实行罪刑法定原则;刑事诉讼法中吸收无罪推定原则;行政立法开始注重以人为本,改革行政许可制度;特别是人权立法的强化等。尽管如此,作为法治精神根基的"以人为本"的培植与研究的不足仍是不可回避的现状,导致无论是理论界还是实践中,关于法治的目的性价值——关怀人的价值和个性的培养和发展之类的问题,尚未得到应有的重视和解决。而这些问题势必影响到"依法治国"方略的准确理解及科学实施。因为要构建法治不仅需要完善的法律(制度)这一因素,更为重要的是,需要具备支撑法治的"以人为本"的精神。就是说,法治的出发点和最终目标都必须立足于关怀人类自身,否则势必违背人类追求法治的初衷。重构"以人为本"的法治

---

① 梁慧星:《为权利而斗争》,3页,北京,中国法制出版社,2000。
② 《马克思恩格斯选集》第4卷,159页,北京,人民出版社,1972。
③ 吕世伦、文正邦:《法哲学论》,562页,北京,中国人民大学出版社,1999。

精神,是当代我国法治建设的重心和必然,也是社会主义自身的性质所决定的。

(一)"以人为本"的法治观念

法治观念是人们关于法治的认知、评价和情感体验,是一种带有基本倾向的法律意识[1]。从总体上说,自由、民主、平等以及个体本位没有内生于中国传统社会的观念文化中,这是数千年中国法意识和法制度匮乏的重要原因。当代中国,"依法治国"与"以人为本"要求树立与之相适应的法治观念体系。

1. 突出个人权利观念。

法治观念包含权利观念、守法观念、良法观念、法律权威观念等。但"以人为本"的发展观,要求对个人的权利观念的特别关注与培育。因为法治化状态,需要的不仅仅是一系列良法,更要有以理解法精神的人文基础和权利观念。亚里士多德曾讲过:"即使最完善的法制,而且为全体公民所赞同,要是公民们的情操尚未经习俗的教化陶冶而符合于政体的基本精神(宗旨)——要是城邦订立了平民法制,而公民却缺乏平民情绪……这终究是不行的。"[2]这就是说,公民对法的精神的理解和内化对于法治建设具有关键作用,公民应充分理解国家与法的存在的正当理由,以及国家权力资源配置的出发点。否则,公民就不能很好地适应本邦的政治体系,当然也就不能从事公民所应实践的善业。这一意识就包括了公民个体对自己及他人权利的认知,对国家法律的认知。一般认为,强调个人权利更多的是相对于"义务""权力"及集体权利而言的优先性。这些问题前已作过论述,不赘。

2. 主体性观念。

主体观念是公民现代法治观念的重要方面。在法治社会,人首先要认识到自己是人,是主体的存在;同时,尊重他人作为人的这种主体性。黑格尔曾将主体性的人和他们之间的相互尊重视为其抽象正义的出发点。他说,意志的根本属性是自由。但自由只有作为意志、作为主体,才能摆脱单纯的精神形态和抽象性,才是现实的意志即人的意志。川岛武宜也讲道:"近代法意识的最根本的基础因素是主体性的意识。"他还具体分析了主体性意识包含的内容:"第一,人要认识自己作为人的价值,是有独立价值的存在,是不隶属于任何人的独立存在者;第二,这种意识在社会范围内,同时是'社会性'的存在,大家互相将他人也作为这种主体人来意识并尊重其主体性。"[3]公民的主体性意识表现在政治经济领域,就是对政治生活、经济生活的广泛参与。事实上,也确是因为公民的参与意识的提高,才奠定了现代法治国家的以限制政府权力、保护公民权利为宗旨的宪政基础。如同美国学者詹姆斯·李所言:"正是在公民这一层次上,而不是在精英层次上,决定着民主自治政府的最终潜能是否存在。"[4]马克思也曾指出:

① 李龙:《依法治国方略实施问题研究》,121 页,武汉,武汉大学出版社,2002。
② [古希腊]亚里士多德:《政治学》,吴寿彭译,275 页,北京,商务印书馆,1965。
③ [日]川岛武宜:《现代化与法》,申政武等译,53 页,北京,中国政法大学出版社,1994。
④ 魏健馨:《论公民、公民意识与法治国家》,载《政治与法律》,2004(1)。

"在所有国家,政府不过是人民教养程度的另外一种表现而已。"①就是说,公民通过参与国家政治而获得的体验和积累,有利于提高公民的宪政素养;而法治国家又需要通过广大公民的各种参与,达到其成员的心理认同,维持政治系统的良性运作。从这个角度讲,"最大多数人的利益和全社会、全民族的积极性和创造性,对党和国家事业的发展始终都是具有决定因素的……把一切积极因素充分调动起来,至关重要。"②

中国的传统文化是以儒家思想为基础构建的,国家与社会、国家与个人之间的关系带有浓厚的宗法等级色彩。加之传统的政治法律过度倡导追求统治的和谐、漠视个体生命与自由的存在和价值、强调身份差别和肯定社会地位的等级,平民百姓对于国政是沉默的、惊畏的,从而导致国家本位、官本位为基本的思维定势和公民主体意识的缺乏就不足为怪了。法治要求强化公民的主体意识,并使之成为公民的内心诉求。当然这种主体意识并非为所欲为,而是"必须不使自己成为他人的妨碍""而且正因为约束了他本性中自私性部分的发展才使其社会性部分可能有更好的发展"③。

3. 开放观念。

在法治观念的民族性与普遍性的问题上,传统上的做法是固守阶级性的理念,简单地把法归于政治范畴,以便维护本国孤立的计划经济体制。但我们今天所面临的任务则应是不断迎合世界经济一体化的潮流,更新自己的观点和认识方法④。具有民族性特征的法理念本身,是该民族特定的生存和生活方式、地理环境、文化传统、社会体制的反映。当法理念赖以生成的现实条件和根据一旦发生变化而且是剧变,法治观念的变革与更新就在所难免了。这种情况下,"以人为本"精神就要求开放性的法治意识。因为,只有实现开放,才能快速地解放和发展生产力,推动政治和文化事业的前进,增强人的独立自主性,使人得到全面发展,满足迅速增长的人的物质和精神上的需要。

(二)"以人为本"的立法精神

法治的实现固然需要良法,但"以人为本"的人文精神的奠基和弘扬,无疑是法治得以顺利实施并达至理想目标的关键⑤。正因如此,法制现代化不应等同于法律制度

---

① 《马克思恩格斯选集》第 1 卷,687 页,北京,人民出版社,1972。

② 江泽民:《全面建设小康社会,开创中国特色社会主义事业新局面》,人民日报,2002 - 11 - 18。

③ [英]约翰·密尔:《论自由》,程崇华译,1 页,北京,商务印书馆,1959。

④ 林荣林:《社会主义政治文明建设的方法论思考》,http://www.wutnews.net,2004 - 10 - 15。

⑤ 正如伯尔曼所讲的那样,西方法治深深扎根于近现代西方人文沃土之中——文艺复兴对人的本质、尊严、个性和自由的发现和肯认;宗教改革对人的理性、人道、人的价值等的深切关怀和崇尚——又以这样的人文精神的反哺为其根本的精神底蕴和动力之源。因而,法治的势强无疑就是因为人文精神在其中得到了十足的维系和张扬的缘故,而法治的式微无疑也仅仅是因为人文精神的失落与式微。他认为,所谓目前发生在西方的法治危机又称正统性的危机别无他解,仅仅是因为人文精神、人文信仰的整体失落和沦丧,它已为现世主义和理性功利主义所取代。参见[美]伯尔曼:《法律与革命》,贺卫方、高鸿钧等译,导论第 39 页以下,北京,中国大百科全书出版社,1993。另参见杜宴林:《论中国法制现代化的现实关切与终极关怀》,载《法制与社会发展》,2003(3)。

的现代化,不能坚守法治就是法律规则得到实施之信念。谢晖先生曾坦言道:"法治的法律:人化的道德",是"主体道德需要的制度安排和规范表达"①。就是说,只有法治之法是以保障促进人的自由为核心,反映人类的尊严、实现人类价值等人文精神的时候,只有立法精神和价值导向获得公众的认同的时候,法治才能将客观的行为标准转化为人民的主观行为模式,获得人民的信赖和自觉遵守,从而达到真正的法治国的目标。博登海默就此指出:在最普遍的意义上,"任何值得被称之为法律制度的制度,必须关注某些超越特定社会结构和经济结构相对性的基本价值",可以想象,"一种完全无视或根本忽视上述基本价值中任何一个价值或多个价值的社会秩序,不能被认为是一种真正的法律秩序。"②对此,马克斯·韦伯和哈贝马斯有着类似的观点。马克斯·韦伯认为,统治系统出于自愿服从和信仰体系构成,而后者具有关键意义,只有确定对统治的合法信仰,才能使社会成员对现存制度予以认可并使之得以维系③。哈贝马斯则将人民的认可与法律制度的合法性相联系,说:"合法性是一个合法的制度赢得承认。合法性就是承认一个政治制度的尊严性。""任何一种政治制度,如果它抓不住合法性。那么,它就不可能永久地保持住群众(对它所持有的)忠诚心,这也就是说,就无法永久地保持住它的成员们紧紧地跟它前进。"④总之,在立法时,"法律不应只图方便;它应当致力于培养所有有关人员——当事人,旁观者和公众——的法律情感"⑤,还应该用法律来集中和反映人民的意志,并按照"服从法律的人民就应该是法律的创作者"⑥的精神与要求来制定法律,从而充分体现出关心人、尊重人的特有的"以人为本"精神,将一个人治与权力的文化转变为一个法治与"以人为本"的文化。正是基于对人文精神关怀的重要性的认识,哲学家伯特兰·罗素说道:"我以人类的一员向所有的人类存在物呼吁:记住你们的人性而忘记其他吧!如果你们能够做到这一点,那么你们就会打开通向新的天堂之路;如果你们不能做到这一点,那么留给你们的只会是共同的毁灭。"⑦

当前,我国立法中应着重强调以下几点:

1.立法要着眼于尊重人的自由权。

现代社会,法的价值呈现多元化取向,但最为根本的就是立法的价值应当符合自由、民主、人权和法治的精神,符合最大多数人的最大利益,符合人类社会的本质和每个人的生存与发展。在所有立法价值的选择中,最主要的应当是自由。自由是法发展

---

① 谢晖:《法治的法律:人化的道德》,载《法律科学》,1997(5)。
② [美]E.博登海默:《法理学——法律哲学与法律方法》,邓正来译,77页,北京,中国政法大学出版社,2001。
③ 苏国勋:《理性化及其限制:韦伯思想引论》,189页,上海,上海人民出版社,1988。
④ 欧力同:《法兰克福学派研究》,339页,重庆,重庆出版社,1993。
⑤ [美]哈罗德·J.伯尔曼:《法律与宗教》,梁治平译,59页,北京,生活·读书·新知三联书店,1991。
⑥ [法]卢梭:《社会契约论》,52页,北京,商务印书馆,1980。
⑦ [英]弗洛姆:《人的呼唤》,王泽应等译,53页,北京,生活·读书·新知三联书店,1991。

到现代其所应当具有的精神内核。如果说法的最高使命是人的彻底解放，是人的全面发展的话，那么自由则是人类走向这条道路的动力、途径和始终相随的法律精神。

中国是一个在法制历史上缺乏自由传统的国家。历史上长期的专制严重压抑了人的自由。在制度层面上，不尊重人的自由，漠视人的自由早已成为历史积弊。社会主义建立后，在法制上，人民的自由得到了法律的确认。但是，由于历史的原因，这种局面的根本改变有待长时间的努力和法制的不断完善。自己自由，也尊重别人的自由，这是自由的两个重要的方面。

中国正在进行市场经济建设。而市场经济无疑是自由的经济和法治导引下的经济，市场经济对于法制和法治都提出把自由作为时代精神的要求。没有自由和法治，便无市场经济可言。市场主体的精神需要自由，市场主体的行为更需要自由，这些自由都需要法制予以保障。市场经济中的立法，必须体现自由的精神要求，必须切实地保护市场主体的自由。市场经济中的执法、司法一定要以实现自由为己任。

凡是对于法律所保护的自由的任何侵犯，都应当受到法律的制裁。凡是法律所不禁止的，都是人们不受法律干涉而可以自由行为的领域。

中国正在进行的改革的一个重要目标就是给每个个体和群体以最大限度的自由，从而达成解放生产力、发展生产力的目的。这也包含着对于法律自由的时代要求。中国的改革是全方位的，包括政治、经济、文化、教育乃至社会生活的各个方面。这些改革不是对于自由的压制，而是对于自由的张扬与扩展。一个充满自由的社会才是一个具有活力的社会，才是一个有发展前途的社会。改革的自由旋律，要求法的自由精神与之相呼应。只有法具有了自由的精神，改革的目的才可能在法律的保障下成为现实。

2. 立法要尊重和保障人权。

享有充分的人权，是长期以来人类追求的理想。从一定程度上讲，"以人为本"在法律上的体现就是"以人权为本"。对于中国来讲，维护人权和不断改善人权状况，是国家的根本目的之一；依法治国，共产党执政，保障人民当家作主，都是为了实现人民的人权和基本自由，最终实现全人类的彻底解放。正如1991年《中国的人权状况》白皮书向全世界宣示的那样，"继续促进人权的发展，努力达到中国社会主义所要求的实现充分人权的崇高目标，仍然是中国人民和政府的一项长期的历史任务。"人权是人之作为人，基于人的自然属性和社会本质所应当享有的权利。"中国政府依法保护人权，反对一切侵犯公民合法权利的行为。"社会主义市场经济和共产党执政条件下的依法治国，其确认和保障人权的基点，在于为公民权利的行使提供可靠的法治保障。从这个角度讲，依法治国与尊重和保障人权的内在属性是一致的。

我国到目前为止，已加入了22个国际人权公约，包括《经济、社会和文化权利国际公约》以及《公民权利和政治权利国际公约》。这两个公约都明确规定："对人类家庭所有成员的固有尊严及其平等的和不移的权利的承认，乃是世界自由、正义与和平的基础。""国家尊重和保障人权"先后出现于中国共产党"十五大""十六大"报告中,并于2004年庄严载入宪法修正案;宪法还正式赋予了非公有制经济的同等权利保障;2003年行政许可法的制定和实施,目的就在于更好地保证行政相对人的权利和利益。所有这些都意味着国家立法正在实现由政府本位立法向公民本位立法,由义务本位立法向权利本位立法的转变①。这标志着国家权力运作、国家的价值观正在朝着"以人为本"的方向迈进,直至上升为一种国家理念。需要指出的是,所有这些承诺或立法精神和原则还需要相应的配套制度保证落实。中国的立法应严格遵守国际人权公约的各项规定,保证国内立法的价值选择符合国际社会的正义和人权标准。一句话,"以人为本""人权至上"应当成为我国立法的重要指导原则。

3. 立法应关注私法自治的理念。

公法与私法的划分源自大陆法系,并对大陆法系产生了深远的影响②。公法、私法的划分标准很多,区分公法、私法的工作亦非易事。理由在于,"区分公法与私法之间的困难正好在于国家及其国民间的关系不仅具有'公的'而且还有'私的'性质。"③但我们不能把此认为区分公法、私法毫无意义。相反,私法因与公法分开,使私法能够不受政治的影响,有效地保护和促进市场经济的发展④。韦伯也认为划分公法私法具有重要意义,指出:"现代法律理论和实践中的最重要划分之一是'公法'和'私法'的划分。"而且,"从整体上讲,私法中的合同法的重要性的增强是我们社会中市场趋向在法律上的反映。"⑤

我国历史上曾长期实行高度集权的计划经济体制,那时从实质上讲,是不存在具有"真正私法精神"的私法的。尽管存在调整公民与公民之间的关系的法律,但却充满了国家的意志的干预,当事人的意志自治受到了极大的限制和约束。而市场经济机制的确立,为私法的发展提供了空间。在市场经济背景下,社会划分为公域与私域,表现为政治国家和市民社会二元结构。为了进一步约束国家公共权力,扩大公民个人权利的范围,鼓励和保护人们对个人权利的合法追求。将私法制度作为国家法律制度的基点和支点,具有重要意义。因为,私法的精神主要就表现为平等原则与意思自治原则;如果一种私法不体现这两种原则,那么,"它只是形式上的私法,而不是实质上的私法,

---

①　阮占江:《从旧法废止中看立法精神的变迁》,法制时报,2004-06-03。

②　关于公法与私法的划分是罗马法以来的传统分类。《法学总论》中讲到:"法律学习分两部分,即公法和私法。公法涉及罗马帝国的政体,私法则涉及个人利益。"见查士丁尼:《法学总论》,张企泰译,5—6页,北京,商务印书馆,1993。《学说汇纂》认为:"公法是有关罗马国家的规定,私法是关于个人利益的规定。"参见江平、米健:《罗马法基础》,9页,北京,中国政法大学出版社,1991。此后在西方国家,公法、私法的划分标准大致可分为四种:利益说、主体说、法律关系说和生活关系说。

③　[奥]凯尔森:《法与国家的一般理论》,沈宗灵译,227页,北京,中国大百科全书出版社,1996。

④　王泽鉴:《台湾的民法与市场经济》,载王泽鉴:《民法学说与判例研究》(第7册),北京,中国政法大学出版社,1997。

⑤　王晨光、刘文:《市场经济与公法与私法的划分》,载《中国法学》,1993(5)。

它只具有私法的躯干,而不具有私法的精神。"①私法理念的培育和逐渐养成,有利于公民确立主体、人格、权利、平等、自由和责任等权利观念以及民主的、有限的和法治的政府观念,从而更好地体现和实现"依法治国"与"以人为本"的结合。

(三)"以人为本"的执法理念

执法②是法治实现的关键环节。我国民主革命的先行者孙中山先生在总结中外法制建设的经验时,曾深刻指出:"国人性习,多以定章程为办事,章程定而万事毕,以是事多不举。异日制定宪法,万不可蹈此覆辙。英国无成文宪法,然有实行之精神,吾人如不能实行,则宪法犹废纸也。"③这段话足以表明法制建设中,执法是非常重要的环节之一。近年来,国家执法机关在执法工作中,取得的成效是有目共睹的。但也存在明显问题,如执法"不作为"、执法权力商品化倾向、滥用刑事强制措施、不注重保护违法犯罪嫌疑人合法权益、行政执法重实体轻程序等问题还较为突出,其影响和危害颇大。

现代法治国家是建立在"以人为本"——对人的价值和基本权利的保障基础上的。执法过程也并非一个简单的落实和执行法律的过程,它"可以视为一个由权限、权力与权利关系以及多项因素综合作用的过程,它也可以看作一个摆正权力与法律、权力与权力关系以及同等看待实体与程序、合法与合理的过程"④。现代执法理念的核心和基石应是对人的尊严和人的价值的认可和尊重,体现"民主""人权""法治"等基本人文精神。就民主而言,现代执法理念要求反映人民群众对执法者权力和责任的要求,现代执法要充分体现"以人为本",在司法制度的构建与运作中,要尊重公民和当事人的意愿、保障其权利和自由,维护其尊严⑤。就人权讲,人权是现代执法理念的核心。人权对于执法者具有道德和观念上的导向作用,要以保障人权为出发点,推进公、检、法机关的人性化服务。在这种服务型行政模式中,"管理主体是服务者,而管理客体是服务的接受者",国家的行政体系是"一种根据服务的目的而建立起来的,不仅在客观制度或体制的设置上体现了为公众为社会服务的目的,而且在行政人员的主观动机中深深地蕴涵着时时处处从公共利益出发为公众为社会服务的强烈愿望"⑥。法治运用于执法理念中,就是执法方本身必须尊重、服从和遵守法律。因为"政府守法从一定意义

---

① 王涌:《私权的概念》,载夏勇主编:《公法》(第一卷),398页,北京,法律出版社,1999。
② "执法"有广义与狭义之分。广义上相当于"法的实施",不仅包括通常意义上的"行政执法",而且包括"司法"。对此,姜明安教授在《行政法适用的十个问题》一文中也指出,在一个法治国家,整个行政活动与司法活动在广义上都可以认为是"执法",但狭义上的执法仅指行政执法。本文中执法一词是在广义上使用。
③ 严存生:《法的理念探索》,259页,北京,中国政法大学出版社,2001。
④ 肖全明:《关于政府立法品位和行政执法错位的思考》,载《法学》,1999(9)。
⑤ 2003年最高人民检察院试行的外部监督机制——人民监督员制度,是"以人为本"理念在我国检察工作中的重要体现。一方面,吸收公民直接参与司法活动是一国司法民主化的重要标志;同时,为推进司法的民主化和社会化作出了表率。
⑥ 张康之:《公共管理伦理学》,13页,北京,中国人民大学出版社,2003。

上关系着法律至上观念的成败。因为完全缺乏对法律的经验，人们尚可以相信法律的价值及其作用，保留对法律的企盼，若是一种恶劣的'政府都不守法'的法律经验，将会从根本上摧毁关于法律的信念，甚至使人们丧失对法律的信心，更不必说法律至上观念。"①因而，法治要求执法主体在执法过程中、尤其是在行使自由裁量权时，要以"法治主义"和"以程序制约权力"为基础，因为法治的要义之一就是"政府必须根据公认的、限制自由裁量权的一整套规则和原则办事"②。显然，这是"依法治国"之起码的形式要件。

综上所述，"以人为本"应作为我国法治建设的精神支柱。正如毛泽东所讲的："被束缚的个性如得不到解放，就没有民主主义，也就没有社会主义。"③就是说，社会主义法治应以彻底解放人作为最高宗旨，"以人为本"与"依法治国"相辅相成，缺一不可。

第四节　以人为本的法体系研究

一、以人为本的法体系

一国的法体系根据不同的标准，可以划分为不同的法部门。不同的法部门调整不同的社会关系。不同的社会关系中所活动的人各不相同，这些人所具有的权利也相应而异。例如，民法中的人和刑法中的人是不同的，民法中的人所具有的权利和刑法中的人所具有的权利也是不同的。人的不同最终决定着各个法部门的不同，不同的法部门也以这种不同的人为特征。可以说，法部门的分化与人的分化是同一的。法要真正实现"以人为本"，就必然要把法体系具体化为"不同的法部门以不同类型的人为本，以不同类型人的权利为本"这样一个公式。

本节的宗旨在于论述，以"人"为着眼点和归宿点，以不同法部门中人的不同，把整个法体系分为根本法、市民法、公民法和社会法。而这背后则是市民社会与政治国家由浑然一体到相互分离，再到相互融合的发展过程。笔者试图说明根本法应以"普遍的人"为本，应以人的基本权利为本；市民法应以"市民"为本，应以人的市民权为本；公民法应以"公民"为本，应以人的公民权为本；社会法应以"社会人"为本，应以人的社会权利为本。

（一）根本法与基本人权

所谓根本法，即指宪法。而宪法之作为根本法，不仅在于具有最高的法律效力，最根本的在于它是"人权保障书"。人权原则是宪法的最基本的原则和范畴，宪法的终极

---

① 夏锦文、蔡道通：《论中国法治化的观念基础》，载《中国法学》，1997(5)。
② 张文显：《二十世纪西方法哲学思潮研究》，612页，北京，法律出版社，1996。
③ 毛泽东：《致秦邦宪》，载毛泽东：《毛泽东书信选集》，239页，北京，人民出版社，1983。

目标就在于保护人的基本权利。世界上第一个把人权提到纲领性文件和根本法地位的是 1776 年美国的《独立宣言》。它宣布:"人人生而平等。他们从自己的造物主那里被赋予了某些不可转让的权利,其中包括生命权、自由权和追求幸福的权利。"马克思称它为"第一个人权宣言"①。1789 年法国制宪会议通过了第一个直接以"人权"命名的《人权和公民权利宣言》(即通称的《人权宣言》),它宣布:"在权利方面,人们生来而且始终是自由平等的。""任何政治联盟的目的,都是保护人的不可剥夺的自然权利。这些权利是:自由、财产、安全和对压迫的抵抗。""凡权利无保障的地方,就没有宪法。"随着资产阶级革命在其他国家的胜利,人权原则也被确认为这些国家宪法的精髓。社会主义国家产生后,有了资本主义类型的宪法与社会主义类型的宪法之分。然而,在人权保护方面,这两种阶级本质不同的宪法却拥有共同的理念和支撑点,即都以保护人的基本权利为己任。

人的权利是多方面的,宪法保障的主要是人的基本权利。这种基本权利具有普遍性,它是人作为人都应该享有的权利,不因国家制度的不同而不同。在最根本的意义上,中国人、美国人、欧洲人、非洲人都是"人",都有作为"人"的基本需要,也就是人的"基本"权利,而保护这些"基本"权利的法部门只能是宪法。在全球化的今天,宪法更应该彰显其对人权"共性"方面的保护,而不应仅仅局限于只和本国公民身份相联系的权利。生活在中国的美国人或生活在美国的中国人同样需要宪法的保护,而不论其是否是这个国家的公民。现代国家的通例是非政治性的宪法权利——包括言论、新闻、集会、结社等具有政治含义的权利——同样为生活在特定国家里的一切人所享有;是否属于特定国家的公民,并不能成为享有这些基本"人权"的先决条件。事实上,在某些国家,某些政治权利——例如地方政府的选举权——也可以为生活在当地的外国人所行使。相比之下,我国宪法所定义的权利还是"公民权利",仍待完成从公民权到普遍人权的观念转变②。2004 年修宪已把"国家尊重和保障人权"正式写入宪法,这在"人权"保护方面是一个巨大进步。

作为国家的根本法,宪法不只是要保护多数人的权利,而且要保护少数人的基本权利。如果宪法借口保护多数人的权利和利益,而置少数人的"基本"权利于不顾,就势必发生"多数人暴政"(历史的教训早已证明,多数人的暴政会迅速地转化为个别人的专制政治)。因为这些基本权利是人作为人都应该享有的权利,是人的价值和尊严的体现,应该始终受到尊重,不能被随意剥夺和取消。这一点,联合国 1948 年的《世界人权宣言》、1966 年的《经济、社会和文化权利国际公约》和《公民与政治权利国际公约》已有相当透彻和清晰的规定。

宪法上的人是涵盖每一个体的"普遍的人"。宪法上的人的权利是社会和国家中

---

① 参见《马克思恩格斯全集》第 16 卷,26 页,北京,人民出版社,1964。
② 参见张千帆:《宪法学导论》,465 页,北京,法律出版社,2004。

的个体与群体的"基本权利",亦即"普遍人权"。宪法的存在与发展就是以这种普遍人的"基本权利"为"本",而不应简单地当成执政党或少数执政者政策的宣言书。对此,有两点是必须肯定的:第一,宪法上这种"普遍的人"必须具体化为部门法中的"具体的人",这种普遍人的"基本权利"也必须被部门法具体化为"具体的权利"。只有这样,宪法上的人和宪法上的权利才能落到实处。当然,由于各国的政治、经济、文化等具体国情不同,宪法上的基本权利在具体化为部门法上的权利时,也必然表现出差异性和多样性。另外,即使宪法上的"基本权利"没有具体化为部门法的"具体权利",当公民的基本人权受到侵害时,法院也应该直接援用基本人权条款对公民做出保护,从而让宪法真正成为公民手中的"圣经"而不至沦落为"中看不中用"的摆设。第二,要严格地遵循"普遍人权"原则,应该正确对待和处理"人权"和"主权"的关系。在此问题上,我们既要反对以人权为由干涉他国或民族共同体内政的西方(尤其是美国)霸权主义行径,同时也要反对以"主权高于人权"的国家主义为由否认人权的普遍性和共性,否认人权全球化保护的时代大趋势。

(二)市民法与市民权

作为公法的对称,私法是市民社会的基本法,在私法中活动的人(主体)是"市民",私法保护的是"市民权"(人权),因而私法也叫市民法。私法在一国法体系中居于重要的基础性的地位,主要包括民法和商法两个部门。市民社会有广义和狭义之分。广义上的市民社会就是从物质关系方面加以强调的一般社会,简称"社会"。黑格尔和马克思常常把"市民社会"称之为"经济国家",就是由于它是物质生活资料的生产和消费的领域或"需要的体系"。狭义上的市民社会即指自由资本主义社会,它是从中世纪贸易城市兴起、经过资产阶级革命确定下来的,其典型形态就是19世纪的西欧和北美社会,即英国思想家梅因所说的"契约社会"。

市民社会是市场经济发展的结果,而市场经济的灵魂乃个人所有制和契约自由。市民社会使人从国家主义、集体主义和整体主义压制下解放出来,使人成为独立的人,成为自由人格,成为拥有权利而又彼此竞争的主体。黑格尔指出,市民社会是个人追逐私利的领域,是一切人反对一切人的战场,并且也是私人利益与公共事务冲突的舞台。他说:"在市民社会中,每个人都以自身为目的,其他一切在他看来都是虚无。但是,如果他不同别人发生关系,他就不可能达到他的全部目的,因此,其他人便成为特殊的人达到目的的手段。但是特殊目的通过同他人的关系就取得了普遍性的形式,并且在满足他人福利的同时,满足自己。"[①]"市民社会的市民,就是私人,他们都把本身利益作为自己的目的。"[②]实际上,黑格尔所理解的市民社会中的"市民",就是亚当·斯密所说的"经济人"和边沁所讲的"功利主义者",自身利益最大化是其一切行动的目

---

① ［德］黑格尔:《法哲学原理》,范扬、张企泰译,197页,北京,商务印书馆,1961。
② ［德］黑格尔:《法哲学原理》,范扬、张企泰译,201页,北京,商务印书馆,1961。

的。马克思认为,市民社会与政治国家的分离,使社会中的每一个独立的人也就担当着双重角色,他既是市民社会的成员,也是政治国家的成员。个人也具有双重身份:市民和公民。"在政治国家真正发达的地方,人不仅在思想中,在意识中,而且在现实中,在生活中,都过着双重生活——天国的生活和尘世的生活。前一种是政治共同体的生活,在这个共同体中,人把自己看作社会存在物;后一种是市民社会中的生活,在这个社会中,人作为私人进行活动,把别人看作工具,把自己也降为工具,成为外力随意摆布的玩物。"①

市民社会与政治国家的分离又导致了人权②和公民权的确立,并且使公民权成为人权的一部分③。马克思指出,在市民社会与政治国家合而为一的中世纪,人为政治制度而存在,是整体本位的;而在市民社会与政治国家分离的条件下,政治制度为人而存在,是个人本位的。利己主义的个人不仅是市民社会的目的,也是政治国家的目的。当边沁理直气壮地宣布国家需要保障和实行"最大多数人的最大幸福"这个公式的时候,他确实是一语道破了"天机"。在市民社会中,人的目的性体现为人权;而在政治国家中,人的目的性则体现为公民权。马克思说:"人权之作为人权是和公民权不同的""不同于公民权的所谓人权无非是市民社会的成员的权利,即脱离了人的本质和共同体的利己主义的人的权利"④。马克思进一步认为,"作为市民社会成员的人是本来的人,这是和公民不同的人,因为他是有感觉的、有个性的、直接存在的人,而政治人则是抽象的、人为的人,寓言的人,法人。"⑤简言之,市民社会的人是现实的人,政治社会的人是抽象的人。人们首先是市民社会的成员,其次才是政治社会成员。与此相一致,公民权隶属于人权,它是人权的一部分。

由此可以看出,市民社会里的人是作为纯粹私人进行活动的,自由与平等是其基本原则,权利是其基本追求。这一切的总和就是本来意义上的真实人权。作为调整这种市民之间关系的法即市民法,就是维护私权利(市民权利)的法,也可以说是"人权法"。恩格斯说:"私法本质上只是确认单个人间的现存的、在一定情况下是正常的经济关系。"⑥在商品经济中,这个"正常的经济关系"就是商品交换得以存在和发展的法权制度。这个法权制度必须确立交换者的能力(主体)制度、物的归属(所有权)制度及物与物相交换(契约)制度这些商品经济的基石,个人的独立、自由、平等的法律表现,就是权利。所以,私法的本质是个人权利,它在形式上表现为一系列授权性规范。

市民权的存在以国家与社会的相对分离为前提,如果没有对国家权力范围的限

① 《马克思恩格斯全集》第1卷,428页,北京,人民出版社,1956。
② 即市民权,是人在市民社会所享有的权利,是人最初意义上的权利。
③ 参见俞可平:《政治与政治学》,82、83页,北京,社会科学文献出版社,2003。
④ 《马克思恩格斯全集》第1卷,437、436页,北京,人民出版社,1956。
⑤ 《马克思恩格斯全集》第1卷,443页,北京,人民出版社,1956。
⑥ 《马克思恩格斯全集》第4卷,76页,北京,人民出版社,1958。

制,私权利只是暂时的、不确定的,随时有受到无限扩张的公权力侵害的可能。私法要以"市民"为本,以"市民权"为本,就必须防止和警惕国家权力的不当干涉和侵犯。市民权以自由为价值取向,它确立的是作为个体的人在社会经济活动中所具有的自主性与主导性,由此界定出一个国家不能干预的、平等个体交往的相对独立的发展空间。私法是个人主义和自由主义的集中体现,对它应该以"放"为主,由私人主体自我调整、自我解决其关系及纠纷;只有当私人的力量不足以或不适合于解决时,国家才可以出面,以保护者、监督者的身份出现。这就是"私法自治"。"私法自治"的典型表述为:"个人得依自我意思形成私法上的权利义务关系。"①从历史上看,私法自治无疑是一种进步,它是近代资产阶级革命胜利的产物。资产阶级用法律的形式记载了资产阶级的个人自由、意思自治,为发展自由的资本主义经济扫清了障碍。"私法自治"把个人权利放在"本位"的地位,不是以等级特权为中心,而是以市民社会的人及其活动为中心,这是商品经济替代自然经济的必然结果,"向以适合于人的方式对待人的方向迈出的基础性的第一步"②。其背后是一种尊重人、使人成为人的思想的支持。它可以有效地将国家权力排除在私人生活之外,实现私人生活的非政治化和非意识形态化,从而是向着实现私人生活的自由、平等与博爱和对人的一种终极关怀的方向迈出的历史性的步伐。

与西方不同,中国私法(市民法)的发展不仅存在着先天不足而且在新中国成立后的几十年中也没有能够得到正确认识和应有的发展。可以说,改革开放的30多年就是一个市民社会艰难发育的过程,同时也是市民法由兴起到繁荣的发展过程。市民法的发展强调市民社会的独立性和人的自由、平等即权利或人权,要求"把恺撒的东西交给恺撒,把上帝的东西交给上帝"。在这种意义上,"公私不分""一切为公"或"大公无私",会阻碍人的解放和市场经济的发展。

我们面临的现实是个缺乏"私法精神""私法文化"的社会,以公权力侵犯"私领域"和"私权利"的事件屡见不鲜,"陕西夫妻黄碟案"就是一个典型例证。因而,在当前,一方面我们强调私法要以"市民"而不是"公民"为本,以"市民权"而不是以"公民权"为本,防止和消除国家权力的不当干涉。另一方面,个人权利的完满也依赖于我们每个人的权利意识和为权利而斗争。正如耶林所说,斗争是法的生命,为权利而斗争是对自己的义务③。因为,个人权利就是法(right)本身,对前者的侵害也同时是对后者的侵害。要真正使私法以"市民"为本,以"市民权"为本,需要我们每个个体人的持续的、不断的斗争。

(三)公民法与公民权

市民社会与政治国家的分野不仅产生了现代意义上的私法,也产生了现代意义上

---

① 梁慧星:《民法总论》,33页,北京,法律出版社,2001。

② [日]星野英一:《私法中的人——以民法财产法为中心》,王闯译,载《民商法论丛》第8卷,192页。

③ [德]鲁道夫·冯·耶林:《为权利而斗争》,胡宝海译,15、23页,北京,中国法制出版社,2004。

的公法。公法是相对私法而言的,无私法则无所谓公法。公法即公民法,是调整政治国家领域内之关系的法,是人作为公民所制定的法,包括刑法、行政法、程序法以及军事法。

市民社会并非万能,也并非是一个自足的体系,在市场和整个市民社会的原则失效的地方,就是政治国家起作用的地方。市民社会虽然拥有其自身的规律而独立于国家,但市民社会的市场规定性决定了它的盲目导向,"在市民社会中,每个人都以自身为目的,其他一切在他看来都是虚无"①。由于"市民"的所有活动都关注于个人的私利或特殊利益,所以,市民社会是一个私欲间无休止的冲突场所。市民社会本身无力克服自己的不足和消除内部的利益冲突,如要维持其存在,就必须诉诸一个更高的伦理实体——国家。川岛武宜说:"市民社会不是完全自然地存在着的,在非常强烈的政治社会的近代国家里,它是据此而存在的。没有以中央集权为基础的近代国家的强烈保障,市民社会也是不能存在的。自主的经济规律的支配如没有以国家的手段来排除障碍是不能成立的。"②

不过,在发生论上,国家是源自社会又凌驾于社会之上的特殊公共权力,它是市民社会的异化。马克思说,"完备的政治国家,按其本质来说,是和人的物质生活相反的一种类生活。"③然而,社会主义国家又有不同于一般政治国家的特点。恩格斯在其晚年指出,社会主义国家是无产阶级在革命过程中不得不"暂时地"加以利用的"祸害"。"不得不"利用,指社会主义国家对社会主义社会的重要性、必要性、合理性和现实性;"祸害",指它本身包含着腐败的现实可能性和历史局限性。列宁说,社会主义国家一开始就不是"原来意义上的国家",而是很大程度上已经返回并服务于以广大人民为主体的社会,而且最后要完全融合到社会之中的"半国家"④。它的一切权力属于人民,国家官吏是人民的公仆。社会主义的国家性质决定了调整这种政治领域的公法的性质。

作为公法上的人,即参加到国家中的公民,通过一定的民主形式参与国家管理,享有公民权,公法就是以保障公民的公民权为核心。所谓公民权就是人的政治权利,"这种权利的内容就是参加这个共同体,而且是参加政治共同体,参加国家"⑤。公民权以民主参与为核心,以选举权为主要内容,它将市民社会的需求通过民主程序反馈到国家的政治决策层,以此来决定国家的法律框架与公共政策建构。同时,通过公民权的扩张,市民社会的各种群体,无论是经济或社会地位上居于优势地位的群体抑或是弱势群体,都获得了参与国家决策及权力运行的机会;社会也因此增强了对国家的控制能力。因此,公民权是国家与市民社会之间联系的纽带。公民法的存在和发展就是以

① [德]黑格尔:《法哲学原理》,范扬、张企泰译,197页,北京,商务印书馆,1961。
② [日]川岛武宜:《现代化与法》,申政武等译,王晨校,12页,北京,中国政法大学出版社,1994。
③ 《马克思恩格斯全集》第1卷,428页,北京,人民出版社,1956。
④ 《列宁全集》第31卷,16页,北京,人民出版社,1985。
⑤ 《马克思恩格斯全集》第1卷,436页,北京,人民出版社,1956。

不同于市民的公民为本,以公民的公民权为本。

公民权与市民权既有联系又有区别。公民权与市民权的区别是:第一,公民权形式上一律平等,而市民权则绝非平等。国家是社会的异化,相应的作为国家里的公民则是市民社会里的市民的异化。本来意义上的人,作为市民,权利由本人自己来行使,互相间则没有平等(平等的只是自由竞争的原则);而作为一个公民,政治上和法律上都被宣布为"一律平等",并且权利亦转化为权力,只能同别人一起来行使。这是用形式的权力(公民权)平等掩盖着权利(人权)的事实不平等。第二,作为市民权,只要是法律未禁止的,都是允许的;而作为公民权,则实行严格的法定主义。就是说公民权的行使以法律规定为限,法律未作规定的则不能行使。比如选举权和被选举权行使主体的范围,就必须由法律给予明确、严格的规定。第三,公民权与义务紧密联系,一般地不得舍弃(不是义务性规范例外),而市民权则可以由权利主体放弃。公法中,权利义务具有相对性,公民的权利往往又是公民的义务。最明显的例子就是公民的参政权。"人民可以构成国家的机关去参加国家的公务这回事,在为国家一份子的各人民个人看来,当然是自己的名誉,是自己的利益;因而就是人民的权利。但那绝不是单为个人的利益,而是同时从国家的利益出发,认为人民参加公务为适当才使之成立的,所以参政的权利,同时又必然带有义务的性质。""以权利为主要性质的选举议员的权利,当然亦同时带有义务的性质。"[1]"私法上的权利,原则上是单以权利者本身的利益为目的的;即使该权利消灭,亦无害于公益或他人的利益,所以除法律有特别规定者外,以权利者得任意舍弃为原则。反之,公法上的权利,无论是国家对人民所享有的权利,或为人民对国家所享有的权利,都不是单为着权利者本身的利益,而是同时为着社会公共利益的;所以若法律无特别规定,原则上不能舍弃。即经表示舍弃的意思,亦属无效,该权利并不因之而消灭。"[2]

市民法中市民的私权利(市民权)与公民法中公民的公权利(公民权)又是相互联系、互相制约的,其中存在着一种交错的、彼此作为前提的"二律背反"。一方面,公民是否享有公权利以及是否平等地享有公权利,是市民的私权利能否在法律中得到合理反映的前提条件。公民通过法定程序选举出来的人员组成议会也就是市民社会向国家派出的代表团,由议会或代表团制定相关法律确定国家权力行使的边界以及市民私权利的框架。另一方面,市民私法权利的真正享有(私域自主受到平等保护)是其公权利是否能充分行使的基础和前提。公民只有充分地享有财产权等私法权利,他们才有可能、有能力、有条件享有选举权之类的公法权利;个人只有被确定为自主的能动者,他才能在政治上自由地表达意见,争取相关的权益,并承担相应的责任。因此,这两种权利的享有是互为条件的,公法上对政府权力的限制和对公民权利的维护,以私法对

① [日]美浓部达吉:《公法与私法》,黄冯明译,周旋勘校,107页,北京,中国政法大学出版社,2003。
② [日]美浓部达吉:《公法与私法》,黄冯明译,周旋勘校,110页,北京,中国政法大学出版社,2003。

市民权的确认为前提;而市民在私法上所享有的权利,则促进了公民运用公法维护权益、参与政府决策的积极性,对其中一种的贬损同时也意味着对另外一种的贬损。

要使公民权得到落实和保障,核心是要实行民主政治,只有实行民主政治,才能使国家权力得到有效的约束和规范,真正落实"全心全意为人民服务"的宗旨。民主政治包括实质民主和程序民主两个方面。实质民主即民主的性质,其意旨在于说明国家权力首先是主权归属于谁人所有;程序民主即借助何种形式和方法来体现和实现民主。无数的历史与现实雄辩地证明,冠冕堂皇地讲讲"人民主权""人民主宰一切"等是非常容易的,而怎样才能做到这一步却是十分困难的。在这个注重程序的时代,不仅法律要讲程序,政治也同样要强调程序。具体来说,程序民主有下列几个重大环节:第一,民主选举。第二,民主议决。第三,民主管理。第四,民主监督。此四个环节的具体内容,将在后面阐述。

(四)社会法与社会权

社会法是市民社会与政治国家相互融合的产物,同时也是私法公法化和公法私法化的结果。

市民社会中人的平等、自由只是形式上的平等、自由。由于主体实际地位的不平等,占有资源的不同,这种形式上的平等导致的结果却是人的实质不平等,"契约自由"背后掩盖着压制和欺诈。这种人的实质不平等随着市民社会的发展愈来愈明显,越来越突出,严重影响着社会的稳定和谐。19世纪末20世纪初,一些发达资本主义国家由自由竞争进入了垄断资本主义阶段以及由此带来的一系列尖锐的社会矛盾就是最好的说明。因此,市民社会迫切需要国家"这只看得见的手"的介入和平衡。国家介入市民社会的趋势反映在法律上就是"私法公法化"。同时,随着社会的进步和发展,政治国家的权力运作方式也不得不进行某种程度的改变,国家开始采取大量的私法手段进行管理。这种国家以私人身份出现在法律关系中的结果就是"公法私法化"。"公法私法化"的实质是国家向社会靠拢、权力向权利靠拢。总之,随着市民社会与政治国家的相互渗透以及由此而产生的"私法公法化"和"公法私法化",就出现了独立于公法、私法的第三法域——社会法,它主要包括经济法(反垄断法、农业法、中小企业保护法、合作法等)、劳动法、社会保障法、自然资源与环境保护法等。

社会法虽然是作为公法与私法相融合而产生的第三法域,但这一中间地带一经形成,就有既区别于公法,也区别于私法的特征。社会法最本质的特征就在于社会法中的人的不同。社会法的人是一种"社会人",这种"社会人"是一种追求实质平等的人。社会法就是以这种"社会人"为本,维护的是人的社会经济以及文化权利。具体来说,这种"社会人"与市民的不同之处在于,市民法是把所有的人都视为抽象掉了各种能力和财力差别而存在的平等的个人,它"不知晓农民、手工业者、制造业者、企业家、劳动者等之间的区别,而只知道完完全全的法律主体,只是'人'"①。因此,市民法中人的平等是一种表面平等即形式平等,其含义包括机会平等、程序平等。市民法要保障的就是人的形式平等,而不是实质平等。正是这种形式平等,使雇主利用其优势地位剥削劳动者,大企业利用有利地位控制消费者,一言以蔽之,优势群体压抑弱势群体。另外,市民的自由是一种没有他人或国家强权干涉的自由。对于这种自由,F.哈耶克的评价是:"我们可能是自由的,但同时也可能是悲苦的。""所谓自由亦可以意指有饥饿的自由,有犯重大错误的自由,或有冒生命危险的自由。"②总之,以自由、平等为理念的市民社会中的人最终却越来越不平等、越来越不自由。社会法所关注的正是这种人的表面平等下的实质不平等,表面自由掩盖下的实质不自由,它通过对弱势群体进行更多的帮助,力图实现人的实质平等和真正自由,社会法的使命就在实现社会的实质正义和矫正正义,其途径则在于保障人的社会权。

社会法确认、保护人的社会经济文化权利,其重要作用在于借助国家力量进行利益再分配,缓和由市场导致的严重不平等,以逐步实现人的实质平等。而达成此目的的方式主要有两个,也可以说社会经济文化权利有两种表现形态:一是限制或牺牲某些人的自由和减少某些人的利益,并将以这些办法收集的社会资源分配给社会的弱势群体,如失业工人、妇女、儿童、残疾人、消费者等。在此意义上,这种社会经济文化权利又被称为"类权利"或"集体权利"。二是以全体社会成员共同需要为基础,其利益指向对象是全体人,比如环境权、公共服务设施方面的权利等,这些权利的核心问题是如何通过国家的再分配来弥补自由市场的缺陷以及其负面效应,以满足市民社会的共同需求。

社会经济文化权的确认和发展与公民的政治权利密切相关。公民政治权利的扩展为社会经济文化权的兴起开辟了道路。随着普选权的确立,绝大多数弱势群体参与到国家权力的运行过程中,由此获得了争取自身利益的机会。诸如教育、健康、就业、最低生活保障等为达到社会公正的福利或经济利益,开始被作为法定的权利得到法律的确认和保障。社会福利不再是社会或国家为贫困阶层提供的一种恩赐式的救助,而成为公民对国家提出的一种法定要求,一种国家必须承担的义务。

市场经济的发展给我国带来了经济的繁荣,同时也带来了日益严峻的社会问题,最突出的表现就是贫富差距扩大化,由此带来的社会矛盾冲突严重影响着社会的稳定与和谐。私法形式上的平等带来的实质上的不平等迫切需要社会法进行实质正义的补救。另外,环境与自然资源保护、社会的可持续发展、全球化趋势等都要求我们进行社会立法。

社会法代表着法律未来发展的趋势和方向。根据马克思的社会发展理论,国家最

① [德]拉德布鲁赫:《法学导论》,米健、朱林译,66页,北京,中国大百科全书出版社,1997。
② [英]F.哈耶克:《自由秩序原理》上册,邓正来译,13页,北京,生活·读书·新知三联书店,1997。

终是要回归于社会的,并实现二者真实统一。这个统一就是"把靠社会供养而又阻碍社会自由发展的寄生赘瘤——'国家'迄今所吞食的一切力量归还给社会有机体";就是"社会把国家政权重新收回,把它从统治社会、压制社会的力量变成社会本身的生命力"①。当然,这种国家向社会的回归不是回归到 19 世纪的市民社会,而是一种更高层次上的社会,其最终目标就是"每个人的自由是一切人自由发展的条件"的"自由人的联合体"即共产主义社会。社会法就是国家向社会回归这个过程在法律上的反映,它追求的是人的全面发展和整个社会的和谐进步。社会主义社会,作为在社会与国家关系方面以"社会"为本的社会,社会法应是其自觉选择。因为,社会法含有最多的社会主义的意蕴,它是推动国家与法走向消亡途径的有力的规则形式。

（五）简短的结论

不同的法部门保护不同的人,不同的法部门中人的权利也不同,法的发展应该以这种不同的人为本,以这种不同的人的不同权利为本,促进人的全面发展和社会进步。于是,根本法应以一个普遍人的普遍权利为本,市民法应以市民的市民权为本,公民法应以公民的公民权为本,社会法则应以人的社会权利为本。社会法代表着法律未来的发展方向。当然,参加到根本法、市民法、公民法以及社会法中人毕竟是同一个人,这里强调的是其在参加不同法律关系中的不同身份,不同面目,不同特征。只有认识到不同法部门中人的不同,只有认识到不同法部门中人的权利的不同,并以这种不同的人的不同权利作为法律发展的价值取向,才能把法律的终极价值——"以人为本"具体化、实定化,否则,"以人为本"就是一句可望而不可即的空话。

二、根本法、市民法、公民法和社会法

2010 年全国人大十一届四次会议上,吴邦国宣布,中国特色社会主义法律体系已经形成。这表明对社会主义法律体系的研究极为迫切。但法律体系的研究要获得成效,必须摆脱传统的法律实证主义思维范式或所谓纯粹法理学的思维范式,提倡多姿多彩的思维范式②。笔者认为,从市民社会与政治国家关系或权利与权力关系上进行考察,可能是此种法思维范式之一。它不唯具有视角方面的新颖性,更重要的还在于能穿透法律体系的形式而把握其实质,也不妨说是形式性与实质性相结合来研究法体系。本文正是试图从法哲学角度,从潜藏于法律现象背后的国家与社会、权利与权力关系角度对法律体系进行解读。当今中国的法律体系可以分为四个部分,即根本法、市民法、公民法和社会法。

---

① 《马克思恩格斯全集》第 2 卷,377 页,413 页,北京,人民出版社,1957。
② 吕世伦:《法的真善美——法美学初探》,序言,北京,法律出版社,2004。

（一）根本法

17、18 世纪之后，西方资产阶级借助社会同国家之间的互动关系，一方面稳固地掌握着政治国家，另一方面又通过产业革命建立起最发达最典型意义上的市民社会。这种市民社会创造了民主的政治国家，又以民主的政治国家为支撑，有力地保障市民社会的经济自由与人身自由。于是，封建制度下的社会与国家的对立，变成近代的社会与国家的"统一"。但是，这种统一始终包含着由官僚操纵的、凌驾于社会之上的国家制度与市民社会为控制国家制度而"向国家派出的代表团"或"全权代表"①所形成的立法权或议决权这两者之间谁主宰谁的"二律背反"。正是从这种意义上，马克思说市民社会和政治国家的统一带有一定程度的虚伪性。尽管如此，政治国家毕竟是凭借市民阶级（最初称作"第三阶级"）的力量建造的。它不会容许国家对自己为所欲为；反之，要求最大限度地制约政治国家。为了恰当地解决前述的"二律背反"引发的冲突，缓和市民社会与政治国家的争斗，以利于全社会的共同需要和共同发展，就必须找到连接两者的牢固纽带。这条纽带就是作为市民革命初衷的那种意志，就是美国《独立宣言》和法国《人权宣言》体现的精神，就是基于这些意志与精神的实证化而形成的根本法即宪法。所以马克思说，宪法，如同整个国家制度一样，事实上是市民社会与政治国家的"协议"或"契约"②。这种契约仅是近代以来发达的市场经济和民主制度的产物，拥有至高无上的权威。它是市民社会奉行的最高准则，也是政治国家的最高准则，从整体上调整私权利关系也调整公权力关系。一切其他的部门法均由宪法所衍生，并服从和实现宪法的宗旨，而不得同宪法相平行，更不得超越和侵犯宪法。

话说到这儿，笔者对于当作惯例地将宪法简单地塞于"公法"里的学说，提出大胆和冒昧的质疑。这个质疑的基本理由，前面已经交代过了。若"宪法—公法"说能够成立，那么另一个惯例的学说即"宪法—根本法"说就是一种悖论而需要予以推翻。

追本溯源地看，西方的"宪法—公法"说同大陆法系的国家主义历史传承有不可分离的联系。这是因为，国家主义意识形态，不论在民主共和政体（雅典）、贵族政体（罗马共和国），还是君主专制政体之下，人们所崇拜的对象都是国家权力本身的神圣性，而不是如何约束国家权力，即不可能是把宪法看成高于国家权力的东西。其具体的历史真相是，由于特殊文化背景所决定，古希腊人养成一种强烈的"人天生是政治动物"的城邦主义观念，把社会与国家并为一体，使社会变为国家（城邦）的附属品，即"希腊人的市民社会是政治社会的奴隶"③。在那里，以至于找不到相当于今天的"社会"（society）一词。这种情况通过提秀斯、梭伦和克里斯蒂纳等宪法的制定，不断地强化。显然，宪法从属于国家制度，而非相反。后来的罗马人全面地发展简单的商品经济，社会

---

① 《马克思恩格斯选集》第 1 卷，319—320 页，北京，人民出版社，1972。

② 《马克思恩格斯选集》第 1 卷，316 页，北京，人民出版社，1972。

③ 《马克思恩格斯选集》第 1 卷，335 页，北京，人民出版社，1972。

开始从国家剥离,相应地有了公法与私法的区分。不过,在希腊人观念的巨大影响下,罗马社会尚未形成足以同国家相抗衡的实力。因而,那时的宪法性规范只能作为一般地调整"公共利益"的东西来看待,而不是高于"公法"并同时统领公法与私法意义上的根本法(母法)。经过"市民社会就是政治社会"①的黑暗的中世纪,到了近代的黎明时期,大陆国家又形成君主专制制度的统治,宪法的地位亦可想而知。与此不同的是,在英国,虽然不存在公法与私法的划分,而且宪法也仅仅属于普通法的一个组成部分,但它在群众中和政治制度上,都有着久远的、深厚的根基,是当然的和实际上的根本法。

至于在前苏联和迄止"文革"的中国,虽然承认宪法是根本法,但在高度集权政治和计划经济体制之下,实行的是人治而不是法治,是政策政治而不是宪法政治(宪政)。受此影响,在理论上就颇容易同大陆法系的"宪法—公法"说有很强的亲和力,亦即与"宪法—公法"说中的国家主义成分一拍即合。显然,那种现象现今已无继续重复的理由。

(二)市民法

市民法是调整市民社会生产和生活关系的法,是人作为"市民"所享有的法即私法,包括民法和商法两大部门。

市民社会这个词来自西方。黑格尔是第一个真正从现代意义上界定市民社会内涵的思想家。在黑格尔以前,思想家们虽然也使用过市民社会这个概念,但他们把市民社会和政治国家看成是同一个事物,而相区别于家庭、教会、自然状态等。黑格尔第一次科学地发现和系统论述了市民社会与国家之间的对立,并把市场经济之下的所有权与契约规则界定为市民社会的核心内容。黑格尔虽然区分了政治国家与市民社会,但在市民社会和政治国家谁决定谁的问题上,却颠倒了两者之间的关系。他认为,国家是最后控制市民社会的力量,市民社会只不过是国家自我发展过程中的一个阶段。马克思从历史唯物主义哲学出发,对黑格尔的市民社会概念进行了修正。按照他的观点,不是政治国家决定市民社会,而是市民社会决定国家;国家是市民社会的外在表现,是市民社会基础之上的建筑物。20世纪的葛兰西,除承认市民社会属于经济领域的存在之外,又承认文化尤其意识形态的特殊重要性。所以,他在市民社会概念的发展史中处在转折性的位置。葛兰西之后的市民社会理论家(如哈贝马斯等),则进一步视市民社会为独立的社团及其活动所构成的文化批判领域。表面上看,将市民社会理解为一个文化批判的领域和将它理解为一个私人交往的经济领域大相径庭。实际上,强调市民社会是一个文化批判的领域并不意味着否定它同时是一个私人交往的经济领域,而只是把私人交往的经济领域的存在作为一个无须说明的前提②。当代西方的市民社会概念,虽然对黑格尔、马克思市民社会概念有偏离,但更有补充和发展。

---

① 《马克思恩格斯选集》第1卷,334页,北京,人民出版社,1972。
② 王新生:《市民社会论》,序言,南宁,广西人民出版社,2003。

　　市民社会概念有广义和狭义之分。广义上的市民社会就是从物质方面加以强调的一般社会，社会主义社会是其形态之一。黑格尔和马克思常常把"市民社会"称之为"经济国家"。这是由于它是物质生活资料的生产和消费的领域或"需要的体系"。与市民社会相对应的范畴，是"公民社会"或"政治国家"。市民社会与政治国家（公民社会）在本质上，就是经济基础和上层建筑的关系。"市民社会包括各个个人在生产力发展的一定阶段上的一切物质交往。"①"这一名称始终标志着直接从生产和交换中发展起来的社会组织，这种社会组织在一切时代都构成国家的基础以及任何其他的观念的上层建筑的基础。"②狭义上的市民社会仅指自由资本主义社会，它是从中世纪的贸易城市兴起、经过资产阶级革命确定下来，其典型形态便是19世纪的西欧北美社会，也就是梅因所说的"契约社会"。中国是一个具有长期国家主义传统的国家，国家主义的本质就是国家决定社会，社会湮没于国家。新中国的成立是中国历史上国家性质最剧烈最根本性的一次变革，然而脱胎于旧社会的新中国未曾剪断的仍然是国家主义这个脐带。在新中国成立以后的几十年中，中国逐步形成了"一大二公"的所有制体制和高度集中的计划管理模式，与此相适应的是政治权力全面支配社会生活这样一种国家与社会关系的格局。无可怀疑，这种国家主义，在新中国成立之初的国家重建过程中，曾发挥了很大的积极作用。但是，当国家重建的任务基本完成，社会发展已经步入正常的发展轨道之后，就越来越显示出它的弊端。可以说在改革开放之前的计划经济时代，社会被国家完全吞食了，社会的独立性遭到巨大的打击，个人的主体性蒙受严厉的限制。国家严密地控制了整个社会，社会好像一个军营，每个人好像是军营中的士兵。每一个企业都是国家的企业，每一个人都是"国家"的人，谈"私"色变。那时，人们穿同一种衣服，吃同样的饭，说同一种话，唱同一种歌。生产和生活中到处都呈现出浓重的"国家主义"色调。20世纪80年代，中国开始实行改革开放与市场经济制度，国家逐渐退出某些社会生活的领域，社会的独立性和个人的自主性开始萌发。在市场经济体制的建构过程中，社会生活的二元结构在悄然形成并不断扩大。正如马克思所说，"当政治生活特别强烈地感觉到自己的力量的时候，它就竭力压制它的前提——市民社会及其因素，使自己成为人的真实的、没有矛盾的类生活。但它只有同自己的生活条件发生暴力矛盾，宣布革命是不停顿的，才能做到这一点，因此，正像战争以和平告终一样，政治戏剧必然要以宗教、私有财产和市民社会的一切因素的恢复而告终。"③当然，现今中国的市民社会，不是通过暴力革命，而是通过自动的体制改革逐步实现的。它要补的课，不是自由资本主义的课，而是市场经济及民主、法治的课。

　　市民社会是市场经济发展的结果，而市场经济的灵魂乃个人所有权和契约自由。市民社会使人从国家主义、集体主义和整体主义压制下解放出来，使人成为独立的人，

　　①　《马克思恩格斯全集》第1卷，284页，北京，人民出版社，1956。
　　②　《马克思恩格斯全集》第1卷，41页，北京，人民出版社，1956。
　　③　《马克思恩格斯全集》第1卷，430—431页，北京，人民出版社，1956。

成为自由人格,成为彼此竞争的主体。黑格尔指出,市民社会是个人追逐私利的领域,是一切人反对一切人的战场,并且也是私人利益与公共事务冲突的舞台,市民社会追求的目标是自身利益的满足。他说:"在市民社会中,每个人都以自身为目的,其他一切在他看来都是虚无。但是,如果他不同其他人发生关系,他就不能达到他的全部目的,因此,其他人便成为特殊的人达到目的的手段。""市民社会的市民,就是私人,他们都把本身利益作为自己的目的。"①实际上,他所理解的市民社会中的"市民",就相当于亚当·斯密的"经济人"和边沁的功利主义者,自身利益最大化是其一切行动的目的。马克思认为,随着社会利益分化为私人利益和公共利益两大相对独立的体系,整个社会就分裂为市民社会和政治社会两个领域。前者是特殊的私人利益关系的总和,后者则是普遍的"公共利益"的总和。因此,社会中的每一个独立的人也就担当着双重角色,他既是市民社会的成员,也是政治国家的成员;依据其行为的不同性质,他分别活动于这两个领域之中。因此,人过着双重生活,"在市民社会中,人作为私人进行活动。市民就是私人,他把别人看作工具,把自己也降为工具"②。

由此可以看出,市民社会里的人是作为纯粹私人进行活动的,自由与平等是其基本准则,权利是其基本追求。这一切的总和就是本来意义上的真实的人权。调整这种市民之间关系的法即市民法,就是维护私权利(市民权利)的法,也可以说是"人权法"。

当然,社会主义市民法与19世纪的西方市民法有所区别。那就在于它以生产资料公有制为基础,并非无限制的自由经济。它的总体发展是沿着抑制两极分化、共同富裕和事实平等的更高水平的和谐社会的途径前进的。恰恰是这一点,往往被研究市民社会和市民法的学者所忽略。

(三)公民法

公民法是调整政治国家领域内之关系的法,是人作为公民所享有的法即公法,包括刑法、行政法、程序法(刑事诉讼法、民法诉讼法和行政诉讼法)以及军事法。

马克思说,"完备的政治国家,按其本质来说,是和人的物质生活相反的一种类生活。"③从发生论上说,国家是源自社会又凌驾于社会之上的特殊公共权力,即国家是社会的异化。相应的公民是市民的异化。本来意义上的人,作为市民,权利由本人自己来行使,互相绝非平等(平等的只是自由竞争的原则);而作为一个公民,政治上法律上都被宣布为"一律平等",并且权利亦转化为权力,只能同别人一起来行使。这是用形式的权力(公民权)平等掩盖着权利(人权)的事实上的不平等。

市民社会并非万能,也并非是一个自足的体系,在市场和整个市民社会的原则失效的地方,就是政治国家起作用的地方。然而,社会主义国家又有不同于一般政治国

---

① [德]黑格尔:《法哲学原理》,范扬、张企泰译,197—201页,北京,商务印书馆,1961。
② 《马克思恩格斯全集》第1卷,428页,北京,人民出版社,1956。
③ 《马克思恩格斯全集》第1卷,428页,北京,人民出版社,1956。

家的特点。恩格斯在其晚年指出,社会主义国家是无产阶级在革命过程中不得不"暂时地"加以利用的"祸害"。"不得不"利用,指社会主义国家对社会主义社会的重要性、必要性和现实性;"祸害",指它本身包含着腐败的现实可能性和历史局限性。列宁说,社会主义国家一开始就不是"原来意义上的国家",而是很大程度上已经返回并服务于以广大人民为主体的社会,而且最后要完全融合到社会之中的"半国家"。具体说,国家的公权力实质上是作为整体公民所拥有的权力。所有国家机关及其公职人员的权力,都是公民意志的体现和受公民委托才得以行使。所以,权力的拥有与权力的行使必须界限分明;两者一旦混淆不清,就很容易被权力行使者所篡夺。这种调整权力关系或"公共利益"关系的法,无非就是"公法"在民主制度下亦即公民法。

公民法的核心,是民主政治问题。其中,不仅包括实质民主即民主的性质;更重要或者说更难解决的,则是程序民主即借助何种形式和方法来体现和实现民主,把民主变成活生生的实像。无数的历史与现实雄辩地证明,冠冕堂皇讲讲"人民主权""人民主宰一切"等是非常容易的,而怎样才能做到这一步却十分困难。对于什么是"宪政",为什么需要宪政以及如何把握宪政之类问题的要害和切入点,恰恰就在于能不能充分地贯彻程序民主。可见,当今世界是个程序的时代,不仅法律要讲程序,政治也同样要强调程序。

对于程序民主而言,有几个重大的环节:第一,民主选举。西方学者一般认为,没有自由的选举,就没有民主政治。选举是民主的本质内涵,民主在很大程度上就体现于全体选民的投票行为之中。选民通过定期或不定期的投票,以多数票原则决定重大事项,选出政府官员代表自己管理国家事务①。第二,民主议决。这是指立法的民主性,也就是如何根据民意来立法,以及可靠的公民参与立法活动的机制,最大程度地避免公民代表团或立法权力机关的任性和专断。第三,民主管理。所谓民主管理,就是让多数人来进行管理。列宁说:"对我们来说,重要的就是普遍吸收所有的劳动者来管理国家,这是十分艰巨的任务。社会主义不是少数人———一个党所能实现的。只有千百万人民群众亲自做这件事的时候,社会主义才能实现。"②然而,在社会主义初级阶段,由于受到各种条件的限制,人民群众的管理权利还只能通过其代表即干部来进行,还只能实行间接民主。随着社会的发展,这种间接民主将逐渐向直接民主即人民群众亲自管理国家过渡,民主管理的主体、形式和内容将愈加丰富和完善。第四,民主监督。凡有权力的地方就要有监督,否则难免会产生权力的滥用和腐败。监督是现代民主政治的重要内涵,完善监督制度,充分发挥监督的职能和作用,是现代民主政治真正实现的有力保证。

公民法必须保证人民群众对国家机关及其公职人员行使权力(公权力)的严密控

---

① 韩强:《程序民主论》,125—126 页,北京,群众出版社,2002。
② 《列宁全集》第 27 卷,123 页,北京,人民出版社,1958。

制机制,防止权力的滥用和腐败。孟德斯鸠说:"一切有权力的人都容易滥用权力,这是万古不易的一条经验。有权力的人们使用权力一直到遇有界限的地方才休止。"①正是由于权力的这种特性,作为受委托者的国家机关及其公职人员就有可能重新由社会公仆变成社会的主人而凌驾于社会之上,而这是和人民的意志背道而驰的。公民法作为规范、约束国家权力的法,必须对权力行使的界限、程序作出具体可行的规定,真正落实"全心全意为人民服务"的宗旨。

公民法与市民法既对立又统一,存在着互动关系。公民法与市民法的区别表现在:①调整领域或对象不同。公民法的调整领域是政治国家中平等主体(公民)之间的关系,规范的是公权力;市民法调整的领域是市民社会中不平等主体(市民)之间的关系,规范的是私权利。②调整手段不同。公民法主要是强行性规范,其方式主要是设置相对于权力的责任或义务;而市民法主要是任意性规范,其方式主要是赋予权利。公民法与市民法的共同点表现在:①法律地位相同,都是根本法(宪法)产生的部门法。②终极目的相同,都是为了保障人的权利,都是为了保障社会生活的有序和安定。③制定机关相同,都是通过正式的国家立法机关制定的,都反映了国家意志。国家与社会之间存在着互动关系,同样,公民法和市民法之间也必然存在着互动关系。

(四)社会法

社会法是新近出现的一个法律部门,是公法和私法融合的产物,也是政治国家与市民社会之间互动的产物,主要包括经济法、劳动法、社会保障法、自然资源与环境保护法。

市民社会中人和人之间平等、自由只是一种形式上的平等、自由,由于主体实际地位的不平等,占有资源的不同,形式上的平等导致的结果却是实质的不平等,"契约自由"背后掩盖着压制和欺诈。这种实质不公平,随着社会的发展,必然带来一系列的社会利益冲突,甚至导致社会危机。这种状态突出地分布于企业主与劳动者之间、大企业与小企业之间、经营者与消费者之间,概言之,即社会的弱势群体与强势群体之间。19世纪末20世纪初,资本主义由自由竞争过渡到垄断阶段,社会矛盾开始激化。社会发展的大形势要求加强国家这只"看得见的手"的作用,以协调社会矛盾,平衡社会不同群体的需求。这便产生了所谓的"福利国家"。这种国家介入社会,公权力介入私权利,表现在法律领域中就是私法的公法化和公法的私法化,并随之产生一系列公权力与私权利边缘化的社会性的立法。

私法的公法化,其实质就是运用国家权力来调整一些原来属于私法的社会关系,使私法带有公法的性质和色彩。为了适应人类文明进展的规律,遏制无止境的贫富两极分化和保障国民的基本生活与社会安定,西方国家不得不对原来私法中的一些原则进行修正,如财产权神圣不可侵犯、契约自由、过错责任原则等。公法手段被不断运用

---

① [法]孟德斯鸠:《论法的精神》上册,154页,北京,商务印书馆,1987。

于调整私人之间的交易,国家颁布大量带有强制性的法律法规来规制私人契约,先是劳动法,接着是反垄断法和反不正当竞争法,然后是证券法,较晚出现的是消费者权益保护法,以政府这只强有力的手来保护交易中处于弱势地位的当事人,尽可能实现实质公正。

再说公法的私法化。同样,随着社会的发展,政治国家的治理理念和管理方式也不得不进行改变,这主要表现为以下两个方面:①按照以往的观念,政府是管理社会公共事务的唯一的权力中心。但现今,因各种社会利益集团的形成及其事实上的权力增长,管理社会公共事务的权力中心必然趋于多元化。它既可以是政府(占主导地位),也可以是非政府组织,还可以是政府和非政府组织的合作。②过去的统治观念认为管理是"我命令、你服从",而现在的治理理念认为管理是社会方方面面的共同参与。治理方式强调加强政府、非政府组织和公民之间的平等协商与合作,凡是政府必须要管的公共事务,政府高层可以采用招标、承包、委托等私法领域的手段,把一部分公共事务通过签订行政合同,交给企业、非政府组织、公民等来经营,即"官办民营"①。这种国家以私人身份出现在法律关系中的结果就是公法私法化,主要表现则是将平等对立、协商较量、等价有偿、恢复补偿等私法手段引入公法关系,国家成为私法活动中的主体。这都是国家向社会靠拢、权力向权利靠拢的表现。

总之,20世纪特别是第二次世界大战以来,资本主义法律制度及其运行的原则发生了很大的变化。国家和社会相互渗透,公法私法界限日渐模糊,社会法开始产生。我国学者李景禧早在1936年就指出:"欧美近代的法学,是走向团体法及社会法的途径。"②社会法体系的概念,最早形成于20世纪初的德国和奥地利,以1919年《魏玛宪法》为主要标志。它是指为了实现社会政策而制定的诸如劳动法、消费者保护法和住宅法等所构成的,可以与公法和私法排列到一起的第三大法律体系。在英国,类似的法律被称为"社会安全法";在美国,则被称为"社会福利法";在法国,凡是有关公共秩序或利益、劳动关系以及经济安全保障的法律都被称为社会法,但学者所称的"社会法"主要包括劳动法和社会安全法。然而,在资本主义国家,公私法的融合和社会法的产生这个走向,是局势所使然,而不是哪位英明统治者自觉采取的。

在我国,市场经济的发展确实带来了社会的繁荣和进步,但随着改革的深入,市场经济的负面效应也随之出现,如贫富差距扩大、"三农"、东西部差距、上访、下岗、民工、贫困儿童失学等问题,对社会的安定造成了很大的压力。私法形式上的平等带来的实质上的不平等日益突出,迫切需要实质正义的补救。这样,劳动法、社会保障法凸现其重要性;出于可持续发展的迫切需要,社会环境和自然资源保护法也相继出现。经济法作为一个国家宏观调控社会经济发展的法律,更是当代市场经济的不可或缺的伴

① 郝铁川:《构建和谐本位的法治社会》,载《学习与探索》,2005(1)。
② 李景禧:《社会法的基础观念》,载《法学杂志》,1936(6)。

侣。同样,私法中的平等、协商原则也被广泛应用于公法中,如行政法中行政合同、行政指导等。这种趋势也就导致了社会法的产生,其根本原因是现代尤其当代市场经济发展的需要。

社会法的产生符合马克思主义的社会发展理论。政治国家只是历史发展到一定阶段的产物,是从社会中产生但又自居于社会之上并且日益同社会相脱离的力量。它不可能永久存在下去,随着社会的更大发展,国家将慢慢地失去现实性和合理性,最终要走向消亡。国家的消亡,不是国家的政治原则取代了社会的原则,而是国家的政治原则符合社会的需要,是国家向社会的回归,实现二者真实的统一。马克思认为,这个统一就是"把靠社会供养而又阻碍社会自由发展的寄生赘瘤——'国家'迄今所吞食的一切力量归还给社会机体";就是"社会把国家政权重新收回,把它从统治社会、压制社会的力量变成社会本身的生命力"①,国家和社会由合到分,由分到更高层次上的合。总体方向是朝着国家逐渐融入社会,社会自治的不断扩大,最后的目标就是"每个人的自由是一切人自由发展的条件"的"自由人的联合体"的大同世界。公法和私法的融合,社会法的形成,突破了公私法划分的固有界限,意味着"小政府、大社会"的推进。

社会主义国家,不言而喻地不是国家主义。在社会与国家的关系上,一开始"社会"就是大写的,"国家"是小写的,即以"社会"为本位。社会法应是社会主义的自觉选择。邓小平指出,社会主义的本质是消灭剥削、消除两极分化,最终达到共同富裕。顾名思义,社会法含有最多的社会主义的意蕴。它有助于实现社会和谐,协调公权力和私权利、公共利益和个人利益以及个人利益相互间的冲突,有助于促进每个人的全面发展。特别是在全球化迅速发展的今天,社会法在全球治理方面也应发挥其重要作用。一句话,社会法是人类实现自我解放的必然选择。

我们的基本结论是:宪法是根本法,高于公法和私法。现代社会是国家和社会二元互动的社会。政治国家与市民社会的分离,产生了市民法(私法)和公民法(公法)。政治国家是市民社会的异化,公民是市民的异化。市民法和公民法运行到一定程度,就需要社会法的产生。从人权角度讲,市民法是人的自我肯定;公民法是人的异化(否定),社会法则是否定之否定,越来越多地体现"人的类本质",使人与人之间由形式平等转化为实质平等。社会法应是社会主义的自觉选择,是国家与法走向消亡之途径的基本规则形式。

---

① 《马克思恩格斯选集》第 1 卷,377—413 页,北京,人民出版社,1972。

第五节　法与社会利益分配

一、和谐社会实现公平原则的法律机制

公平原则是法律的正义价值的根本体现。它最初来源于民法中的债法原则,后来逐渐向外延伸其运作空间,成为经济法、社会法和其他部门法律中的一项重要原则。在不同的部门法中,它的含义又有新的变化。公平原则随着历史条件的变化,不断地增加新的内容。从某个角度上说,今天我们建立的社会主义和谐社会,其核心法律原则就是公平原则。公平原则如何实现以及实现的程度,可以直接测试社会主义和谐社会的法治水平。

(一)公平原则的含义

据悉,最初作为民法意义上的公平,主要强调的是权利和义务、利益和负担在相互关联的社会主体之间的合理分配或分担。这种分配或分担的结果与主体的付出相适应,并为当事人和社会所认可。民法上所说的公平,主要有四个层次的意思:一是当事人面临平等的社会外部条件和处于平等的法律地位。这种公平可称为"前提条件的公平"。二是社会对所有成员都一视同仁,它要求平等地分配基本的权利和义务,每一个社会成员都能从社会那里获得同等的与之付出相对应的待遇。这种公平可称为"分配的公平"。三是在交换过程中当事人的权利义务应做到基本对等和合理。这种公平可称为"交换的公平"。四是当出现权利义务关系失衡时,法律应当依据正义原则和人类理性对这种失衡结果进行矫正。这种公平可称为"矫正的公平"。公平原则体现了民法的任务、性质和特征,也反映民法追求的目的,是民事立法的宗旨、执法的准绳和行为人守法的指南,是民法的活的灵魂。

公平原则包含了平等原则。欲解释公平原则,必须先解释平等原则。平等原则是公平原则的前提,没有平等原则,就没有公平原则可言。平等原则解决人的地位问题,这是市民社会法律关系的根本条件。在没有人的独立地位的身份等级关系社会中,不可能有普遍的交易行为。商品交易需要三个前提条件:一是交易者是身份独立的人,不依附于相对方,也就是彼此之间的地位是平等的;二是交易者拥有产权;三是交易者拥有独立的意志。平等原则是从交易的前提进行判断的,是一种假设条件,一种静态的制度安排。但是,法律所确定的平等原则,只是形式上的平等,不是事实上的平等。在经济交往中,由于各个人的经济实力、智慧和意志能力的差异,在事实上很难做到平等的。法律的平等原则,没有事实平等的内容。这样讲,并不意味着法律不关注事实平等,而是因为事实平等属于公平原则的一个必然内容。形式平等只关注机会平等,不关注结果平等。而公平原则不仅关注机会平等,还关注结果平等。平等原则的判断者是一个抽象的行为人,而公平原则的判断者则是社会公众。

随着社会的发展以及法律的发展,平等原则和公平原则不再局限于民法或私法的范围,而是进一步扩展。平等原则变成形式公平原则,不仅指民事主体参与民事活动的地位平等,并扩展到公民参与政治活动的地位平等,男女之间的平等、民族和国家之间的平等……公平原则不仅包含了当事人之间交易的公平,并扩展到当事人与社会、与子孙后代、强者与弱者、穷人与富人、政府与民众、民族和国家之间的长久的、全球性的公平。

公平原则是对权利关系的一种价值判断。它以个人的权利保障为前提。个人的合理合法目标能够得到保障,这是每个人的基本价值目标。因此,人们往往把个人权利能否得到保障作为检验所处社会制度是否公正的基本尺度。罗纳德·德沃金认为,公正与权利共存共生、不可分离,公正即各人享有各自的权利;"得到平等的关心和尊重的权利"实在是人的终极的基本权利①。

自然法学从法律的理性和正义的合理性标准出发,企图寻找一种能使我们认识法律公平的方法。如果这样的法律在客观上是可以论证的,就可以用法律的内在原则来证明法和作出法律决定的合理性,在涉及法官的斟酌决定权或法律缺陷的情况下更是如此。法的内在原则和实现内在原则的程序,就构成公平原则。这种证明合理的来源是理性、直觉和经验。但是,在逻辑(形式)意义上,理性是思想转化和相应的证明合理的工具,它不能提出任何关于实质上的公平的标准。任何社会关系都是由历史条件决定的。离开历史条件,所谓的理性、直觉和经验都是一种虚妄的假设;依靠这种假设来判别利益的分配关系,是不能令人信服的。为此,自然法的理想必须予以实证化,变成可行的法律规范。著名的1804年《拿破仑民法典》是一个重要的实例。与自然法相对应,法律实证主义不从内心确信的标准和理性出发,而是从这样一个假定出发,即法律是社会现实的一个组成因素,法律作为一个被法律科学理解和解释的制度事实而存在。对法律的认识,被认为是对一个社会现实的认识。法律实证主义并不认为有任何关于法律正确性的先验标准。"法律规定的内容和法律决定的内容的确定乃是评价考虑的结果,因而是合理的,至少在与某些预想的联系上是合理的。"②法律实证主义者从制度本身出发探讨公平问题,企图构建公平的制度机制,有不少值得肯定的价值。然而,他们忽视历史条件下的具体社会关系,尤其是否认价值判断之必要,这也不可能得出令人信服的公平含义。

公正的法律制度应该正视形式平等条件下存在的实际上的不平等,因而也需要确立社会补偿机制,并在这种补偿原则指导下构建一套自治的法律制度体系。罗尔斯继承洛克、卢梭、康德的社会契约思想传统,提出新的正义理论,以代替19世纪以来功利主义的传统学说。他指出,功利主义的错误在于只把社会看成是个人情况的推广,没

---

① 参见[美]罗纳德·德沃金:《认真对待权利》,信春鹰、吴玉章译,240页,北京,中国大百科全书出版社,1998。

② [英]麦考密克、魏因贝格尔:《制度法论》,周叶谦译,142页,北京,中国政法大学出版社,1994。

有认真地关注不同个体之间的差异;只考虑最大限度地满足人们的愿望这一总量,而不考虑这一总量在个人之间如何分配的原则。而这些原则就是,通过提供一种在社会结构和制度中如何分配权利和义务的方法,规定社会合作的利益和负担的适当分配。在罗尔斯看来,社会公平原则对社会控制来说是必要的,并且构成社会合作条件的基础。借助于"原初状态"概念工具将自由和平等两种价值结合起来。他的正义观念由两个基本原则构成:其一是每个人对与其他人所享有的类似自由相一致的最广泛的基本自由,都应有一种平等的权利;其二是社会的和经济的不平等将被安排得使人们能够合理地期望它们对每个人都有利,尤其要使它们适合于最少受惠者的最大利益,而与它们相联系的地位与职务应该向所有人开放。由第二个原则出发,罗尔斯主张对于由社会成员自然条件造成的不平等,社会应该采取补救措施。现代资本主义国家在面对因形式机会和实际机会脱节而导致的问题时,往往会采取确保基本需要的平等去补充基本权利平等的方法,从而实现社会公平。这就意味着,要赋予社会地位低下的人以应对生活急需之境况的特权。颁布最低工资法、建立福利制度等,都在于实现这一目的的政策①。

(二)公平是和谐社会的一项重大原则

党的十六大把社会更加和谐作为全面建设小康社会的重要内容;党的十六届四中全会提出构建社会主义和谐社会,并把它作为加强党的执政能力建设的重要课题提到全党面前。胡锦涛在省部级主要领导干部提高构建社会主义和谐社会能力专题研讨班上的重要讲话,深刻地阐述了构建社会主义和谐社会的重大意义、科学内涵、基本特征、重要原则和主要任务,是对马克思主义社会主义社会建设理论的创新。我们所要建设的社会主义和谐社会,应该是民主法治、公平正义、诚信友爱、充满活力、安定有序、人与自然和谐相处的社会,是对历史上的制度理想的扬弃和升华。我们不仅要继承和发扬传统民族文化中所蕴含的优秀成分,而且也要学习和借鉴资本主义国家已经被证明是合理、有效的制度经验及其文化成果。

和谐社会的利益基础就是公平。只有社会成员的权利和义务对等,在利益的分配方面处于均衡状态,社会成员才能心理平衡、心情舒畅,才能达到社会关系的和谐状态。

我们主张和谐社会的公平观,与西方社会的人文传统的个人主义是不同的。虽然我们也强调个人权利的保障,甚至将人权纳入宪法保障体系中,但中国"和合"的传统文化是和谐社会的土壤。今天,它正与西方的"竞争"文化处于平等的交流过程中。我们在建设和谐社会的过程中,切不可忘记这一点。澳大利亚向1995年在东京召开的第四届IACL大会上提交的国家报告,题为"在香港和澳门环境中人权的个人权利保护的社会精神"。该报告指出:"虽然香港受到了150年的西方影响,但是东方价值还是在

---

① 参见季金华:《宪政的理念与机制》,53—54页,济南,山东人民出版社,2004。

这两个地区的一般文化领域中占主导地位。……但是,当西方政治法律价值与东方价值在这两个地区的人民的头脑中相遇时,西方价值的优势远不是那么明显。在西方,保护工人权利的机制是建立在人们对保护模式的主要特征的普遍认同以及对其价值的信仰的基础之上的。这一广泛的社会心理基础在香港和澳门没有得到广泛的接受。"①我国传统文化的"公"的成分比西方浓烈,而"私"的成分却比西方淡薄。因此,我们建设法治社会和和谐社会时,应当将权利意识引进我国的文化土壤中,并发扬光大。

社会主义和谐社会的公平原则含有以下具体原则:①平等原则。即形式公平原则,不仅是指当事人在经济交往中的地位平等,而且要求法律和政府、法院要平等地对待当事人,程序要公开、透明。在经济生活中,社会资源平等地向市场主体开放,市场主体同等地不受歧视,市场主体平等地拥有实现其经济目的的手段。②公平竞争原则。市场活动中的实质公平原则着眼于市场主体实际权利义务的配置及其结果,而非限于形式上的规定。在市场秩序规制法中,它包括两方面相互联系的要求:一是对具备优势地位和能力的市场主体的行为进行一定的限制,增加其义务或制止其权利的滥用;二是对可能遭受经济特权侵害的弱势市场主体进行特别保护,以提升其地位,从而使之与强势市场主体相抗衡,最终为实现公平竞争和公平交易提供保障。③社会公平原则。社会公平是社会整体的利益平衡。它是从社会角度实现强者与弱者之间的力量平衡。社会公平的范围十分广泛,包括穷人和富人之间的公平,消费者权利的保护、妇女儿童权益的保护、企业的社会责任、弱者的救济和保障等。社会公平原则的贯彻仅仅依靠私人力量是不够的,需要政府承担更多的社会责任,需要法律对弱者倾斜保护。④环境公平原则。环境公平实际上也是社会公平的一个组成部分或进一步延伸。环境公平又称生态公平,是指生态利益和负担的正当分配,无论是当代人还是后代人都应拥有同等的生态权。生态权是公民享有的在不被污染和破坏的环境中长期生存及利用环境资源的权利。它侧重于人类的持续发展和人与自然的和谐发展。可持续发展的生态公平包括代内公平和代际公平。代内生态公平强调当代人在利用自然资源、满足自身利益上机会均等,在谋求生存发展上权利均等。代际生态公平就是保证当代人与后代人具有平等地享有自然、开发自然和持续发展的机会②。

资本主义世界从自由资本主义发展到垄断资本主义,已经感觉到自身的矛盾的存在,并通过学习社会主义的一些有益的做法来缓解内在矛盾的冲突。现代西方福利国家在某种程度上修正了19世纪极度的个人主义,增加社会公平的理念,酝酿出一些和谐社会的成分。"我们也可以说在福利国家中,国家对人权起着非常重要的既是保护又是干预的作用。但同时,也正是福利国家中的宪法人权政策正在使国家的这两种相

---

① 转引自[瑞士]莉蒂亚·R.芭斯塔:《宪政民主的反思:后现代和全球化的挑战》,载刘海年、李林、[瑞士]托马斯·弗莱纳主编:《人权与宪政》,8页,北京,中国法制出版社,1999。

② 张向前:《可持续发展环境伦理的基本原则探析》,www.hnedur.com,2005-06-28。

对立的作用逐渐走向和谐一致。……随着日益增长的经济社会不平等,宪法的一体化功能变得越来越重要了。"①随着市场经济的不断发展,市民社会日益分化,开始出现了自身无力解决的两极分化问题以及由此带来的一切不良的社会后果,从而向政治国家提出理性干预以维持适度平衡的要求,于是政治国家与市民社会开始相互渗透、相互建构、相互塑造。由于市民社会的分化引发了政治国家的积极干预,导致了福利国家政策的广泛实施和公民的社会福利权利的不断扩张,由此宪政国家在某种程度上变成了服务国家。它承诺给国民提供与警察国家相反的发展经济、充分就业、老年社会保障的条件,进而根据各自的国情提供全民最低收入保障。从历史上看,民主普选制的各个利益集团之间的相互作用,推动了福利国家在第二次世界大战后的发展。为了争取各派选民对政府的支持,福利国家发展成为满足各派利益的工具。随着市民社会与政治国家的相互渗透,某些私人利益上升到普遍利益高度而取得了社会利益的形式。这部分利益需要新的类型的法律来调整,从而导致了兼具公法和私法因素的社会法。劳动法、社会保障法、环境资源法、产品质量法、消费者权益保护法以及反垄断法,逐渐被归属于社会法的范畴。社会公平理念贯穿于这些法律的始终,成为它们的灵魂和精神支柱,市场经济的社会性越来越普遍。以瑞士为例,一直到第二次世界大战以前,市场经济的社会性主要表现为家庭生活中的私人领域,地方城市的有限领域以及私人和教堂慈善事业的领域。尽管家庭纽带、地方城市的救助和慈善组织在扶危济困方面确实发挥了一定作用,但其重要性是非常有限的。在过去的50年中,瑞士和其他欧洲国家一样,建立了覆盖面很广的社会保障体系。这种社会保障体系作为一种制度化的结构,建立在以下三大支柱之上。每一支柱被假定为包含正反两个方面,三大支柱的有机结合旨在实现负面作用的最小化与正面作用的最大化。整个制度化结构的基本理念在于,把经济繁荣的活力与社会稳定的凝聚力相结合,把获得自由的权利(如在不受他人限制的前提下生活的权利)和摆脱贫穷的权利(如在不受资源匮乏限制的前提下生活的权利)相结合。第一支柱是老年人、未成年人或无行为能力人的保险;第二支柱是失业保险;第三支柱是私人储蓄②。

改革开放以来,我国在建立市场经济体系方面取得了很大发展,市场主体不断地释放自己的活力,经济发展速度和国民收入的增长速度是举世公认的。但我们对社会公平原则没有予以足够的重视。出现了两大问题:一是贫富分化越来越严重;二是自然和环境资源遭到严重破坏。

在改革开放的第一阶段,当时社会主要矛盾是民生必需品的不足。而第二阶段的改革造成财富重新分配严重的不均——富者越富,而贫者越贫。对此,部分专家还在

---

① 转引自[瑞士]莉蒂亚·R.芭斯塔:《宪政民主的反思:后现代和全球化的挑战》,载刘海年、李林、[瑞士]托马斯·弗莱纳主编:《人权与宪政》,8—9页,北京,中国法制出版社,1999。

② 转引自[瑞士]莉蒂亚·R.芭斯塔:《宪政民主的反思:后现代和全球化的挑战》,载刘海年、李林、[瑞士]托马斯·弗莱纳主编:《人权与宪政》,172—174页,北京,中国法制出版社,1999。

抱残守缺,仍然只谈改革第一阶段所倡导的"效率",而不谈第二阶段所倡导的"公平"。他们简单地认为将西方的经济学特别是美国波斯纳的法经济学概念引入中国,就能解决中国的问题。但是,他们忽略了一个重要的前提,那就是西方经济学的基础,首先是由政府与全民合作塑造良好的社会环境,在这种环境之下谈论各种不同学派的经济理论才有意义。因为,良好的社会环境是经济成功发展的充分而且必要的条件。在目前社会大环境逐日恶化的前提下,只谈经济问题无异于缘木求鱼。到底什么是小康社会? 那绝对不是人均 GDP 多少美元就能说明的问题,而应该是老百姓能住房,能看病,能上学,以及能够退休养老。可是现在第二阶段的改革结果是什么呢? 房改之后老百姓住不起房了,医改之后看不起病了,教改之后小孩上不起学了,国企改革之后有些职工竟然被迫下岗,不但吃不起饭,甚至无法退休了。因此,有学者认为当前最严重的问题是整个社会的道德伦理和是非原则被破坏,一些人已经认为不公平是一种正常的社会现象了①。

我国经济发展的另一个被忽视的问题,是环境公平问题。据官方统计,3 亿中国农民无法获得充足的清洁饮用水。中国飞速的工业化使江河湖泊臭气熏天。政府估计 40% 的湖泊不再提供饮用水。世界 1/5 的人口生活在中国,但中国只掌握世界 7% 的淡水资源,人均淡水储量至少下降了 15%②。美国《波士顿环球报》2006 年 5 月 8 日报道,滇池是云南的明珠,也是中国第六大淡水湖。但如果置身滇池沿岸的小村庄里,湖水所散发出来的阵阵恶臭简直要令人窒息。不久前,滇池还是昆明市饮用水的良好供给水源和使周边渔民富裕的渔场。滇池也是供游客们泛舟湖上欣赏美景的昆明最负盛名的风景区。但是由于近年来大量未经净化处理的生活污水和化工废料排入湖中,这座 300 平方公里的西南最著名的湖泊已经变成了一池含有有毒物质的污水③。2005 年的松花江重大污染事件是另一个典型例子。从 2005 年 11 月 13 日中石油吉化公司车间发生爆炸,到黑龙江省 21 日晚宣布哈尔滨全城大停水,一共 8 天时间,有关松花江水污染的报告则为零。由此,不难看出,我们环境保护的法律意识和法律制度,多么远离和谐社会的要求。

(三)实现和谐社会的公平原则的法律机制

和谐社会的公平原则具有十分丰富的内涵,包含着多个层面,并且在不同的时期和不同的环境下又有不同的要求。该原则的实现具有相对性,在不同的条件下侧重点和标准也有一定的变化,所以,必须从社会整体的角度出发,建立全方位地实现和谐社会的公平原则的法律机制。

机制,本意是机器运转过程中各个零部件之间相互联系、互为因果的联结关系及

---

① 参见郎咸平:《现阶段改革应以公平优先》,《观点》,《中国证券报》,2006 年 2 月 16 日 A23 版。
② [德]哈拉尔德·马斯:《水污染让滇池明珠失色》,载《参考消息》,2006 年 5 月 11 日,第 15 版。
③ [德]哈拉尔德·马斯:《水污染让滇池明珠失色》,载《参考消息》,2006 年 5 月 11 日,第 15 版。

运转方式。法律机制是指一种制度机制。概括起来,法律机制是相互密切关联的法律规范、规范群组(狭义法律制度,如上诉制度、离婚制度)、法律体系、法律制度及其相关政策等要素所形成的内在功能和外在作用。但是,除了上述的法律制度机制之外,还必须有法律的实施机制。它意味着,与法律关系的主体(人或法人)和法律关系的客体(物、行为、知识产权等),有不可分割的关系。法律实施机制可分为执法系统、司法系统、守法系统和法律文化系统;每一个系统都是一个整体,都包含着法律机制元素的各自目的性组合。各个系统又形成新的统一整体。"整体大于部分之和"是哲学之公理,其原因在于,生物体、人、社会本质上都是由原子、分子形成的不同层次的组织,无生命的元素一旦形成组织就会产生新的性质和能力。组织系统越复杂,功能越高级。坎农在谈到人的生命组织时写道:"当我们考虑到我们的机体的结构的高度不稳定性,考虑到机体对最轻微的外力所引起的纷乱的敏感性,以及考虑到在不利情况下它的解体的迅速出现等情况时,那么对于人能活几十年之久这种情况是令人不可思议的。"[①]这种有机体结构"本身并不是永恒不变的,而是在活动的磨损和裂ების中不断地解体,并且又藉修复作用不断地重建时,更要使人感到惊奇"[②]。同法律机制各系统的总和相比,作为整体的法律机制,不仅具有严密的统一性,而且有重要的原则指导性和更大的推动力量。

在机制中,法律才是活的法律,而不是僵死的条文。"社会中的法律最好被理解成一种行为或事业,即执行社会事务的活的制度。法律制度也不仅仅是规则的整体,它还要对社会的需要、压力和灵感作出相应的反应。"[③]法律机制要实现的公平原则,在不同的时期所要解决的主要矛盾也是不同的。目前,我国的市场经济体制已经建立,市场经济已经有了巨大的发展。同时,我国的民法体系已经建立,民法精神比较深入人心;经济法体系正在发展壮大,有效的竞争秩序已经初步建立。民法中的形式公平原则和经济法中的公平竞争原则虽然仍然是我国法治建设的重要原则,但在公平原则体系中已经不是最突出和最尖锐的问题了。现阶段的最突出和尖锐的问题,是社会公平原则和环境公平原则的实现。民法的形式公平原则的实现主要依靠私人的力量以及法院的公力救济,而社会法和经济法中的社会公平原则和环境公平的实现则需要社会的综合力量,政府作为社会利益的代表者在保障和实现社会公平和环境公平方面往往居于主导地位。

法律应当建立有效的利益冲突解决机制,形成促进社会公平正义的机制环境。和谐社会并不是无矛盾的社会,任何社会都不能排除权利和利益遭受侵害的威胁。在市场经济条件下各种利益群体、社会组织和个人之间产生利益矛盾与冲突是不可避免

---

① ［美］W.B. 坎农:《躯体的智慧》,6 页,北京,商务印书馆,1980。
② ［美］W.B. 坎农:《躯体的智慧》,6 页,北京,商务印书馆,1980。
③ Leonard Broom,Philip Selznick,*Sociology:A Text with Adapted Readings*,Harper&Bow Publisher,1977,6 th education,p.408.

的,关键在于要有表达利益诉求的顺畅渠道和及时解决利益冲突的有效机制,特别是对弱势群体予以更多的话语权。然而利益表达和利益均衡机制的建立过程通常相当艰难,必须要在利益表达和社会稳定之间取得平衡。它的底线是社会的稳定,上限是利益的表达,两者之间的阈值就是形成利益表达制度的空间。公共产品是政府向社会所有成员提供的各种公共服务以及公共设施的总称,其本质属性在于它的公共性。公共产品的供给要求实现社会总福利和人均总福利的最大化,要求政府必须按照社会公共的集体意愿提供公共产品,而不仅是以企业获利利润为最终目标。公共产品的供给也注重效率,但效率必须与公平并举甚至在一定情况(比如目前的情况)下,要适当地向公平倾斜,否则就会出现比市场失灵造成更大灾难的政府失效。公平和效率是人类经济生活中的一对基本矛盾。社会经济资源的配置效率是人类经济活动追求的目标,而经济主体在社会生产中的起点、机会、过程和结果的公平,也是人类经济活动追求的目标。一般而言,效率型政策更能促进经济增长,而公平型政策更有利于社会稳定。但两者又是互动的、彼此包含的。没有效率,只能提供低水平乃至贫困的公平;而没有公平,社会的大多数就会产生心理的不平衡,从而就没有劳动的热情和创造的积极性。改革开放以来,我国经济政策的基本取向是"效率优先,兼顾公平"。但从现实情况看,改革收入分配制度、增加社会公平,已经到了不得不为的地步。近年来,民生问题和社会公平问题一直是社会关注的热点。党和国家极力强调在科学发展观的指导下构建和谐社会,强调社会稳定和社会发展,相应地,政策由效率型向公平型转变就成为必然。唯有如此,才能真正体现以人为本的精神①。

确实,在社会保障中,国家是最强有力的杠杆。西方"福利国家"的建设,主要是通过自上而下的渠道逐渐实现的。但与此同时,还必须重视民间慈善事业这一有效的渠道。法律机制要为私人慈善事业提供积极的支持。私人慈善事业是社会慈善事业的一个组成部分,即社会保障体系的一个有机组成部分。自由慈善主义传统认为:即使在民主政治中,由民主政府主持财富的重新分配也远不如由那些在市场竞争中证明了自己效率的人来主持财富重新分配更优越。政府行为的最大弱点就是其非歧视性。比如,政府一旦决定资助贫困家庭,就必须对所有收入低于法定收入指标的家庭一视同仁地发放救济,无法区分负责的贫困(即愿意努力但没有机会)和不负责的贫困(如因吸毒而倾家荡产)。私人的慈善事业则可以选择资助的对象,重点帮助那些愿意自资的人。这样,慈善捐赠就提高了受惠者的品格,而不像福利国家那样产生懒惰和对政府的依赖的负面影响。这既保护了弱者,又鼓励了竞争。这就是为什么卡耐基把大部分钱花在教育和公共图书馆上;洛克菲勒把钱重点花在医疗上。盖茨最大的慈善开支,是花在第三世界的健康和卫生方面(如预防和治疗艾滋病);其国内项目的款项大

---

① 国家信息中心经济预测部宏观政策动向课题组:《下一步宏观调控:结构重于总量》,载《中国证券报》,2006 - 09 - 05。

多花在弱势阶层的教育上。很明显,他们认为,自己的钱应该用来解决那些个人无法负责的问题(如疾病),或者帮助那些愿意努力但没有机会的人①。对目前已经形成贫富两极分化的中国来说,这种见解显得十分重要。如此做,既能弥补国家保障之不足,又避免两极分化走向极端,减少贫困群体心理不平衡的状况,从而利于社会的稳定。

在实现环境公平方面,加快循环经济立法,是促进我国经济健康持续发展,建设资源节约型和环境友好型社会的一个基本保障。循环经济的基本法律制度含有许多环节:循环经济发展的规划制度,循环经济产业指导制度,循环经济发展的科技支持和示范制度,生产者责任延伸及产品回收利用制度,消费者责任和绿色消费制度,重点污染企业强制实施循环经济的制度,循环经济发展的激励制度和循环经济发展的公众参与制度等②。政府要继续整顿和规范矿产资源的开发秩序,合理划分中央和地方管理权限;完善矿产资源有偿使用制度和矿产资源开发利益分配机制,矿业权有偿使用的收入要更多地向地方、向基层、向农村、向社会事业倾斜;建立矿山安全生产、环境保护和生态恢复等补偿机制。政府和民间公益性团体和自律组织应充分利用电视、网络、报纸等媒体渠道,加强资源环境利用的宣传,提高全民族的资源意识、生态意识和环境意识。政府应通过财政、税收、价格、金融等经济和行政方面的政策,形成有效的激励机制。

还必须指出,和谐与公平丝毫不意味着消灭差异。相反,恰恰需要发挥差异的作用。和谐与多元是辩证统一的,和谐关系以多元为存在为条件。其一,和谐首先需要并承认差异与多元性的存在。当年孔夫子提出"和而不同"的社会状态思维范式,对于我们今天构建和谐社会具有格外重要的意义。只有肯定"不同",在"不同"的基础上形成"和"(和谐),方能推进社会的发展。如果一味地追求"同",忽视或不尊重"不同",不能求同存异(不同),迟早会招致失败。其二,和谐是目的,差异和多元是手段,两者共存共荣,缺一不可。凡是人为强行的"和",就定然扼杀人的积极性,而造成"万马齐喑"的悲哀局面。过去在这方面的教训,是千万不能忘记的。

温家宝曾指出,在我国现阶段中,面临的两大任务就是:一是集中精力发展社会生产力;二是推进社会公平与正义,特别是让正义成为社会主义国家制度的首要价值③。无疑,正义蕴涵着效率,但更突显公平。

---

① 薛涌:《慈善事业如何改善财富再分配》,载《南方周末》,2006年7月13日,第6版。
② 循环经济立法项目正式纳入了十届人大常委会立法计划,并被列为关系经济社会发展全局、在法律体系中起支架作用的重要法律。
③ 参见《在十届全国人大五次会议记者招待会上温家宝总理答中外记者问》,载《光明日报》,2007年3月17日,第2版。

二、和谐社会背景下我国弱势群体保护与政府责任

构建社会主义和谐社会,必须对社会弱势群体予以广泛的关注。弱势群体在不同的学科领域有不同的界定。社会学强调从社会结构方面界定弱势群体,经济学则注重从经济利益的视角界定弱势群体。从法学的视角看,弱势群体是由于主客观原因所导致的,在社会生活中由于权利欠缺或实现障碍而处于社会不利地位的,需要法律的特别规定来获取权利、维护权利的特殊的社会群体。我国目前的弱势群体主要由残疾人、失业者、下岗人员、城乡贫困人员、农民工、失地农民等构成。弱势群体的形成既有自然方面的原因,也有社会方面的原因,既有国民收入初次分配的因素,也有国民收入再分配的因素。随着社会的分化,弱势群体已经在全国人口总数中占有相当的比例。随着社会转型的加快,弱势群体的规模有可能进一步扩大,存在的问题有可能进一步加深。在我国已经进入到一个新的发展阶段的背景下,完善弱势群体权利保障机制,强化弱势群体保护的政府责任,促进弱势群体平等参与社会,共享社会经济发展成果,不仅体现了现代民主法治国家对弱势群体的关怀,更是落实科学发展观、改善民生、建设服务型政府、构建和谐社会的客观要求。

(一) 弱势群体保护在构建和谐社会中的作用

弱势群体问题的实质是人权问题。弱势群体权利保障直接反映了法治的价值目标,加强弱势群体保护是实现社会和谐的必然要求。

1. 弱势群体保护反映了和谐社会的人权保障目标。

在当今世界,人权作为一种旨在借助权利语言和机制来保护弱者、受压迫者的尊严和自由的普遍性道德权利,已成为普适性价值。人权是作为一个社会的人,为满足其生存发展需要应当享有的最基本的、不可剥夺的权利,包括公民的政治、经济、社会、文化生活等基本的权利。现代法治理论普遍认为,人权是国家的基础和来源,也是国家权力的目标,保护人权是现代法治国家的首要任务。凡是不以人权作为法律价值目标的法律不能称之为良好的法律。在社会主义和谐社会的构建过程中,人权保障即尊重人,关心人,使人成其为人。根据现代人权标准,主体的平等性和法律保护的普遍性是人权保护水平的基本指标。人权具有普遍性,弱势群体和非弱势群体一样,共同作为人类共同体的成员,根据其属人的本性,是生而平等的。弱势群体,作为人类的一部分,应当和其他社会群体一样享有基本人权;作为国家的公民,他们有权享有公民权利,有权共享经济社会发展的成果;而且,基于他们的特殊境遇,国家还有义务对他们进行"倾斜性保护",以保障弱势群体的权利不因此而减损或受到侵害。

2. 弱势群体保护体现了和谐社会的公平正义价值。

公平正义是法律追求的最高价值,是民主法治的核心价值,也是社会和谐的内在要求。中共十七大报告把"实现社会公平正义"摆在突出位置,指出实现社会公平正义

是中国共产党人的一贯主张,是发展中国特色社会主义的重大任务,并且提出既要通过增加社会物质财富不断改善人民生活,又要通过保障社会公平正义不断促进社会和谐。美国法学家约翰·罗尔斯认为,"正义是社会制度的首要价值,正像真理是思想体系的首要价值一样。"①他提出了社会正义即社会基本结构正义,是用来分配公民的基本权利和义务,划分由社会合作产生的利益和负担的主要制度。他的正义理论由两个基本原则构成:一是每个人对与其他人所享有的类似自由相一致的最广泛的基本自由,都应有一种平等的权利;二是社会和经济的不平等将被安排得使人们能够合理地期望它们对每个人都有利,尤其要使它们适合于最少受惠者的最大利益,而与它们相联系的地位与职务应该向所有人开放。由第二个原则出发,罗尔斯主张对于由社会成员自然条件造成的不平等,社会应该采取补救措施。现代法律的一个重要发展趋势就是在追求平等的大前提下,对社会弱势群体进行倾斜性保护。保护弱势群体是实现法律公平正义价值的基本手段,是"良法"的基本要素。"一个良好的法律必须是正义的法律,正义的法律必须是关爱和保护弱者的法律,保护弱者就必须通过制度建构与完善的努力使弱者的利益得到保护或者使弱者的利益得到补偿。"②弱势群体只有得到有效的保护,社会正义的原则才能维系。国家给予弱势群体的帮助和救济,保障其生存与人格尊严,不仅可以体现国家对弱势群体的人文主义关怀,更体现了社会公平与正义的价值。

3. 弱势群体保护是构建和谐社会的秩序基础。

法的首要作用是固化一种秩序,使社会稳定、安全,使社会成员的矛盾和冲突被控制在合理的限度内。弱势群体由于其自身的弱势性,仅靠自身的力量无法实现其应有权利和法定权利。当弱势群体权利得不到法律保障,尤其是陷入生存危机时,就可能成为社会稳定和安全的潜在甚至是现实的威胁。弱势群体的存在和不断扩大不可避免地会导致双重痛苦:当弱势群体问题不突出、不普遍、不明显时,个体痛苦是主要形态;反之,社会痛苦是主要形态。"个体痛苦是弱势群体(包括当事人及其家庭)因为处于弱地位而承受的痛苦,这种痛苦包括物质上的匮乏和精神上的压力。社会痛苦是指因为弱势群体的存在给社会的经济、政治、道德伦理和秩序所带来的压力"。③弱势群体的生活状况,不仅影响个人和家庭,还影响着整个社会。弱势群体分散在社会的各个角落,如果不解决好他们的问题,个体痛苦就会转化为社会的痛苦并且会不断放大,影响社会的安全与稳定,使得社会不得不为解决弱势群体问题付出沉重代价;而如果解决好了他们的问题,不仅能使弱势群体个体受益,而且有利于整个社会的又好又快发展。因此,只有从法律上将保护弱势群体的权益设定为政府的职责,使政府承担起

---

① [美]约翰·罗尔斯:《正义论》,何怀宏译,56 页,北京,中国社会科学出版社,1998。
② 冯彦君:《社会弱势群体法律保护问题论纲》,载《当代法学》,2005(7),38 页。
③ 王思斌:《社会弱势群体生存状况的改善与社会政策的调整》,载《中国党政干部论坛》,2002(4),23 页。

保障弱势群体基本生活和发展机会的义务,保障他们共享人类文明和社会经济发展的成果,才能形成安定稳定、和谐相处的社会秩序。

(二)我国弱势群体保护的现状与不足

改革开放以来,我国在弱势群体权利的保护方面作出了巨大努力,取得了重大成就。我国宪法关于公民平等权、物质帮助权、国家尊重和保障人权以及建立健全社会保障制度的规定,为我国弱势群体权利保护提供了宪法根据。我国已经制定《妇女权益保障法》《未成年人保护法》《老年人权益保障法》《残疾人保障法》等法律和《城市居民最低生活保障条例》《城市生活无着落的流浪乞讨人员救助管理办法》《农村五保户供养工作条例》《法律援助条例》《残疾人教育条例》《残疾人就业条例》等行政法规。此外,我国的刑法、民法、刑事诉讼法、民事诉讼法、义务教育法、婚姻法、母婴保健法、公益事业捐赠法等重要法律和最高人民法院颁布的司法解释中都有涉及弱势群体权益保护的规定。国务院的许多部委还制定了保护弱势群体的部门规章,地方权力机构和政府还制定了数量较多的与弱势群体权利保护相关的地方性法规和政府规章,弱势群体的人身权利、财产权利、劳动就业权利、教育权利、社会保障权利等已经在很大程度上得到法律的确认。但是,弱势群体权利保护的法律制度仍然存在与社会经济发展不相适应,适用对象狭窄,法律实施机制薄弱等问题。

1. 法律制度的规定比较原则,缺乏可操作性。

我国关于弱势群体权利保护的法律法规多属于原则性的规定,缺少法律的规范性、程序性与法律责任的刚性约束,往往不具有可操作性。弱势群体权利保障的法律总体上存在道德性强于法律性,倡导性多于规范性等问题,弱势群体保护的许多工作是靠行政手段和道德来规范的,法律的权威性和强制性在弱势群体保障中没有得到很好的体现。一些地方政府对弱势群体的关注具有很强的功利主义色彩,弱势群体权利保障很多是临时性的权宜之计。弱势群体保护的法律存在立法粗疏,已经制定的法律具有一定的滞后性,整个法律体系不健全等问题,弱势群体的保护没有建立稳定持久的长效机制。

2. 法律制度的适用对象狭窄。

由于受二元经济社会结构和社会经济发展水平的影响,我国的弱势群体保护的法律制度基本上是以城市弱势群体的需要为标准设置的,能受到法律保护的主要是城市的失业人员、下岗职工、老人、儿童、残疾人等弱势群体,农村弱势群体的许多权利往往得不到法律保障。比如,依据《城市生活无着落的流浪乞讨人员救助管理办法》的调整范围,生活无着的流浪乞讨人员的救助仅限于"城市"之中,而生活在"农村"中的生活无着的流浪乞讨人员是被排斥在该法规的调整之外的,无权享受政府的社会救助。又如,城市的弱势群体如果不能就业,大多数可以享受到最低生活保障待遇。由于我国农村社会保障制度建设的滞后,农村弱势群体最低生活保障权的实现非常困难,极易陷入贫困状态。由于生活环境和所受教育的限制,农村弱势群体占有的资源极少,其生存发展权、受教育权、劳动权、社会保障权的实现状况令人担忧。

3. 弱势群体社会保障权利缺失。

现代社会,社会保障不仅是社会稳定的"安全网"和经济运行的"稳定器",而且已经成为公民的基本人权。人人享有社会保障作为公民的一项基本人权已被规定在许多国际公约中,如《世界人权宣言》《经济、社会和文化权利国际公约》等。健全的社会保障制度对于弱势群体保护的意义尤为重要。从一定意义上讲,弱势群体保护问题的核心就是社会保障,通过社会保障制度的推行,保障每个人最低的物质生活水平,从而在制度层面减少弱势群体的数量,改变弱势群体的弱势地位。一般而言,社会保障制度由社会保险、社会救助制度、社会福利等制度组成。从世界范围看,不少国家已经建立比较完善的社会保障制度来改进弱势群体的生活状况和社会地位。我国目前社会保障法律制度体系不健全,立法层次低,覆盖面窄。弱势群体的社会保障水平低于社会平均水平,严重滞后于社会经济的发展。弱势群体的社会保障带有很强的救济色彩和很大的随意性,无法满足弱势群体社会保障的合理需求。

4. 法律实施机制薄弱。

我国弱势群体保护在法律实施机制方面非常薄弱,主要表现在以下几个方面:第一,现代法治发展的一个重要趋势是宪法的司法化即通过宪法司法手段来救济权利。许多国家已经建立了弱势群体权利的宪法司法保护机制。宪法司法保护机制既可以表现为由违宪审查机关通过对规范性文件的审查,从制度层面消除对弱势群体的歧视,也可以表现为由司法机关通过对宪法基本权利的适用来维护弱势群体的具体权益。我国没有建立宪法司法保护机制,导致实践中弱势群体宪法上的权利受到侵害得不到救济,弱势群体的宪法性权利在实践中得不到保护。第二,有关弱势群体保护的法律赋予政府相关部门的职权和强制措施不够,没有明确政府对弱势群体保障的法定责任,弱势群体权利受到侵犯时向政府部门寻求救济时,经常被推诿或者搁置,以至于他们不得不走"上访"的道路来维护自身的权利。第三,司法通常是保护弱势群体权利保障的最后一道屏障,对弱势群体保护具有决定性的意义。弱势群体由于经济困难的障碍和知识信息的欠缺性等因素,他们的权利被侵犯以后,往往很难获得司法的救济。

(三)强化弱势群体保护的政府责任

保护弱势群体是政府义不容辞的责任,是法治社会对政府的必然要求,是政府存在的合法性基础。无论是西方的人民主权说、社会契约论、新公共管理理论,还是我们倡导的"为人民服务"理论,其实都强调了政府自身不是其存在的目的,政府存在的目的和合法性基础是保障人民的自由和权利。弱势群体保护首先需要依靠公共权力的力量,依靠政府对市场缺陷的弥补和对市场的适度干预来实现。政府"依法运用公共权力对社会资源重新分配,给予弱势群体以特别的物质保障;或者运用公共权力,通过创造条件,排除妨碍等方式,给予弱势群体以特别的精神、道义保障;或者双管齐下,两者兼而有之"①。政府承担保护弱势群体责任还是实现社会公平正义的必然要求。美国学者伯纳德·施瓦茨曾在《美国法律》中写道:"……由于每个人的社会环境不同,与此相比,一部分人缺乏能力或能力受到阻碍,而同时他人的能力却高出一筹或得天独厚,权利的平等就成为一种漂亮的然而确是空虚的浮夸之词。对于在这种不平等下生活的不走运的社会成员提供补偿是一种社会责任。社会和法律程序向人们提出这种要求,法律应当力求确认和支持这种要求。"②此外,相对于社会强势群体,弱势群体是远离"社会权力中心"的边缘群体,较少参与社会政治活动,很难真正表达其利益诉求,无法有效地影响法律与公共政策的制定。这就需要政府从社会公共利益出发,对弱势群体的利益诉求和权利保护予以关注和负责,这是维护社会秩序和可持续发展的基本要求。因此,世界银行在 1997 年的世界发展报告中,把保护弱势群体作为每一个政府的核心使命之一③。在我国社会发展进入一个新的阶段的背景下,强化政府保护弱势群体的责任,有利于建设服务型政府,有利于社会结构和社会关系的调适,从而有利于加强社会建设,保障民生,实现社会的真正和谐。

1. 树立弱势群体保护的新理念。

保障弱势群体需要树立科学的理念。弱势群体保护本质是一个人权问题。弱势群体具有与生俱来的公民权利以及达到各种社会补偿的权利;弱势群体作为权利的享有者,他们能够而且像其他社会成员一样决定自己的生活;弱势群体在充分参与个人发展和社会发展中所遇到的障碍是对人权的侵犯。弱势群体保护科学理念的核心是寻求一种全面而有效地保障弱势群体权利与利益的方法,即全面促进和保障弱势群体在政治、经济、社会、文化生活等领域的人权和公民权,保证弱势群体在平等的基础上,有均等的机会参加社会生活和经济发展。弱势群体保护的科学理念要求国家承担起对他们保护的责任,通过法的制定与实施全面保护弱势群体首要的生存权和发展权及其他权利。弱势群体法律制度要以权利保障为宗旨,法律制度建设是保护弱势群体权利的手段。当前,应该着重于提高居民收入在国民收入分配中的比重,提高劳动报酬在初次分配中的比重,提高低收入者收入,提高扶贫标准和最低工资标准等方面的制度建设。

2. 贯彻平等原则和倾斜保护原则。

弱势群体保护需要贯彻平等保护与倾斜保护两大原则。平等原则强调形式平等和机会公平,它主要在消极意义上界定并尊重弱势群体权利。坚持平等原则,反对歧视,保障弱势群体共享社会经济发展的成果,是世界范围内弱势群体权利保障的共同原则。弱势群体是我们社会的平等成员,在人身权利、财产权利、政治权利、婚姻家庭

---

① 李林:《法治社会与弱势群体的人权保障》,载《前线》,2001(5),23 页。

② 参见[美]伯纳德·施瓦茨:《美国法律史》,北京,中国政法大学出版社,1990。

③ 世界银行:《1997 年世界发展报告:变革世界中的政府》,42 页,北京,中国对外经济贸易出版社,1997。

权利等方面与其他社会成员一样是平等的,社会不应该对弱势群体给予不合理的差别待遇。贯彻平等原则,有利于消除社会对弱势群体的歧视和排斥,有利于消除所有现行法律制度中含有的对弱势群体权利实现构成限制和排挤的规定。

保障弱势群体的权利和利益,法律仅为他们提供与一般正常人同等的机会和待遇是不够的,必须给予倾斜性的保护,以克服法律上与政治上的形式平等的缺陷,实现法律对实质平等的价值追求。"一旦我们判定,就某些相应特征而言,特定群体受到歧视,那么为了消除这种不平等,受轻视的就应得到加倍的重视。"①弱势群体,由于其在身体、生理的特点或者在经济收入、社会地位、信息资源等方面处于弱势群体的地位,其权利的行使与实现会比正常人有着更大的困难,所以需要对他们的权利实行倾斜保护原则。倾斜性保护原则,是合理的差别待遇,体现了法律的矫正正义。这符合罗尔斯正义论中对"最少受惠者"给予补偿原理,也是和现代法治注重实质平等的发展趋势相一致的。依据倾斜保护原则,国家应当在基本生活、教育、就业、康复、社会保险等领域对弱势群体采取一系列的特别扶助措施,以缩小弱势群体与健全人的差距。倾斜保护原则并非是对平等保护原则的否定,而是在平等原则的基础上,对弱势群体实行特别保护,以矫正形式正义之不足,体现了更高层次的平等观和法律对实质正义的追求。

3. 构建完善的法律与政策体系。

完善的法律体系是弱势群体保护的前提和基础。随着社会问题的不断严重化,困难群体、弱势群体以各种方式提出保障自己利益的诉求,一些有识之士也在呼吁制定相应的社会政策,甚至人大、政协会议也总有不少提案。但是,一些有关保护弱势群体的立法总是"处于过程之中",相对于其他立法是滞后的。弱势群体的权利保护不应当被视为一种恩赐或施舍,而应当看作是强者群体优先地占有了本来属于他们的那部分资源和条件。而要弥补这个不公,只有通过立法才能获得国家强制力的保护,进而完成从应有权利向法定权利和现实权利转化。为使弱势群体这一特殊群体的合法权益得到更好的保障,维护国家和社会的和谐与稳定,应尽快完善弱势群体保护的法律体系。首先,需要正视弱势群体的生活水平、医疗保险、养老保险、居住环境等方面权利缺失的现实,完善社会保障法制建设,尽快出台《社会救助法》《社会保险法》等社会保障法律,为弱势群体提供最低限度的社会保护。其次,进一步完善弱势群体的劳动权、教育权、环境权等方面的法律制度,以形成对弱势群体权利保护的完整的法律体系,切实保障弱势群体的各种权利得以实现。最后,由于弱势群体构成情况的复杂性和多样性,政府还应当在法律的框架下制定具体的政策措施,以落实法律对弱势群体的保护和弥补法律调整缺少灵活性和针对性的不足。

---

① ［美］乔·萨托利:《民主新论》,396 页,北京,东方出版社,1989。

4.强化政府的公共服务职能。

在服务型政府的基本理论中,政府的主要职能是提供公共产品。公共产品除了明确的产权制度、清晰的交易规则、合理的竞争制度、纠纷解决机制与健全的社会秩序外,还包括公平的分配制度、环境和社会保障制度以及公平的教育机会和基本的公共福利体系。建设服务型政府,意味着政府应该着重解决公共问题,提供公共产品或公共福利。政府绩效评估的标准取决于服务对象的满意程度,取决于公共福利的促进程度。在弱势群体保护方面,服务型政府的评估标准则取决于社会弱势群体享有的基本权利是否得到了有效的保障,是否与其他的社会群体在基本公共服务方面享有"均等化"的权利。因此,政府有责任为社会弱势群体提供公共服务,关心弱势群体,保护弱势群体的利益和权利,通过制度创新和增加公共财政的支出,努力为弱势群体提供方便、快捷、优质、高效的公共服务。

5.健全权利救济制度。

在许多发达国家,弱势群体可以通过一系列的途径包括法院、国家人权机构、国家协调委员会以及非政府组织等,在其权利受侵犯时寻求救济。在我国,弱势群体权利实现的救济制度应该包括以下几个方面:第一,弱势群体权利的宪法救济制度。应该借鉴西方发达国家宪法诉讼的经验,赋予宪法基本权利具有直接的司法适用效力。当弱势群体的宪法性权利如平等权、受教育权、劳动权等在实践中受到侵害时,能够获得具有最高法律效力的法律——宪法的救济。第二,弱势群体权利的司法救济制度。完善的、相对独立的司法系统是保护弱势群体权利所必需的国家机构,对弱势群体权利保障具有十分重要的意义。为保障我国弱势群体能够平等地获得司法保护,需要进一步完善有利于弱势群体诉讼权利实现的诉讼制度,简化诉讼程序,降低诉讼成本,建立符合弱势群体特点的便利、快捷的法律援助和司法救助制度,以使弱势群体能够利用国家的司法资源维护自身的合法权益。第三,建立公益诉讼制度,赋予弱势群体的社会组织代表弱势群体提起诉讼,也不失为弱势群体权利司法救济的一种颇有意义的办法和途径。

三、社会法的基本理论问题:以民生问题为视角

对于社会法的研究,已在我国法学界热烈地展开。应该说,这确实是一件具有重要意义的事情。这一研究既需要部门法层面上可操作性的制度设计和规范制约,也需要法哲学层面上体系化、理论化的强有力支撑。但尚需看到,迄止目前,研究的视域更多地限于部门法学,特别是劳动法学、社会保障法学、经济法学和环境法学,而从法的一般理论高度上来把握社会法显得不足。有鉴于此,笔者不揣冒昧地意图对社会法的几个基本问题进行初步探讨,借以抛砖引玉。

（一）社会法的概念与结构

对社会法进行准确和科学的定位是进行社会法基本理论问题研究的前提。这也是目前学界关注社会法的一个重要内容。

对于社会法这个核心范畴，学界的界定广狭不一。从国外对于社会法的定位来看，社会法并不是一个在西方国家能够普遍使用的概念。在德国，社会法乃指独立法域之社会安全法，逐渐将社会法与社会安全法画上等号①。

在理论界和实践领域，很少使用社会法的概念，而更多的是在使用社会安全法的概念。"在法国，社会法的含义广泛，凡是有关公共秩序或利益、劳动关系以及经济安全保障的法律，并且不属于传统公法学所界定的研究范围的，都可以称为社会法；而一般法学研究者所称的社会法包括：以研究劳动关系为主要内容的劳动法和研究社会安全制度相关法律规范的社会安全法。"②在日本，社会法包含的范围比德国要宽泛得多，对于法律体系划分为公法、私法和社会法三个主要部分已经成为学界共识③。在英国，社会立法被解释为对具有普遍社会意义的立法的统称，例如涉及教育、居住、租金的控制、健康福利设施、抚恤金以及其他社会保障方面的立法。在美国，社会法既包括旨在为解决各种社会问题，为保护经济弱者而制定的各种社会安全立法，如工业革命以前的济贫法，工业革命以后的工会法、工厂法、社会救济法、社会保险法等；还包括预防社会问题、改善大众生活状况、促进社会一般福利而制定的有关法律④。我国台湾地区的学者郝凤鸣认为，"社会保障制度不但涉及个人权益也关系集体利益，社会法即关于该制度之法律规范体系。本文所谓之社会法有别于范围广泛之社会立法，既非公法与私法以外所有第三法领域，也不包含全部之劳动法，仅限于与劳工福利、社会福利、社会保障或社会安全制度相关之法律规范。"⑤当前，我国大陆学者对于社会法的定位也是众说纷纭，尚未形成统一认识。

从中外社会法的不同定位可以看出，社会法本身就是一个很容易引起争论和质疑的概念。众多学者对于社会法定义的论述给予我们很多启示，但是，这些定义存在的共同问题就是没有把对社会法的定位深入下去，没有从价值基础、根本取向和国家与社会关系等角度去揭示社会法的深层内涵。笔者认为，社会法是以社会实质公平和正义为导向的，社会产品向弱势群体倾斜但又不过大减少强势群体收益的再分配，从而

---

① 参见张俊娜：《"社会法"词语使用之探析——基于法律术语的个案思考》，载《语言应用研究》，2006（3），72页。

② 竺效：《"社会法"概念考析——兼议我国学术界关于社会法语词之使用》，载《法律适用》，2004（3），73页。

③ 参见陈根发：《日本"法体系"划分中的若干问题——以公法、私法和社会法的划分为中心》，中国劳动和社会保障法律网：http://www.cnlsslaw.com/list.asp? unid＝2127，2006－12－01。

④ 参见程亚丽：《经济法与社会法关系之探讨》，载《宿州学院学报》，2006（2），16页。

⑤ 参见张俊娜：《"社会法"词语使用之探析——基于法律术语的个案思考》，载《语言应用研究》，2006（3），72页。

激发社会生产经营和劳动积极性,以达到社会和谐的,与公法私法并列的新的法律领域。

由此,理解社会法,首先要明确的是社会法是倾力于社会实质公平和正义价值目标的。应该说正义、公平和自由是法律作为一种社会规范所共有的基本价值。但是,在不同的法律领域和法律部门之中,在不同的历史时期和当代使命之下,这些价值是有不同位阶和侧重的。同时,公平、正义等价值理念本身,也有不同的理解和层级划分。正义有交换正义和分配正义之别,也有形式正义和实质正义之分。社会法的本质属性是确保社会再分配过程中的实质正义,有别于自由竞争领域的交换正义,也有别于形式正义。社会法是向弱势群体倾斜的法域,这是典型的分配正义而非交换正义。

其次,社会法是以社会为本位的法律,是国家向社会回归过程中的调整规范。以社会为中心是对自由竞争时期完全自由放任、以个人为本位的逆反,也是对极端个人主义的集中检讨。社会法的产生和发展,正是针对自由竞争所带来的贫富悬殊、两极分化、生态危机等重大社会矛盾和问题而实行的法律调控和化解。国家和社会的关系相应也有了重大变化,由自由竞争时期的"警察国家"向"福利国家"转变,国家监管范围和力度都有显著的增强。但是,需要我们注意的是,国家的这种监管和控制是适应社会需要而生的,是国家回归社会进程中的一个阶段。

再次,社会法是通过保护社会弱势群体的利益达到保护社会公益的目的。作为三大法域之一的社会法,其出发点、存在的基础和重点保护的社会关系,与传统公法和私法都有很大不同。"私法以个人利益为本位,通过市场调节机制追求个人利益最大化以及交易安全;公法以国家利益为本位,通过政府调节机制追求国家利益最大化以及国家安全;社会法以社会利益为本位,通过社会调解机制追求社会公共利益最大化以及社会安全。"①在社会的价值倾向上,社会弱势群体是社会法的重点保护对象。从本质上说,社会弱势群体的利益会提升为整体社会利益,由国家和社会来保护,从而社会弱势群体的利益和社会整体利益达到统一。社会法所保护的人群不仅仅是弱势群体的利益,也有普遍的社会利益,比如环境保护法。即使侧重于保护劳动者、低保人群等社会弱势群体利益的法律,比如劳动法和社会保障法,其最终目标也是为矫正和清除社会中的不正义、不和谐的因素。这也是实现社会普遍利益和公共利益,乃至提高整个社会文明的需要。长期的公共利益与短期的局部利益之间的这种调整即"福利国家"的推行,属于国民收入的再分配。乍然看来,这是"劫富济贫",是"公平"的后退;而实质上则是人类社会的一大进步,给包括强势群体在内的社会共同体的前景展现一缕文明的光彩。这样,如果单纯说社会法是保护社会公共利益的法律或者单纯说社会法是保护社会弱势群体利益的法律,都失之于不全面。社会法是通过保护弱势群体利益,进而实现社会整体利益的法域。

---

① 董保华等:《社会法原论》,15 页,北京,中国政法大学出版社,2001。

最后,社会法是与公私法相并列的法域。应该说,社会法的独立性已基本获得学界的普遍认可。社会法作为与公私法相并列的独立法域的兴起,是公法私法化和私法公法化的产物。私法公法化就意味着,在私法领域中逐渐渗入了国家干涉的因素,国家开始转变过去对于私法领域完全意思自治的放任;而公法私法化意味着,在公法领域中过去完全由国家管理和监控的部分中开始渗入私的因素,在不适合由国家管、不应该由国家管和国家管理不力的事务,更多地发挥个人、社会团体和社会的作用。在法律领域,从过去自罗马法以来泾渭分明的公私法二元界分中渐渐分化出一个既不是完全的公法,也不是完全的私法的空间,出现了一个可以日渐与传统的公私法相并列和相制约的独立法域。

(二)社会法的历史轨迹

与其他法律一样,社会法也是奠基在一定国家和社会基础之上的。追溯社会法的历史渊源和发展轨迹,我们发现:社会法是人类社会文明发展的合规律的产物,是国家和社会之间关系互动和国家逐渐回归社会的重要表现。在很长历史时期内,它伴随社会经济结构的变化及相应的文化发展,而一步步地产生、发展,并逐渐趋向于完善。

作为一种体系,社会法是比较晚近的事情,但是体现社会法的制度和思想却由来已久。人类结成社会很大的一个初衷就是在集体中扶老携幼、共渡难关、面对危机。事实上,社会保障制度源自于济困与济贫思想,这样的慈善和恻隐之心在人类社会早期就有所体现。

1.战争、公共事务与社会保障。

社会保障的原始形态,早在古希腊和古罗马时期就曾出现。与当时的社会政治结构相适应,在这个时期奴隶被排除在社会保障的范围之外,其劳动力的生产和再生产由其主人自己解决。但是,从制度上对自由民中的弱势群体利益有较多倾斜。考察古希腊、古罗马历史,我们会发现,当时的社会保障制度是与城邦的公共精神及战争联系在一起的。

整体性和公共性是古希腊城邦的本质特征。在这种精神的引领之下,城邦公民对城邦事务的高度关注是毋庸置疑的。诚如伯利克里所言:"在我们这里,每一个人所关心的,不仅是他自己的事务,而且也关心国家事务;就是那些最忙于自己事务的人,对于一般政治也是很熟悉的——这是我们的特点:一个不关心政治的人,我们不说他是一个注意自己事务的人,而说他根本没有事务。"①与此相适应,城邦对于城邦公民的疾苦也相当看重,社会救济和保障的存在是具有社会基础的。最为突出的是人们非常关注与战争相关的人员,如将士、伤残军人及其亲属的社会救济。在客观上,这是鉴于当时战争频繁、迫切需要兵源,为鼓励公民参战、打消其后顾之忧的考虑的缘故。"公元

---

① 参见[古希腊]修昔底德:《伯罗奔尼撒战争史》,转引自徐大同:《西方政治思想史》,20—21页,天津,天津教育出版社,2000。

前560年起,希腊政府就开始对伤残的退伍军人及其遗属发放抚恤金,对贫困者发放补助。公元6世纪末,罗马城邦也采取过大规模的有组织救济措施,城邦的市政当局用捐款和公款购买粮食,通过廉价出售以压低市场物价,此外也将粮食无偿地分发给丧失劳动能力的人和阵亡将士的遗属,以减缓社会冲突。"①在抚恤军人、阵亡将士方面,古罗马较之古希腊更为周到。

但是,需要我们注意的是,这些社会保障制度和理念是非常原始和初级的,是很有限的。从法律上说,维护和规范社会保障的制度,不过是公法和私法划分的附属物,而没有本身的独立地位。古罗马的法学家把法律分为公法和私法,认为"公法调整政治关系以及国家应当实现的目的,'有关罗马国家的稳定';私法调整公民个人之间的关系,为个人利益确定条件和限度,'涉及个人福利'"②,或者说"公法是公益的法,私法是私益的法"③。这种划分以法律主要是保护公共利益还是个人利益为根本标准,奠定了大陆法系国家公私法划分的基础。至于社会保障制度,只时隐时现地存在于公法与私法的夹缝中。

2. 政教合一、施恩论与社会法。

在中世纪,很多传统社会救助活动都是带有宗教性质、与宗教活动结合在一起的。这些活动主要由教会组织发起,表现为教会对教民的生活救济,给生活困苦的教民以最起码的生活保障。这种社会保障依附于宗教组织的根本原因在于中世纪政教合一的国家和社会关系状况,与基督教的施恩论教义关系密切。

在这一历史时期,社会救助和社会保障的主体并非国家,而是来自于教会组织、社会慈善组织和私人的慈善活动,且以教会组织为主。这是由基督教从精神领域统治及于世俗领域统治的社会历史现实所决定的。基督教植根于希腊城邦社会解体后兴起的世界性帝国与世界主义学说。它经历了古罗马帝国后期的分崩离析,在其废墟上与西欧文明一同发展起来。蛮族入侵后,无力接管庞大而又混乱的世俗世界,维护社会秩序的重任历史地落到基督教会身上。"如果说从废墟中拯救出什么东西来的话,这很大程度上要归功于有组织的教会所起的稳定性作用。"④历史给予了基督教以绝好的发展契机,它的势力范围得以迅速伸张,一个庞大的精神王国建立,同时也开始染指世俗王国。于是,"正宗教会徐徐替代了罗马帝国,成为社会上的统治势力"⑤。因此,这一时期的社会救助和社会保障以教区为单位,以基督教会组织为主体,以上帝对于教友的救助为宗旨。介入世俗社会并为弱势群体提供救助和保障的,是基督教会组织而非国家政权。

---

① 林嘉:《社会保障法的理念、实践与创新》,57页,北京,中国人民大学出版社,2002。
② [意]彼德罗·彭梵得:《罗马法教科书》,黄风译,9页,北京,中国政法大学出版社,1992。
③ [日]美浓部达吉:《公法和私法》,黄冯明译,29页,北京,中国政法大学出版社,2003。
④ [美]伯恩斯、拉尔夫:《世界文明史》(上卷),赵风等译,399页,北京,商务印书馆,1998。
⑤ [美]汤普逊:《中世纪经济社会史》(上册),耿淡如译,101页,北京,商务印书馆,1997。

　　私人慈善行为对于中世纪的社会救济与社会保障,也起到重要作用。"可以确定的是,能够证明一种非常感人的私人慈善模式已经在 1480 年到 1660 年期间确实存在,并且,也的确有很好的理由相信,这种模式持续到整个 18 世纪,也就是被一个评论家称之为'慈善的时代'的那个时期。"①这种私人慈善行为在当时之所以比较盛行、受到人们的认可,主要是由于这种慈善和救济比较能够符合当时社会历史现实的需要,具有比较大的弹性和适应力,不拘泥于形式、时间和数量的要求,能够随时适应环境与情况的变化。

　　正因为社会救济和保障不是国家和政府的责任和义务,因此也并没有被纳入法律规制的轨道中来。

　　3. 空想社会主义、社会和谐与社会法。

　　近代初期的空想社会主义思想和运动是社会法思想发展过程的一个新阶段。该思潮主要是针对当时普通工人阶级及穷苦群众在立法不利于他们利益保护的情况下,率先从理论和实践上去解决当时存在的问题。以欧文为代表的空想社会主义者身体力行,致力于改善工人工作条件、提高工人福利。他召开工厂主会议推广自己的想法,呼吁议会通过这方面的立法草案,并出版小册子《论工业体系的影响》,两次发出有关呼吁书——《上利物浦伯爵书——论工厂雇佣童工的问题》和《致不列颠工厂主书——论工厂雇佣童工的问题》②,努力把单纯赈济变为一切工厂主必须依法遵行的事。

　　事实上,空想社会主义思潮对于社会保障和社会福利的追求,是与其"和谐"的社会理想联系在一起的。他们的社会理念和终极目标,是消灭不平等的社会现状、解决社会中的"不和谐"问题。它在客观上积淀着社会法产生的最初社会土壤。从一定意义上讲,社会立法是社会自身施与国家立法领域的压力和要求。从国家的社会本质而言,它们必须承担此项义务。再者,鉴于这些问题作为社会的整体现象是连接在一起的,不能借助临时行政动议或零敲碎打的办法来解决,而必须从社会控制、社会调整、社会规范的整体目标层面上去对待和处理。这就是社会法。制定良好的以实现社会公益和公平正义为目标的社会法,比如济贫法、环保法、劳动法、教育法等,对于达致社会和谐至关重要。无疑,空想社会主义者对于社会法的产生作出了极为突出的贡献。

　　4. 自由竞争、功利主义与社会法。

　　在自由资本主义时期,基本指导思想是促进个人自由和利益的最大化;在自由竞争的理论框架下,个人利益和社会利益是一致的,追求个人利益的最终结果就是促进了社会利益。在这里,社会利益被置换为个人利益。从根本上讲,自由竞争所追求的原则是优胜劣汰、适者生存,这与社会福利、社会保障所强调的"倾斜保护弱者""弱者

---

　　① Calvin Woodard, *Reality and Social Refrm: the Transition from Laissez-faire to the Welfare State*, The Yale Law Journal 72(2),1962,p301.

　　② 参见[英]欧文:《欧文选集》(第 1 卷),柯象峰等译,146、158 页,北京,商务印书馆,1979。

救助、反歧视与倾斜保护"①的目标和原则并不一致。然而,自由竞争所带来的各种社会后果之一,就是在全社会中迅速分离出一个失业、流浪和困苦的社会阶层。这势必成为社会进一步发展的巨大障碍,必然要求在思想层面和制度层面对此问题进行解决。

在思想层面上看,尽管"那个时候的政治哲学主流是亚当·斯密的自由放任主义,但各种福利观念也在旁边生长出来"②。具体说,福利观念生长的原因有两方面:在理论上是自由放任政策根深蒂固的缺陷,并且日益走向极端,恶果累累。实践上是市场不是万能的,继续依赖市场那只"看不见的手"的自我调节,只能使情况越来越糟。简言之,政府必须出面,发挥它的干预作用。功利主义创始人边沁提出了某种集体形式的福利观念,他的"最大多数人的最大快乐"可以成为政府福利政策的依据。但边沁的含糊之处在于,"他既可以建构比《国富论》远为自由放任的经济理论,也可以建构允许国家权力扩张的福利理论"③。它的基本缺陷在于,只强调增加社会财富的总量,而不问财富在社会中实际是怎样分配的。这方面的问题,到了约翰·密尔时才稍有变化,显露出一些社会本位思想的端倪。

在实践层面上,自由资本主义时期的社会问题,根源于难以调和的两大敌对阵营的阶级冲突和对立。但是,面对日益觉醒的工人阶级的反抗,掌握国家政权的统治者必须采取一定措施来缓和逐渐激化的阶级矛盾。于是,在生产过程中,他们"不得不用法律来防止资本主义剥削的过火现象"④;在再分配过程中,也要用法律手段去收拾资本留下的烂摊子,把法律作为重要社会调整机制。虽然这并不能从根本上解决当时的社会问题,但是的确起到了稳定社会、为穷人提供最起码的工作和生活条件的作用。《济贫法》和《新济贫法》就是这个历史时期的产物。《济贫法》正是在圈地运动进行得如火如荼,自由竞争的资本主义发展到一个顶峰,产生的流浪人口和失业群众的自由流动给统治秩序造成严重威胁的时候产生的。这从一个侧面说明,当时的统治秩序出现了一定程度的危机,并且,这种危机的化解仅仅依靠武力镇压不能奏效,反而会造成更剧烈的反抗与社会的动荡;限制人口流动亦无法做到。此时,过分反映阶级性特征的法律很明显已经无法解决日益尖锐的社会矛盾,为此,更多地体现社会性一面特征的法律,就充当了解决这种矛盾的重要途径。事实说明,社会法的产生和发展是反映其时其地的社会问题和社会状况的一面镜子。

追根溯源,"工业革命的兴起是现代社会保障制度在欧洲兴起的最根本的原

---

① 郑尚元:《社会法的存在与社会法理论探索》,载《法律科学》2003(3),43 页。
② [英]诺曼·巴里:《福利》,储建国译,导言,1 页,长春,吉林人民出版社,2005。
③ [英]诺曼·巴里:《福利》,储建国译,导言,1—2 页,长春,吉林人民出版社,2005。
④ 吕世伦:《马克思、恩格斯法律思想史》,397 页,北京,法律出版社,1990。

因。"①在19世纪初以及之前的一个历史时期,工业化给社会带来最为显著的变化,也最终导致了翻天覆地的变革。随之而来的就是,过去在社会中居于主导的自由放任原则显得非常不合时宜,即将变成社会发展的桎梏②。自由竞争和工业革命虽然没有和社会保障与社会福利的根本精神契合,但是,产生出了大量需要社会保障与社会福利政策解决的社会矛盾和问题。所以,当自由资本主义阶段的危机上升为整个资本主义世界桎梏的时候,社会保障体系和社会福利制度便应运而生了。与之相适应,社会法的真正发展契机,也是在自由竞争和工业革命的问题充分暴露之后、福利国家兴起、国家在一定程度上向社会回归的趋势出现之后才开始的。

5. 福利国家、倾斜保护与社会法

社会保障的发展路径,可能是像德国那样自上而下地开始,也可能像英国那样自下而上地开始。但是,它们的共同点都是"国家的出场,政府开始充当一定的角色。从此,原有的传统保障形式开始走上了国家化、社会化的道路"③。可以说,现代社会法、社会保障制度是与福利国家的兴起、国家对社会加强监管紧密联系在一起的。

福利国家发轫于自由放任政策不再限制或较少限制国家在处理社会问题的地位之时。"在过去的大约一百年的时间里,西方社会已经经历,并且的确还正在经历着如此风雷激荡的历史阶段。"④这就是努力从自由放任的传统走向福利国家的社会现实,在传统与现实之间寻求平衡的转折时期。"虽然福利国家这个词是众所周知的意义模糊"⑤,但是,福利国家还是包含着一些基本假定,那就是在处理社会矛盾和解决社会问题的过程中,政府能够成为核心社会机构、承担主要社会责任、努力敦促社会成员朝着既定方向和目标努力。"福利国家的出现意指政府提供社会服务力量的扩张,政府的责任不仅是救助一般贫困与社会急需而已,而且应更积极地保障并促进全民的福祉。"⑥这样国家在承担社会保障和社会福利责任的时候,就能够变被动为主动、变修修补补为整体构架,在制度层面和立法层面上为福利国家的兴起奠定基础。

在自由竞争早期阶段一些学者的眼中,贫穷和弱势都是个人责任。比如,洛克就认为:"与穷人相比,富人拥有更多为自己行为负责的资本。但是,在有关贫穷的问题

① 杨黔云、刘苏荣:《现代社会保障制度在欧洲兴起的原因》,中国劳动和社会保障法律网,http://www.cnlsslaw.com/list.asp? unid=2075,2006-11-26。

② Calvin Woodard,*Reality and Social Refrm:the Transition from Laissez-faire to the Welfare State*,The Yale Law Journal 72(2),1962,p.304.

③ Marrin Perry. *Western Civilization*. Boston:Houghton Mifflin Company. 1992. 转引自杨黔云、刘苏荣:《现代社会保障制度在欧洲兴起的原因》,中国劳动和社会保障法律网,http://www.cnlsslaw.com/list.asp? unid=2075,2006-11-26。

④ Calvin Woodard,*Reality and Social Refrm:the Transition from Laissez-faire to the Welfare State*,The Yale Law Journal 72(2),1962,p.287.

⑤ Calvin Woodard,*Reality and Social Refrm:the Transition from Laissez-faire to the Welfare State*,The Yale Law Journal 72(2),1962,p.288.

⑥ 詹火生:《社会福利理论研究》,6页,北京,巨流图书公司,1988。

上,除了以自己的行为对穷人施加影响力之外,富人无法帮助穷人。"①他们把贫困归结为穷人的道德问题,而非经济问题,更非社会责任。到了垄断资本主义阶段,多数学者认识到贫困等社会问题"并不关涉穷人的道德问题"②,而是国家和社会不可推卸的责任。与此相适应,提供救济和慈善的责任主体也就发生了转移:从私人和宗教机构转为国家。更为重要的是,在法律框架之内,社会救助和社会保障不仅仅意味着国家对于弱者的救济,而是把"某些弱者的个人利益提升为社会利益,并通过国家和社会来保障"③。由此,在西方世界,福利国家的"倾斜保护"原则,就在社会法领域确立起来了。

由于历史传统和社会经济状况迥异,各国的福利国家模式和社会保障模式表现出很大差异。在德国,社会法的保护原则主要是特殊性原则,而在英国却主要是普遍性原则。英国的普遍性原则建立在"贝弗里奇报告"基础之上,源自于人们在战后对于普遍的、覆盖全民的社会保障制度的渴求。贝弗里奇报告完成了"从国民保险补贴到财产调查补贴的转变",即从主要以保险为基础的补贴到日渐侧重最低生活保障的财产调查补贴的渐进发展过程④。虽然贝弗里奇报告所确定的普遍主义观点在现实生活中从未全部付诸实施,但是这种原则和精神对于整个西方福利国家产生了深远影响。在德国,俾斯麦颁布的有关劳工保险的法律是社会保障法的启端,开社会法发展之先河。而在社会法的发展过程中,另一具有里程碑性质的事件是《魏玛宪法》的颁布。"《魏玛宪法》确立了现代意义的生存权,并赋予生存权以具体的内涵,即生存权不仅仅是活下去的权利,而且是能够体现人的价值、体现人的尊严地生活下去的权利。因而,作为宪法中的一项纲领性的权利,生存权保障成为现代社会保障立法的起点和归宿。"⑤后来,《魏玛宪法》虽然被实际废除,但是,该法所体现的原则和精神却被保存下来。这些原则和精神不仅仅保障社会成员的基本物质生活,更为关键的是,它还把社会保障提升到公民权利和社会精神意识的水平。

从法律规制角度来看,私法的公法化和公法的私法化,反映了福利国家对于社会管制方式和力度的重大转变。20世纪初,尤其是二次世界大战以来,在"传统公法与私法之间的新兴中间领域,国家与社会经常相会之处",出现了社会法这样一个可以表达

① J. S. Mill, *Dissertations and Discussions*, 181,199(1859)(originally printed as The Claims of Labour published in the Edinburgh Review for 1845). 转引自 Calvin Woodard, *Reality and Social Refrm: the Transition from Laissez - faire to the Welfare State*, The Yale Law Journal 72(2), 1962, p. 292.

② J. S. Mill, *Dissertations and Discussions*, 181,199(1859)(originally printed as The Claims of Labour published in the Edinburgh Review for 1845). 转引自 Calvin Woodard, *Reality and Social Refrm: the Transition from Laissez - faire to the Welfare State*, The Yale Law Journal 72(2), 1962, p. 293.

③ 董保华等:《社会法原论》,4页,北京,中国政法大学出版社,2001.

④ 参见[英]内维尔·哈里斯:《社会保障法》,李西霞、李凌译,92页,北京,北京大学出版社,2006。

⑤ 林嘉:《社会保障法的理念、实践与创新》,43页,北京,中国人民大学出版社,2002.

诸如"公土地法制、住屋社区与住屋建筑法、租赁法、劳动法制与经济法"①等各种法律形式的新兴事物。在经济与贸易的诸多领域,社会法的蓬勃发展消解了传统私法一统天下的局面。从另一个方面来看,以民法为代表的传统私法的局限性也凸显了社会法产生和发展的必要性。以归责原则为例,在垄断资本主义时期,劳资双方的实力对比日益悬殊,由此导致的劳资雇佣关系和交易不平等现象越来越多,产生大量的社会不公正问题,即自由竞争阶段"自足的实证正义最危险地导致忽略公共正义的问题"②。进而,传统民法的过错责任原则不足以界定商品经济中的责任归属,无过错责任原则和公平原则成为不可或缺的补充,且后两者的地位愈加重要。在这个时期,各国的社会保障法和劳动法等带有明显社会性特征的法律蓬勃发展,并逐渐成为独立的法律部门。即使学者们对于社会保障法发展阶段的定位见仁见智③,但无可否认的是,多数学者都把二战以后福利国家的兴起作为社会保障法发展的黄金时期和成熟时期的肇始。而劳动法也是在20世纪中叶完全从私法中独立出来,被人们划归到社会法的行列。于是,社会法才真正地有机会发展起来。

(三)社会法的价值基础

社会冲突和社会矛盾是人类社会无法回避,也不能一劳永逸根除的问题。在选择解决这些问题的途径和办法的时候,难免会存在诸种社会政策、制度和规则之间的价值位阶的冲突(诸如平等与效率、自由和秩序的矛盾),贯穿社会发展的始终。在当今中国,在大力推进社会主义市场经济的过程中,同样出现了很多不和谐、不公正的社会现象。个中有些是市场经济自身的瘤疾,但社会制度和法律建设未能有效发挥作用也是非常重要的原因。有鉴于此,必须积极促进法律在化解社会矛盾、解决社会问题、达致社会公平和正义中的作用。在这一过程中,法律应该以什么样的价值为基础、发挥何种调节和引导作用,就尤为重要。

社会法的价值基础和价值取向,是社会法基本理论中的核心问题。社会法的产生和发展,根源于社会问题的存在和国家权力向社会回归的历史演进,其存在的根本价值基础和价值取向也有决定性影响。

应该说,法律存在很多共同的价值,比如众所周知的秩序、安全、平等、公正、自由、效率,等等。但是,法的价值并非出于一个水平线上,它们有各自的价值序列和位阶,它们之间在许多问题上还存在冲突和矛盾,需要根据情况进行甄别和选择。不同的法律部门或者说法律领域的价值基础是各有侧重的,这取决于它所保护的社会关系的性质和致力于解决的社会问题的性质。社会法的价值基础既不同于民法对于自由竞

---

① [德]弗朗茨·维亚克尔:《近代私法史——以德意志的发展为观察重点》(下),陈爱娥,黄建辉译,526页,上海,上海三联书店出版社,2006。

② [德]弗朗茨·维亚克尔:《近代私法史——以德意志的发展为观察重点》(下),陈爱娥,黄建辉译,534页,上海,上海三联书店出版社,2006。

③ 参见刘诚:《社会保障法比较研究》,13—19页,北京,中国劳动社会保障出版社,2006。

争的最大限度的支持和保护,也不同于刑法对于社会秩序和安全的全力追求。它所面临的问题的核心是平衡平等和效率之间的矛盾,消减实质公正和形式平等之间的矛盾和冲突,保护社会弱势群体的利益、促进社会公共利益,增添社会福利、促进社会发展,追求真正的社会正义与和谐。

1. 平等与效率。

平等与效率,是人类社会并相追求的两大社会价值和发展目标。但两者又很难同时充分实现,经常表现为此消彼长的相生相克的关系。同时,这也给国家提出一个"两难选择"。在社会面对问题和冲突的时候,经常"或是以效率为代价的稍多一点的平等,或是以平等为代价的稍多一点的效率。照经济学家的习惯用语来说,出现了平等与效率之间的抉择"①。一个社会是否安定、有序、健康,在很大程度上讲要取决于能否有效地平衡两者关系。社会法的产生,正是基于社会中平等与效率之间关系的失衡。它所追求的目标就是寻求平等和效率的最佳结合点,达到在一个有效率的社会中不断增加平等的社会目标。以社会保障法和劳动法为重要内容的社会法近些年受到人们的普遍关注,根本的社会原因在于,在大力发展社会主义市场经济的过程中不断地造成贫富分化、社会弱势群体增加、生态环境遭到破坏等诸多社会问题。从一个侧面来看,在很长的历史时期,效率是市场经济政策的主要导向。这对于促进市场经济的高速发展是非常必要的,也的确对国民经济的腾飞作出了巨大贡献。但是,随之产生的问题也是不容忽略的。在这样的社会背景之下,如何矫正过分强调效率所造成的社会不公正和不和谐的现象,也就是重新确定社会法价值基础,便成为一个有决定性意义的事情。但是,在这里必须强调的是,社会法所追求的平等如果就是简单的"同等情况同样处理",那么,当处于优势地位的人群和处于弱势地位的人群面对同样的竞争与选择时,空谈平等就是最大的不平等。

2. 实质公正和形式平等。

当自由竞争和市场经济发展到一定程度的时候,社会各种资源必然随着资本的流动而日渐集中到社会某些阶层手中。面对此种局势,仅仅有立法平等和制度平等之类的形式上平等的要求,对于实现真正的社会和谐和公正是非常不够的。"形式上的正义要求是按照法律规定分门别类以后的平等对待,但它并未告诉我们,人们应该怎样或不该怎样分类及对待。"②"除非我们继续指明,如何将人们根据我们所认为特定社会的'道德'或'社会需要'进一步区分为许多小团体,否则就人们应享的'公平'所做

① 高登:《市场的位置与约束》,载[美]阿瑟·奥肯:《平等与效率》,王奔洲等译,2页,北京,华夏出版社,1999。

② [英]丹尼斯·罗伊德(Dennis Lloyd):《法律的理念》,张茂柏译,109页,台北,联经出版事业公司,1984。

的分类,必然仍旧停留在形式的阶段。"①我们所追求的平等和公正,不仅仅是形式上的平等。真正的平等和公正,刚好是反对单纯形式意义上的平等和公正。所以,以平等为由反对向社会弱势群体倾斜的政策和制度,恰恰是社会不平等的体现。

社会中形式平等而实质不公正的问题,主要是把不平等掩埋在表面平等、实则机会不均等之下。这诚如奥肯所言:"大部分对不平等来源的关注反映出一种信念:源于机会不均等的经济不平等,比机会均等时出现的经济不平等,更加令人不能忍受(同时,也更难以补救);但是机会均等概念远比收入均等难以捉摸,而且它使任何有意义的衡量都落空了。"②人们似乎能够比较容易地认识到来自于家庭和出身的不平等造成的不公平,但却比较容易忽略掉由于政治法律制度的不公正所造成的不平等。这里面,我们可以把不平等分为作为的不平等与不作为的不平等。作为的不平等,是制度本身造成了社会不公正、不平等。不作为的不平等,是指放任社会不平等的存在,不去救治社会不平等疾患,不对社会弱势群体倾斜,以规则平等和形式平等为由放任实质不平等的存在和蔓延。我们可以进一步说,如果社会制度和法律规则不公所造成的社会现象和社会问题不能得到有效解决,就可以说实质平等是不存在的或者是非常有限的。

社会法是以实现社会实质公正为价值目标的。当公民在年老、疾病、伤残、失业、生育、死亡、遭遇灾害、面临生活困难时需要国家和社会给予物质帮助的时候,用市场经济的自由竞争是不能够解决问题的。当劳资双方实力悬殊、劳动者需要法律和制度去维护自己的合法权益的时候,不考虑劳资双方的实力对比的形式平等标准,是实质上最大的不平等。所以,以解决社会不公正、不和谐问题为历史使命的社会法,必然是扬弃(不是简单否定而是肯定中的否定)形式平等而选择实质公正。我们谈及社会资源优化配置、实现社会资源的最佳分配方案的时候,必然不应该忽略掉对于社会实质不公平问题的关注和解决,其中很重要的一个方面就是关注社会弱势群体。列宁在谈到形式平等与实质平等问题关系时指出:"任何权利都是把同一标准应用在不同的人身上,即应用在事实上各不相同、各不相等的人身上,因而'平等的权利'就是破坏平等,就是不公平。"③因此,在这种情况下,他赞成马克思的说法:"要避免所有这些弊病,权利就不应当是平等的,而应当是不平等的。"④此中所言的"不平等",意即需要对社会弱者有所倾斜。但这完全不意味着否定形式平等(不论政治上还是经济上)在我国现阶段的重大意义。

---

① [英]丹尼斯·罗伊德(Dennis Lloyd):《法律的理念》,张茂柏译,109—110页,台北,联经出版事业公司,1984。
② [美]阿瑟·奥肯:《平等与效率》,王奔洲等译,73页,北京,华夏出版社,1999。
③ 《列宁全集》第29卷,89页,北京,人民出版社,1985。
④ 《马克思恩格斯全集》第19卷,22页,北京,人民出版社,1963。

3. 社会弱势群体利益与公共利益。

在当前的中国,强势群体与弱势群体之间的利益失衡与冲突的现象比比皆是。如贫富两极分化、"三农"问题、东西部差距、下岗失业、消费者权益的无保障等,其中有些矛盾已达到相当严重的程度,乃至有危机之虞。应该说,社会法对社会弱势群体的关注和倾斜性保护是得到学界广泛认可的。如董保华《社会法原论》一书,就把倾斜保护原则作为社会法的基本原则①。也许有人会存在疑惑:对社会弱势群体的倾斜保护会不会有碍社会生产效率和违背平等原则? 会不会在这种社会弱势群体利益与社会公共利益之间造成过大的张力? 存有这种疑虑的根本原因在于,对社会弱势群体之所以处于弱势的缘由认识得不清楚。

在这里,我们一定要弄明白,弱势群体的存在,"固然不乏其自身的某些因素的影响,但最主要的原因常常是因为社会资源(含经济、政治、文化各种资源)的分配不公造成的,所以应由社会整体承担责任,而不能反转过来归咎于弱者。还必须看到,在严格意义上讲,社会弱势群体的存在并不是一种社会的负担,而是为了整个社会的发展被迫作出牺牲的结果"②。从积极方面看,如果弱势群体能够得到公正的对待,基本权利得到保障,一定会唤起其主体精神和劳动与创造的积极性,迸发巨大的生产力,产生单纯自由竞争所无法比拟的效益。因此,解决社会弱势群体的问题和困难、确保社会弱势人群的基本利益与实现社会公共利益的根本方向是一致的。在这个意义上说,社会法是通过对社会弱势群体权益的倾斜保护以实现社会公共利益的法律。这与社会法作为以社会为本位的法律、保护社会公共利益的法律的定位,二者非但不矛盾,反而是一致的。

4. 社会福利与社会发展。

无论是从哪个层次的含义上说,社会保障都是社会法的重要内容。社会保障与社会福利,是关系密切但又有重要区别的概念。社会保障是初级的社会福利,而社会福利是高级的社会保障。社会福利与社会法也是紧密关联的,"福利国家"兴起之后社会法才开始迅猛发展起来。可以说,促进社会成员社会福利的发展,是社会法的重要目标。发展良好的社会法,可以"增进人类社会共同福祉,维护社会安全,如社会保障、环境保护;促进社会的均衡发展,即保护弱势群体,均衡社会结构;增强人类社会的合作协调能力,即干预竞争"③。当自由竞争及市场经济自身难以克服的矛盾和冲突反映在社会生活之中的时候,国家干预作用的优越性就体现出来。"福利国家"也正是在这种历史背景下,在西欧、北美渐至整个发达国家,强有力地迅速兴起。然而,如同任何事

---

① 董保华等:《社会法原论》,143—153 页,北京,中国政法大学出版社,2001。

② 吕世伦、马金芳:《构建社会主义和谐社会的法机制研究》(上),载《北京行政学院学报》,2006(4),62 页。

③ 参见张俊娜:《"社会法"词语使用之探析——基于法律术语的个案思考》,载《语言应用研究》,2006(3),72 页。

物的运行规律一样,"福利国家"的发展亦是一波三折的,甚至搞得愈深入,矛盾显得就愈多。主要表现在:一是福利投入太多,造成扩大再生产的资金不足;二是过多的福利待遇,使一些劳动者产生"懒汉"思想,不愿付出相应的劳动。我们看到,北欧及西欧国家的"福利国家"政策进展比较快,随之而来的是许多与自由竞争相反的社会问题也相继在各国出现。于是一些人开始质疑,国家的干预是不是走得太远? 社会福利是不是过头了? 简言之,社会福利与社会发展的冲突引起了普遍的关注,从而在理论研究方面,与"福利国家"相对立的所谓"新自由主义"开始大显身手①。

　　那么,到底社会福利和社会发展之间有没有本质的冲突呢? 社会发展是不是社会法的价值基础呢? 我们认为,这要取决于如何定位社会福利,也要取决于如何定位社会发展。"社会福利通常指国家采取的各种社会政策的总称,即把凡是为改善和提高全体社会成员物质、精神生活而采取的措施、提供的设施和服务等都称为社会福利,不仅包括我们所谓的社会保障内容,而且还包括公共文化、公民免费教育、公共卫生服务与设施、家庭救助等。可以说,社会福利是最高层次的社会保障,或者说是社会保障发展的最高境界,它是经济和社会不断发展的产物。"②社会福利在本质上讲,是对社会资源的二次分配。在一个社会中,如果出现严重的贫富悬殊现象、社会弱势群体的基本权益得不到有效保护,那么,劳动者的生产积极性肯定会受到挫伤。从总体上观察,这种生产积极性的挫伤所造成的社会损失,远远要大于社会福利发展使部分劳动者懈怠所造成的损失。更何况,此种懈怠,第一,它不像某些人夸张得那么严重;第二,它与资本主义经济长期造成的被动劳动的心理有密切联系;第三,它说明迄今为止,劳动者依然没有处于社会主人的地位,因而就不可能有主人翁的责任感。归根结底,还是社会基本制度自身的问题;简单地把它归咎于劳动者身上,是舍本逐末的思维方式。社会的发展是个综合概念,绝不能仅依据某个时段内的经济发展效率与规模来做结论。根据人的自由与解放状况的发展程度,马克思把人类社会的发展划分为三大阶段:第一个阶段,是"人的依赖关系"占统治地位的阶段,即自然经济状态下的前资本主义阶段;第二个阶段,是"以物的依赖性为基础的人的独立性"阶段,即商品交换普遍发展的资本主义阶段;第三个阶段,是"建立在个人全面发展和他们共同的社会生产能力成为他们的财富这一基础上的自由个性"③的阶段,即未来作为自由人联合体的共产主义阶段。在那里,"每个人的自由发展是一切人的自由发展的条件"④。可见,社会发展首先是作为社会主体的人的自身发展,也包括政治社会制度能够有利于公平和正义等目标的实现,以及社会与社会发展所依存的自然之间的良性互动发展。如果一个社会片面

　　①　Pete Du Pont, *The Demise of the Welfare State and the Rediscovery of Liberty*, The Brown Journal of World Affairs 3, 1996(3). [德]克劳斯·奥菲:《福利国家的矛盾》,郭忠华等译,长春,吉林人民出版社,2006。
　　②　参见[德]路德维希·艾哈德:《大众的福利》,丁安等译,181页,武汉,武汉大学出版社,1995。
　　③　《马克思恩格斯全集》第46卷(上),104页,北京,人民出版社,1979。
　　④　《马克思恩格斯选集》第1卷,294页,北京,人民出版社,1995。

地追求短时期内的经济发展和生产效率,而无视社会公平正义原则和人与自然的和谐,久而久之,这种发展将导致社会的全面崩溃。社会保障法和劳动法重视社会弱势群体的基本权益,环境资源保护法着重保护自然环境的可持续发展,人口法和教育法则以社会主体自身素质的发展为目标。可见,社会法所维护的社会福利和社会发展是以社会的可持续发展为前提的。

(四)社会法与社会主义和谐社会

和谐,是人类从古至今历久弥新的价值目标和社会理想。这种目标和理想,在不同的历史阶段会有不同的体现。"鳏寡孤独废疾者皆有所养",是人类童年时期的"和谐"理想;欧文的"和谐村"等空想社会主义者的追求是人类青少年时期的"和谐"理想;而"物质产品极大丰富、人民思想觉悟极大提高"的共产主义远景,则是人类最为高远的"和谐"理想。

此种和谐不仅仅包括人与人的和谐、人与社会的和谐,还包括人与自然的和谐。和谐主要表现为:国家和社会之间关系的良性互动;公平和正义原则的实现;平等和效率的相互包容与协调;人、自然和社会之间的互相促进、共同发展。和谐社会就是"在公认的正义价值和规则的引导下,公民个人及群体的正当权利和利益得到充分表达和维护,国家权力机构能够对社会利益冲突进行有效协调和整合,各个社会利益主体能够和谐共处,持续发展的社会"①。用逆向的语言来表达,这就是借助风尚习俗与道德(非正式制度),尤其是政策与法律(正式制度),及时而有效地不断克服和消灭不和谐现象的过程。

社会法作为一种重要的法律领域对社会和谐实现的意义尤为重大。社会和谐,也是社会法的重要价值基础和目标。

第一,对于人与自然的和谐来说,关键在于充分了解自然、尊重自然、按照自然的规律办事。在人与自然之间,既不能绝对地以自然为中心、遏制人的主观能动性,更不能完全以人类为中心、忽视自然对人类的反扑和惩罚能力;而是应在自然力和人类活动之间寻求妥协与平衡,达致两者的良性互动、友好相处。在法律规制问题上,人与自然的和谐需要保护生态环境,在追求经济发展的过程中尽量不去破坏环境或者最小可能地影响生态。在这方面,自然资源法、环境保护法、矿产资源法、水法、森林法等法律,都是直面人与自然的关系,积极促进人与自然的和谐发展的。

第二,在人与社会的和谐方面,关键在于处理好国家和社会的关系,表现在物质实体上,就是要处理好公民与政府的关系问题。"构建和谐社会的动力机制,最主要的是必须全面贯彻尊重劳动、尊重知识、尊重人才、尊重创造的方针,激发各行各业人们的创造活力,坚决破除影响社会成员积极性的各种障碍,使一切有利于社会进步的创造

---

① 叶长茂:《构建公民社会:和谐社会政治发展的路径选择》,载《东南学术》,2005(2),24页。

愿望得到尊重、创造活力得到支持、创造才能得到发挥、创造成果得到肯定。"①在价值基础上,社会保障法和劳动法等法律制度和规范就是要充分保障劳动者的积极性,解决社会冲突,最终实现社会和谐。

第三,对于人的自身和谐来说,主要是充分重视人的全面发展,包括人口质量和劳动者素质的提高。在这方面,人口法、教育法等法律的价值,正在于为实现这种目标而有效地促进和谐。

在我国现阶段,社会主义市场经济蓬勃发展的过程中产生了很多社会矛盾和社会问题,表现为社会中的诸多不和谐现象。举其要者如:人与人之间关系的不和谐,表现为诚信的缺失、仁爱之心的缺失、安全感的缺失和人自身的异化,等等;人与社会关系的不和谐,表现为城乡差距日渐加大,贫富悬殊、两极分化问题严重,城市下岗职工再就业困难、基本生活保障不足,城乡居民看病难、医疗保障不到位,尤其是农村医疗保障刚刚起步,劳资关系紧张,农民工资不能全额、及时发放,等等;人与自然关系的不和谐,表现为盲目追求经济发展,不惜以自然环境的破坏为代价,代内正义与代际正义之间冲突日益激烈,等等。

在这些社会问题之中,凸显出国家与社会之间关系的矛盾和张力。一方面,从国家的控制范围上看,我国是具有悠久历史的"大国家","强干弱枝"的格局在我国历史上长期占据优势地位,在现实生活中,国家的"触角"伸得很长,渗入到很多私的领域,应该放开的放开得不够;另一方面,从国家能力上看,国家对社会的有效调控和治理还有待加强,很多应该由国家来承担的责任或者管理的事务还没有落到实处,应该管起来的没有管起来。

解决这些错综复杂交织在一起的社会不和谐现象需要各种社会机制的综合作用,法律是其中非常重要的一种。应该说,法律是作为一个整体通过公平、正义等调节机制促进社会和谐的。在传统的法律体系中,公法和私法都具有促进社会安全有序、公平正义与和谐的功能。但是,在市场经济发展过程中存在很多单纯依靠公法、私法或者某一类法律并不能有效解决的社会问题。解决问题的路径和手段既不能仅仅依赖行政指令,也不能完全寄希望于公民个人,而必须依靠一种介于公法和私法之间、兼具公私法性质领域的法律。"社会法是基于政治国家向市民社会的渗透而产生的(在中国则应理解为政治国家的退位与市民社会的逐步成长这样一个过程)"②,是公法私法化和私法公法化的产物。可以说,市场经济的发展需要借助作为一种新法域的社会法所具有的调整方法、调整对象、伦理价值基础的独特优势。

社会法在推动和谐、解决当前我国社会矛盾和社会问题方面发挥的作用主要体现在:

---

① 杨国林:《构建和谐社会的必然性及其运行机制》,载《宁夏党校学报》,2005(3),22 页。
② 董保华等:《社会法原论》,250 页,北京,中国政法大学出版社,2001。

首先，以社会实质正义原则为导向，在二次分配过程中确立社会成员之间合理的资源和利益分配格局，照顾社会弱势群体，缩小贫富和城乡差距，缓解当前比较严重的社会矛盾。我国目前很多有目共睹的社会问题，如社会保障、劳资关系等，常常不是简单的两方当事人之间的事情，一般都涉及两个以上的多方主体。这类关系，超出了传统公法和私法调整对象和调整方法的范围。比如，劳动关系毫无疑问是一种合同关系，但劳动法既使用民法的概念和原则，又与传统民法有很大不同，包含着很多国家干预和行政执行的因素；社会保障法就更为特别，涉及国家、社会、家庭和个人。毫无疑问，在这多方关系中，雇员的利益、被保障人群的利益、农民工的利益等，都处于相对被动和弱势的地位。由于强弱双方在资源占有、信息占有等方面实力悬殊，如果按照简单的法律平等原则进行调整，势必造成极大的实质不公平和不正义，而且会进一步地激化社会内外部的紧张性。面对这种情况，社会法的调整作用，关键在于平衡其彼此间利益，向社会弱势群体倾斜，以期有力地缓解社会关系，趋向社会和谐。

其次，确立与国家本位和个人本位不同的原则，致力于社会团体的发展和社会公共利益的保护。社会法是在公法私法化和私法公法化中逐渐形成的，就这方面而言，在一个社会主义国家中，公法私法化应起主要作用。从更深的层面上看，这种法律发展的趋势反映了国家和社会关系的变化，即由传统的"绝对主义国家"①或"大国家"，向国家与社会良性互动的方向发展。这就意味着由原来的国家本位向社会本位方向转变，直接表现着国家的社会化。当某些弱者的个人利益提升为社会利益，并通过国家和社会予以保障之后，保护社会弱势群体的利益和保护社会公共利益二者的根本方向是一致的。对直接受益的主体而言，消费者权益保护法、社会保障法、就业促进法、妇女儿童权益保护法等法律都是着力于社会弱势群体利益保护的。但是，对社会的长远发展而言，这些法律则是维护社会公共利益，推动人与人之间的和谐、人与社会之间和谐的杠杆。

再次，尊重自然规律，保护生态环境，坚持可持续发展观，寻求经济发展与生态保护的平衡，实现人与自然的和谐。众所周知，自然环境是全人类共同的财富和全球最大的公共利益。但是，在日常生活中，在很多人看来自然环境的损益在短期内和小范围内似乎又与个人利益无关——"全体人"的利益常常变成和"全体人"无关的利益。其根本原因在于，自然环境的产生、发展、保护、破坏和修复都是长期而复杂的过程，许多短期行为常常不是立竿见影的，而是要到一段历史时期之后才能显出损益的后果。在大力发展市场经济的今天，已出现一种普遍的、司空见惯的怪现象：开发商和政府主管部门经常为了眼前的、局部的经济效应，打着"快速发展地区经济"的旗号，不择手段地牺牲自然生态环境。听任这种情况继续下去，一旦自然界"反扑"过来，其后果就不仅是"得不偿失"，而是巨大的灾难了。所以，人类必须努力实现经济与生态的"双赢"，

---

① 参见[英]佩里·安德森：《绝对主义国家的系谱》，刘北成、龚晓庄译，上海，上海人民出版社，2001。

坚持可持续发展的道路,在改造自然的同时保护自然,改善现有的生态环境,实现人与自然的和谐。在这一过程中,法律是不可或缺的调整机制。《中华人民共和国自然保护区条例》《全国自然保护区发展规划纲要》《森林和野生动物类型自然保护区管理办法》《中华人民共和国可再生能源法》等法律发挥了重要作用。

社会法以解决社会的甚至全人类的问题为目标,它同以解放全人类、实现社会公正与平等的社会主义宗旨是一致的。如果说欧美发达国家是由客观形势的发展而不自觉地甚至被动地形成社会法制度的话,那么对于社会主义国家而言,社会法则是其题中应有之义,一开始就需要自觉地、全面地建立与推行,这是一项历史性的使命。

第六节 构建社会主义和谐社会的法律机制

笔者所谈的法机制,即法结构的诸要素(规则、原则、部门、体系、制度)及其相互关系形成的内在功能和外在作用。毫无疑同,在构建社会主义和谐社会的过程中,许多规范性现象与非规范性现象都或多或少、或直接或间接地具有影响力。但是,法的地位则最为明显。经过很长一个时期的研究,我们认为法对于构建社会主义和谐社会的机制,大致可以概括为伦理机制、政治机制、天人合一机制和保障自由机制。

一、法构建社会主义和谐社会的伦理机制

社会主义和谐社会是人类理性勾画的社会理想。这样的社会必然对每个成员的伦理(道德)观念水准提出很高的要求,同时,也为他们憧憬的社会提供现实的制度支撑和氛围。缺乏公平正义精神的社会里,也许会存在秩序、稳定与"和谐",但它充其量也仅是有限的;这是由其赖以存在的那个社会的非正当性质所决定的,因而是必然的。社会主义和谐社会有所不同,它应当并且能够克服以往社会的时空局限性,而建立在越来越真实和持久的公平正义的伦理基础之上。

社会主义法,对于促进公平正义的实现,具有空前强劲的推动意义。

法是协调社会多方面利益的重要手段。正义,不论是分配正义、平均正义还是矫正正义,中心点是解决社会利益分配问题。公平,则是分配利益的第三者的行为,被双方当事人及一般理性人认为是合理的感觉。可见,社会主义和谐社会的公平正义,最根本的是对社会中存在的诸多利益进行合乎公道或合理的协调与安排,获得普遍的满意。马克思说,"人们奋斗所争取的一切,都同他们的利益有关。"[1]任何社会,包括社会主义社会,利益关系总是纵横交错、难解难分的。个人间和群体间都有不同甚至是截然对立的利益取向和追求。特别是随着市场经济的繁荣,造成日趋坚固的个人本位和

---

① 《马克思恩格斯全集》第 1 卷,82 页,北京,人民出版社,1956。

经济多元化的格局,使利益关系更加复杂化和尖锐化,利益的冲突与整合的任务愈加重要和迫切。有史以来,协调利益关系的基本方式无非三种:道德、宗教、法律。人类的童年时期,三者紧密交织在一起。但在分工与交换极为发达、社会交往十分频繁的情况下,法的第一位的重要性和不可替代性已成不可避免的事实。

法在协调利益关系的过程中组织和协调的公平和正义的机制,其要者有以下几点:

(1)在法政策和立法的层面,国家必须把维护社会公平放在首位,必须是为了公众的利益或普遍的利益而进行治理,而不是为了部分人或特定阶级的利益。公平正义的法律在立法上需清晰厘定社会成员之间的权利和义务关系,并通过权利和义务的规定来确定社会资源与利益在社会群体之间、在社会成员之间的适当安排和合理分配。为此,首先要审慎和细腻地分析各方面的利益结构和利益关系,寻找和确定最大多数人的共同利益和不同阶层、不同群体具体利益的平衡点以及利益冲突的症结所在。

(2)促进社会成员之间的合理流动。一个公平和正义的社会不仅体现为静态的平衡,更体现为动态的平衡。人们对于社会主义社会公平的定位,大多涉及起点公平、机会公平、规则公平和结果公平等诸多环节。与这些公平的要求相适应,就需要为社会成员提供足够的在社会各阶层之间流动的机会和途径。这是因为,"社会成员的平等权利和自由追求在很大程度上是通过社会流动机制来实现和保证的。社会流动的重要功能在于,可以为社会位置较低的弱势群体成员处境的改善提供平等的机会,同时,又可以为优秀者脱颖而出提供有效的途径。就一般情况而言,一个社会的社会流动程度越高,就越意味着能够为社会成员提供更多的机会和希望。"①法能否成为社会流动的推动力量,取决于法的性质和社会的性质。以促进公平正义为目的的法,要求为每一个公民提供改变自己身份和地位的平等的机会,要求为社会阶层之间的积极流动打开一条畅通之路。根据这个观点,显而易见,我国现行的法律制度,尤其像户籍制度等,尚存在着颇大的弊端,需要加以改变。

(3)矫正显失公平的社会分配结构和格局。一个组织良好与和谐的社会里,它的法能够及时而有力地矫正已经出现的显失公正的状态,从而避免造成利益失衡的严重后果。在当前的中国,诸多的强势群体与弱势群体之间的利益失衡与冲突的现象比比皆是,如贫富两极分化、"三农"问题、东西部差距、下岗失业、消费者权益的无保障等,其中有些矛盾已达到相当严重的程度,乃至有危机之虞。我们一定要搞清楚,弱势群体之所以处于弱势,固然不乏其自身某些因素的影响,但最主要的原因常常是因为社会资源(含经济、政治、文化各种资源)的分配不公造成的,所以应由社会整体承担责任,而不能反过来归咎于弱者。还必须看到,在严格意义上讲,社会弱势群体的存在并不是一种社会的负担,而是为了整个社会的发展被迫作出牺牲的结果。虽然扶贫、助

---

① 石运玲、颜廷娟:《对构建社会主义和谐社会的思考》,载《延边党校学报》(延边),2004(4),8—9页。

困等行政化措施对于帮助弱势群体很重要,但不是最有效地解决问题的出路,最关键的环节在于从根本上解决社会资源分配不公的问题。我们认为,解决这个全球的难题,不妨参考当代著名的正义主义自然法学者罗尔斯的办法。在《正义论》一书中,他针对类似的情况,提倡一种"最大最小原则",即法对不平等所采取的对策应当是使社会上最小受惠者得到最大的利益。

罗尔斯提出的这个原则之于社会主义的中国而言,是不言而喻的。如果说立法是社会资源的第一次分配,那么执法和司法不仅是对这种资源分配原则和规划的维持和保障,而且还可能成为个别或局部的对资源的再分配。

当然,和谐与公平丝毫不意味着消灭差异。相反,恰恰需要发挥差异的作用。和谐与多元是辩证统一的,和谐关系以多元为存在的条件。其一,和谐首先需要并承认差异与多元性的存在。当年孔夫子提出"和而不同"的社会状态思维范式,对于今天我们构建和谐社会有着格外重要的意义。只有肯定"不同",在"不同"的基础上形成"和"(和谐),方能推进社会的发展。如果一味地追求"同",忽视或不尊重"不同",不能求同存异(不同),迟早会招致失败。其二,和谐是目的,差异和多元是手段,两者共存共荣,缺一不可。凡是人为的强行的"和",就必然会扼杀人的积极性,而造成普遍的贫穷和"万马齐喑"的悲哀局面。

除了公平正义之外,法在构建社会主义和谐社会中的伦理机制,还有一个丝毫不可轻忽的、非常重要的方面,那就是相应地坚持和发扬诚实信用原则。诚信意即诚恳老实、讲信用、够义气、与人友善,反对尔虞我诈。这是公平正义原则在每个人内心和行为中的体现和最端正的品行。古人云,"民无信而不立",表明诚信是中华民族的传统美德。哪里有诚信,哪里就有公平正义,哪里就有美德。如同广大学者所共识的那样,法无非是最低限度的道德,而诚信则是法的基本原则之一。本来,诚信是人类的一项道德原则,但也是法的精神根基。反过来,法对于维护诚信原则又有最强大的作用。法能够在现代社会促进诚信原则的壮大与发展。从社会规范层面上讲,法律能够为社会成员讲求诚信的日常行为提供明确的准则和标尺。诚信原则不仅作为最基本的法律原则在立法上受到重视,在具体的法律规范中,确保诚信原则的精神亦处处可见。法律既要确保诚信之人获得自己的预期利益,又要使违反诚信原则的人无利可图并付出应有的代价。市场经济就是重法治的经济,也是重诚信的经济。如果说没有法治就没有市场,同样地没有诚信市场也会顷刻瓦解。在市场里人们司空见惯的契约(合同)就是一种法律文件,具有法律效力,当事人必须予以恪守,违约就是违法。法的诚信导向,不仅适用于经济领域,也适用于政治、文化领域及法所不干预的日常生活的方方面面。诚信是人际关系和谐的前提:待人以诚,行为必信,相互间才能友好相处,互助合作,共同发展。由此可知,法的诚信原则的意义,实在是举足轻重的。

二、法构建社会主义和谐社会的政治机制

社会主义和谐社会,必定是民主和法治的社会。法在促进民主与法治的实现与社会主义和谐社会的生成方面,要发挥其应有的作用。众所周知,民主是法治的前提,法治是民主的保证,二者相互依存、相得益彰,都是现代政治生活的最基本的内涵。只有当每个社会成员都成为国家的主人,都按照体现他们共同意志的法来办事,才能实现彼此间的平等,而只有平等的人们之间才谈得上和谐一致。

根据马克思主义经典作家的观点,社会主义民主优越于资本主义民主的根本标志,在于它的真实性。就是说,在充分的物质和文化条件的保证之下,让全体居民有意识、有能力并切实地置身于日常民主生活的洪流中去。这虽然不是短时期能够做到的,但却是必须做到的。否则,民主很容易流于空洞的政治口号,甚至流于一场骗局。类似情况即令是现代人,亦属司空见惯的现象。民主有实质民主和程序民主之分。实质民主(国体)虽然是决定性的,但在理论上容易搞清楚。程序民主(政体)虽然是附随性的,但难以弄得明白,原因就在于它极富实践的色彩,要靠长年累月的点滴经验的积累才能真正找到其路径。简言之,说说群众当家作主是简单的事,而解决人民如何当家作主的问题则要困难得多。不过,有一点是肯定无疑的,那就是群众广泛的参与,并通过参与来摸索实现真实民主的方式。法国政治学者托克维尔说,"民主并不给予人民以最精明能干的政府,但能提供最精明能干的政府往往不能创造出来的东西:使整个社会洋溢持久的积极性,具有充沛的活力,充满离开它就不能存在和不论环境如何不利都能创造出奇迹的精力。这就是民主的真正好处。"[1]这句话的精髓在于言简意赅地道出广大群众民主参与的政治优势。民主参与集中于四个环节,即:民主的选举,民主的决策,民主的管理,民主的监督。

社会主义和谐社会之所以可以被称之为和谐,非常重要的一个因素就在于要保证社会各个阶层和社会团体在参政议政等方面有比较充分的机会。社会主义和谐社会要求进一步健全民主制度,丰富民主形式,扩大公民有序的政治参与,不断推进社会主义民主政治的制度化、规范化、程序化,更好地发挥社会主义政治制度的特点和优势。参与是政治文明和法律文明中的重要问题,公民参与的广泛性和真实性,也是衡量一个社会民主与法治程度的重要标尺。参与问题从根本上讲是对于社会和政治资源的利益进行分配的重要手段,是公民踊跃行使表达自由、反映自身需求的制度化途径。通过社会成员的政治参与和非政治参与,将民众尤其是底层民众和弱势群体的呼声与需求尽可能地自下而上地反映出来,这个过程就是一个政治民主化的过程。公民的参与程度不仅是一个国家民主状况的晴雨表,也是社会和谐的重要标志。

---

① [法]托克维尔:《论美国的民主》(上册),280 页,北京,商务印书馆,1988。

在构建社会主义和谐社会中,法的政治机制在于要协调国家与社会的关系,使国家权力逐步融入社会。恩格斯指出:国家是"从社会产生但又自居于社会之上并且日益同社会脱离的力量"①。几千年来的传统国家都是社会的主人,而社会则是国家的奴隶。与此相反,社会主义国家是"半国家"或"消亡中的国家"②。这是国家对社会的异化转变为同化,使国家把吞噬的社会力量重新归还社会,并逐步融于社会。但在长期内,国家会依然存在,依然还是特殊的强制权力。既然如此,那么它就不能避免孟德斯鸠所说的"一切有权力的人都容易滥用权力"而走向腐败的规律。为了有效地遏制国家权力对社会的严密布控,改变国家(权力)本位为社会(权利)本位,党的十五大确定"依法治国,建设社会主义法治国家"的基本治国方略。这就要求法在国家向社会回归过程中能够发挥重要的作用:

(1)法通过经济体制改革,从计划经济向市场经济转化,培育社会自身的经济独立性。市场经济体制的确立,要求国家从微观经济领域中退出,实现社会资源占有的分散化和多元化,意味着社会开始直接掌握经济资源。相应地,国家控制社会的手段也趋于多元化,从以管理为主走向以服务为主,即"全能政府"沿着"小政府、大社会"的路径发展。企业获得自治,根据市场法则,追求自身利益。在联产承包责任制之下,千百万个农户也取得自己独立的经济支配权。根据市场经济的要求,个人的择业自由、迁徙自由、结社自由、财产权(包括知识产权)及公共舆论权,在迅速发展。可见,"市场权力"增长的直接后果,便是"社会权力"的增长。

(2)法划定国家权力的界限,防止它的滥用。如何防止国家权力的腐败,古今中外的人士曾提出过无数的措施和办法。但针对中国的情况,我们认为用法来制约权力是一个控权的基本手段。

首先,法给权力的行使设定明确的范围和界限。我们不实行西方国家普遍采取的"三权分立",但通过权力分工来控权是绝对必需的,不同的国家权力由不同的国家机关分别行使。这包括同级国家机关的分权,也包括中央和地方国家机关的分权。如同博登海默所说的:"在法统治的地方,权力的自由行使受到了规则的阻碍,这些规则使掌权者受到一定行为方式的约束。"③

其次,法为权力的行使设定科学合理的程序,排除权力运行的任性。法的程序化乃是现代法治的典型特征之一,也是法形式运动的必然产物。程序公正是法制现代化的重要价值目标,亦属现代法的重要工具性特质。法律的程序功能意义在于:一方面它能给当事人一种公正待遇感,促进纠纷的合理解决,增加双方的信任;另一方面,它给政治权力的运行提供了相对固定的步骤与方法,以便制约权力运作者的主观随意性。从而,为防止权力的滥用创立一种公正的法机制,为监控权力提供有力的保障。

---

①　《马克思恩格斯选集》第 4 卷,166 页,北京,人民出版社,1972。

②　《列宁选集》第 3 卷,185 页,北京,人民出版社,1972。

③　[美]E. 博登海默:《法理学——法哲学及其方法》,344 页,北京,华夏出版社,1987。

最后,法保障公民的政治权利,并排除国家权力对公民权利的任意干涉。对此,前面所讲的公民"参与"问题也作了说明,不再赘述。需要指出的只是一点,即公民权利越多,越有利于推动国家社会化的进程。

(3)法防止国家公职人员由社会公仆变成社会主人,加强对权力行使的监督,保证公务行为的廉洁性。恩格斯说,"官吏既然掌握着公共权力和征税权,他们就作为社会机关凌驾于社会之上。……文明国家的一个最微不足道的警察,都拥有比氏族社会的全部机关加在一起还要大的'权威'……后者是站在社会之中,而前者却都不得不企图成为一种处于社会之外和社会之上的东西。"①与这种传统国家及其官吏根本不同,社会主义政权的使命在于全心全意为社会服务,亦即为组织在政权中的全体人民服务,公职人员也从社会的主人变成社会的公仆。但做到这一步是极其艰难的。新中国成立以来,党采取了许多强硬的措施,期望实现国家和社会、官吏与人民群众的应有关系。但是,由于党的政策的不稳定性、群众运动自身的弊端,特别是对于马克思主义社会与国家关系的理论缺乏深入的理解,并没能有效地达到目的,官场的腐败反而愈演愈烈。鉴于对此种情况的深刻反思,邓小平在我党的历史上空前地强调了法律和制度的决定意义。他指出,"组织制度、工作制度方面的问题更重要。这些方面的制度好了可以使坏人无法任意横行,制度不好可以使好人无法充分做好事,甚至会走向反面。"②保证官吏廉洁奉公的法律和制度的核心,在于消除管理中的法外特权。其中包括,规定官吏行使权力的严格限制;确保人民通过自己的代表行使国家权力;进行政治体制改革,精简政府机构和人员;消除"官本位"观念,把公职当作社会公仆正当的职业选择;严惩腐败,防止公职人员的堕落;保障对公职人员的广泛的社会监督,如此等等。

(4)依法规范党政关系,制约党员特别是党的领导干部滥用职权行为,实现依法治国与党的领导的有机统一。最基本的原则是:党领导人民和国家制定宪法和法律,同时又要严格地在宪法和法律的范围内活动;党政分开,反对以党代政和以党的政策代替法。"党干预太多,不利于在全体人民中树立法制观念"③;党的领导应是集体领导,而不能由个别人特别是第一书记一切说了算。

(5)法保障实行广泛的社会自治,扩大社会权力,形成"小政府、大社会"的关系格局。法之所以必须而且能够成为国家回归社会的强大手段甚至是基本手段,根本原因就在于立法权是"市民社会向国家派出的代表团"④。所以它所制定的法是社会意志或广大群众公意的体现。既然如此,法就成为支配国家特别是政府的唯一力量。

社会主义和谐社会也必然是安定和有序的社会。安定有序是国家与法产生的最根本的历史动因。这是法学家们很早就认识并进行过系统论述的。英国的洛克认为,

---

① 《马克思恩格斯选集》第4卷,167—168页,北京,人民出版社,1972。
② 《邓小平文选》第2卷,333页,北京,人民出版社,1994。
③ 《邓小平文选》第3卷,163页,北京,人民出版社,1993。
④ 《马克思恩格斯全集》第1卷,319页,北京,人民出版社,1956。

法律之所以必需,是为了改变"原始状态"中的那种人人拥有处理自己案件的管辖权、成为本案的法官、同时又是执行判决的执行官的状态,而愿意过着安定有序的生活,使每个人的生命、健康、财产与自由获得保证。但对于国家和法律的起源和目的阐发得更为科学的,则是马克思主义创始人。恩格斯在《家庭、私有制和国家的起源》一书里指出,"国家是社会在一定发展阶段上的产物;国家是表示:这个社会陷于不可解决的自我矛盾,分裂为不可调和的对立面又无力摆脱这些对立面。而为了使这些对立面、这些经济利益相互冲突的阶级,不致在无谓的斗争中把自己和社会消灭,就需要一种表面上凌驾于社会之上的力量,这种力量应当缓和冲突,把冲突保持在'秩序'的范围之内,这种从社会中产生又自居于社会之上并且日益同社会脱离的力量,就是国家。"[1]从发生论上说,国家和法的产生是适应阶级斗争的需要,"缓和"阶级冲突。但它们一经存在就不单纯要解决阶级矛盾,而是解决各种需要其解决的社会矛盾,也不单纯要解决经济上互相对立的矛盾,还解决围绕经济矛盾而展开的诸多领域的矛盾。这是因为国家在形式上是社会的正式代表,垄断统治权,而法则是普遍的规范,并以国家力量为依托,因而与其他社会规范相比有最高的社会调整效力。

三、法构建社会主义和谐社会的自由保障机制

社会主义和谐社会必定是充满活力的社会。为此,就需要个人能获得全面发展和极大解放,从而成为自由的人。

社会与个人是人类发展过程中的两重维度,真正的发展应该是社会与个人的良性互动和双重发展。马克思对未来的美好社会图景进行了如此勾画:那将是"一个更高级的、以每个人的全面而自由的发展为基本原则的社会形式"[2]。那么,个人的极大解放和自由的真正含义是什么呢?"人类解放的含义即是使人摆脱束缚和压抑,获得人类生存发展的合理条件和组织结构,使人的本质力量得以塑造和弘扬,从而进入较为自由的创造历史阶段。具体说,人的解放包括两个方面的内容:其一是人从自然力的盲目控制下获得解放;其二是人从社会关系的盲目控制下获得解放。"[3]人的解放和自由是同一个问题的两个方面。人的不自由的原因在于人没有从自然力和社会压迫的束缚中解放出来。

为了实现人的解放和自由,关键在于正确地对待和处理个人与整体的关系。无疑,自社会产生之日起,社会个体成员和社会整体之间就不可避免地发生密切的关系。我们可以很容易地得出这样的结论:个人与社会是密切联系、彼此依托、互为支撑的。

① 《马克思恩格斯选集》第4卷,166页,北京,人民出版社,1972。
② 《马克思恩格斯全集》第23卷,649页,北京,人民出版社,1972。
③ 瞿磊:《马克思人类解放思想与建构和谐社会——基于市民社会批判的考察》,载《求实》,2005(5),5页。

但是,在个人和社会之间,到底谁是目的、谁是手段这个问题上就会存在着两种倾向和进路:或者更加注重个人的主体地位、个人的解放和自由,或者更加强调社会的总体利益和总体安排。笔者认为,我们不能否认社会在人类历史发展过程中存在的重要性和不可替代的意义。但是,家庭、社会与国家最终服务的对象是作为个体而存在的人,失去了这样一个基本目标和理论认知,就会最终使得个人陷入到盲目的国家主义之下,而成为所谓"整体利益"的牺牲品,这方面的教训实在太多了。国家和社会都是在为了满足社会个体成员不断发展的物质和精神利益的过程中,应运而生和发展的。所以,当国家和社会的力量强大到足以随意侵害社会个体成员利益的时候,就必须充分强调个人的自由和解放对于社会和国家的目的性意义或终极性价值。"和谐"的内涵意味人的平等状态,而唯有所有自由人与自由人之间才存在真正的平等—和谐。

人是生产力结构中的第一要素,是最活跃和最富革命性的要素。人的解放就是生产力的解放;人的自由就是生产力的最大源泉。因为,解放了的自由人,才具有变革社会历史、变革自然的主体意识,使人的无限能动性和创造性释放和迸发出来。这样,人世间的面貌便会为之一新。

在许多先贤名士的眼里,法的崇高价值,恰恰在于它是人的解放和自由的指南和保证。古罗马共和国末期的思想家西塞罗说,我们是法律的仆人,以便我们可以获得自由。古典自然法学派的巨子们也普遍地讲到法与自由之间不可分割的关系。例如,洛克说:"法律按其真正的含义而言,与其说是限制不如说指导一个自由而有智慧的人去追求他的正当利益。""法律的目的不是废除或限制自由,而是保护和扩大自由。"①卢梭亦强调"遵守法律即自由"的主张,并认为自由必须是普遍的,当世上尚有主人与奴隶区分的时候,每一方都不是自由的。法国古典哲理法学家康德和黑格尔一致认为,法是自由的定在。当年美国人发表《北美独立宣言》和法国人发表《人和公民权利宣言》,都是向往人的解放和自由的宣言。而革命成功之后,正是宣言的精神,造成资本主义生产力的强大发展。这些先进的思想直接为马克思所汲取。马克思批判普鲁士的封建法是"动物法",与体现"人类内容"的自由法是格格不入的。他深刻地指出:"法典是人民自由的圣经。"②关于自由及其同生产力解放的关系,马克思说:"自由确实是人所固有的东西。"③"自由不仅包括我靠什么生存,而且包括我怎样生存,不仅包括我实现着自由,而且也包括我自由地实现着自由。"④"没有自由对人来说就是一种真正致命的危险。"⑤"没有一个人反对自由,如果有的话,最多也只是反对别人的自由。

---

① [英]洛克:《政府论》(下),63页,北京,商务印书馆,1996。
② 《马克思恩格斯全集》第1卷,63页,北京,人民出版社,1956。
③ 《马克思恩格斯全集》第1卷,63页,北京,人民出版社,1956。
④ 《马克思恩格斯全集》第1卷,77页,北京,人民出版社,1956。
⑤ 《马克思恩格斯全集》第1卷,74页,北京,人民出版社,1956。

可见各种自由向来就是存在的,不过有时表现为特权,有时表现为普遍权利而已。"①而只有当"每个人的自由发展是一切人的自由发展的条件"(实际上即普遍和谐)的时候②,社会生产力也随之达到最高的水平,物质财富才能源泉般地涌流出来。那时的社会,便是最有活力的社会。

社会主义国家是根据社会发展规律和以解放全人类为使命建造起来的。因此,社会主义法更应当是将自由作为自己的核心精神,更自觉、更明确和更切实地成为自由的宣言书与保证书。从宪法到各部门法都贯穿自由这条红线,并在立法、执法、司法的过程中,毫不动摇地体现法的自由精神。历史的经验生动地表明,在计划经济时代,强调人治而轻蔑法治,把人束缚于整体主义的控制之下,个人也因此失去主体性和能动的创造性,死气沉沉,难以形成生动活泼的局面。这就必然遏制生产力的发展,人的物质和文化生活显得空泛和滞后。成明显对比的是,改革开放之后,党和国家逐步摒弃人治而把依法治国作为基本治国方略,情况很快就变得大为不同。邓小平指出:社会主义基本制度的确立,就要"从根本上改变束缚生产力发展的经济体制,建立起充满生机和活力的社会主义经济体制,促进生产力的发展。这是改革,所以改革也是解放生产力"③。到目前为止,我国立法数量日趋齐备,但更重要的是法应不断地提升公民的自由精神,愈益强化对人的关怀和人权的保障。它所带来的直接后果便是生产力的蓬勃发展,物质文明与精神文明亦随之不断提高,从而整个社会就激发出生机,人的活力也得以增强。死气沉沉的"和谐",不可能是真正的、持久的和谐;唯有充满生机活力的和谐,才有强大的生命力。

四、法构建社会主义和谐社会的天人合一机制

人与自然的和谐,是社会主义和谐社会最为基础性的东西。失去了人与自然和谐这样大的环境依托和物质支撑,人与人的和谐、人与社会的和谐必然不会有效和持久。人类社会与自然界相互和谐是维持人类生存和延续的必备条件,也是自然规律和社会规律相统一的必然结果。

古今中外的思想家,历来重视处理人类与自然的关系。对此,大致存在过三种不同的回答:首先是自然中心主义。它以生物为中心,将伦理学引入自然界,倡导生物平等思想,认为人和其他所有生物都是自然界的有机组成部分,自然界是一个相互依赖的系统,每一个生命体都拥有同等的天赋价值,物种平等。自然中心主义强调自然本身的价值,自然界和人、生物一样既有满足自身生存的内在价值,又有作为他物手段的外在价值。这种哲学观虽然提倡对自然的保护,对自然规律的尊重,但敬畏自然的思

---

① 《马克思恩格斯全集》第1卷,63页,北京,人民出版社,1956。
② 《马克思恩格斯全集》第1卷,294页,北京,人民出版社,1956。
③ 《邓小平文选》第3卷,370页,北京,人民出版社,1993。

想就是消极主义世界观的体现,总体而言是一种非理性的、蒙昧的观念,与科学思想格格不入。其次是人类中心主义。它与自然中心主义正好相反,它是一种以人为宇宙中心的观点,它的实质是:一切以人为中心,一切从人的利益出发,一切为人的利益服务。人类中心主义虽然强调了人的自主价值,突出了人类的利益和需要,但是,它对自然价值的漠视,对自然资源的过度开发,违背了大自然的客观法则。最后是人与自然的和谐主义。认为道德和法律应是人的眼前利益和长远利益、实用与理性、科学态度与道德信念的结合,应同时反映自然生态规律和社会经济规律,主张热爱、尊重、保护、合理利用自然,通过道德和法律协调人与自然的关系及人与人的关系,实现社会生产力与自然生产力相和谐,经济再生产与自然再生产相和谐,经济系统与生态系统相和谐,"人化的自然"与"自然的人化"相和谐。这是人类中心论与自然主义相互渗透、结合、优化的产物和科学的观念。它同时把当代人的发展与多代人的发展协调起来。

在构建人与自然相和谐的社会过程中,法作为一种重要的社会规范应该发挥其充分的指引与导向作用。从人类自身的繁衍到人类对自然资源的开发利用,直到人类的生存环境的维护,都需要借助法治的威力,这样才能保证人类得以很好的生存和延续。

第一,加强自然资源开发、利用与保护的法治调控。

对自然资源的合理开发和利用。地球上的土地资源、水资源、石油、煤炭、天然气等资源都是有限的不可再生资源,它只能满足有限时期的有限利用。如果过度开发和不当利用,必然会造成自然资源的枯竭。为科学合理地开发这些土地资源和水资源,我国自 1986 年以来陆续颁布和修改了《中华人民共和国土地管理法》《中华人民共和国土地管理法实施条例》《基本农田保护条例》《土地利用年度计划管理办法》《国土资源听证规定》《中华人民共和国水法》《取水许可制度实施办法》《全国河道采砂管理办法》《水资源费征收管理办法》《全国节约用水管理办法》,等等。这些法律和法规的颁布和实施,为我国自然资源的开发和利用建立了可操作的规范机制。

对自然资源的有效保护。为维护世界生态平衡,保护世界的生物多样性,世界各国普遍采取各种制度对有限的自然资源加以保护和利用。我国采取建立自然保护区这种对于保护自然资源和生态环境最重要、最有效的措施,用以维护生态安全,促进生态文明,实现经济全面、协调、可持续发展和人与自然和谐共存。这方面的主要法律法规是《中华人民共和国自然保护区条例》《全国自然保护区发展规划纲要》《森林和野生动物类型自然保护区管理办法》等。同时,减少水污染,尤其是大江大河的污染对于保护生态环境也是十分重要的。虽然我国自然保护区的发展建设取得了可喜的成就,但必须考虑我国现有自然资源与我国人口发展的需求,要严格按照自然保护区设立的典型性、稀有性、脆弱性、多样性、自然性等标准,严格审批,合理划分。这时候,法律的调控作用就体现得更加明显了。

对再生能源的开发利用。能源是一切人类活动的物质力量。随着人类对自然资源的需求量越来越大,不可再生资源的有限性不能满足人类日益增长的需要,走再生能源的开发利用之路是世界各国的首选。为加速我国再生能源的发展,我国政府明确提出要"因地制宜地开发和推广太阳能、风能、地热能、潮汐能、生物质能等清洁能源",先后制定和实施了《新能源和可再生能源发展纲要》《国家计委、科技部关于进一步支持可再生能源发展有关问题的通知及基础》《当前国家重点鼓励发展的产业、产品和技术目录》等。为了促进可再生能源的开发利用,增加能源供应,改善能源结构,保障能源安全,保护环境,实现经济社会的可持续发展,2005 年全国人大常委会通过《中华人民共和国可再生能源法》,该法确立"国家将可再生能源的开发利用列为能源发展的优先领域,通过制定可再生能源开发利用总量目标和采取相应措施,推动可再生能源市场的建立和发展。国家鼓励各种所有制经济主体参与可再生能源的开发利用,依法保护可再生能源开发利用者的合法权益。"①从此以后,我国的再生能源的开发利用正式进入发展的法治快车道。

通过对于自然资源的开发、利用和保护的法治调控,我国的人与自然的关系得到很大的改善。但是,在此方面,我国还处于发展的初级阶段,法律和法规还是比较粗糙和不成熟的。

第二,确立循环经济的立法保护。

发展循环经济是世界各国走可持续发展道路的必然选择。循环经济本质上是一种生态经济,它遵循自然生态规律,合理利用自然资源,保持合理的环境容量,在物质不断循环利用的基础上发展经济,把经济系统纳入到自然生态系统的物质循环过程中,实现经济活动的生态化。这是人类实现可持续发展的一种全新的经济运行模式。

大力发展循环经济,建立资源节约型和环境友好型社会,对于我国这样一个处于工业化和城市化加速阶段、人均资源占有不足、环境恶化趋势未得到根本性扭转的发展中国家来说,是一项带有全局性、紧迫性、长期性的战略任务。加快发展循环经济,是坚持以人为本,树立和落实科学发展观的具体体现,是转变经济增长方式,走新型工业化道路,从根本上缓解资源约束和环境压力的战略选择。因此,必须加快完善对循环经济的立法工作。"力争到 2010 年建立比较完善的循环经济法律法规体系、政策支持体系、技术创新体系和有效的激励和约束机制。"②

为此,有的学者提出,我们要从国家、民族和社会的全局出发,跳出部门法的认知,把循环经济法作为一个独立的法律部门,上升到基本法的地位,应该形成独立的基本法律部门③。

为使循环经济法得以充分实现,必须建立起以政府大力推进、市场有效驱动、公众自觉参与的有效机制。在实施循环经济法的过程中,必须解决好四个方面的问题:一是明确政府资源环境管理部门的权力与职责。各级资源环境管理职能部门,包括国家

---

① 《中华人民共和国可再生能源法》第 4 条。
② 《关于加快发展循环经济的指导意见》(讨论稿)(国发〔2005〕第 22 号)。
③ 蔡守秋:《论循环经济立法》,载《南阳师范学院学报》(社会科学版),2005(1),6 页。

发展改革委、国土资源部、环保总局、国家统计局等单位,应当强化对循环经济的宏观调控,用循环经济理念指导编制各类专项规划、区域规划和城市总体规划,加快建立以资源生产率、资源消耗降低率、资源回收率、废弃物最终处置降低率等循环经济评价指标体系。二是优化循环经济的资源配置的市场机制。在循环经济条件下,必须建立起完备的资源、产品的市场配置机制,运用市场的基本规律,达成对资源、能源、产品、消费的基础配置,杜绝行政干预。三是赋予公众的监督权利。提高公众对循环经济的参与度,赋予公众更广泛的监督权,通过舆论、媒体等公共监督方式对污染环境、浪费资源的行为进行公开的监督和谴责。四是加大违法惩罚的力度。在现行的体制下,我国普遍存在着违法成本偏低和对环保执法力度不够的问题。在循环经济发展过程中,必须加大对污染环境行为、资源浪费行为、不采用新技术新方法等行为的惩处力度,要让其在经济上为此种行为付出高昂代价,直至破产,对造成严重后果的,还要追究刑事责任。巨大的代价可以迫使行为主体加强自控,主动减少违法行为。

第三,积极鼓励环境公益诉讼,完善环境救济机制。

对自然环境与生态平衡的破坏行为,从主体上讲,可以分为公民个人的不良习惯与行为、企业和工厂的生产性行为以及国家和地区的不当立法、倾向性政策与不当审批行为。在诸种行为中,企业、工厂的行为和国家的立法与行政行为,尤其是后者对于环境和生态的影响最大。大规模的不当的行政审批和倾向性政策由于以眼前一时利益为标准衡量经济效益和周边环境的关系,或者从根本上忽略人与自然的协调关系,会在短时或长期对环境造成毁灭性的打击。随着人们对生态平衡意义体验的深化和认识的提高,客观上就要求进一步发挥法律的调整和规范作用。其中包括,积极鼓励公益诉讼,支持社会个体成员和社会团体保护和恢复良好生态环境的志愿行为和诉讼行为,完善环境救济法律机制。在关注环境公益诉讼及相关活动过程中,各种非政府组织,尤其是一些"绿色"环保组织的作用受到社会的瞩目。不过,非政府、非营利性的组织在发展的过程中,由于缺乏政府组织那样强有力的优越条件,存在着许多困难。毫不夸张地说,此类充分发育的非政府组织和社会团体的形成使法律更能代表民意、体现多元社会的利益要求。在促进人与自然和谐的过程中,尤其是推动公民关注和参与环境公益诉讼的过程中,法律必须不遗余力地支持"绿色"环保组织和环保行为的发展与壮大。

第五章　中国特色社会主义法治成长的理论解读

中国特色的社会主义法治,是中国共产党在中国革命和建设过程中,深刻总结国际及国内历史经验的基础上逐步产生、发展和完善的。这一治国理念,是人民的意愿和时代需求的完善表达。

第一节　中国特色社会主义法治的纲领:
邓小平的法治理论

邓小平是建设中国特色社会主义理论的缔造者。作为邓小平理论重要组成部分的法治理论,是对马列主义法治理论的继承和发展。中共十一届三中全会以来,中国特色的社会主义法治理论,成为中国新时期法制建设的理论指南和行动纲领。

一、反对人治,主张法治

中外法律思想史上,不乏法治与人治之争。这是两种根本对立的治国原则和方法。法治的关键是治国依法,主张以法律作为评判是非的尺度和准绳,提倡严格按照法律办事。人治的关键是治国依人的意志和权力,将国家的命运寄托于贤明的领导人,而不追求完善的法律和制度。我国在历史上曾长期处于"依人不依法"的"人治"状态,邓小平审察与揭示这种现象的危害,提出要进行政治体制改革,处理好法治与人治的关系。他指出,只有从制度上解决问题,即实行社会主义法治,才能从根本上消除人治弊端,避免诸如权力过分集中、家长制及个人迷信等封建主义影响。"我们现在正在研究避免重复这种现象,准备从改革制度着手。我们这个国家有几千年封建社会的历史,缺乏社会主义民主和社会主义法制。现在我们要认真建立社会主义的民主制度和社会主义法制。只有这样,才能解决问题。"①就是说,改革要从完善制度入手。

尽管邓小平没有使用过"依法治国"或"法治国家"的语词,但毋庸置疑的是,他的法治理论已成为我国"依法治国"基本方略形成的重要思想来源和基本依据。

---

① 《邓小平文选》第 2 卷,348 页,北京,人民出版社,1994。

二、法治要服务于"经济建设"这一中心

中共十一届三中全会以后,邓小平阐述了我国现阶段的主要矛盾和中心任务。他指出:"我们的生产力发展水平很低,远远不能满足人民和国家的需要,这就是我们目前时期的主要矛盾,解决这个主要矛盾就是我们的中心任务。"①因而发展社会生产力、实现社会主义现代化成为首要任务。邓小平在论述社会主义法制建设的过程中,始终围绕"经济建设"这个中心。1982年针对经济领域犯罪严重的状况,他指出:"我们要有两手,一手就是坚持对外开放和对内搞活经济的政策,一手就是坚决打击经济犯罪活动。"②这两手都要硬,否则经济搞不成,国家也会变质。邓小平把加强法制建设作为党和国家的基本方针,并明确表达了"两手抓"思想,这些都是邓小平关于法治建设要服务于"经济建设"这个中心任务的精辟论述。正是在这一思想的指导下,党的十二大明确阐述坚持"两手抓"的方针;1987年党的第十三次全国代表大会,将"我们必须一手抓建设和改革,一手抓法制"庄重地载入大会的政治报告。

三、健全社会主义法治

邓小平非常看重靠制度和法律解决中国问题。早在"文革"期间,他出来主持中央工作,面对"四人帮"的倒行逆施和濒临崩溃的国民经济,就敏锐地看到许多问题是制度问题,需要依靠一些基本的规范(包括法律)来保证正确的东西得以坚持,错误的东西加以防止。当年他的9篇讲话中就有6篇强调要解决制度(法律)问题,这些讲话更加表明邓小平对国家需要强有力的规范,克服无法无天、为所欲为的现象的迫切性。1978年后,邓小平从理论和操作两个层面,提出加强社会主义法制建设的一系列重大问题。

1.立法方面。

中共十一届三中全会召开前夕,邓小平就提出新时期要加强法制建设。针对当时我国立法很不完备的情况他指出:"现在的问题是法律很不完备,很多法律还没有制定出来……应该集中力量制定刑法、民法、诉讼法和其他各种必要的法律,例如工厂法、人民公社法、森林法、草原法、环境保护法、劳动法、外国人投资法等等。"③为此,他主张:要用马克思主义观点研究政法,并对完善部门法提出具体建议。就经济立法而言,他讲道:"国家和企业、企业和企业、企业和个人等之间的关系,也要用法律的形式来确

---

① 《邓小平文选》第2卷,182页,北京,人民出版社,1994。
② 《邓小平文选》第2卷,404页,北京,人民出版社,1994。
③ 《邓小平文选》第2卷,146页,北京,人民出版社,1994。

定;它们之间的矛盾,也有不少要通过法律来解决。"①十一届三中全会以来,邓小平关于加强社会主义法治的思想,不断地得到深化。

2.执法方面。

邓小平认为应大力加强政法队伍建设。改革开放之初,我国政法队伍的状况与形势发展的需要极不适应,文化结构和专业结构极不合理,素质偏低,法律人才严重不足。对此,邓小平这样分析:"像我们这么大的国家,各行各业,一千八百万干部,就绝对数字来说,并不算多。问题是干部构成不合理,缺乏专业知识、专业能力的干部太多,具有专业知识、专业能力的干部太少。比如我们现在能担任司法工作的干部,包括法官、律师、审判官、检察官、专业警察,起码缺一百万。可以当律师的,当法官的,学过法律、懂得法律,而且执法公正、品德合格的专业干部很少。"②他还指出,要扩大和加强公安干警队伍,从基本建设队伍和转业军人中挑选一批好的职工、干部和战士,经过训练,扩大和加强政法公安队伍。在当时,这些论述对改革和完善我国的司法制度具有重要的指导性。

3.守法方面。

邓小平认为,应加强法制教育,提高公民自觉守法意识。邓小平十分重视法制的宣传教育,将其作为我国社会主义法制建设的一项基础性工作。1980年在中央工作会议上他就强调指出:"在党政机关、军队、企业、学校和全体人民中,都必须加强纪律教育和法制教育。没有规定纪律或规定得不完善不合理的,要迅速规定和改善。大中小学的学生从入学起,工人从入厂起,战士从入伍起,工作人员从到职起,就要学习和服从各自所必须遵守的纪律。对一切无纪律、无政府、违反法制的现象,都必须坚决反对和纠正。"③邓小平还认为,教育,不仅是对一般公民,也是对违法犯罪分子的教育。他还告诫全党同志和全体干部都要按照宪法、法律、法令办事,学会使用法律武器。领导干部只有具备丰富的法律知识,具有强烈的法律意识,才能做到对国家各环节的依法治理。此外,领导干部带头守法可为人民群众树立守法的榜样。

邓小平为社会主义法制建设作出了突出贡献。他在中共十一届三中全会前召开的中央工作会议上提出来,以后又载入了党的十一届三中全会公报和党的许多文件,均包括对立法、执法、守法等法制建设各环节的基本要求,对于我国法制建设的各项工作具有广泛而又深远的指导意义。

---

① 《邓小平文选》第2卷,147页,北京,人民出版社,1994。
② 《邓小平文选》第2卷,263页,北京,人民出版社,1994。
③ 《邓小平文选》第2卷,360页,北京,人民出版社,1994。

第二节　中国特色社会主义法治的核心内容：
依法治国的基本治国方略

1997 年 9 月召开的党的十五大,在总结近 20 年来民主法制建设经验的基础上,对我国的经济、政治、文化发展的一系列重大问题进行了新的研究,取得许多新成果,其中一个重要方面就是将"依法治国、建设社会主义法治国家"确立为党领导人民治理国家的基本方略。江泽民在十五大报告中指出,我国经济体制改革的深入和社会主义现代化建设的发展,要求我们在坚持四项基本原则的前提下,继续推进政治体制改革,进一步扩大社会主义民主,健全社会主义法制,依法治国,建设社会主义法治国家。这是形势发展的客观要求,历史发展的必然选择。

一、依法治国的内涵

党的十五大科学界定了依法治国的含义。"依法治国,就是广大人民群众在党的领导下,依照宪法和法律规定,通过各种途径和形式管理国家事务,管理经济文化事业,管理社会事务,保证国家各项工作都依法进行,逐步实现社会主义民主的制度化、法律化,使这种制度和法律不因领导人的改变而改变,不因领导人看法和注意力的改变而改变。"①这一论述阐明依法治国的丰富内涵:第一,人民群众是依法治国的主体。社会主义法制就是要将广大人民群众的意志和根本利益上升为国家意志——法律,以实现民主的制度化、法律化。第二,依法治国的对象,主要是国家机构和国家公职人员代表人民群众管理国家事务,管理经济文化事业、管理社会事务的行为和活动。归根到底,是将国家各项工作纳入法律调整的轨道,实现国家各项工作的科学化和规范化。第三,依法治国的方式,是人民在党的领导下,依法通过各种途径和形式管理国家。依法治国和党的领导之间是互相促进的关系。确立依法治国的方略,不是简单地提高法制建设的地位,而是要把国家的各项工作整体性地纳入法制轨道,实行法治。这是关系全局、指导全局的战略性原则。

二、依法治国是社会主义法治理论的深化

任何正确的路线、方针、政策、策略的形成,都不能没有正确的理论做依据。依法治国方略的理论根据和思想基础,就是马克思主义法学理论和邓小平的法制思想。1996 年 2 月 8 日,江泽民以跨世纪的长远观点,突出地强调依法治国的重要思想。之

---

① 《中国共产党第十五次全国代表大会文件汇编》,31—32 页,北京,人民出版社,1997。

后，八届人大四次会议，把"依法治国，建设社会主义法制国家"载入《国民经济和社会发展"九五"计划和 2010 年远景目标纲要》。党的十五大又进一步把"依法治国"上升为基本治国方略的高度，明确提出建设社会主义法治国家的大方向。从邓小平倡导民主化与法制化的结合，到第三代领导集体确定建设法治国家，标志着我们党对依法治国的认识愈益深刻。

1. 以建设"法治国家"为根本目标。

"法治"与"法制"内涵不同。"法治"（rule of law）表达的是法律运行的状态、方式、程度和过程；而"法制"（legal system）的本意是一个静态的概念，是"法律制度""法律和法律制度"的简称①。"法治国家"与"法制国家"的提法，虽只是一字之差，却表明共产党人对人治的根本否定和对实行法治的坚定信念。因为，"法治"的核心在于确立以法律为治国的最具权威的标准，崇尚法高于个人、法大于国家机关和公职人员的权力的根本原则。而"法制"作为一种治国的工具，非但不能表明与人治的必然对立，而且可能出现"人治底下的法制"。建设社会主义法治国家，是实施依法治国方略必然达至的政治目标。

2. 明确了党法关系、党政关系。

十五大报告指出："党领导人民制定宪法和法律，并在宪法和法律范围内活动。依法治国是把坚持党的领导、发展人民民主和严格依法办事统一起来，从制度和法律上保证党的基本路线和基本方针的贯彻实施，保证党始终发挥总揽全局、协调各方的领导核心作用。"②这就是说，依法治国，是人民大众的依法治国，是民主与法制相结合的依法办事，是党倡导和自觉维护和遵从的依法治国，它集中地体现依法治国具有的中国特色。

三、依法治国是我国治国基本方略的历史性转变

江泽民在十五大报告中明确地指出："依法治国，是党领导人民治理国家的基本方略。"在党的历史上这一战略性的决定，凸显中国的治国方略选择上的空前跨越。

人民掌握政权，建立社会主义国家之后，究竟沿着什么主导性的途径及采用何种基本手段来治理国家，是一直以来没有得到解决的重大课题。马克思、恩格斯使社会主义从空想变为科学，但由于历史条件的限制，他们不可能回答共产党执政后怎样具体领导人民治理国家的问题。俄国在革命胜利后，随着政权的巩固和社会主义经济、

---

① 李林：《建议采用"建设社会主义法治国家"的提法》，载王家福、刘翰等："八五"国家社会科学基金重点项目，《社会主义民主与法制建设研究》，249 页，1997 - 09 - 30。

② 李林：《建议采用"建设社会主义法治国家"的提法》，载王家福、刘翰等："八五"国家社会科学基金重点项目，《社会主义民主与法制建设研究》，32 页，1997 - 09 - 30。

文化建设的开展,列宁开始重视加强社会主义法制,号召坚定不移地"加强革命法制"①。不过,列宁没有明确提出和实行依法治国,也未完整地解决领袖个人权威与法律权威的关系问题。中国共产党在将马列主义同中国革命实践相结合的过程中,曾进行过认真的思考和艰难的探索。民主革命时期,毛泽东就提出要使"让人民来监督政府""人人起来负责",以便跳出人亡政息的"历史周期率"。1954 年,他在关于宪法草案的报告中讲到,宪法是全体人民和一切国家机关都必须遵守的;共产党员必须在遵守宪法和一切法律中起模范作用。但自 20 世纪 50 年代后期起,由于"左"的思想泛滥,法制虚无主义猖獗,逐渐形成了个人独断专行的局面,最终导致十年"文化大革命"践踏民主、破坏法制的灾难性后果。依法治国的基本治国方略,正是深刻地借鉴与反思国际共产主义运动和我国社会主义建设的经验教训,而进行的创新。同时,这也是我们党对人类文明作出的一大贡献。

第三节　中国特色社会主义法治理论的价值基础:以人为本

以人为本,是中国共产党提出的科学发展观的核心。2003 年,党的十六届三中全会指出:"坚持以人为本。树立全面、协调、可持续的发展观,促进经济社会和人的全面发展。"②党的十六届六中全会又强调指出:"构建社会主义和谐社会,必须坚持以人为本。"③2007 年,胡锦涛在十七大报告中再次指出:"必须坚持以人为本、全心全意为人民服务是党的根本宗旨,党的一切奋斗和工作都是为了造福人民。"④这种以人为本的理念,是基本治国方略的极其重要的实质性的补充和发展。"依法治国"解决的主要是治理国家所必需的规范问题、制度问题和程序问题,而"以人为本"的发展观则进一步明确和解决了"依法治国"的价值取向和人文根基。

一、以人为本确定法治的目的性价值

近代以来,法与人的关系得到重新定位,人(人格)成为法的价值基础。康德的法哲学强调,在法的视野中,人永远是目的而不是手段,是主体而不是客体。此一观念由他的学生马克思大力地加以推进。马克思指出:"主体是人""人是人的最高本质""人

---

① 《列宁全集》第 42 卷,353 页,北京,人民出版社,1987。
② 《中共中央关于完善社会主义市场经济体制若干问题的决定》,北京,人民出版社,2003。
③ 《中共中央关于构建社会主义和谐社会若干重大问题的决定》,载《人民日报》,2006 - 10 - 12。
④ 胡锦涛:《高举中国特色社会主义伟大旗帜,为夺取全面建设小康社会的新胜利而奋斗》,《人民日报》,2007 - 10 - 25。

的根本就是人本身"①。在我国社会主义建设新时期中,党中央又创造性地将人的发展融入社会的物质文明、政治文明、精神文明的战略高度来解读人。在党的80周年纪念大会上,江泽民说:共产主义社会将是每个人自由而全面发展的社会。"我们建设有中国特色的社会主义的各项事业,我们进行的一切工作,既要着眼于人民现实的物质文化生活需要,同时又要促进人民素质的提高,也就是要努力促进人的全面发展。这是马克思主义关于建设社会主义新社会的本质要求。"②中共十六大迄今,中央进一步弘扬法的人文主义精神,确定"以人为本"为法的核心价值。这种对人的存在的思考,对人的生存意义的关注,以及对人类命运的探索、理解和把握,充分地体现社会主义法治应有的对人本身的终极关怀。毋庸置疑,不同国度和不同时期,人们可能探查与发明各种通往法治的机制或制度,可能采取诸多的实施法治的策略与方式,可以有不同甚至迥异的法治表达形式,但一无例外地都需要以人的尊严、自由、平等和人的权利为价值和归宿。

从历史上看,我国法律曾更多的是为了强化而不是制约国家权力的产物,缺乏依法治国、人民主权、制约权力、保障权利等法治理念,不谈"以人为本,一切为了人"和漠视自由、平等、人权等人文思想的传播和弘扬,因而理想的"法治"状态是无从言及的。今天尽管我国明确提出将"依法治国,建设社会主义法治国家"作为治国基本方略,并庄严地载入宪法,但无论从理论研究还是法制建设实践来看,法治建设似乎更强调"依法治国"的规范、制度、程序及其运行机制本身,即关注的主要是法制在稳定社会秩序方面的工具性意义。其实,对于法治来说,人文精神所包含的社会秩序和社会文化以及其体现的道德、习惯、风俗等,从来就是社会秩序和制度不可缺少的一部分。任何制度性安排和设计都不能不考虑这些非正式的制度,否则就难以形成普遍的和长久的法律秩序,实现"国泰民安"的大治。正如有学者所言:"中国现代法治不可能只是一套细密的文字法规加一套严格的司法体系……不仅仅是几位熟悉法律理论或外国法律的学者、专家的设计和规划,或全国人大常委会的立法规划。"③更何况,"一种不可能唤起民众对法律不可动摇的忠诚的东西,怎么可能有能力使民众愿意服从法律?"④简言之,只有充溢"以人为本"精神的法律,方能成为活在人们心中的,让人们倍感亲切的,耳熟能详的,从而竞相趋之的法。

① 《马克思恩格斯全集》第1卷,88页,北京,人民出版社,1956。
② 江泽民:《在庆祝中国共产党成立八十周年大会上的讲话》,载《江泽民文选》第2卷,294页,北京,人民出版社,2006。
③ 苏力:《变法、法治及其本土资源》,19页,北京,中国政法大学出版社,1996。
④ [美]哈罗德·J.伯尔曼:《法律与宗教》,梁治平译,28页,北京,生活·读书·新知三联书店,1991。

二、以人为本才能真正推动法治的实现

既然从根本上说,社会主义法把"以人为本"当作底蕴,确认、维护、实现与升华人的主体性,那么反过来,它也就能够甚至必然被公民普遍地视为自己的护身法宝而予以赞许和认同,真正自觉地恪守。

备受神意观尤其两千年来基督教的影响,西方习惯于把崇敬《圣经》的思维定式移入法的领域,强调所谓"法律信仰"①。此故,美国的伯尔曼说:"法律必须被信仰,否则它将形同虚设。"②对法治信仰的典型事例,就是苏格拉底以命殉法。西方法治社会的建构和形成,有其一系列法治的原则和制度的形式要素,但其实质要素可以说就是这种对法的普遍认同感。根据经验的历史考察,此种情况更大程度上得益于文艺复兴以来的人文精神的崛起。正是在资产阶级启蒙运动中,人文精神所包含的自由、平等、人权、博爱和民主精神唤起了人们对法治的追求,并成为民主基础上的法律和"法律下的自由"的思想渊源,以及建立法律统治的正当理由。可见,西方人的法治观念首要的并非由对法的直接认识造成的,人文理性才是它产生的最深厚的根源。这种"人文理性"崇高的规范形态,便是历经几千年至今而不衰的"自然法"。概言之,犹如昂格尔所分析的那样,法治秩序产生的一个条件就是"存在一种广泛流传的信念,在不那么严格的意义上,可称其为自然法观念",而自然法观念首先来自于罗马法学家在人性基础上发展起来的万民法和商品交换的支持;"对自然法观念的另一支持来自超验性的宗教"③。

我国法制建设中仅从实证方面强调加强立法、司法和执法是远不够的,更主要的是要赢得人们对所制定的"良法"的信任、认同,进而对法律产生发自内心的真诚呼应,并自觉将法律作为值得信赖的价值标准和目标追求。而这一状态的生成,就要求承认人是伟大的,人是自由的,从而将法治建立在尊重人的价值和尊严、体现"以人为本"理念的基础之上。可见,对法律的深厚的认同感,是"全部法治建立、存在和发展的根本前提和保障"④。确实,目前中国法治建设侧重点应该从规范制度转向"以人为本"的价值层面了。

---

① 在目前我国学界,对"法律信仰"问题存在很大分歧。确实,宗教是信仰的产物,法律是理性的产物,两者属于不同的意识领域,不可同日而语。但这不绝对排斥对法律的信仰和认同。关键在于对法律的信仰,不是信仰它的外部条文,而是它的内在精神即以人为本与为人服务的精神。

② 转引自姚建宗:《法律与发展研究导论》,28 页,长春,吉林大学出版社,1998。

③ [美]昂格尔:《现代社会中的法律》,吴玉章、周汉华译,68—69 页,北京,中国政法大学出版社,1994。

④ 姚建宗:《法律与发展研究导论》,458 页,长春,吉林大学出版社,1998。

第四节　中国特色社会主义法治的目标：
构建社会主义和谐社会

法治是人类文明的重要标志。社会主义法治与社会主义和谐社会之间，是手段与目的的关系。中国特色的法治是构建社会主义和谐社会的根本性手段，社会主义和谐社会的实现是法治的不间断的整体目标。

一、法治保证公平正义的实现

马克思的一句名言是，人们奋斗所争取的一切，都同他们的利益有关。法是协调社会多方面利益的重要手段。正义，不论是分配正义、平均正义还是矫正正义，中心点是解决社会利益分配问题。公平，则是分配利益的第三者的行为，被双方当事人及一般理性人认为是合理的感觉。可见，社会主义和谐社会的公平正义最根本的是对社会中存在的诸多利益进行合乎公道或合理的协调与安排，获得普遍的满意。任何社会，包括社会主义社会，利益关系总是纵横交错、难解难分的。个人间和群体间都有不同甚至是截然对立的利益取向和追求。特别是随着市场经济的繁荣，造成日趋坚固的个人本位和经济多元化的格局，使利益关系更加复杂化和尖锐化，利益的冲突与整合的任务愈加重要和迫切。在当下的中国，这种偏离公平正义的社会不和谐的因素的表现，便是凝结于各领域中的弱势群体与强势群体之间的显著差别。举其要者有穷人与富人、农村与城市、西部与东部等矛盾。有史以来，协调利益关系以便达到社会和谐的基本方式无非三种：道德、宗教、法律。人类的童年时期，三者紧密交织在一起。但在分工与交换极为发达、社会交往十分频繁的情况下，法的第一位的重要性和不可替代性已成不争的事实。

二、法治保障社会的安定有序

社会主义和谐社会也必然是安定和有序的社会，安定有序是国家与法产生的最根本的历史动因，这是法学家们很早就认识并进行过系统论述的。英国思想家洛克认为，法律之所以必需，是为了改变"原始状态"中的那种人人拥有处理自己案件的管辖权，成为本案的法官、同时又是执行判决的执行官的状态，而愿意过着安定有序的生活，使每个人的生命、健康、财产与自由获得保证。但对于国家和法律的起源和目的阐发得更为科学的，则是马克思主义创始人。恩格斯在《家庭、私有制和国家的起源》一书中曾指出："国家是社会在一定发展阶段上的产物；国家是表示：这个社会陷于不可解决的自我矛盾，分裂为不可调和的对立面又无力摆脱这些对立面。而为了使这些对立面、这些经济利益相互冲突的阶级,不致在无谓的斗争中把自己和社会消灭,就需要一种表面上凌驾于社会之上的力量,这种力量应当缓和冲突,把冲突保持在'秩序'的范围之内,这种从社会中产生又自居于社会之上并且日益同社会脱离的力量,就是国家。"[1]从发生论上说,国家和法的产生是适应阶级斗争的需要,"缓和"阶级冲突。但它们一经存在就不单纯要解决阶级矛盾,而是解决各种需要其解决的社会矛盾,也不单纯要解决经济上互相对立的矛盾,还解决围绕经济矛盾而展开的诸多领域的矛盾。这是因为国家在形式上是社会的正式代表,垄断统治权,而法则是普遍的规范,并以国家力量为依托,因之与其他社会规范相比有最高的社会调整效力。

三、法治推动人与自然的和谐相处

人与自然的和谐,是社会主义和谐社会最为基础性的部分。失去了人与自然和谐这样大环境的依托和物质支撑,人与人的和谐、人与社会的和谐必然不会有效和持久。人类社会与自然界相互和谐是维持人类生存和延续的必备条件,也是自然规律和社会规律相统一的必然结果。同近代以来西方发达国家已走过的路子一样,我国在实现经济现代化的途程中,也是以严重破坏自然生态的平衡与人的生存环境为代价的。所以,这是一个必须高度关注和急切加以解决的特大的事项之一。

在构建人与自然相和谐的社会过程中,法作为一种重要的社会规范应该发挥其充分的指引与导向作用。从人类自身的繁衍到人类对自然资源的开发利用,直到对生态环境的维护,都需要大力启动法的"天人合一"机制。唯其如此,才能保证人类得以很好的生存和延续。

---

① 《马克思恩格斯选集》第 4 卷,166 页,北京,人民出版社,1972。

参考文献

一、国内学者著作

1. 邓正来. 市民社会理论的研究[M]. 北京:中国政法大学出版社,2002.

2. 王新生. 市民社会论[M]. 南宁:广西人民出版社,2003.

3. 马长山. 国家、市民社会与法治[M]. 北京:商务印书馆,2002.

4. 孙小莉. 中国现代化进程中的社会与国家[M]. 北京:中国社会科学出版社,2011.

5. 俞可平. 中国公民社会的兴起与法理的变迁[M]. 北京:社会科学文献出版社,2002.

6. 季卫东. 宪法新论[M]. 北京:北京大学出版社,2002.

7. 邹永贤,等. 现代西方国家学说[M]. 福州:福建人民出版社,1993.

8. 刘军,李林. 新权威主义[M]. 北京:北京经济学院出版社,1989.

9. 刘新. 中国法哲学史纲[M]. 北京:中国人民大学出版社,2005.

10. 武树臣,等. 中国传统法律文化[M]. 北京:北京大学出版社,1994.

11. 公丕祥. 法制现代化的理论逻辑[M]. 北京:中国政法大学出版社,1999.

12. 刘澎. 国家、宗教、法律[M]. 北京:中国社会科学出版社,2006.

13. 俞敏声. 中国法制化的历史进程[M]. 合肥:安徽人民出版社,1997.

14. 费孝通. 乡土中国·生育制度[M]. 北京:北京大学出版社,1998.

15. 杨鸿烈. 中国法律思想史[M]. 北京:商务印书馆,1998.

16. 吕振羽. 中国政治思想史[M]. 北京:人民出版社,1981.

17. 张晋藩. 中国法律的传统与近代转型[M]. 北京:法律出版社,1997.

18. 苏力. 法治及其本土资源[M]. 北京:中国政法大学出版社,1996.

19. 姚建宗. 法律与发展研究导论[M]. 长春:吉林大学出版社,1998.

20. 陈金全. 中国传统文化与现代法治[M]. 重庆:重庆出版社,2000.

21. 程乃胜. 基督教文化与近代西方宪政理念[M]. 北京:法律出版社,2007.

22. 张文显. 二十世纪西方法哲学思潮研究[M]. 北京:法律出版社,1996.

23. 郁龙余. 中西文化异同论[M]. 北京:生活·读书·新知三联书店,1989.

24. 梁治平. 寻求自然秩序的和谐——中国传统法律文化研究[M]. 上海:上海人

民出版社,1991.

25. 张知本.社会法律学[M].上海:上海法学编译社,1931.

26. 欧阳谿.法学通论[M].上海:上海会文堂新记书局,1933.

27. 朱景文.全球化条件下的法治国家[M].北京:中国人民大学出版社,2006.

28. 杨宗科.法律机制论——法哲学与法社会学研究[M].西安:西北大学出版社,2000.

29. 高其才.中国习惯法[M].长沙:湖南出版社,1995.

30. 高鸿钧.现代法治的出路[M].北京:法律出版社,2003.

31. 武步云.人本法学的哲学探究[M].北京:法律出版社,2008.

32. 黄枬森.当代西方人权论[M].北京:当代中国出版社,1993.

33. 夏勇.人权概念起源[M].北京:中国政法大学出版社,1992.

34. 夏勇.走向权利的时代[M].北京:中国政法大学出版社,2000.

35. 严存生.法律的价值[M].西安:陕西人民出版社,1991.

36. 周世中.法的合理性[M].济南:山东人民出版社,2004.

37. 徐显明.公民权利义务通论[M].北京:群众出版社,1991.

38. 王海明.公平、平等、人道[M].北京:北京大学出版社,2000.

39. 公丕祥.权利现象的逻辑[M].济南:山东人民出版社,2002.

40. 宋冰.程序、正义与现代化[M].北京:中国政法大学出版社,1998.

41. 邢建国.秩序论[M].北京:人民出版社,1993.

42. 韩强.程序民主论[M].北京:群众出版社,2002.

43. 任岳鹏.哈贝马斯:协商对话的法律[M].哈尔滨:黑龙江大学出版社,2009.

二、本书作者著作

1. 吕世伦.法理的积淀与变迁[M].北京:法律出版社,2001.

2. 吕世伦.法理念探索[M].北京:法律出版社,2002.

3. 吕世伦.理论法学经纬[M].北京:中国检察出版社,2004.

4. 吕世伦.现代西方法理学[M].北京:中国政法大学出版社,1985.

5. 吕世伦.黑格尔法律思想研究[M].北京:中国人民公安大学出版社,1989.

6. 吕世伦.法学读本[M].天津:南开大学出版社,1985.

7. 吕世伦,谷春德.西方政治法律思想史(两卷)[M].修订版.沈阳:辽宁人民出版社,1986—1987.

8. 谷春德,吕世伦.西方政治法律思想史[M].沈阳:辽宁人民出版社,1981.

9. 谷春德,吕世伦.社会主义民主法治问题[M].北京:中国人民大学出版社,1980.

10. 吕世伦.马克思、恩格斯法律思想史(修订版)[M].北京:法律出版社,2001.

11. 吕世伦. 列宁法律思想史[M]. 北京:法律出版社,2000.

12. 吕世伦. 马列法学原著选读教程[M]. 北京:中国人民大学出版社,1996.

13. 吕世伦. 法哲学论[M]. 北京:中国人民大学出版社,1999.

14. 吕世伦. 以人为本与社会主义法治[M]. 北京:中国大百科全书出版社,2006.

15. 吕世伦. 法的真善美[M]. 北京:法律出版社,2004.

16. 吕世伦. 西方法律思潮源流论(第二版)[M]. 北京:中国人民大学出版社,2008.

17. 吕世伦. 西方法律思想史论[M]. 北京:商务印书馆,2006.

18. 吕世伦. 现代西方法学流派(上、下卷)[M]. 北京:中国大百科全书出版社,2000.

19. 吕世伦. 当代西方理论法学研究[M]. 北京:中国人民大学出版社,1986.

20. 吕世伦,公丕祥. 现代理论法学原理[M]. 合肥:安徽大学出版社,1996.

三、西方学者著作

1. [法]托克维尔. 论美国的民主(上)[M]. 董果良,译. 北京:商务印书馆,1988.

2. [德]马克斯·韦伯. 世界经济通史[M]. 姚曾,译. 北京:上海译文出版社,1981.

3. [美]萨拜因. 政治学说史(上册)[M]. 盛葵阳,崔妙因,译. 北京:商务印书馆,1986.

4. [美]博登海默. 法理学——法哲学及其方法[M]. 邓正来,姬敬武,译. 北京:华夏出版社,1987.

5. [美]科恩. 论民主[M]. 聂崇信,等,译. 北京:商务印书馆,1988.

6. [英]哈耶克. 通往奴役之路[M]. 王明毅,冯兴元,译. 北京:中国社会科学出版社,1997.

7. [美]伯尔曼. 法律与革命[M]. 贺卫方,等,译. 北京:中国大百科全书出版社,1993.

8. [法]勒内·达维德. 当代主要法律体系[M]. 漆竹生,译. 上海:上海译文出版社,1984.

9. [奥]路德维希·冯·米瑟斯. 自由与繁荣的国度[M]. 韩光明,等,译. 北京:中国社会科学出版社,1995.

10. [英]彼得·斯坦,等. 西方社会的法律价值[M]. 北京:中国人民公安大学出版社,1989.

11. [日]谷口安平. 程序的正义与诉讼[M]. 北京:中国政法大学出版社,1996.

12. [美]汤普逊. 中世纪经济社会史(下册)[M]. 耿淡如,译. 北京:商务印书馆,1984.

13. [英]米尔恩. 人的权利与人的多样性——人权哲学[M]. 北京:中国大百科全书出版社,1995.

14. [英]阿克顿.自由与权力[M].侯健,等,译.北京:商务印书馆,2001.

15. [美]杰克·唐纳利.普遍人权的理论与实践[M].王浦劬,等,译.北京:中国社会科学出版社,2001.

16. [英]亨利·西季威克.伦理学方法[M].廖申白,译.北京:中国社会科学出版社,1993.

17. [美]大卫·戈伊科奇,等.人道主义问题[M].杜丽燕,等,译.北京:东方出版社,1997.

18. [英]阿伦·布洛克.西方人文主义传统[M].董乐山,译.北京:生活·读书·新知三联书店,1997.

19. [英]阿尔弗雷德·汤普森·丹宁.法律的训诫[M].刘庸安,丁健,译.北京:人民出版,2000.

20. [日]川岛武宜.现代化与法[M].申政武,等,译.北京:中国政法大学出版社,1994..

21. [英]弗洛姆.人的呼唤[M].王泽应,等,译.北京:生活·读书·新知三联书店,1991.

22. [日]美浓部达吉.公法与私法[M].黄冯明,译,周旋勘,校.北京:中国政法大学出版社,2003.

23. [英]诺曼·巴里·福利.储建国译[M].长春:吉林人民出版社,2005.

24. [英]内维尔·哈里斯.社会保障法[M].李西霞,李凌,译.北京:北京大学出版社,2006.

25. [美]阿瑟·奥肯.平等与效率[M].王奔洲,等,译.北京:华夏出版社,1999.

26. [德]路德维希·艾哈德.大众的福利[M].丁安新,译.武汉:武汉大学出版社,1995.

27. [英]佩里·安德森.绝对主义国家的系谱[M].刘北成,龚晓庄,译.上海:上海人民出版社,2001.

28. [英]迈克尔·莱斯诺夫.社会契约论[M].刘训练,等,译.南京:江苏人民出版社,2006.

29. [日]杉原泰雄.人权的历史[M].东京:岩波书店,1992.

30. [日]加藤哲郎.社会与国家[M].东京:岩波书店,1992.

31. [美]埃里克·A.波斯纳.法律与社会规范[M].沈明,译.北京:中国政法大学出版社,2004.

32. [美]亚历克斯·英克尔斯.社会学是什么?[M].陈观胜,等,译.北京:中国社会科学出版社,1981.

33. [日]平野义太郎.法律与阶级斗争[M].萨孟武,译.上海:上海新生命书局,1930.

后 记

自踏入学术领域六十余年来,我一直未曾间断过潜心地学习、理解和传扬马克思主义法律思想,并力争做到与时俱进。为此,我先后主编和出版过《马克思恩格斯法律思想史》(法律出版社,1991)、《列宁法律思想史》(法律出版社,2000)、《马列法学原著选读教程》(中国人民大学出版社,1996),以及《毛泽东邓小平法律思想史》(待出版),还发表了一批论文。同样,这本《社会、国家与法的当代中国语境》,依然严格地坚持以马克思主义为指导,在我多年积累的探索成果的基础上,从理论结合实际的愿望出发,阐发和论述中国特色社会主义理论中有关社会、国家与法及其互动关系问题的基本观点。该书经过审慎构思写就,而其中的每个主要论点均得益于马克思主义包括中国特色社会主义经典著作的启迪,或者说可以从经典著作中找到论据。当然,必须坦率承认,鉴于我的才疏学浅,又鉴于本书主题涉及的范围比较宽阔、理论底蕴的深邃,字里行间的挂一漏万和欠当之处在所难免。这里,真诚期望学界同仁和读者不吝雅正,幸甚。

在我从事理论法学的教学与科研过程中,始终秉持互师互学、教学相长的原则。书中的若干章节就是和我所带的研究生们共同切磋、共同合作完成的,对此信手翻翻我的旧作《法理的积淀与变迁》(法律出版社,2001)、《法理念探索》(法律出版社,2002)和《理论法学经纬》(中国检察出版社,2004)便一目了然。此际,我再一次向他们表示谢意。

近年来,因老年疾病缠身,在拙作成书期间,王佩芬女士和何远展、陶菁两位博士生悉心帮助忙碌相关事务,这是一份令我难以淡忘的师生情谊。

清华大学出版社李文彬女士是位干练的资深编辑,她此前曾为我的几部专著的出版尽过力,今次复又为拙作的付梓而辛苦,实在是不胜感激之至。

吕世伦

2012 年 5 月于中国人民大学